FILHOS E SOLDADOS

BRUCE HENDERSON

FILHOS E SOLDADOS

A história real dos garotos judeus que deixaram a Alemanha para se salvar e voltaram para combater o nazismo

Tradução
Claudio Carina

CRÍTICA

Título original: *Sons and Soldiers*

Coordenação editorial: Thais Rimkus
Preparação: Rosane Albert
Revisão: Mariana Zanini, Tácia Soares
Diagramação: Bianca Galante
Capa: adaptada do projeto original de Mumtaz Mustafa
Imagens de capa: Stephen Mulcahey/Arcangel (céu)
SZ Photo/Scherl/Bridgeman Images (homens)

CIP-BRASIL. CATALOGAÇÃO NA PUBLICAÇÃO
SINDICATO NACIONAL DOS EDITORES DE LIVROS, RJ

Henderson, Bruce
Filhos e soldados: a história real dos garotos judeus que deixaram a Alemanha para se salvar e voltaram para combater o nazismo. / Bruce Henderson; tradução de Claudio Carina. – São Paulo: Planeta, 2018.
464 p.

ISBN 978-85-422-1403-1
Título original: *Sons and soldiers*

1. Guerra Mundial, 1939-1945 - História 2. Soldados judeus 3. Guerra Mundial, 1939-1945 - Participação dos Judeus I. Título II. Carina, Claudio

18-1237 CDD: 940.53

Índices para catálogo sistemático:
1. Guerra Mundial, 1939-1945 - História - Participação dos Judeus

Este livro foi composto em Adobe Garamond Pro e impresso pela RR Donnelley para a Editora Planeta do Brasil em agosto de 2018

2018

EDITORA PLANETA DO BRASIL LTDA.
Rua Padre João Manoel, 100 – 21º andar
Ed. Horsa II – Cerqueira César
01411-000 – São Paulo-SP
www.planetadelivros.com.br
atendimento@editoraplaneta.com.br

Para todos eles.

SUMÁRIO

INTRODUÇÃO

Quando assumiu o poder na Alemanha, em 1933, Hitler declarou guerra contra o meio milhão de cidadãos judeus que então viviam no país. Todos perderam seus direitos mais básicos. O judaísmo foi definido como raça, não como religião, e os judeus foram excluídos da cidadania alemã. Decretos restritivos instaurados pelos nazistas afetaram judeus de todas as idades e de todas as esferas da vida, e até mesmo crianças judias acabaram sendo expulsas das escolas públicas. Naquele momento, uma das duras realidades para os judeus alemães foi a percepção cada vez mais nítida de que nem eles nem os filhos deles teriam futuro no país. Esse temor culminou em novembro de 1938, com a *Kristallnacht*, ou "Noite dos Cristais", quando casas, lojas e sinagogas judaicas foram saqueadas por nazistas. Centenas de judeus foram mortos e milhares foram presos e enviados para campos de concentração. Embora àquela altura dezenas de milhares de judeus alemães já tivessem emigrado para os Estados Unidos, foi a confirmação de que a Alemanha não era mais uma terra considerada segura para tal povo.

Partir, no entanto, significava deixar para trás país de origem, parentes, amigos e economias, e não havia nenhuma garantia de que conseguiriam passar pelas restritivas cotas de imigração dos Estados Unidos e de outros países, que dificultavam a imigração de judeus.

Por vezes era impossível para uma família inteira sair da Alemanha, e muitos se depararam com a angustiante decisão de se separar, talvez para sempre; pais descobriram que podiam enviar apenas um filho, e desde que menor de 16 anos, para um local seguro, graças aos esforços de organizações humanitárias nos Estados Unidos e na Inglaterra. Às vezes, ir ou ficar significava a diferença entre viver e morrer. Quando a Alemanha entrou em guerra contra os Estados Unidos, em 1941, a determinação dos nazistas de criar uma Alemanha ariana já deixara de ser uma política de emigração forçada para se transformar numa aniquilação em massa dos judeus que permaneciam no país e de milhões de outros que viviam em territórios ocupados pelos nazistas para resolver o que Hitler chamou de "questão judaica".

Diversos pais decidiram mandar os filhos mais velhos para que levassem adiante o nome da família. Por toda a Alemanha, houve comoventes despedidas em estações ferroviárias e portos marítimos, onde mães e pais despediam-se dos filhos. Aqueles garotos judeus alemães que chegaram aos Estados Unidos nos anos 1930, sem pais nem irmãos, tiveram de se adaptar sozinhos à vida em uma terra nova. Alojados em casas de parentes distantes ou de famílias adotivas, eles se matricularam em escolas públicas e mergulharam num idioma, numa cultura e num mundo que desconheciam. Com a ajuda de professores dedicados e de novos amigos, no entanto, logo se tornaram americanizados, apesar de manterem o sotaque do país de origem.

De qualquer maneira, todos foram favorecidos pelos valores do Velho Mundo aprendidos com os pais, enfatizando educação e trabalho árduo. Quando os Estados Unidos entraram na guerra, esses filhos amados que haviam sido enviados para a América por famílias desesperadas já eram jovens robustos que adoravam tudo o que dizia respeito à democracia e à liberdade americanas. Também estavam ansiosos para voltar à Europa com o Exército dos Estados Unidos para lutar contra Hitler – não apenas por conta do patriotismo em relação a seu novo país, mas também para concretizar as próprias vinganças pessoais. Ao contrário de muitas outras vítimas dos nazistas, os refugiados judeus alemães que se tornaram soldados dos Estados Unidos dispunham de meios para ajudar a destruir o regime que havia perseguido suas famílias.

Havia, contudo, um empecilho. Quando a Alemanha declarou guerra aos Estados Unidos, em dezembro de 1941, os cidadãos alemães residentes nos Estados Unidos foram automaticamente declarados "inimigos estrangeiros". Mesmo após o Congresso aprovar legislação permitindo que inimigos estrangeiros ingressassem no Exército, alguns foram designados para bases norte-americanas nas quais eram vistos com desconfiança e, por causa do sotaque, ridicularizados por outros soldados.

Os planejadores da guerra no Pentágono logo perceberam que os judeus alemães já uniformizados conheciam bem a língua, a cultura e a psicologia do inimigo, além de terem grande motivação para derrotar Hitler. Em meados de 1942, o Exército começou a organizá-los numa força secreta e decisiva para ajudar a vencer a guerra na Europa. No decorrer dos três anos seguintes, 31 sessões de oito semanas foram conduzidas em Camp Ritchie, em Maryland, com árduo trabalho em salas de aula e em treinamento de campo. O maior grupo de graduados era formado por 1.985 judeus nascidos na Alemanha, treinados para interrogar prisioneiros de guerra alemães. Eles aceleraram seu processo de cidadania norte-americana, sendo enviados para a Europa para lutar contra os alemães junto com todas as unidades da linha de frente. Os garotos Ritchie, como passaram a ser conhecidos, não faziam ideia do que encontrariam quando voltassem para a Europa.

Muitos ainda não sabiam o que tinha acontecido com a própria família, que os havia enviado em segurança para os Estados Unidos.

Filhos e soldados acompanha a infância de um grupo de garotos Ritchie na Alemanha, sua fuga para os Estados Unidos e seu retorno à Europa como soldados norte-americanos para lutar numa guerra que, para eles, era intensamente pessoal. Eles saltaram de paraquedas com as forças aerotransportadas no Dia D, desembarcaram na praia de Omaha, percorreram a França ocupada com os tanques Patton e lutaram na Batalha das Ardenas, a última e desesperada aposta de Hitler para vencer a guerra. Depois, seguiram para a Alemanha com os exércitos aliados e se juntaram às tropas que entraram nos campos de concentração nazistas, onde viram com os próprios olhos os horrores do Holocausto. Quando o conflito finalmente terminou, chegou o momento de esses filhos saírem em busca das famílias deixadas para trás.

Até hoje as façanhas e a importância estratégica dos garotos Ritchie são pouco conhecidas. Eles participaram de todas as grandes batalhas e campanhas da guerra na Europa, coletando informações táticas valiosas sobre forças inimigas, movimentos de tropas e posições defensivas, assim como o moral do adversário. No decorrer da guerra, dezenas de milhares de soldados do Terceiro Reich recém-capturados foram interrogados por equipes formadas por esses soldados judeus alemães. Um relatório pós-guerra confidencial do Exército constatou que quase 60% da inteligência de confiança reunida na Europa era dos garotos Ritchie. Mesmo assim, não houve divulgação de suas operações nem uma relação completa desses homens. Como membros da inteligência militar, todos foram alertados a não revelar onde serviram nem seus treinamentos ou deveres durante o conflito; depois da guerra, restrições similares foram aplicadas a quaisquer documentos, relatórios ou notas que pudessem ter conservado. Eles não convocaram reuniões e evitaram se filiar a organizações de veteranos, pois o sotaque alemão os tornaria malvistos em meio a veteranos norte-americanos.

A trajetória desses soldados é uma das últimas grandes sagas não contadas da Segunda Guerra Mundial.

Sinto-me honrado em narrar a verdadeira história desses heróis pouco conhecidos.

Bruce Henderson

Menlo Park, Califórnia

PREFÁCIO

Alemanha, 1938

No dia 10 de novembro de 1938, pouco depois do nascer do sol, Martin Selling foi despertado de um sono profundo por fortes batidas na porta.

Martin morava em Lehrberg, no sudeste da Alemanha; ele e sua família eram os únicos judeus vivendo em meio aos mil outros moradores daquele tranquilo vilarejo agrícola. No dia anterior, os nazistas haviam realizado uma série de ataques brutais contra judeus por toda a Alemanha. Só que Martin ainda não sabia disso.

Essa ampla campanha de difamação passaria a ser conhecida como *Kristallnacht*, "Noite dos Cristais", devido aos montes de cacos de vidro de janelas quebradas acumulados nas ruas quando milhares de sinagogas, casas, lojas e hospitais de propriedade de judeus foram saqueados e destruídos. A violência começou quando um adolescente matou a tiros um funcionário da embaixada alemã em Paris – um ato de retaliação, pois seus pais tinham sido expulsos da Alemanha com milhares de outros imigrantes judeus poloneses. Usando o atentado em Paris como pretexto para a prisão de judeus, planejada havia muito tempo, as tropas nazistas foram às ruas na noite de 9 de novembro, assassinaram centenas de judeus e prenderam outros 30 mil.

Com 20 anos de idade, Martin havia voltado recentemente de Munique para Lehrberg, seu lar de infância, onde trabalhava como alfaiate. Munique foi a cidade em que Hitler ascendeu ao poder e que serviu de quartel-general nacional do Partido Nazista. Martin já tinha visto Hitler diversas vezes; quando seus comboios de automóveis passavam pelas ruas em alta velocidade, esperava-se que todos os pedestres ficassem em posição de sentido e erguessem o braço direito numa saudação de "*Heil* Hitler". Quando ouvia o cortejo do Führer se aproximando, ou mesmo ao ver grupos de manifestantes exibindo bandeiras nazistas, Martin tentava chamar o mínimo de atenção possível, afastando-se com discrição ou entrando em algum beco lateral.

Naquele ano, Hitler tinha notado que seu comboio costumava passar por uma grande sinagoga no trajeto até a sede do partido. Sob ordens do Führer, a congregação teve menos de um dia para retirar livros e objetos de valor; alguns dias depois, o local se tornou um estacionamento recém-pavimentado. O chefe de Martin, um judeu mais velho, chegou ao limite. Fugiu para a Itália, deixando Martin sem emprego e sem escolha, a não ser voltar para sua casa em Lehrberg.

As batidas na porta da frente não pararam, tornando-se mais fortes e ameaçadoras. Quando Martin atendeu, a porta estava prestes a ser arrombada. Ao abrir, deparou-se com quatro soldados da Sturmabteilung (SA), vestidos com camisas marrons e braçadeiras vermelhas e pretas exibindo a suástica; eles o empurraram para o lado e entraram rapidamente, ainda que, com 1,87 m de altura, Martin fosse bem mais alto.

Sem dar nenhuma explicação, os homens da SA vasculharam a casa – apropriando-se de uma câmera de valor – e levaram Martin sob custódia junto com seu tio, Julius Laub, que administrava a loja de têxteis da família desde a morte da irmã, Ida – mãe viúva de Martin –, dois anos antes. Ida assumiu a administração da loja depois que o pai de Martin morreu de ataque cardíaco, quinze anos antes. Os homens da SA também prenderam a empregada, única outra moradora da casa. Ao mesmo tempo, outros deles capturaram a tia de Martin, Gitta, que morava ali perto com os três filhos.

Todos foram conduzidos por 8 km a uma arena esportiva ao ar livre na cidade de Ansbach, onde se juntaram a sessenta homens, mulheres e crianças judias. Aterrorizado, o grupo se amontoou nas arquibancadas durante o resto da noite gélida, tremendo de medo e por causa do vento forte. Conversando em voz baixa, Martin ficou sabendo que a sinagoga de Ansbach fora incendiada, que casas de judeus locais tinham sido vandalizadas e que os moradores foram espancados. Quando Martin e alguns outros perguntaram aos homens da SA o que aconteceria a seguir, eles não demonstraram saber. Tinham apenas recebido ordens de prender todos os judeus locais.

No dia seguinte, mais ou menos às 3 horas da tarde, mulheres, crianças e homens com mais de 55 anos foram soltos sem nenhuma explicação. Martin, seu tio e cerca de quinze outros homens continuaram sob custódia. Foram conduzidos à prisão local, um edifício velho e rudimentar, e trancados juntos numa cela. Não havia água corrente nem banheiro – apenas um balde de metal –, e a comida era tosca e escassa. Após dois dias nesse espaço apertado, todos foram enviados para Nuremberg, a 45 km de distância.

A prisão distrital de Nuremberg estava quase lotada. Centenas de alemães do Sudeto, alemães étnicos da Tchecoslováquia, também tinham sido presos por resistir à anexação da região, onde 3 milhões de judeus viviam até dois meses antes. Os judeus locais reunidos durante a *Kristallnacht* – cerca de cem eram de Nuremberg – ficaram presos na academia da prisão, que fora adaptada apenas com colchões no chão. O grupo de Martin se juntou a eles.

A maioria dos guardas era formada por homens mais velhos, acostumados a lidar com criminosos empedernidos, não com prisioneiros políticos, e parecia sobrecarregada pelo excesso de detentos. Os guardas não fizeram nada mais que o dever, o que resultou em boa parte dos prisioneiros ter sido deixada a sós. Um grupo de detentos comprou comida na cozinha para distribuir entre os outros, e todos puderam tomar banho no banheiro comunitário, equipado com uma fileira de vários chuveiros. Os prisioneiros saíam da academia em pequenos grupos durante uma hora por dia e só podiam andar pelo pátio da prisão quando os prisioneiros arianos se recolhessem.

Passada uma semana, alguns prisioneiros judeus foram soltos, e o tio de Martin estava entre eles. As decisões a respeito de quem saía e quem ficava eram um mistério total para Martin e para todos os outros. Apesar de alguns guardas dizerem ter recebido ordens da Gestapo local para libertá-los, ninguém da temida polícia secreta apareceu na prisão, e nenhum prisioneiro foi interrogado. No dia 22 de dezembro – seis semanas depois da prisão de Martin –, nove membros do grupo original continuavam presos. Naquele dia, os guardas passaram pelo corredor e anunciaram que todos seriam transportados para o campo de concentração de Dachau.

Martin, então sozinho numa cela, sentiu como se tivesse tomado um chute no estômago. Sabia da existência de Dachau, assim como a maioria dos alemães sabia, mas o assunto só era mencionado por meio de murmúrios agourentos. Inaugurado em março de 1933 numa velha fábrica de munições da Primeira Guerra Mundial perto de Munique, Dachau foi o primeiro campo de concentração estabelecido pelos nazistas ao chegarem ao poder. O chefe da Schutzstaffel (SS), Heinrich Himmler, anunciou nos jornais que Dachau seria usado para encarcerar os que "ameaçam a segurança do Estado". Durante o primeiro ano, o campo manteve quase 5 mil prisioneiros, principalmente comunistas alemães, social-democratas, membros de sindicatos e outros oponentes políticos dos nazistas.

Martin, por sua vez, tinha um histórico muito pessoal com Dachau. Em abril de 1933, seu primo, um advogado de Munique, foi preso e enviado para lá. Ele morreu em Dachau três meses depois. Com base nas histórias sinistras que ouvira, Martin considerou a própria mudança uma sentença de morte.

As fechaduras das celas dos prisioneiros que iriam para Dachau foram destrancadas, e as portas foram abertas pelos guardas. Com pressa para escrever uma nota de despedida para seu irmão gêmeo, Leopold, que vivia com uma tia em outra parte da Alemanha, e para seu tio Julius, Martin rabiscou num pedaço de papel. Quando saiu pelo corredor e passou pela cela de um prisioneiro de quem tinha ficado amigo, passou o bilhete dobrado por entre as barras.

Na estação ferroviária de Nuremberg, Martin e os outros oito homens levados de Ansbach foram colocados em um moderno vagão de passageiros, onde permaneceram sob vigília durante a viagem de 160 km até o depósito de Dachau. Na chegada, só seu vagão foi desviado para um trilho lateral. A primeira coisa que Martin viu foram tropas da SS, de uniforme preto, suástica vermelha e fuzis com baionetas, cercando-os por todos os lados.

A SS tirou os prisioneiros do trem e os conduziu pela plataforma, passando por alguns prédios administrativos, pelos alojamentos dos guardas e por um estande de tiro ao ar livre em que praticavam pontaria. Martin logo ficaria sabendo que o estande também servia como local de execução. Um pesado portão de ferro foi aberto, dando para o complexo cercado dos prisioneiros. Acima do portão havia uma placa de metal com a frase *ARBEIT MACHT FREI*, ou "o trabalho liberta".

O complexo retangular – com cerca de 270 m por 550 m – era cercado de arame farpado eletrificado por todos os lados. Altas torres de vigília se erguiam em pontos estratégicos. Dentro, havia uma enfermaria, uma lavanderia, oficinas em que os prisioneiros produziam de pães a móveis e um pátio principal para inspeções e outras convocações.

Os prisioneiros viviam em dez alojamentos de um andar feitos de tijolos e concreto; cada um foi construído para abrigar 270 prisioneiros e era subdividido em cinco cômodos projetados para manter 54 homens cada. Em cada cômodo, os homens eram chamados de pelotões, de acordo com o estilo militar. Cada cômodo continha beliches de madeira fina com colchões de palha e um lavabo anexo com algumas pias e privadas.

Quando Martin e seu grupo chegaram, os guardas os empurraram para uma grande sala e os fizeram tirar toda a roupa. Depois de terem a cabeça totalmente raspada, tomaram uma ducha fria e foram conduzidos a outra sala, na qual um médico do campo fez um breve exame. Em seguida, receberam uniformes leves com listras azuis e brancas. Alguns dos homens tinham levado pequenas malas que puderam pegar em casa quando foram presos. Agora eles tinham de abandonar as bagagens, e os únicos itens pessoais que puderam manter foram os artigos de higiene pessoal que conseguiam carregar soltos nas mãos.

Na prisão de Nuremberg, Martin fez amizade com um homem chamado Ernst Dingfelder, que era muito religioso. Ernst cochichou para Martin que queria manter seu *tallit*, o xale de oração judaico. Martin não acreditou; achou uma loucura tentar entrar com um xale de oração judeu em um campo de concentração nazista. Discutiu com Ernst, dizendo que, se encontrassem o xale, provavelmente os guardas o enrolariam nele antes de fuzilá-lo. Por fim, Martin o convenceu a deixar o xale para trás.

Todos os uniformes dos prisioneiros de Dachau tinham um número no lado direito do peito. O de Martin era 31.889. Logo percebeu que, de acordo com o sistema de numeração em Dachau, ele era o 31.889º preso desde que o campo fora aberto. O que não sabia era que também estava entre os mais de 10 mil judeus que chegaram ao campo de concentração nas semanas seguintes à *Kristallnacht*.

Era meia-noite quando o grupo de Martin chegou ao bloco 8, quarto 4. Eram duzentos prisioneiros amontoados no mesmo espaço, sem aquecimento, quatro vezes mais que aquilo que o recinto fora projetado para abrigar. Para aumentar o espaço, os beliches embutidos foram substituídos por duas fileiras de prateleiras de madeira de 1,8 m de largura, uma ao nível do chão e outra a 1,2 m de altura. Uma camada fina de palha infestada de pulgas e piolhos recobria as prateleiras. Sem espaço para se mexer, os homens dormiam lado a lado, com a cabeça apoiada na parede. Apesar da temperatura enregelante, muitos passaram a noite descobertos, pois não havia cobertores para todos.

Exausto por ter dormido pouco, Martin saiu da cama às 5 horas da manhã seguinte para uma primeira inspeção. Quando terminou, ele e os outros foram levados de volta para o alojamento, onde serviram uma espécie de café aguado e um mingau cheio de insetos. Dachau era um campo de trabalhos forçados, e, com a chegada de tantos prisioneiros ao mesmo tempo, os oficiais encarregados ainda não tinham conseguido designar funções para todos. Os trabalhos consistiam em escavar poços no cascalho, consertar estradas e drenar pântanos, sempre sob o olhar atento dos guardas. Martin e o resto de seu grupo passaram o dia andando pelo pátio principal, esfregando as mãos e batendo os pés para não congelarem.

Naquela noite, o jantar foi um ensopado que lembrava ração para porcos. A carne parecia consistir de tripas e miúdos não identificados. A cada três dias, os homens recebiam um pequeno pão para dividir entre duas pessoas; infelizmente, aquele não era dia de pão. Ernst, amigo de Martin, refugou ao ver a refeição não *kosher** e se recusou a tocar no misterioso ensopado. Desde então, Martin tentou ajudá-lo a se manter *kosher* trocando seu pão pelo ensopado de Ernst. Apesar das indignidades e das privações do campo de concentração nazista, Martin continuou determinado a perseverar, mantendo-se fiel a seus princípios e seus compromissos. Ajudar um amigo necessitado era um deles.

Martin logo percebeu que os prisioneiros que estavam em Dachau havia mais tempo – meses ou até mesmo anos antes de ele chegar – tinham a mente embotada e o físico debilitado pelo trabalho árduo e o tratamento brutal que recebiam dos guardas. Espancamentos eram algo comum, e muitos prisioneiros apresentavam feridas e hematomas crônicos. Outros tinham febre e doenças. A maioria tinha medo de procurar tratamento na enfermaria; além de os cuidados médicos serem deploráveis, qualquer um que afirmasse estar doente era acusado de fingir e ficava sujeito a punição – em geral, um confinamento solitário por longos períodos ou 25 chibatadas nas costas com um chicote cortante. E a lista de contravenções pelas quais os prisioneiros recebiam castigos brutais em Dachau era longa. Tentativas de fuga significavam morte, alertava um aviso exibido no pátio, assim como "sabotagem, motim ou agitação". Qualquer homem que atacasse um guarda, "se recusasse a obedecer" ou não aceitasse cumprir a tarefa a ele designada seria "fuzilado no ato como amotinado ou enforcado depois".

Os prisioneiros temiam especialmente as inspeções das tardes de sábado. Começavam com cada homem tendo a cabeça raspada. O quarto número 4 tinha duas máquinas de cortar cabelo para duzentos

---

* Refeição *kosher* (ou *kasher*) refere-se aos alimentos permitidos segundo as leis do judaísmo. (N. E.)

homens. Por causa das lâminas cegas, as máquinas arrancavam tufos de cabelo. As tigelas de alumínio para as refeições eram inspecionadas. Tinham que estar imaculadas, apesar de não haver sabão e os homens serem proibidos de esfregar as tigelas com qualquer material abrasivo. Eram espancados quando os guardas encontravam manchas de comida ou arranhões nas tigelas.

Numa dessas inspeções, Martin não foi aprovado; então, teve que permanecer em posição de sentido, imóvel, enquanto um guarda batia em seu rosto repetidamente com luvas de couro. Ele já tinha visto outros sendo punidos de forma semelhante. Quanto mais refugavam, mais tempo durava a agressão. Com incrível determinação de não mostrar medo, Martin manteve os reflexos sob controle e não recuou perante os golpes. O guarda desistiu e se afastou. Foi um teste de força que Martin não esqueceu.

A crueldade da SS superava qualquer coisa que Martin pudesse imaginar. Suspeitava que o trabalho de guarda em Dachau não fosse escolha, que muitos tinham sido alocados ali para ser treinados em brutalidades empregadas em outros campos e territórios recém-conquistados. A hierarquia em Dachau era caracterizada pela violência: os soldados mais jovens eram sujeitos a um tratamento tão duro por parte de seus líderes que descarregavam a raiva acumulada nos presos. O processo lembrava a Martin o treinamento de cães de ataque.

Uma tarde, durante a inspeção, o comandante do campo anunciou que um prisioneiro tinha fugido. Como castigo, todos os presos deveriam permanecer em posição de sentido no pátio central até que o fugitivo fosse capturado e retornasse. As longas horas da noite se arrastaram, fazia um frio de rachar sob a luz intensa dos holofotes. Quando o turno da guarda mudou, os homens parados na área de reuniões ouviram os cliques de manutenção das metralhadoras nas torres – as armas carregadas estavam sendo verificadas.

Martin estava no fim de uma das filas de prisioneiros. Depois da meia-noite, exausto e quase congelado, ele começou a adormecer em pé. Deve ter oscilado um pouco, embora ainda estivesse de pé quando a coronha de um fuzil o atingiu com força no meio das costas. Teve de se esforçar para manter o equilíbrio e não cair.

Pela manhã, a área de reuniões estava cheia de homens que haviam desabado durante a noite – pelo que Martin viu, estavam todos mortos. Os outros prisioneiros foram liberados brevemente para receber comida e água e depois voltaram ao pátio. Os corpos já tinham sido removidos.

Todos ficaram em posição de sentido até as 4 horas daquela tarde, quando o fugitivo foi levado de volta ao campo. Transportado rapidamente para outro lugar, nunca mais foi visto.

Martin sabia que a morte do homem não fora fácil. Uma técnica de tortura popular em Dachau tinha origem na Inquisição medieval: a vítima era colocada embaixo de uma estrutura semelhante a um cadafalso, com as mãos amarradas às costas, e içada por cordas amarradas aos pulsos. Conforme balançava, pesos eram pendurados na vítima para aumentar ainda mais a intensa dor nos braços e nos ombros. Martin sabia de homens que tinham passado até uma hora pendurados dessa forma como punição por alguma infração real ou imaginária. A maioria acabava com ossos e articulações quebrados ou deslocados; alguns ficavam aleijados.

Apesar do horror das consequências, continuava havendo tentativas de fuga por parte de homens desesperados, mas raramente resultavam em liberdade. Alguns presos escolhiam outro tipo de fuga. Às vezes um homem corria na direção da cerca, atraindo uma saraivada de balas das torres de vigilância. Se conseguisse chegar à cerca, jogava-se contra o arame para ser eletrocutado. Os guardas da SS costumavam dar o tiro de misericórdia, mas não sempre. Houve um prisioneiro que, atingido antes de alcançar a cerca, foi deixado no chão, agonizando. Seus gritos duraram a noite inteira.

Quando era assim, com gemidos e gritos pairando no ar e o frio constante consumindo seu corpo, Martin passava mais tempo pensando que dormindo.

A grande pergunta era sempre a mesma: por quê? Como leitor ávido interessado em história – quis entrar na faculdade, mas quando completou 16 anos, em 1934, já tinha recebido toda a escolaridade a que um judeu tinha direito na Alemanha –, Martin sabia sobre a Europa medieval e a Inquisição. Que diferença havia entre o sofrimento de homens quatro séculos antes – *ad majorem Dei Gloriam* (para a glória de Deus) – e o que os nazistas faziam então? Sofrimento era sofrimento. E, se existia mesmo somente um Deus, de quem seria Ele?

Alguns presos em Dachau, como Ernst Dingfelder, eram religiosos devotos ao chegar. Outros se tornaram mais religiosos conforme a estadia se prolongou. E também havia aqueles que não conseguiam mais acreditar em Deus – em *nenhum* Deus – devido ao que estava acontecendo. Martin se identificava com esse grupo. Decidiu observar e participar das tradições e das cerimônias com que havia crescido pela vontade de assumir sua herança judaica. Ao mesmo tempo, sabia que, pelo resto da vida, aquilo seria apenas formalidade. Os horrores de Dachau destruíram sua crença em Deus.

Os prisioneiros tinham permissão para escrever uma carta por semana, mas pouco conseguiam dizer, pois os censores nazistas liam toda a correspondência. Martin não podia descrever os efeitos da dieta de inanição nem falar do quanto havia perdido de peso ou das dolorosas feridas abertas no pé por causa do frio, que tornavam qualquer caminhada um tormento. Se os detentos não dissessem que estava tudo bem, as cartas não eram enviadas. Como essa correspondência era a única maneira que a família tinha de saber que ainda estava vivo, Martin escrevia diligentemente toda semana. Embaixo do nome do remetente, constava "campo de concentração Dachau". O endereço para resposta incluía as palavras *Schutzhaft-Jude*, ou "judeu em prisão preventiva".

No dia 1º de janeiro de 1939, Martin completou 21 anos. Como passou a ser maior de idade, tio Julius deixou de ser seu guardião e administrador da casa que a mãe de Martin deixara para o filho. Nunca soube como os oficiais do campo descobriram esses fatos, mas, pouco depois de seu aniversário, Martin foi chamado a um escritório administrativo e recebeu um documento com a maior parte do conteúdo oculta. Foi instruído a não tentar ler o papel, apenas assiná-lo.

"*Was ist das?*", Martin atreveu-se a perguntar o que era aquilo.

"*Sie haben drei Sekunden.*" Martin tinha três segundos para assinar. "*Sonst...*" "Senão..."

Martin assinou, e o papel foi levado. Só então ele foi informado de que tinha assinado uma procuração permitindo que a casa da mãe fosse vendida.

Naquele momento, Martin Selling soube que nunca mais voltaria para lá.

PARTE I

Deem-me seus exauridos, seus pobres,
Suas massas apinhadas ansiando por respirar em liberdade,
Os refugos desventurados de seu litoral abundante.
Enviem-me os desabrigados e os combalidos
Levanto minha tocha ao lado do portão dourado!

Emma Lazarus, poeta judia do século XIX
– Inscrição na Estátua da Liberdade

1

SALVANDO AS CRIANÇAS

Durante quase doze anos, Günther Stern teve a melhor das infâncias.

Passava dias idílicos em Hildesheim, uma das cidades mais antigas e pitorescas do norte da Alemanha, construída ao longo das margens expostas ao vento do rio Innerste e cercada por montanhas salpicadas de fazendas, produção de laticínios e pastagens de gado. As ruas de paralelepípedos da cidade contornavam construções com cumes afilados e igrejas centenárias.

Pelas laterais da Catedral de Hildesheim erguia-se um arbusto de rosas-caninas de 10 m, considerado a roseira viva mais antiga do mundo. Tinha quase a mesma idade da cidade, nomeada em sua homenagem: Tausendjähriger Rosenstock, ou "Rosa de Mil Anos". De acordo com a lenda local, quando a rosa floria a cidade também florescia.

Desde seus primeiros dias, Hildesheim era a sede de um arcebispo católico romano, e por séculos a maioria de seus moradores era católica. Após a Reforma, que teve raízes na Alemanha, muitos católicos se tornaram protestantes (em geral, luteranos), e nos anos 1930 os 65 mil habitantes de Hildesheim estavam divididos entre essas duas grandes tradições cristãs. Havia menos de mil judeus na cidade, proporção que refletia sua representatividade nacional. Um censo realizado em junho de 1933 revelou que menos de 1% da população da Alemanha era judaica: cerca de 500 mil judeus entre 67 milhões de habitantes.

Quando se estabeleceram em Hildesheim, no início do século XVII, os judeus construíram casas de enxaimel com fachadas esculpidas em madeira. A sinagoga em estilo mourisco foi construída na rua Lappenberg em 1849, área que se tornou um dos bairros mais graciosos de Hildesheim.

Günther era um menino esperto e curioso. Herdou a disposição alegre da mãe, os olhos inteligentes do pai e tinha ouvidos inquietos que não perdiam nada. Nascido em 1922, ele visitou uma sinagoga pela primeira vez aos 6 anos, quando os pais o levaram para as comemorações do Ano-Novo judaico. Dessa vez, o garoto não reclamou por ter de vestir suas melhores roupas. A mãe explicou como era importante causar uma boa primeira impressão ao Senhor. Foram andando com outras famílias até a sinagoga, todas usando seus melhores trajes. Transeuntes sorridentes davam passagem, observando a procissão judaica que passava, com os homens cumprimentando tirando os chapéus.

Günther, primogênito de Julius e Hedwig Stern, era quatro anos mais velho que o irmão, Werner, e doze anos mais velho que a irmã, Eleonore. A família fazia parte da classe média, como a maioria dos judeus de Hildesheim. Os Stern viviam em um apartamento alugado anexo à pequena loja de têxteis do pai de Günther, no terceiro andar de um prédio bem conservado próximo a um movimentado mercado no centro da cidade. O apartamento tinha o pé-direito alto e era bem iluminado. Cortinas de qualidade cobriam as janelas altas. Cada cômodo tinha um aquecedor a lenha, e a cozinha era equipada com um fogão moderno.

Os dois meninos dividiam um quarto em uma das alas do apartamento. O quarto dos pais, onde também dormia a irmã menor, ficava do outro lado. Os quartos tinham assoalho de madeira; a sala de estar acarpetada era mobiliada com um sofá, duas cadeiras estofadas e a escrivaninha de madeira escura de Julius. A sala de jantar formal, com uma paisagem campestre do artista austríaco Ferdinand Georg Waldmüller na parede, era reservada para ocasiões especiais. A parte favorita da casa para Günther e seu irmão era um vestíbulo com piso de azulejo que servia de playground interno, com uma mesa de pingue-pongue que era bastante usada.

O pai de Günther era um homem franzino, conhecido por sua energia ilimitada. Julius Stern trabalhava seis dias e meio por semana, folgando apenas nas manhãs de sábado para ir à sinagoga, onde o sermão era conduzido em alemão, e as cerimônias, em hebraico. Expunha amostras de tecidos e aceitava pedidos em sua loja e nas viagens por vilarejos próximos, onde visitava clientes que faziam as próprias roupas. As únicas roupas prontas para uso que vendia eram sobretudos masculinos de gabardine. Sua esposa, Hedwig (nascida Silberberg), cuidava da datilografia e das cobranças. Loura de olhos escuros e expressivos, Hedwig tinha o dom de escrever quintilhas espirituosas envolvendo parentes e amigos.

Günther começou seus estudos em uma escola judaica com uma só sala. O professor encarava o desafio de manter alunos de diversas idades e séries interessados e engajados durante todo o dia. Esse esforço não foi desperdiçado por Günther, que se tornou um leitor ávido e um excelente aluno. Günther também gostava de frequentar um grupo de jovens nas tardes de sábado, liderado por um carismático cantor da sinagoga, Josef Cysner, que conduzia discussões animadas sobre livros específicos e cultura judaica.

Como tradição local, Günther entrou para a Andreas-Oberrealschule aos 10 anos, em 1932. Era um entre três judeus numa classe de vinte alunos. Mesmo antes de entrar na escola, Günther já tinha muitos amigos não judeus; naquela época, em Hildesheim, jovens judeus e gentios eram bem assimilados. Visitavam as casas uns dos outros, frequentavam as mesmas festas, pedalavam e nadavam juntos e jogavam futebol nos mesmos clubes de atletismo.

Em 1933, porém, os nazistas assumiram o poder e imediatamente começaram a aprovar novas leis restritivas visando aos judeus. Hitler comprometeu-se a transformar a nação: "Deem-me dez anos", prometeu profeticamente, "e vocês não vão reconhecer a Alemanha".

No dia 1º de abril de 1933, dois meses depois de Hitler se tornar chanceler, o governo convocou um boicote de 24 horas, em nível nacional, dos estabelecimentos comerciais de proprietários judeus. Tropas de assalto se posicionaram na frente de lojas, denunciando os proprietários e bloqueando as entradas. O termo *Jude* era pichado nas vitrines; estrelas de davi eram pintadas nas portas. Boicotes locais de estabelecimentos judeus se espalharam por toda a Alemanha. Nazistas marchavam pelas ruas gritando insultos antissemitas; muitas vezes esses movimentos eram acompanhados por prisões, espancamentos e grandes danos à propriedade.

Assim como muitos proprietários judeus, Julius gradualmente perdeu a maior parte de sua clientela não judaica, que tinha medo de ser vista entrando e saindo de sua loja; quando ia procurar por eles em casa, era recebido por avisos dizendo *JUDEN IST DER EINTRITT VERBOTEN*, "proibida a entrada de judeus".

Apesar de ser um leitor inveterado de jornais, na época Günther tinha uma compreensão apenas parcial do que acontecia na Alemanha. Ainda assim, percebeu que seus amigos ficaram mais hesitantes ao cumprimentá-lo e, depois, pararam de falar com ele de vez. Os convites para festas de aniversário tornaram-se mais raros, e logo ele foi proibido – bem como os outros jovens judeus de Hildesheim – de nadar na piscina local e jogar no time de futebol de lá. Até mesmo o clube de atletismo o expulsou; apesar de ter acumulado pontos de participação para ganhar medalha, ele não chegou a recebê-la. Aqueles anos foram determinantes para Günther, que ficou profundamente magoado ao perceber que tinha se tornado um pária entre os colegas. A ruptura foi inesperada e violenta.

Na escola, muitos professores foram substituídos por outros, saídos de Berlim e de outras partes, que usavam broches com a suástica e aderiram à propaganda nazista. Embora alguns dos professores mais velhos demonstrassem empatia pelos estudantes judeus, eles tinham de ser cautelosos por medo de serem denunciados e perderem o emprego.

Por algum tempo, Günther teve um protetor: Heinrich Hennis, garoto inteligente, um ano mais velho e uma cabeça mais alto. Mais de uma vez, Heinrich se interpôs entre Günther e os que o atormentavam. No entanto, todos os garotos que não eram judeus tinham de participar de alguma organização da juventude nazista, e Heinrich não foi exceção. O líder o selecionou para uma doutrinação especial, talvez por ter ouvido falar que ele protegia judeus. Por fim, Heinrich também parou de falar com Günther. Em pouco tempo, slogans nazistas começaram a sair dos lábios de seu ex-amigo.

As aulas de coral sempre estiveram entre as favoritas de Günther. Alguns anos antes, seus pais o haviam levado à internacionalmente famosa casa de ópera de Hanôver para assistir a uma apresentação de *Lohengrin*, de Wagner. Desde então, Günther tomou gosto por música e coral. Numa tarde, depois que os nazistas tomaram o poder, porém, o professor de coral fez os alunos se levantarem para cantar "Deutsche Jugend Heraus!". Composta alguns anos após a derrota da Alemanha na Primeira Guerra Mundial, a música tinha uma letra violenta e provocativa: "Juventude alemã, reúna-se! Matem nosso inimigo em seus quintais, derrotem-no em encontros fervorosos". Adotada pelas organizações de Juventude Nazista por seu nacionalismo estimulante, a música foi incluída num álbum de canções de 1933, lançado por uma editora simpatizante do nazismo.

Foi o velho amigo de Günther, Heinrich Hennis, quem gritou indignado para o professor: "Como o senhor pode fazer judeus cantarem uma música sobre a juventude alemã?".

O professor de coral parou e disse, desculpando-se: "Nossos alunos judeus podem se sentar". Günther e os outros dois estudantes judeus sentaram-se e ficaram em silêncio enquanto a turma cantava. Humilhado e enraivecido, Günther percebeu que os nazistas tinham encontrado uma maneira de tirar dele até mesmo a música.

Durante 1933, Günther observou a história da Alemanha e da Europa ser reescrita. Um dia, o professor de história entrou na classe e distribuiu estiletes. "Peguem seus livros didáticos", ordenou à classe; então, começou a escrever números na lousa. Os estudantes deveriam cortar as páginas listadas e substituí-las. "Não se esqueçam de deixar espaço suficiente nas margens", acrescentou, solícito, "para colarem as novas páginas".

A tarefa incomum despertou murmúrios animados. Quando recebeu uma lâmina, Günther seguiu as instruções. Depois de cortar algumas páginas, começou a ler as passagens e percebeu, chocado, que as eliminadas tratavam de grandes feitos de judeus.

À medida que os estudantes eram cada vez mais expostos à propaganda antissemita, na escola e em casa, eles foram se tornando odiosos e agressivos em relação aos colegas judeus. Um dia, depois da aula, Günther foi, primeiro, acuado e, depois, espancado por cinco garotos da escola que se revezaram batendo nele enquanto os outros o seguravam. Günther voltou para casa mancando, ferido e abatido, tanto física quanto emocionalmente.

A família de Günther também não foi poupada da violência. Uma noite, o pai trabalhou até tarde, depois foi levar algumas cartas para uma caixa de correio a um quarteirão de distância. Ao voltar para casa, no escuro, vários homens proferindo ofensas antissemíticas o atacaram. Foi chutado e esmurrado. Um policial amigável que estava de passagem encontrou Julius no chão e o levou ao hospital para os primeiros socorros. Quando Günther viu o pai, na manhã seguinte, seu rosto estava coberto de cortes e hematomas.

Conforme a violência e o ódio iam se acumulando ao redor, Julius e Hedwig Stern decidiram que era hora de tirar a família da Alemanha. Começaram a escrever para organizações judaicas em busca de informações sobre como emigrar para os Estados Unidos.

Havia, porém, um sério obstáculo no caminho dos Stern e de outros judeus que desejavam deixar a Alemanha: uma nova lei aprovada pelos nazistas restringia a transferência de dinheiro, títulos e outros bens para fora do país. Até então, os alemães tinham permissão para levar o equivalente a 10 mil dólares; no entanto, os nazistas reduziram essa quantia, inicialmente, para 4 mil dólares. À medida que a campanha para saquear as propriedades e os bens dos judeus se expandia, a quantia foi reduzida ainda mais, para dez reichsmarks, que na época valiam cerca de quatro dólares. As penas criminais por exceder essa quantia eram duras, incluindo o aprisionamento e o confisco de bens.

Ao mesmo tempo, o Departamento de Estado norte-americano estava seguindo diligentemente uma nova ordem especial, promulgada pelo presidente Herbert Hoover, em 1930, exigindo que os requerentes de vistos provassem que não se tornariam dependentes do governo, mesmo muito depois de sua chegada. Para os que não tivessem meios imediatos de se sustentar, era necessária uma declaração juramentada de alguém nos Estados Unidos garantindo que eles não acabariam sob a tutela do governo. O mandado de segurança e as diversas maquinações às quais era preciso se sujeitar para provar independência financeira – algo que não havia sido exigido dos imigrantes anteriores – reduziram o número de estrangeiros admitidos de 241.700 em 1930 para apenas 35.576 em 1932, tornando-se um grande empecilho para qualquer pessoa que quisesse imigrar aos Estados Unidos.

Desesperados para fugir dos nazistas, os Stern escreveram para o irmão mais velho de Hedwig, Benno Silberberg, que tinha se mudado para os Estados Unidos nos anos 1920 e se tornado padeiro em St. Louis. *Será que Benno assinaria uma declaração juramentada para a família ir para os Estados Unidos?* Não estava claro se ele poderia ajudá-los, mas era o único parente que eles tinham naquele país.

Na primavera de 1937, a escola tinha se tornado uma fonte tão grande de angústia, ansiedade e perigo real que os pais tiraram Günther de todas as aulas. Contrataram, então, um tutor para melhorar o inglês do filho, seguindo o plano de se mudar para os Estados Unidos. Aqueles anos fáceis e promissores de Günther nas escolas alemãs – da escola judaica de uma sala, onde teve sua curiosidade despertada pela primeira vez para os cursos letivos, o coral e os esportes que praticava no ensino médio público – tinham acabado. Em vez disso, um tutor sexagenário, um gentio grisalho, curvado e macilento chamado Herr Tittel. Em meados dos anos 1920, Tittel havia trabalhado como professor num orfanato no Brooklyn. Depois de onze anos, sentiu saudades de casa e voltou para Hildesheim, sua cidade natal, onde ganhava a vida ensinando inglês, em geral para judeus que pretendiam emigrar.

Günther acabou simpatizando com Herr Tittel, que contava histórias animadas sobre os Estados Unidos nas aulas semanais. Enquanto vivia nos Estados Unidos, Herr Tittel se tornou fã de beisebol, fazendo grandes e elaboradas descrições para o jovem Günther, exaltando os arremessos magistrais de Grover Cleveland Alexander e as épicas corridas à base de Babe Ruth. Herr Tittel era uma pessoa tranquila e um tanto excêntrica, que costumava assobiar melodias populares norte-americanas no meio das aulas. Em poucos meses, Günther já dominava mais a conversação em inglês – ainda que carregada por um sotaque peculiar resultante de uma mistura de Alemanha com Brooklyn – do que nos três anos com seu professor do ensino médio.

Naquele verão, os pais de Günther deram permissão para que se juntasse a três amigos do grupo da juventude judaica numa viagem de bicicleta de um mês até o Reno, um percurso de 900 km. Certos de que a família sairia da Alemanha em breve, os pais acharam que aquela podia ser a última chance de o primogênito explorar a geografia de seu país ancestral. Assim que saíssem da Alemanha nazista, Hedwig e Julius concordaram, nenhum deles voltaria.

Os garotos pediram ao líder do grupo da juventude que escrevesse uma carta atestando seu bom caráter e mandaram correspondências a líderes de comunidades judaicas nas cidades ao longo da rota planejada em busca de lugares para passar a noite. Diversas famílias os abrigaram durante a maior parte da viagem, embora em uma das cidades tivessem de se acomodar em bancos no vestiário do time de futebol judeu. Os três meninos eram bons ciclistas e percorriam entre 40 e 55 km por dia.

Ao passarem por uma pacata cidade ribeirinha, seguiram ao longo da margem do rio, observando as pessoas desfrutarem do dia em canoas e pedalinhos. Um pouco adiante, viram uma cena diferente: uma fileira de barcos militares ancorados com armas pesadas montadas nos conveses. Os cascos de aço brilhavam reluzentes ao sol; os barcos pareciam sinistros e recém-construídos. Cada embarcação exibia uma bandeira nazista com uma suástica. Eram diferentes de quaisquer barcos que os garotos já tinham visto. Naquele momento, ficou claro para eles: sob o domínio de Hitler, a Alemanha se preparava para a guerra.

Poucas horas depois de Günther voltar para casa, os pais o chamaram para conversar na sala de jantar. A família nunca usava aquele cômodo, a menos que tivesse visitas, e por isso Günther soube que o assunto era sério.

Julius disse ao filho que eles tinham recebido notícias de tio Benno. Explicou para Günther que os Estados Unidos estavam enfrentando uma crise econômica profunda, o que significava que milhões de pessoas estavam desempregadas. O governo norte-americano exigia uma declaração juramentada de apoio financeiro para imigrantes como eles, que precisavam abandonar seu país sem dinheiro nenhum. Tio Benno tinha perdido seu emprego em período integral, conseguindo apenas trabalhos temporários, portanto não dispunha dos recursos necessários para assinar uma declaração juramentada para uma família de cinco pessoas.

O pai de Günther colocou sobre a mesa um documento de diversas páginas, que parecia bem importante.

Durante todo esse tempo, a mãe de Günther permanecera em silêncio. Quando por fim falou, foi com uma voz baixa e solene.

"A declaração juramentada do tio Benno só serve para você", anunciou, explicando que Günther iria morar com tio Benno e tia Ethel em St. Louis até o restante da família conseguir se juntar a ele. "Você tem um horário no consulado norte-americano em Hamburgo dentro de algumas semanas", acrescentou, com suavidade.

"*Mutti*, eu vou sozinho para os Estados Unidos?", perguntou Günther, chocado. Não conseguia acreditar no que ouvia.

"*Ja*, Günther."

Como tio Benno só poderia fornecer a declaração juramentada para uma pessoa, ela explicou, tinha que ser para Günther. Nem ela nem o pai iriam um sem o outro; com quase 16 anos, Günther era o filho mais velho. Eles continuariam tentando um patrocinador para o resto da família e tinham esperança de logo se reunirem no novo país.

Ficou óbvio para Günther que a mãe estava sofrendo tanto quanto ele com essa decisão. Günther nunca tinha imaginado esse dia, e a mãe jamais concebera a ideia de enviar o filho adolescente sozinho para outro país.

Uma vez estabelecido nos Estados Unidos, ela sugeriu, talvez Günther conseguisse encontrar alguém para ajudá-los. Disse que era uma tarefa séria e adulta, mas que ela e o pai acreditavam que Günther era maduro o suficiente para encará-la. E o mais importante para eles, explicou, era que Günther estaria seguro.

O pai, sempre um prático homem de negócios, começou a descrever a logística da viagem de Günther até Hamburgo, 160 km ao norte de Hildesheim. Já tinha providenciado carona com uma família judaica com horário agendado no consulado um dia antes de Günther. Depois do que seria a viagem de automóvel mais longa de sua vida, Günther passaria a noite numa pensão para estudantes e voltaria para casa no dia seguinte com a família local.

O pai de Günther entrou em contato com uma organização judaica em Hanôver, que estava ajudando a planejar sua emigração. Um grupo afiliado com sede em Nova York, o German Jewish Children's Aid [Auxílio para Crianças Alemãs Judias], vinha retirando pequenos grupos de crianças judias da Alemanha nazista. Günther se juntaria a um desses grupos. A organização pagaria pela viagem até o outro lado do oceano, providenciaria um acompanhante e garantiria sua chegada em segurança até os cuidados dos tios em St. Louis. O grupo já enviara um assistente social para entrevistar Benno e Ethel Silberberg; de acordo com seu relatório, o assistente social os considerou "pessoas gentis e generosas", ansiosas para acolher o sobrinho em casa.

A perspectiva de partir sem os pais, sem o irmão e a irmã menor entristeceu Günther profundamente. Além das visitas aos avós e da viagem de bicicleta, ele nunca tinha passado muito tempo longe de casa. Ir para os Estados Unidos era uma oportunidade de deixar para trás os transtornos, a repressão e a violência que consumiam a Alemanha, e imagens das histórias animadas de Herr Tittel acerca do novo país – a terra de homens livres e do beisebol, de filmes de Hollywood e pizza! – dançavam em sua mente. Ainda assim, mesmo quando começava a sonhar com aquelas coisas que encontraria, Günther se sentia apreensivo por deixar o resto da família para trás. Como e quando eles se reuniriam?

No início de outubro de 1937, Günther se viu diante de um funcionário do governo norte-americano que, sem que o jovem soubesse, detinha seu futuro – talvez até sua vida – em suas grandes mãos de urso. O vice-cônsul geral Malcolm C. Burke, um homem corpulento e impressionante de 50 anos, era encarregado da administração de leis e regulações migratórias em Hamburgo desde 1924. Günther teve sorte de ter seu pedido de visto encaminhado para Burke. Muitos outros cônsules norte-americanos, rápidos em considerar declarações juramentadas como inadequadas, negavam com frequência pedidos de visto. Em 1933, por exemplo, 74 refugiados alemães entraram com pedido de visto no consulado em Roterdã, mas apenas dezesseis foram concedidos. Com exceção de uma, as 58 recusas foram baseadas na suposição de que os potenciais imigrantes provavelmente se tornariam um ônus para o governo.

Durante muito tempo, Burke criticou abertamente as interpretações inconsistentes relacionadas à legislação norte-americana de imigração. Além disso, acreditava que os recursos de amigos e parentes que assinavam as declarações juramentadas deveriam ser averiguados nos Estados Unidos, onde estavam os bens e a renda, não por funcionários no exterior que tomavam decisões arbitrárias. Havia ainda outra vantagem em ter um pedido avaliado por Burke: ao contrário de alguns de seus colegas menos compassivos, até mesmo antissemitas, do Departamento de Estado nos Estados Unidos e no mundo, Burke reconhecia que os judeus estavam sendo perseguidos pelos nazistas e se mostrava disposto a buscar por brechas nas leis e nas regulamentações a fim de permitir que eles entrassem no país.

Burke estava com a papelada de Günther à frente, inclusive a declaração juramentada assinada por Benno Silberberg. O saldo bancário no documento fora inflado por empréstimos de curto prazo feitos por colegas e amigos, os quais Benno devolveu uma semana depois de receber o extrato. Burke tinha muita experiência na revisão de declarações juramentadas e financeiras para saber se tinha sido manipulada, mas, se teve suspeitas sobre o significativo saldo bancário de um padeiro de St. Louis, não as registrou oficialmente nem as mencionou a Günther. Perguntou em alemão o nome completo do garoto, sua data de nascimento e os anos de escolaridade. Então, inexplicavelmente, perguntou:

"Quanto é 48 mais 52?"

"*Einhundert*", respondeu Günther.

Com aquele simples teste de matemática, o cônsul carimbou e assinou o *Jugendausweis*, o cartão juvenil. Günther Stern tinha sido aprovado pelo Departamento de Estado para entrar nos Estados Unidos.

Com visto em mãos, portanto, as coisas andaram rapidamente. Duas semanas depois, os Stern souberam que a organização judaica estava com um grupo de crianças para partir em novembro e que Günther poderia ir junto.

No fim de outubro, os amigos de Günther se reuniram no apartamento dos Stern para uma animada festa de despedida. O evento alimentou seu crescente entusiasmo, mas, ainda assim, o medo pairava no ar. Nenhum gentio foi à festa – nem mesmo Gerhard Ebeling, colega de Günther de longa data e um de seus poucos amigos não judeus que restavam. Esse fato não escapou à atenção dele.

Gerhard não podia criticar abertamente os maltratos de seus colegas judeus por professores e estudantes pró-nazismo. No entanto, às vezes ele dizia algo em voz baixa para Günther sobre se manter forte durante aqueles tempos difíceis. Para complicar ainda mais as coisas, o pai de Gerhard era funcionário da alfândega, o tipo de emprego público que costumava ser reservado para membros do Partido Nazista naqueles dias.

O funcionário da alfândega Ebeling fez algo incomum na semana anterior à partida de Günther. Naquela época, qualquer pessoa que se preparasse para sair do país tinha de comparecer antes à alfândega para que sua bagagem fosse inspecionada e lacrada. Herr Ebeling ligou para Julius e se ofereceu para ir ao apartamento dos Stern, poupando-os do trabalho de levar o pesado baú cheio de roupas e lembranças da família que Hedwig queria tirar da Alemanha. Naquela tarde, Ebeling colocou o selo oficial no baú sem examinar seu interior e desejou boa viagem para Günther. Em tempos normais, teria sido um pequeno gesto amigável da parte de um funcionário. No entanto, não eram tempos normais.

Em 27 de outubro de 1937, Günther e seus pais providenciaram para que alguém ficasse com os dois filhos mais novos, que choraram muito quando o irmão saiu; então, foram para a estação ferroviária de Hildesheim e embarcaram em um trem que seguia para o norte, na direção de Bremerhaven. Um dos portos mais importantes da Alemanha, Bremerhaven havia se tornado um ponto central de emigração da Europa.

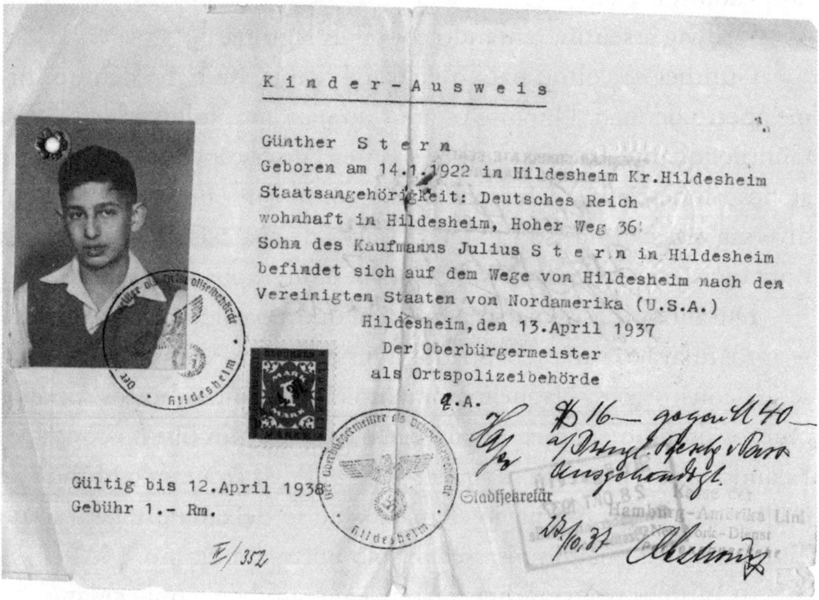

K i n d e r - A u s w e i s

Günther S t e r n
Geboren am 14.1.1922 in Hildesheim Kr.Hildesheim
Staatsangehörigkeit: Deutsches Reich
wohnhaft in Hildesheim, Hoher Weg 36
Sohn des Kaufmanns Julius S t e r n in Hildesheim
befindet sich auf dem Wege von Hildesheim nach den
Vereinigten Staaten von Nordamerika (U.S.A.)
Hildesheim, den 13.April 1937
Der Oberbürgermeister
als Ortspolizeibehörde
I.A.

Gültig bis 12.April 1938
Gebühr 1.- Rm.

Documento de viagem de Günther Stern – com dois carimbos do Terceiro Reich, com a suástica –, usado para ir aos Estados Unidos. *(foto da família)*

Após uma viagem de trem que durou o dia inteiro, os Stern chegaram no fim da tarde e se hospedaram numa pensão. No início da manhã seguinte, Günther encontrou-se com os pais e com as outras crianças no local designado no cais, junto com os respectivos pais e o acompanhante da organização judaica. O transatlântico que levaria as crianças para os Estados Unidos era o *SS Hamburg*, um navio a vapor de quase 220 m que chegava a uma velocidade de 20 nós no mar.

Todos podiam ver claramente a grande bandeira alemã tremulando na ponte de comando.

Era hora de dizer adeus. A mãe de Günther chorava e enxugava os olhos com um lenço. Eles trocaram abraços e beijos. Determinado a não se sentir desamparado e a deixar a mãe um pouco menos triste, Günther jurou que faria tudo o que pudesse para encontrar alguém que os patrocinasse. Eles *voltariam* a se encontrar nos Estados Unidos, garantiu. Com certeza.

Hedwig assentiu, tentando conter as lágrimas.

Günther se voltou para o pai, que o abraçou e lhe deu um firme aperto de mão. Durante os anos do nazismo, Julius insistiu com Günther quanto à necessidade de manter a discrição, de evitar chamar atenção indesejada. "Você precisa ser como tinta invisível", alertou, diversas vezes. "Você só vai deixar traços de sua existência quando a tinta invisível se tornar visível de novo, em tempos melhores."

Durante várias semanas, à medida que a partida do filho amado se aproximava, o pai, preocupado, transmitira conselhos sábios e uma série de instruções. Naquele momento ele pousou os braços sobre os ombros do filho e o puxou para perto para dar um último conselho. Falando baixo, para que ninguém mais pudesse escutar, lembrou que o filho estaria em um navio alemão. Que só deixaria o território do Terceiro Reich quando pisasse em solo norte-americano.

As últimas palavras ditas pelo pai já eram bem conhecidas.

"Lembre-se, Günther, seja como tinta invisível."

Manfred Steinfeld nasceu em 1924, entre as guerras mundiais, na cidade de Josbach, localizada no coração da Alemanha. Ele só tinha duas lembranças claras de seu pai, Abraham – ambas de antes de ter 5 anos de idade.

Lembrava-se de estar ao lado do pai, que usava uma túnica branca sobre a roupa, observando-o rezar na sinagoga durante o *Yom Kippur*.

Recordava-se de ter ouvido o pai e o tio Solomon discutindo sobre *der Krieg*, a guerra. Na época, o garoto não entendeu muito do que foi dito. Anos depois, Manfred soube que eles estavam falando da Primeira Guerra Mundial e que os irmãos Steinfeld tinham lutado em um lugar distante chamado Macedônia, onde Solomon recebeu a Cruz de Ferro por bravura em batalha. E que o irmão mais novo, Isador, fora morto na Batalha de Verdun, na França, em 1916. Durante a infância, Manfred se perguntava com frequência sobre o tio que nunca conheceu, cujo nome estava gravado no memorial de pedra da cidade.*

Pouco tempo depois, Manfred perdeu o pai. Abraham morreu de pneumonia aos 44 anos de idade, deixando sua esposa, Paula, com três filhos – Irma, de 6 anos; Manfred, de 5; e Herbert, de 3. Paula assumiu o armazém de secos e molhados do marido, a única fonte de renda da família. Todos já moravam na casa de sua cunhada, Johanna Hanschen Steinfeld, que ajudava Paula a tomar conta das crianças.

Josbach era uma cidade de 419 habitantes a apenas 90 km de Frankfurt, um dos maiores municípios da Alemanha. Era, contudo, um mundo à parte. Os cidadãos de Josbach eram em sua maioria agricultores de subsistência, que trabalhavam no solo com arados puxados à mão ou por vacas e bois; poucos tinham condições de manter cavalos para a tarefa. Ninguém tinha tratores nem outros maquinários agrícolas, e só havia um automóvel na cidade. A riqueza de um fazendeiro alemão podia ser medida pelo tamanho de sua pilha de esterco, que indicava não só quanto gado ele possuía, mas também o quanto de fertilizante dispunha para espalhar em suas terras.

Havia apenas seis famílias judias em Josbach: três Steinfeld, duas Katten (a família de Paula) e uma Fain. Os antepassados de Abraham e Paula haviam se estabelecido no início do século XIX. Nos anos 1920, o único comércio de varejo que não pertencia a judeus era a taverna. Além da loja dos Steinfeld, que vendia sapatos, tecidos e fitas para costureiras, havia uma loja de ferragens, um comerciante de gado e uma confeitaria. Os artesãos – o carpinteiro, o pintor, o sapateiro e o alfaiate – eram todos gentios. Esse conjunto

---

* Um em cada seis judeus alemães, mais de 100 mil no total, lutou pelo país na Primeira Guerra Mundial; 12 mil deles morreram nos frontes ocidental e oriental.

de comerciantes e artesãos atendia a todas as necessidades básicas dos habitantes da cidade.

A casa em que Manfred cresceu ficava ao lado do poço da cidade e era a única em Josbach com água corrente, graças à engenhosidade de Abraham: nos anos 1920, o pai de Manfred instalou um cano que percorria a curta distância entre a bomba de água e a casa. O primeiro andar tinha sala de estar, cozinha e dois quartos, um dos quais Manfred dividia com a avó. Havia um terceiro quarto no segundo andar. O subsolo era usado para armazenar batata, nabo e outros legumes do jardim nos meses do inverno. Durante a colheita de verão, Paula enlatava frutas e vegetais para encher a despensa. Ia à panificadora comunitária toda sexta-feira de manhã, que pela tradição da cidade era reservada às mulheres judias para fazer pão *challa* e bolo para o *Shabbat*.

Para Manfred, a ausência do pai foi amenizada por uma grande família de tias, tios, primos e principalmente a avó, de quem era muito próximo. Ela adorava ajudar o neto nas lições de casa e ficou extasiada no dia em que ele chegou em casa anunciando que tinha sido o melhor aluno da turma e o primeiro a aprender toda a tabuada de multiplicação.

"O professor diz que vou ser ministro das Finanças quando crescer", contou Manfred.

Compenetrado e trabalhador em uma idade em que a maioria dos meninos não ligava para essas coisas, Manfred parecia mais velho do que era. Tinha um rosto de proporções clássicas, com o dobro de comprimento que de largura, e traços simétricos que passavam a impressão de maturidade. Sempre solícito para colher maçãs e ameixas para a mãe enlatar, ganhou seu primeiro dinheiro vendendo cestas de amoras. Também fazia entregas de bicicleta para os clientes da mãe que moravam em cidades vizinhas.

A educação para as crianças de Josbach se dava em uma escola com duas salas, com as séries de um a quatro numa sala e de cinco a oito na adjacente. Dos setenta alunos, dez eram judeus. Havia apenas um professor, que se revezava entre as turmas. Embora Josbach tivesse uma sinagoga, faltava um homem judeu para preencher o quórum e realizar as cerimônias comunais. Os fiéis tinham de caminhar de 3 a 5 km até a sinagoga de Halsdorf para as cerimônias semanais. De vez em quando, eles conseguiam que um décimo homem fosse de outra cidade para Josbach a fim de realizar as cerimônias locais de *bar mitzvah* e do Ano-Novo judaico.

Quando Manfred tinha 9 anos, sua avó adoeceu. Depois de vários dias, um médico foi chamado. Manfred aguardou ansioso junto com o resto da família pela chegada do dr. Heinrich Hesse, de Rauschenberg, a 12 km de distância. Nevou o dia todo, e o médico só apareceu no fim da tarde. Examinou Johanna e deixou alguns remédios para sua congestão no peito. O que Manfred nunca esqueceria a respeito desse dia tinha a ver com o que o médico disse à família enquanto vestia o sobretudo para sair.

Era dia 30 de janeiro de 1933. Com uma voz melodiosa e alegre, o dr. Hesse anunciou:

"Hoje aconteceu uma coisa maravilhosa. Adolf Hitler tornou-se o novo chanceler!"

As mudanças decorrentes dessa notícia demoravam mais para chegar a aldeias isoladas como Josbach – naquela época, na Alemanha, pequenos vilarejos ficavam separados por quilômetros de distância. Ainda assim, foi questão de tempo até que a pacata cidade rural sentisse o peso do nazismo. A família de Manfred se deu conta pela primeira vez do fervor antissemita que varria o país durante o boicote de 24 horas a comércios de proprietários judeus ocorrido dois meses depois, em 1º de abril de 1933. Até mesmo na amistosa cidade de Josbach, muitos clientes aderiram ao boicote e ficaram longe das lojas dos judeus, embora não tenha ocorrido nenhuma das demonstrações nem nenhum dos surtos de violência tão disseminados em cidades como Frankfurt e Berlim.

Em novembro de 1933, a Alemanha teve sua primeira eleição nacional desde Hitler tomar controle do governo. Todos os partidos de oposição já tinham sido banidos, e aos eleitores foi apresentada uma única lista de candidatos pertencentes ao Partido Nazista. O voto não foi secreto, e na maior parte dos lugares os eleitores tiveram de entregar sua cédula diretamente a funcionários do partido.

Definindo o tom das futuras eleições durante a era nazista, a intimidação era comum. Cidadãos eram ameaçados com represálias caso votassem contra Hitler ou mesmo se deixassem de votar. Como resultado, a participação de eleitores chegou a 95%, e o Partido Nazista recebeu quase 40 milhões de votos, 92% do total.

O tio de Manfred, Solomon, foi votar exibindo com orgulho a Cruz de Ferro que recebera lutando pela Alemanha na guerra anterior. Como tantos outros veteranos de guerra judeus, Solomon, proprietário da loja de ferragens de Josbach, acreditava que seria protegido contra a perseguição nazista por ter lutado por sua pátria. Como a maioria dos judeus, ele se considerava primeiro alemão, depois judeu. Essa sensação de segurança mais o desejo de não sofrer ostracismo levou Solomon Steinfeld a votar em um candidato da lista nazista. Ele não foi o único; outros judeus em Josbach, inclusive a avó Johanna, votaram em nazistas, mesmo que apenas para evitar a impressão de se abster.

Em Josbach, era costume as famílias judaicas se reunirem a cada semana – normalmente na sexta-feira depois do jantar ou no sábado depois do almoço – para discutir tópicos de interesse para si e suas comunidades. A maioria das crianças ficava correndo e brincando sem prestar atenção nos adultos, mas Manfred era fascinado pelas conversas dos mais velhos. Uma das discussões que ele ouviu tinha a ver com Hitler e os nazistas. Para a maioria dos adultos, havia pouco futuro para os nazistas; eles achavam que Hitler e seu partido, que por muitos anos havia sido minoritário, não ficaria muito tempo no poder. Vários chanceleres e ministérios anteriores tinham durado pouco tempo. Josbach só tinha um nazista conhecido, um homem chamado Heinrich Haupt, que entrara para o partido nos anos 1920.

Alguns adultos, no entanto, estavam convencidos de que os nazistas eram uma ameaça crescente e, para sustentar esse argumento, citavam cidades vizinhas, nas quais se sabia que havia mais nazistas e de onde chegavam relatos cada vez mais frequentes de perseguições aos judeus.

Demorou certo tempo para Manfred sentir qualquer divisão entre estudantes judeus e não judeus em sua escola. Um dia eles souberam que o professor havia se aposentado, e seu substituto era um homem mais jovem, de outra região e que pregava a doutrina nazista. O surgimento desse novo professor sinalizou uma mudança para Manfred e as outras crianças judias. Daquele momento em diante, na classe e durante as atividades recreativas, os judeus passaram a ser cada vez mais ridicularizados pelo professor e atormentados pelos colegas.

No verão seguinte, Manfred passou parte das férias escolares com o irmão de sua mãe, Arthur Katten, e sua esposa Lina, em Rauschenberg, cidade próxima. Depois de fazer amizade com alguns meninos da vizinhança, Manfred foi convidado a comparecer a uma reunião local de uma organização nacional, Deutsches Jungvolk, para garotos de 10 a 14 anos. Manfred ficou animado quando soube que poderia participar de atividades esportivas, de acampamentos e trilhas. O grupo, no entanto, era afiliado ao movimento da Juventude Nazista, e Manfred foi excluído assim que eles souberam que era judeu.

Não muito tempo depois de Manfred voltar para casa, o primeiro de seus parentes foi pego pelos nazistas. Para seu choque, foi seu tio Arthur. Preso em casa por tropas de assalto uniformizadas, foi mantido sob "custódia preventiva" por seis semanas antes de ser solto; nenhuma acusação foi feita. Arthur tinha servido o país com distinção na Primeira Guerra Mundial, mas agora percebia que isso não significava nada no regime nazista. Começou imediatamente a fazer planos para sair da Alemanha com a família o quanto antes.

O antissemitismo ia se tornando cada vez mais presente no cotidiano de Josbach, e os judeus locais se convenceram de que o regime nazista tinha consolidado seu poder, com Hitler no controle como líder supremo da Alemanha. Em 1935, foram decretadas as leis de Nuremberg, transformando os judeus em cidadãos de segunda classe e revogando a maioria de seus direitos políticos. Apenas alemães com quatro avós alemães não judeus eram considerados "racialmente aceitáveis", e o judaísmo passou a ser definido como raça, não como religião. Era irrelevante se as pessoas praticavam o judaísmo ou mesmo se eram cristãos praticantes; por lei, se tivessem "sangue judeu", eram judias.

Seguindo o dogma do Terceiro Reich que encorajava mulheres de "raça pura" a ter tantos filhos arianos quanto possível, casamentos mistos entre judeus e pessoas com "sangue alemão ou relacionado" tornaram-se crime. Hitler e seu Partido Nazista disseminaram a noção de que uma maior população alemã racialmente superior estava destinada a expandir e dominar por meio do poder militar. Um dos primeiros passos na direção dessa meta – e do conflito global que viria a seguir – ocorreu em 1936, quando Hitler enviou tropas alemãs para ocupar a Renânia, uma zona desmilitarizada na Alemanha ocidental estabelecida segundo os termos do Tratado de Versalhes.

Naquele mesmo ano, o professor de Manfred, que usava uma suástica presa na lapela do paletó, levou todos os alunos para fora e os alinhou como se fossem jovens recrutas militares na rua principal de Josbach, onde anunciou que um comboio de automóveis "especial" passaria pela cidade. Alguns estudantes se empurraram para ficar na frente, e Manfred ficou para trás. Ele achou que seria alguma manifestação inspirada pelo nazismo e não tinha nenhuma vontade de acompanhar mais de perto. Não tiveram de esperar muito. Um automóvel preto conversível se aproximou a uma velocidade média. Como aprenderam a fazer na escola, perante o comando do professor, quase todos os alunos estenderam o braço direito para a frente.

"*Sieg Heil*", gritou um coro de vozes infantis.

Manfred não estendeu o braço nem abriu a boca. Só ficou olhando o homem de bigode no banco de trás. Já tinha visto a foto dele muitas vezes.

Quando o carro passou, Hitler pareceu levar a mão à testa como um reconhecimento da saudação coletiva, mas logo a baixou.

"*Sieg Heil! Sieg Heil!*"

As saudações só terminaram quando o carro virou a esquina e desapareceu.

O jovem Manfred sentiu que aquele homem de bigode no banco de trás representava um perigo para ele, para sua família e para todos os judeus na Alemanha.

No dia em que dois homens em uniformes nazistas surgiram ameaçando prender sua avó, ela e Manfred estavam sozinhos em casa. Que crime uma mulher velha e doente cometeria? Parecia que Johanna Steinfeld tinha assumido a hipoteca de uma propriedade de outra cidade, a qual pertencia àqueles homens. Eles, porém, nunca fizeram nenhum pagamento, de forma que estavam com muitas parcelas atrasadas para com Johanna. Agora eles ameaçavam prender uma senhora idosa com base em acusação falsa se ela não concordasse em cancelar a hipoteca da propriedade. O rosto de Johanna ficou pálido. Voltando-se para Manfred, ela mandou o garoto correr o mais rápido que pudesse e chamasse o prefeito.

Na Alemanha dos anos 1930, o *Bürgermeister* de uma cidade detinha bastante autoridade, mesmo com funcionários do governo de fora. Naquele momento, o primeiro e único membro do Partido Nazista de Josbach, Heinrich Haupt, ocupava o cargo de prefeito. Todos gostavam dele, Heinrich até se reunia com alguns amigos judeus nas noites de sábado para jogar *Skat*, o jogo de cartas mais popular da Alemanha.

Haupt foi correndo para a casa de Manfred e imediatamente pediu para ver as credenciais dos homens; eles mostraram. Quando exigiu um mandado de prisão emitido por um tribunal, contudo, os homens admitiram que não tinham tal documento.

"Vocês não têm nenhuma jurisdição aqui", disse Haupt, em tom severo. "A sra. Steinfeld é uma cidadã desta cidade, e essa tentativa de prisão não tem base nenhuma."

Com isso, o prefeito Haupt expulsou os homens uniformizados da cidade.

Para os judeus de Josbach, até mesmo o tradicional passeio matinal dos sábados à sinagoga da vizinha Halsdorf se tornara arriscado. Quando um operador de moinho de farinha os viu se aproximando, soltou os cães de guarda com o comando: "*Gehen bekommen die Juden!*", ou "Peguem os judeus!". Depois de vários incidentes, o cortejo de homens, mulheres e crianças bem-vestidos começou a fazer um trajeto mais longo para evitar o moinho.

Comboios militares atravessavam a cidade quase todos os dias. Certa vez, um grupo de camisas marrons da SA parou e começou a entoar: "Quando sangue judeu fluir da faca, as coisas vão ser muito melhores". Um bando da Juventude de Hitler atravessou a cidade de bicicleta, apedrejando lojas com nomes judeus e quebrando janelas. Até mesmo clientes antigos ficaram com medo de ser vistos comprando dos comerciantes judeus de Josbach.

Em 1937, Paula Steinfeld decidiu que era hora de tirar a família da Alemanha. Vários membros da família Katten já tinham partido, inclusive Arthur e sua esposa; depois da prisão de Arthur, os dois saíram do país para encontrar a filha casada, que morava em Nova York desde os anos 1920. Ao perceber que não havia futuro na Alemanha para judeus de qualquer idade, independentemente da formação, outros Katten e Steinfeld, inclusive o tio Solomon, tomaram medidas para emigrar.

Àquela altura, uma fila de espera de alemães já se formava buscando entrada nos Estados Unidos – a maior parte era de judeus. Sob o Ato de Imigração de 1924, o Departamento de Estado dos Estados Unidos foi autorizado a emitir 150 mil vistos para imigrantes por ano, com cotas proporcionais para países que mais contribuíram para a população norte-americana em 1890. Assim, 85% dos imigrantes recebidos eram da Europa. As cotas se baseavam em local de nascimento, não em cidadania nem em local de residência. Em 1937, quando Paula decidiu tirar a família do país, a Alemanha nazista ainda estava aberta à ideia de emigração judia, mas a cota anual de 27.270 alemães e austríacos que recebiam visto de entrada para os Estados Unidos era preenchida rapidamente.

Dados os números da imigração, Paula soube que sua família entraria numa lista de espera de vistos, mas talvez não conseguisse ir antes de 1940 ou 1941. Também havia a dificuldade de encontrar alguém para assinar uma declaração juramentada de apoio para uma mulher viúva com três filhos. Nenhum dos parentes que havia chegado aos Estados Unidos estava em posição de aceitar responsabilidade financeira pela família.

Desesperada, Paula decidiu mandar os filhos para um lugar seguro, mesmo que isso significasse fazer o impensável: enviar cada um para um país diferente, sozinho. Na tradição judaica, o filho mais velho deveria continuar o nome da família, o que significava que

Manfred seria o primeiro a partir. Informações sobre emigração circulavam livremente nas comunidades judaicas, e Paula ouviu falar da Hebrew Immigration Aid Society (HIAS) [Sociedade de Auxílio à Imigração Hebraica], organização sediada nos Estados Unidos que ajudava crianças desacompanhadas com menos de 16 anos a sair da Alemanha. Devido à demanda crescente e para ser justo, o grupo aceitava apenas uma criança por família. Quando Paula inscreveu Manfred, ele tinha pouco menos de 14 anos.

O passo seguinte era lidar com a enxurrada de papéis: cinco cópias do pedido de visto; duas cópias da certidão de nascimento; um certificado de boa conduta por parte das autoridades alemãs (o que se tornou cada vez mais difícil de ser obtido por judeus e acabou sendo eliminado na lista de exigências para imigração); atestado de boa saúde de um médico; e documentos assinados pela HIAS, pela irmã de Paula, Minna, e seu marido, Morris Rosenbusch, que tinham saído da Alemanha em 1936 e agora viviam no sul de Chicago. Eles concordaram em acolher Manfred, que sabia pouco inglês.

Em junho de 1938, o visto de entrada de Manfred chegou, e a data de partida foi marcada para início de julho. Ele pegaria um trem até Hamburgo, grande cidade portuária ao norte da Alemanha ligada ao mar do Norte pelo rio Elba. Lá, um acompanhante da HIAS se encontraria com Manfred, que se juntaria a outras crianças alemãs judias a bordo de um transatlântico para a viagem até os Estados Unidos.

Como parte de uma dolorosa rodada de despedidas, Manfred percorreu 20 km de bicicleta para visitar o irmão de sua avó. Imaginava que aquele seria o último encontro entre os dois, e seu tio-avô parecia pensar o mesmo. Quando se despediram, o senhor de idade vasculhou o bolso, pegou uma nota amassada de dez dólares, alisou com cuidado e deu para o garoto.

"Para ajudar a começar sua nova vida nesse outro país."

Paula foi avisada de que Manfred só poderia levar um pouco de dinheiro, por isso costurou a nota na barra de uma de suas calças. Algumas famílias judias que haviam enviado entes queridos para o estrangeiro deram outra ideia. Ela comprou duas lentes de 75 dólares para câmeras Leica, ajustou-as no fundo de duas latas de talco e cobriu as valiosas lentes com o pó. Guardou as latas embaixo de algumas calças dobradas no baú de Manfred, que foi enviado na frente para o navio em Hamburgo. Paula aconselhou o filho a vender as lentes quando precisasse de dinheiro.

Bem cedo na manhã de sua partida, Manfred se despediu da irmã, do irmão e de outros parentes que foram visitá-lo. Foi especialmente difícil deixar o irmão mais novo, Herbert, que o idolatrava. Eles eram até parecidos; embora fosse uma cabeça mais baixo, Herbert tinha o mesmo semblante aberto e simpático de Manfred.

Herbert sempre seguia o irmão mais velho, como uma sombra, querendo tudo que Manfred tinha ou fazia: "*Ich auch*", "Eu também", era um refrão comum. Como parceiro mirim no trabalho e nas brincadeiras, Herbert ficava feliz em ajudar nas tarefas domésticas ou qualquer outra coisa que pudesse agradar ou chamar a atenção do irmão mais velho.

Manfred recebeu um abraço longo e apertado da avó, entendendo que provavelmente seria o último. Quando partiu, ainda sentindo os beijos chorosos da avó nas bochechas, olhou para trás e a viu acenar, triste, com as duas mãos.

Manfred foi de bicicleta com a mãe até a estação em Halsdorf, onde embarcaram em um trem para a viagem de 16 km até Kirchhain. Chegando lá, Paula comprou uma passagem só de ida para o filho no trem expresso para Hamburgo. Deu um lenço branco dobrado para ele e algumas instruções finais: guardar o lenço no bolso até chegar a Hamburgo; depois, segurar na mão esquerda. Haveria uma moça na plataforma também com um lenço branco na mão esquerda. Essa seria a acompanhante que o levaria aonde as outras crianças estavam se reunindo para embarcar no navio.

Quando não tinha mais instruções, a mãe começou a chorar. Beijou Manfred e o abraçou com força. Paula disse ao filho que estava muito feliz e aliviada por ele sair da Alemanha e que logo ele estaria seguro nos Estados Unidos. Mesmo com 14 anos, porém, Manfred compreendeu que a mãe fazia algo contra seus instintos mais básicos e contra a natureza e o desejo de todas as mães judias que ele conhecia: amar, proteger e cuidar dos filhos.

"*Auf wiedersehen, Mutti*", disse Manfred, em um adeus em que demonstrou mais ânimo do que sentia.

Depois de tantas despedidas de partir o coração, era a que ele mais temia. Manfred não queria revelar à mãe seu maior medo, que começou a perturbá-lo desde que soube da mudança iminente para os Estados Unidos.

As últimas palavras que ela disse, "fique quieto e não chame atenção", permaneceriam com ele durante as viagens pelos trilhos e pelo mar. Os dois se despediram com um aceno quando o trem saiu da estação. Manfred viu que a mãe estava chorando, sozinha na plataforma. O trem ganhou velocidade, e ela foi ficando cada vez menor, até sumir de vista.

Manfred Steinfeld morria de medo de nunca mais ver a mãe.

Para Paula Steinfeld, fora uma decisão agonizante enviar o filho mais velho para longe, sozinho, para atravessar um oceano e viver com outros numa terra estrangeira. Depois, ela passou a rezar para que essa manobra salvasse a vida dele e garantisse seu futuro, mesmo se nunca mais visse aquele rosto tão meigo. Com o coração apertado, voltou para sua casa, em Josbach, e começou a planejar como salvaria os outros dois filhos.

Stephan Lewy tinha 7 anos de idade em 1932, quando seu pai, Arthur, que ficara viúvo no ano anterior, deixou-o no orfanato Baruch Auerbach para crianças judias em Berlim. A mãe de Stephan, Gertrude, estivera inválida por muitos anos, e por algum tempo após sua morte Arthur conseguiu cuidar do filho com a ajuda de uma mulher que contratou para administrar a casa.

O garoto sentia uma falta terrível da mãe, que sempre foi uma presença suave e generosa em sua vida. Quando ele fazia bem alguma coisa, era a mãe que o abraçava, beijava e o elogiava, enquanto o pai o estapeava ou espancava por causa de suas transgressões. Uma das lembranças mais precoces de Stephan era da mãe rezando ante as velas do *Shabbat* nas noites de sexta-feira, antes da refeição especial que tinha preparado. E aquilo de que ele mais se lembrava era da mãe acamada, por causa do coração fraco. Costumava se deitar ao lado dela na cama enquanto a mãe lia para ele, e isso deixava os dois muito felizes. Stephan também gostava de fazer coisas que ela era incapaz de fazer por si mesma.

Três meses depois da morte de Gertrude, seu irmão mais novo, Ewald, deixou de pagar um empréstimo considerável do qual Arthur, comerciante e dono de uma tabacaria, fora fiador, apesar dos conselhos contrários da esposa. Para quitar a dívida, Arthur perdeu as economias da família e até mesmo os móveis da casa, que Stephan viu serem levados pelos homens da mudança, sentado no peitoril da janela.

Arthur não tinha mais como pagar a mulher que contratara para cuidar de Stephan enquanto ele estava no trabalho, e nenhum dos parentes de Gertrude estava disposto ou era capaz de ajudar com o garoto. Os pais e sete irmãos de Arthur morreram antes de 1902, vítimas de alguma doença contagiante, deixando-o como único integrante remanescente da família aos 9 anos de idade.

Stephan Lewy com a mãe, Gertrude, pouco antes de ela morrer, em 1931. *(foto da família)*

Uma organização judaica levou Arthur, assustado, ao orfanato Auerbach, onde ele permaneceu até ser liberado, aos 16 anos. Recrutado para o Exército alemão em 1914, Arthur esteve em combate na frente ocidental, inclusive na segunda Batalha de Ypres, na Bélgica, quando os alemães fizeram intensos ataques de gás venenoso pela primeira vez na história, matando milhares.

Dispensado após o armistício, Arthur foi convidado por um colega do Exército para um jantar social. Durante o jantar, sentou-se ao lado de uma charmosa jovem que trajava um vestido de seda cinza-claro; como contaria aos amigos no futuro, Arthur se apaixonou por Gertrude entre a sopa e o *strudel* de maçã. Eles se casaram meses depois.

Ainda na casa dos 20 anos, Gertrude sofreu um ataque quase fatal de febre reumática que debilitou seu coração. Um médico avisou que um parto poria sua vida em risco, e Gertrude e Arthur concordaram em não ter filhos. Um ano depois, no entanto, ela estava grávida. O médico reafirmou sua avaliação lúgubre e se ofereceu para fazer um aborto.

"Eu vou ter esse filho", disse ela ao médico e ao preocupado marido. "E nós dois vamos sobreviver."

Com a mãe já no fim da vida, Stephan viu que ela ficava cada vez mais fraca. Mesmo quando foi hospitalizada pela última vez, ele ainda era novo demais para considerar seriamente a possibilidade de que a mãe poderia morrer.

Stephan estava com o pai, empacotando caixas nos fundos da loja de tabaco, quando telefonaram do hospital. O pai desligou o telefone e disse, com pesar:

"Ela se foi, meu filho. Sua mãe morreu."

Os dois se sentaram num engradado de madeira e choraram. Era a primeira vez que Stephan via o pai, sempre austero, demonstrar alguma emoção.

"Estamos sozinhos agora", disse Arthur, chorando. Ao mesmo tempo, garantiu ao filho que eles iriam ficar bem, pois tinham um ao outro.

Foi então que o empréstimo parou de ser pago, vieram os cobradores e o pessoal da mudança para retirar os móveis. Arthur perdeu seu apartamento de dois quartos no centro de Berlim e só conseguiu alugar um quarto mal mobiliado com acesso a cozinha e um banheiro compartilhado.

Sentando-se com o filho para conversar, Arthur disse, com sua voz mais séria:

"Você se lembra do que falei sobre onde eu cresci?"

Stephan assentiu.

"Você é um bom rapaz, e não estou fazendo isso como castigo. Ainda assim, decidi mandar você para um orfanato, para seu próprio bem."

"Mas, papai, você disse que a gente ia ficar bem, porque temos um ao outro."

"Não tem discussão", respondeu o pai, que não seria dissuadido por sentimentos ou emoções. "Eu conheço o lugar. Estou certo de que você vai ter os cuidados e a supervisão adequados."

Alguns dias depois, o pai de Stephan o levou para o orfanato Auerbach. O prédio de três andares tinha fachada ornamentada e ficava no número 162 da Schönhauser Allee, encimado por uma torre imponente. Construído no fim do século XIX para ser uma cervejaria, tinha o interior úmido e escuro. Stephan esperou em um corredor comprido quando o pai entrou num escritório.

Quando o pai reapareceu, Stephan percebeu que ele não estava interessado em nenhuma despedida prolongada. Disse que os domingos eram dias de visita, agachou-se para um abraço rápido, deu um passo para trás e apertou a mão do garoto.

Stephan ficou sozinho no corredor, com o coração batendo mais rápido.

Logo depois, apareceu um garoto mais velho e o levou até o dormitório dos meninos, onde Stephan desempacotou sua bagagem. Naquela noite, ele cobriu o rosto com um travesseiro para que ninguém o ouvisse chorar. Quando acordou na manhã seguinte, com o soar de um sino, seu travesseiro estava úmido das lágrimas.

Cem crianças moravam no orfanato, todas elas judias. A maioria não tinha pais, embora houvesse algumas, como Stephan, cujos pais solteiros foram incapazes de criá-las por uma série de razões.

Durante a semana, as crianças frequentavam uma escola pública e passavam o resto do tempo no orfanato. Havia muitas regras, e, se eles se comportassem e tivessem parentes que morassem perto, podiam visitá-los aos domingos, mas tinham de voltar até as 6 horas da tarde. Ter sido criado numa casa com um pai severo ajudou Stephan a se adaptar à atmosfera autoritária.

A primavera de 1933 chegou; Hitler assumiu o poder, e o orfanato, assim como o resto do país, foi assolado por notícias sobre os acontecimentos políticos e as novas leis antissemitas. Os nazistas estavam proibindo judeus de exercer cargos públicos e tornando muitas profissões inacessíveis a esse povo – não apenas no serviço civil, mas também em rádios, jornais, nas escolas e nas artes.

"Stephan", disse um amigo, "não vai sobrar nada para nós quando crescermos".

Quando soube do boicote aos comerciantes judeus, Stephan ficou preocupado com o pai. Será que ele conseguiria manter a loja? Sabia que o pai se dizia socialista. Embora Stephan não soubesse o que aquilo significava – ele tinha apenas 8 anos –, os garotos mais velhos que liam os jornais explicaram que os socialistas estavam entre aqueles que os nazistas prendiam.

Não muito tempo depois, Stephan foi chamado ao escritório do superintendente. Um homem de rosto pesaroso sentado atrás de uma mesa disse:

"Sinto muito, mas até segunda ordem você não vai poder ir para casa aos domingos."

"Mas... o que eu fiz?"

"São instruções de seu pai."

Stephan saiu do escritório chorando, confuso. O que ele tinha feito para o pai não querer mais vê-lo? Primeiro a mãe morreu, agora isso. Estava sozinho no mundo, sem ninguém que o amasse. A mágoa logo se transformou em raiva em relação a Arthur, que, segundo achava, o abandonara completamente.

Stephan Lewy, com 7 anos, no pátio do orfanato judeu Baruch Auerbach, em Berlim, 1932. *(Museu Memorial do Holocausto dos Estados Unidos)*

Meses se passaram. Stephan não soube mais do pai, nenhuma notícia. Foi então que a mãe de um amigo do orfanato, que tinha levado Stephan para casa com o filho em algumas visitas de domingo, disse a verdade ao garoto. Os nazistas tinham prendido o pai dele, que fora mandado para um campo de concentração. Os funcionários do orfanato tentavam protegê-lo da péssima notícia, mas ela achou que o garoto devia saber por que não podia ver o pai.

Arthur Lewy foi mandado para o campo de concentração Oranienburg, uma das primeiras instalações carcerárias criadas pelos nazistas quando tomaram o poder. Localizado na cidade de Oranienburg, perto de Berlim, o campo tinha como objetivo inicial deter os oponentes políticos de Hitler daquela região. Em 1933, já estava lotado de social-democratas, socialistas e comunistas, junto com outros considerados "indesejáveis". A SS assumiu o campo em meados de 1934 e, com frequência, obrigava os presos uniformizados a passar o dia fazendo trabalhos pesados.

Arthur foi solto de Oranienburg em 1935, após sofrer um ataque cardíaco, sendo internado em um hospital judeu em Berlim. Pouco depois de ter alta, Arthur foi ao orfanato ver o filho. Dessa vez, deu um abraço forte em Stephan e beijou as bochechas do filho quando se encontraram, no mesmo corredor em que haviam se separado dois anos antes. Por mais entusiasmado que tivesse ficado ao ver o pai, Stephan se impressionou com sua aparência. Arthur estava sem a maioria dos dentes da frente, sua constituição forte tinha murchado.

Arthur disse a Stephan que um amigo tinha mantido a tabacaria funcionando em sua ausência, mas que as novas leis dificultavam a posse de negócios por parte de judeus e que ele estava sendo pressionado a vender o negócio por um preço baixo para um não judeu.

"As pessoas estão tirando vantagem da situação", lamentou.

O pai estava morando em uma pensão.

Durante a conversa, Stephan não acreditava em como o pai havia mudado. Não só fisicamente: ele também se comportava de forma muito mais calorosa, bem menos severa.

Stephan também havia mudado. No ambiente institucional de Auerbach, o menino que sempre se esforçava para agradar tinha se tornado muito levado. Ainda assim, era raro que fosse pego fazendo algo de errado, mesmo quando aprontava travessuras como levar os garotos aos dutos de ventilação para espiar as garotas tomando banho. E, de maneira geral, Stephan obedecia às regras. Também se saía bem nos estudos.

Como recompensa, no início de 1938, pouco depois de seu *bar mitzvah*, ele se tornou um *shamus*, pessoa responsável por abrir a sinagoga frequentada pela comunidade local, no último andar do orfanato. Toda manhã, Stephan preparava os textos da Torá para a leitura do dia e ligava o órgão elétrico. Os garotos mais velhos do orfanato compareciam às cerimônias três vezes por dia, aprendiam a conduzir sermões e estudavam hebraico para ler as escrituras. Isolados por causa de sua religião, eles viviam o judaísmo no orfanato Auerbach – no caso de Stephan, mais intensamente do que em casa.

A escola perto do orfanato era frequentada por uma mistura de estudantes judeus e não judeus, com garotos e garotas separados. Um dia, um grupo de adultos entrou na classe de Stephan: uma enfermeira, um médico, um policial e um funcionário do governo nazista, nos respectivos uniformes. O funcionário anunciou que eles fariam "mensurações arianas" e ordenou que todos os judeus – havia dez ou doze na classe, sendo que a maioria era do orfanato – fossem para um canto. Os outros quarenta garotos formaram um grande círculo, com os adultos no meio. Um por um, todos deram um passo à frente para o médico usar um instrumento mecânico a fim de medir o tamanho e o formato do crânio. O médico tomou outras medidas, como a distância entre as orelhas e a altura da testa e do nariz, ditando os dados para a enfermeira registrar em um livro. Usaram também um conjunto de amostras de cor para determinar e documentar a cor da pele, dos olhos e do cabelo de cada aluno.

Isolados em um canto da sala, Stephan e os outros judeus foram ignorados.

No outono de 1938, o pai de Stephan casou-se novamente. Sua nova esposa era Johanna Arzt, e Stephan teve certa influência no encontro do casal: ela era irmã da mulher que o levava para casa com o filho aos sábados enquanto Arthur estava no campo de concentração. Quando Arthur foi libertado de Oranienburg, pai e filho foram a vários jantares dominicais na casa dos Arzt, e Arthur e Johanna foram apresentados numa dessas ocasiões.

Carente de amor materno, Stephan logo se apegou a Johanna, uma judia gentil e carinhosa como a mãe de Stephan. Em pouco tempo, ele já se sentia bem próximo dela, começando a chamá-la de *Mutter* sem nenhuma reserva.

Àquela altura, Arthur tinha perdido a loja. Saía à noite para bater nas portas de velhos clientes a fim de conseguir encomendas de tabaco. Os pedidos eram entregues por um vendedor ariano de fumo, e Arthur recebia uma pequena comissão. Johanna trabalhava como escriturária. Os dois ainda moravam num pequeno quarto alugado; portanto, Stephan continuava no orfanato.

Certo dia, no início de novembro de 1938, quando voltava da escola, Stephan leu uma manchete na banca de jornal da esquina.

JUDEU MATA DIPLOMATA ALEMÃO EM PARIS.

Stephan soube de imediato que era uma notícia importante e procurou um trocado no bolso para comprar o jornal.

Na semana anterior, mais de 12 mil judeus nascidos na Polônia, que residiam legalmente na Alemanha havia anos, foram expulsos do país. Obrigados a deixar suas casas no mesmo dia, foram levados para as estações ferroviárias mais próximas e embarcaram em trens rumo à fronteira polonesa. Quatro mil foram autorizados a entrar na Polônia, mas os restantes não obtiveram autorização e se viram num limbo, presos na desolada fronteira entre os dois países. Passaram uma semana debaixo de chuva e no frio, sem alimento nem abrigo adequados. No dia 7 de novembro, Herschel Grynszpan, um rapaz de 17 anos que vivia em Paris, filho de judeus poloneses que tinham sido presos, entrou na embaixada do Terceiro Reich e atirou no diplomata. Ele queria se vingar pela maneira como os nazistas trataram os judeus, especialmente sua família.

Na época, Hitler e seu ministro da propaganda, Joseph Goebbels, participavam da celebração anual do *Putsch* da Cervejaria em Munique, que marcou a primeira tentativa de Hitler de assumir o poder, em 1923. Horas após ouvirem a notícia, eles tramaram uma resposta. Os dois viram o assassinato – a propaganda nazista se referiu ao caso como o "primeiro tiro na guerra judaica" – como oportunidade para desencadear uma onda de violência em massa contra os judeus, já planejada havia muito tempo. Naquela mesma noite, Goebbels esboçou para um entusiasmado grupo de líderes do partido o *pogrom* nacional que ficaria conhecido como *Kristallnacht*.

A partir da meia-noite, foram enviadas mensagens secretas do teletipo da sede da Gestapo em Berlim para unidades militares e policiais em todo o país, ordenando a organização de manifestações antissemitas em cada cidade e vilarejo, estimulando a destruição de sinagogas e de outras propriedades dos judeus e autorizando prisões em massa e detenção de judeus.

No dia seguinte, em Berlim, multidões enraivecidas encheram as ruas gritando "Abaixo os judeus!". Gangues nazistas – muitas formadas por oficiais uniformizados da SA ou por nazistas vestidos como civis – armadas com pistolas, facas, pés de cabra e tijolos atacaram indiscriminadamente homens judeus, fizeram prisões em massa, saquearam e incendiaram sinagogas, casas e estabelecimentos comerciais de judeus. Os bombeiros ficaram parados, observando as construções queimarem.

No começo da manhã seguinte, um grupo de nazistas uniformizados entrou à força no orfanato Auerbach, prendendo todos os funcionários, que eram judeus. Entraram nos dormitórios do térreo do prédio em forma de "U" – uma ala para os garotos e a outra para as meninas – e reuniram as crianças, levando todas para a sinagoga no andar de cima. A cobertura da *bimah* – plataforma elevada onde é lida a Torá – fora arrancada. A arca sagrada em que eram guardados os pergaminhos da Torá fora derrubada da parede, e outros símbolos também foram destruídos.

Apavorados, as meninas e os rapazes lotaram os bancos e fizeram fila ao longo das paredes, esperando para ver que coisas horríveis os nazistas tinham planejado para eles. Por sua vez, os nazistas saíram da sinagoga sem dizer uma palavra, deixando as crianças assustadas para trás, trocando olhares confusos.

Instantes depois, Stephan escutou o som de chaves e ouviu a porta ser trancada por fora. Na sequência, sentiu o cheiro de gás. A luz eterna (*ner tamid*), localizada na frente da arca para simbolizar a presença perene de Deus, tinha sido destruída; o cano de gás que alimentava a chama estava cortado. Um fluxo constante de gás entrava na sinagoga cheia de crianças pelo cano cortado. Se não fugissem rápido daquele espaço fechado, todas morreriam.

Desesperados, alguns garotos mais velhos tentaram arrombar a pesada porta, mas ela não cedia. Quando as crianças perceberam que não podiam sair, o medo se transformou em pânico. Chorando e gritando, muitas começaram a tossir e a sufocar com o gás.

Um dos mais velhos pegou uma cadeira e começou a bater nos lindos vitrais. Stephan e outros rapazes se juntaram a ele e, trabalhando em conjunto, conseguiram quebrar várias vidraças grandes. As aberturas permitiram a entrada do ar de fora, e o gás começou a se dissipar. As crianças ficaram trancadas na sinagoga pelo resto do dia, até que um policial do bairro, preocupado, apareceu e as libertou.

Dois dias depois, os órfãos foram orientados pelos funcionários a voltar à escola. Os funcionários do orfanato que tinham sido soltos pareciam ansiosos para devolver um pouco de normalidade à vida das crianças. "Peguem seu almoço e vão para a escola", disseram aos órfãos. "A vida continua."

As coisas que Stephan viu naquela caminhada de 3 km o perseguiriam para sempre. Casas completamente incendiadas; lojas saqueadas; pergaminhos e xales de oração jogados na rua. Nazistas armados patrulhavam as esquinas e os telhados. Homens judeus, obrigados a varrer o chão em frente às lojas e às casas destruídas, eram agredidos e hostilizados enquanto trabalhavam.

Pouco depois de Stephan e os outros garotos do orfanato chegarem à escola e se acomodarem na sala de aula, um nazista uniformizado apareceu para fazer uma palestra sobre "misturar a raça ariana pura". Anunciou que crianças judias não poderiam mais frequentar as escolas elementares do "Estado ariano".

"Vocês precisam sair dessa escola já", determinou.

Confusos, mas sem se atrever a fazer perguntas, Stephan e os outros estudantes judeus juntaram seus pertences em silêncio e saíram. No orfanato, os administradores tinham acabado de ser informados a respeito dessa nova política. Um prédio na Kaiserstrasse – que ficava a quarenta minutos de caminhada, passando pelo centro de Berlim – fora designado como escola para os judeus.

Àquela altura, todas as crianças já estavam bem cientes de que o antissemitismo as espreitava sempre que saíam à rua. Não havia como escapar daquilo na capital da Alemanha nem como evitar o inevitável: o ódio as acompanhou na nova escola. Na maioria das tardes, os estudantes eram confrontados por membros uniformizados da Juventude Nazista, alinhados em fileiras de 30 m de comprimento dos dois lados da calçada. Girando cintos de couro sobre a cabeça, com as fivelas eles chicoteavam os estudantes – que eram obrigados a passar entre as fileiras – como se fossem gado. Os policiais que estivessem por perto viam a agressão, mas não faziam nada além de impedir os judeus de tentarem se defender.

Stephan, então com 13 anos, percebeu que sua vida havia mudado. E teve a confirmação disso quando foi para casa no domingo seguinte e falou com o pai sobre a noite de horror no orfanato e sobre as outras coisas terríveis que tinha visto. Aquilo não estava acontecendo só em Berlim, explicou o pai, numa voz baixa e tensa, mas em toda a Alemanha. Embora revistas e jornais judeus tivessem recebido ordens de interromper sua publicação, Arthur soube que centenas de sinagogas haviam sido destruídas. Milhares de judeus estavam sendo capturados e enviados para campos de concentração.

Dois agentes da Gestapo tinham ido buscá-lo algumas noites antes, contou Arthur, quando ele estava fora pegando encomendas de tabaco com clientes. Homens judeus estão sendo presos em suas próprias casas por nenhuma razão, explicou; os nazistas apareciam tarde da noite, quando achavam que as pessoas estariam na cama. Quando foram atrás de Arthur, Johanna disse aos homens que não sabia quando ele voltaria. Eles ficaram esperando uma hora antes de irem embora. Quando retornariam? Com medo até mesmo de ficar em casa, Arthur começou a sair no começo da tarde e passar a maior parte da noite caminhando. Ele e Johanna tinham combinado um sinal. Se houvesse homens esperando, ela colocaria a gaiola do periquito na janela, e Arthur continuaria andando. Se ele não visse a gaiola, era seguro subir.

Arthur contou ao filho que eles decidiram que era hora de sair da Alemanha. Johanna tinha um primo distante que morava em Boston. Embora os dois nunca tivessem se encontrado, Johanna escreveu para perguntar se ele patrocinaria a entrada dos três nos Estados Unidos. O pai de Stephan explicou que enviariam os pedidos de visto para o Departamento de Estado norte-americano. Os judeus ainda podiam sair da Alemanha, desde que não levassem dinheiro nem outros bens. As portas da emigração podiam ser fechadas a qualquer momento; e a política norte-americana também podia mudar.

Para aumentar a incerteza, o governo alemão começara recentemente a racionar carne, café e manteiga. Arthur encarou aquilo como sinal da iminência de uma guerra total. Se não partissem em breve, ele receava que talvez não conseguissem mais sair de lá.

Parte do processo para obter um visto envolvia comparecer no consulado dos Estados Unidos e fazer exames médicos; a ideia era garantir que os potenciais emigrantes não fossem portadores de doenças infecciosas, que fossem saudáveis. Johanna e Stephan passaram, mas Arthur foi reprovado por sofrer de pressão alta. Ele teria que começar a tomar remédios, mudar a dieta e passar por um novo exame, o que levaria tempo.

Arthur e Johanna explicaram a situação a Stephan na visita do domingo seguinte. Embora tenha sido decepcionante saber que não sairiam da Alemanha tão cedo, pensar que eles não ficariam juntos fez o rapaz se sentir pior ainda. Stephan já tinha pensado muito sobre como seria fazer parte de uma família de novo, morar numa casa com os pais em vez de ficar no orfanato. Emigrar para os Estados Unidos prometia mais que segurança: era uma chance de finalmente voltar a viver com os pais.

"Você sabe o quanto estamos preocupados com sua segurança?", perguntou Johanna.

Sim, Stephan sabia.

Era cada vez mais perigoso para os judeus continuarem na Alemanha, disse Arthur. Ele e Johanna tinham decidido tirar Stephan do país antes de eles mesmos saírem.

"Nós vamos aproveitar um plano oferecido pelo orfanato", explicou.

"Que plano?", perguntou Stephan.

O pai contou que países europeus como a Inglaterra, a Dinamarca, a Holanda e a França estavam admitindo como refugiadas crianças judias não acompanhadas. Ele ficou sabendo pelos administradores do Auerbach de providências para mandar algumas crianças a Paris, onde ficariam sob os cuidados de uma organização de resgate judaica. Ele já tinha inscrito Stephan. Ele estaria mais seguro na França, explicou o pai.

"Sair da Alemanha sem vocês?"

Stephan percebeu que seu sonho de se reunir com os pais estava perdido.

Arthur prometeu que eles se reuniriam assim que possível na França – ou talvez nos Estados Unidos.

"Veremos. Nós vamos nos escrever."

No dia 4 de julho de 1939, Arthur e Johanna levaram Stephan para a cavernosa estação ferroviária de Anhalter Bahnhof, em Berlim. Ao chegarem, encontraram cerca de quarenta garotos e acompanhantes. Stephan conhecia umas doze crianças do orfanato. Enquanto os parentes se despediam, muitos meninos mais novos davam risada, fazendo piadas sobre a grande aventura em que estavam prestes a embarcar. Ciente das implicações da viagem, Stephan ficou quieto.

Nenhum dos adultos presentes, nem Arthur e Johanna, transmitiu aos filhos qualquer indicação de que talvez eles nunca mais se vissem. Como a situação na Alemanha piorava diariamente, os adultos sabiam que essa era uma possibilidade. Arthur teve de assinar um documento de tutelagem atribuindo a responsabilidade legal pelo bem-estar de Stephan à organização de resgate até ele completar 18 anos. Mesmo sem a permissão dos pais, a organização seria livre para levar Stephan a qualquer lugar que considerasse seguro.

Quando o grupo seguiu para a plataforma da estação, Stephan ouviu o pai dizer:

"Comporte-se."

Stephan entrou no último vagão quando o trem já saía da estação e olhou pela janela coberta de gelo para a cidade de Berlim, que ia ficando para trás. Com o dedo, desenhou três vezes a letra "X" na condensação do vidro. O triplo "X" era um conhecido sinal alemão de desagrado. Costumava ser deixado, por exemplo, por clientes na conta de um restaurante após uma refeição ruim, indicando que não mais voltariam.

Stephan era alemão, mas também era judeu. E, depois do que tinha passado em sua curta vida, ele nunca mais queria voltar para a Alemanha.

2

FUGINDO DOS NAZISTAS

Em janeiro de 1939, centenas de judeus que haviam sido presos no campo de concentração de Dachau dois meses antes, após as detenções da *Kristallnacht*, já tinham morrido, vítimas da brutalidade da SS ou das condições lastimáveis. Quando foi obrigado pelos oficiais do campo a assinar a declaração abrindo mão da casa de sua mãe, Martin Selling não achou que sairia de lá vivo. Ele tinha todas as razões para acreditar nos rumores segundo os quais os crematórios em Munique estavam funcionando dia e noite para processar os corpos saídos de Dachau, resultado do grande número de judeus que haviam entrado no campo desde novembro de 1938.*

Alguns prisioneiros judeus tiveram mais sorte – cerca de metade dos que haviam sido levados após as detenções foram libertados para amenizar a superlotação, com prioridade aos que provassem que poderiam sair da Alemanha. A redução da população no campo significava que haveria cobertores finos para todos; todos os detentos tinham um durante as noites gélidas. Martin encontrou alguns kits

* Um crematório foi construído em Dachau em 1940, e um segundo crematório, ainda maior e equipado com uma câmara de gás, foi erguido em 1942.

de costura e pôs suas habilidades de alfaiate em uso, consertando os colchões de palha e os uniformes da prisão. Também juntou alguns panos de limpeza usados para preparar os alojamentos para as inspeções e os transformou numa camiseta de manga comprida. A nova camiseta por baixo do uniforme fino de prisioneiro ajudou a amenizar o frio. Quando os outros prisioneiros viram o que ele tinha feito, pediram que Martin confeccionasse camisetas para eles também. Os guardas perceberam a falta de material. Surgiram rumores de que na inspeção seguinte os guardas iriam procurar os panos perdidos e de que qualquer pessoa encontrada de posse deles seria punida. Martin juntou todas as camisetas que havia feito, desfez as costuras e dobrou os panos de forma a ocultar as alterações. Quando os guardas fizeram a busca, encontraram apenas pilhas arrumadas de panos de limpeza, que tinham reaparecido de alguma forma.

O ponto alto de cada dia vinha depois da refeição da tarde, quando os guardas afixavam uma lista dos prisioneiros que seriam processados para ser soltos no dia seguinte. Todos os dias, Martin torcia para seu nome estar na lista, e todos os dias ele se decepcionava. Quando seu nome apareceu – em 27 de janeiro de 1939 –, dos nove homens que tinham ido juntos no transporte de Nuremberg, Martin era o único que ainda estava em Dachau. Seu amigo Ernst Dingfelder, que fizera tantos esforços para se manter *kosher* em Dachau, havia sido liberado alguns dias antes.

Martin não dormiu nada naquela noite. Todos os dias tinham sido uma batalha pela sobrevivência. Perguntava-se o que o aguardava então. Deitado na cama, pensou sobre os demais detentos, homens cujos nomes talvez nunca aparecessem na lista.

Outro amigo que havia feito em Dachau, Alois Stangl, trabalhava como marinheiro numa barcaça fluvial no rio Danúbio. Tinha 35 anos de idade, mas depois de cinco anos em Dachau aparentava ter 50. Embora Stangl fosse um alemão ariano, tinha sido um participante ativo no Partido Socialista, por isso os nazistas o consideravam inimigo do regime. A irmã de Stangl era casada com um dedicado funcionário nazista, que denunciou Stangl para o partido e o levou à prisão. Sua libertação seria um constrangimento para o homem que causou sua prisão, disse a Martin. Alois Stangl não acreditava ter chances de sair vivo de Dachau.

Na manhã seguinte, Martin e os cinquenta outros homens a ser libertados naquele dia foram levados ao chuveiro comunal, onde se despiram e tomaram banho. Em seguida, passaram por um exame médico que tinha um único propósito: qualquer pessoa mostrando evidências de maus-tratos ou ferimentos teria de esperar até que as feridas sarassem para que não pudessem confirmar alegações de abuso físico. Martin foi puxado de lado por causa de uma longa cicatriz no joelho direito, a qual, explicou ao médico, era resultado de um ferimento antigo. O médico da SS não estava convencido. Martin teve de demonstrar que tinha a função do joelho completamente preservada para ter permissão de seguir em frente.

Para surpresa de Martin e dos outros, os prisioneiros receberam sacolas marcadas com seus nomes; dentro, encontraram as roupas que usavam quando chegaram ao campo. Depois de se vestirem, um oficial da SS explicou sobre a ameaça de voltarem a ser encarcerados caso falassem em público sobre Dachau. Também os lembrou de que eram judeus, não alemães, um refrão repetido para eles todos os dias, geralmente enquanto apanhavam dos guardas.

Martin havia crescido tendo o judaísmo como religião e a Alemanha como nação. Sua família celebrava os feriados religiosos judaicos e alemães e tinha raízes ancestrais no país que datavam de séculos atrás. A família também incluía homens como os irmãos da mãe de Martin, Hugo e Julius Laub, que lutaram pelo Império Alemão nas trincheiras da Primeira Guerra Mundial e eram alemães patrióticos e orgulhosos. Assim como os tios de Manfred Steinfeld, Solomon e Arthur, chegaram a acreditar, os tios de Martin se apegavam à esperança de que, mesmo com Hitler assumindo o poder, o país não voltaria as costas para seus veteranos de guerra. Contudo, esse não foi o caso para os veteranos judeus da Alemanha. De várias formas insidiosas, ficou claro para Martin e seus tios, bem como para Manfred e seus tios e milhares de outros na mesma situação, que eles não eram mais alemães.

Referindo-se aos prisioneiros prestes a ser libertados como *verdammte Saujuden*, malditos judeus sujos, o oficial da SS alertou:

"Ao sair da Alemanha, quanto mais alto reclamarem, menos pessoas vão acreditar em vocês."

Os prisioneiros embarcaram no trem pela mesma plataforma em que haviam chegado. Diversos guardas armados da SS embarcaram junto com eles. Embora tivessem ouvido que não estavam mais sob custódia, apenas sendo escoltados até Munique, Martin e os outros tinham medo de demonstrar alívio ou qualquer outra emoção. Ficaram em silêncio. Embalado pelo som rítmico do trem sobre os trilhos, Martin, exausto, sem dormir havia 48 horas, teve de se esforçar para manter os olhos abertos. Estava prestes a adormecer quando o prisioneiro sentado à frente soltou um grito agudo. Os olhos turvos de Martin se arregalaram. O homem estava cobrindo o nariz ensanguentado com as mãos. A SS não resistiu a um último abuso.

"Ninguém adormece na minha presença!", berrou o guarda que tinha batido no homem sonolento com a coronha do fuzil. "Pensaram que já estavam livres de nós?"

Depois daquilo, ninguém mais ousou fechar os olhos. Mesmo depois de os prisioneiros terem sido entregues para o Conselho da Comunidade Judaica na estação de Munique, mesmo após os guardas já terem partido há muito tempo, Martin continuou olhando por cima do ombro para ver se não estavam sendo seguidos pela SS nem por capangas da Gestapo.

No dia seguinte, Martin pegou um trem para Nuremberg, onde era esperado pela irmã de sua mãe, Isa Laub. Ficou sabendo que tia Isa conseguira sua libertação de Dachau: ela enviou documentos para as autoridades demonstrando que Martin fora aceito por um recém-formado campo de refugiados judeus na Inglaterra e que poderia emigrar imediatamente. Disse a Martin que ele teria permissão para permanecer na Inglaterra até conseguir um visto para os Estados Unidos.

Pouco depois da morte da mãe, em 1936, Martin tinha entrado com o pedido de visto para os Estados Unidos e começado a aprender inglês numa escola particular de idiomas. Todos os outros estudantes eram judeus, com as mesmas esperanças de chegar aos

Estados Unidos. Com tantas pessoas querendo fugir da Alemanha, o nome de Martin entrou numa longa lista de espera para a imigração.

Tia Isa, que convidou Martin para ficar com ela até partir para a Inglaterra, tinha algumas notícias trágicas a respeito da família. O irmão do pai de Martin, Siegfried Selling, solteirão na casa dos 50 anos, fora preso em Nuremberg durante a *Kristallnacht* e ficou detido por dois dias na sede da Gestapo. Lá, foi questionado sobre sua governanta não judia – configurava violação das Leis de Nuremberg, que proibiam judeus de empregar não judeus – e foi violentamente agredido. Depois de solto, tio Siegfried voltou para seu apartamento e se suicidou, enforcado. Tia Isa também tinha ouvido falar que a casa de sua irmã falecida em Lehrberg fora vendida. Martin explicou sobre os papéis que fora obrigado a assinar em Dachau.

Martin tirou uma fotografia, que ainda mostrava o corte de cabelo característico dos campos de concentração, e a levou para o órgão de emissão de passaportes em Nuremberg. Preencheu seu nome completo, Martin Ignatz Selling, no documento requisitando visto e declarou ser judeu. O funcionário que recebeu o formulário o rejeitou, explicando que, de acordo com as Leis de Nuremberg, o nome do meio de Martin deveria ser reconhecível como judeu. Ele não achou que Ignatz se qualificava. Na ausência de um nome do meio judeu, explicou, todos os homens judeus deveriam assinar como "Israel", e as mulheres, como "Sarah".

Martin não ficou muito alarmado quando as Leis de Nuremberg foram decretadas, em 1935. Na época, ele levava uma vida simples e discreta trabalhando para um alfaiate de Munique e não tinha nenhum interesse em política. Agora sabia que estava completamente enganado. Aquelas leis perigosas estabeleceram que judeus e outras pessoas não arianas eram racialmente inferiores e deviam perder a cidadania alemã. Haviam sido elaboradas pelos nazistas a fim de discriminar judeus e manter a raça ariana pura com a proibição de casamentos entre alemães e judeus. Martin viu os resultados desastrosos do preconceito e do ódio fomentados pelas Leis de Nuremberg tanto dentro como fora de Dachau. Viu a brutalidade dos nazistas de perto, ao testemunhar inocentes sendo mortos por nenhuma razão além de serem judeus ou outros "inimigos" que Hitler e seus capangas consideravam inferiores e indesejáveis. Em Dachau, Martin achou que também morreria. E apesar de se ver entre os poucos que tiveram a sorte de sair vivos do campo de concentração, sabia que ainda não estava em segurança.

À medida que a data de sua partida se aproximava, a espera para receber seu passaporte foi ficando cada vez mais estressante. Menos de duas semanas antes de viajar, Martin finalmente pegou seu novo passaporte. Seu nome estava listado como "Martin Israel Selling", e havia um grande "J" vermelho carimbado ao lado da foto soturna. Também havia um carimbo com os dizeres "*Gut nur für Auswanderung!*"; ou seja, válido apenas para emigração! Martin logo procurou os consulados estrangeiros a fim de conseguir vistos para transitar pela Bélgica e entrar na Inglaterra.

No fim de junho de 1939, Martin se juntou a um grupo de oitenta judeus alemães reunidos em Colônia por uma agência internacional de assistência. Quarta maior cidade da Alemanha, Colônia se estende ao longo das duas margens do Reno e chega a menos de 75 km da fronteira com a Bélgica. O plano era que os homens viajassem em um vagão especial de passageiros ligado a um trem expresso, atravessassem a Bélgica e seguissem diretamente para a cidade costeira de Ostend, onde tomariam uma balsa para atravessar o canal da Mancha e, então, chegar a Dover. Em seguida um ônibus os levaria ao campo de refugiados em Kent, na Inglaterra.

Quando o trem foi parado na fronteira com a Bélgica, porém, as autoridades alemãs exigiram que o vagão com os judeus fosse separado e conduzido para um trilho lateral. Logo o vagão se encheu de agentes da Gestapo com casacos pretos de couro e soldados com capacetes da SS, ordenando que todos os passageiros saíssem. Martin e os outros foram levados a um armazém próximo e passaram por uma revista minuciosa, tendo as bagagens abertas e vasculhadas. Enquanto isso, o interior do vagão era revistado em busca de contrabando.

Isso demorou quase seis horas. Finalmente os passageiros receberam permissão para reembarcar, e o vagão foi ligado a outro trem prestes a partir. Minutos depois, eles cruzaram a fronteira e chegaram ao terreno vistoso e ondulado do leste da Bélgica, com 450 km pela frente até chegar ao porto de Ostend, seguindo para o oeste.

Só então Martin se permitiu acreditar que estava livre do perigo. Na fronteira, teve certeza de que todos seriam levados sob custódia. Desde sua prisão, no dia 10 de novembro de 1938, ele estava preso em um pesadelo interminável. Ser solto de Dachau não aliviou a tensão nem a ansiedade que sentia vivendo no país que já tinha considerado como sua pátria. Agora que tinha afinal conseguido sair da Alemanha nazista, sentia-se aliviado e exausto.

Hipnotizado pelo som rítmico dos trilhos, o corpo de Martin relaxou, e ele desfrutou do sono mais profundo que tivera em meses. Reclinado no assento, dormiu até o condutor acordá-lo com delicadeza. Estranhamente, o homem queria saber se ele estava bem.

"Agora estou", respondeu Martin, meio grogue, antes de voltar a dormir.

Criado em Berlim, Werner Angress perguntava-se com frequência por que era loiro e tinha olhos azuis se os outros judeus não eram assim. E por que se dava tão bem nos esportes, mas não nos estudos, como a maioria deles?

Nascido em 1920, Werner era o mais velho de três meninos. Seu irmão Fritz era três anos mais novo, e Hans, oito. Seus pais, Ernst e Henny Angress, eram berlinenses de terceira geração, cujos antepassados eram burgueses prussianos. Os dois se casaram relativamente tarde, aos 36 e 27 anos, respectivamente, e pertenciam à classe média, com pouca educação formal. Em outros aspectos, o casal era um exemplo de contrastes. Henny era divertida e descontraída. Adorava organizar festas, dançar polca e tocar músicas de Schubert no piano de cauda que tinham no apartamento. Morena com olhos castanhos escuros, estava sempre bem-vestida e penteada. Já Ernst, diretor-geral de um banco, era gordo e calvo. Tendia a usar ternos com colete e era um homem de negócios escrupuloso; defendia as virtudes do Velho Mundo e exigia precisão na contabilidade, até mesmo nos gastos domésticos. Embora pudesse ficar aborrecido com algo tão pequeno quanto o custo dos ingredientes do jantar, era incapaz de negar um novo vestido ou casaco para sua bela esposa.

Ao mesmo tempo, fazia questão de ensinar aos filhos o valor do dinheiro. Aos 10 anos de idade, Werner perguntou o que significava ser prussiano. Seu pai não hesitou. Significava ter responsabilidade, disse ao filho. Honra. Sobriedade.

O jovem Werner queria muito agradar ao pai com seus esforços para desenvolver tais qualidades, mas não era fácil demonstrar isso na vida acadêmica. Apesar de ter notas altas em leitura, redação e esportes – chegando a liderar o time da escola em um campeonato regional –, suas notas em geometria, álgebra, física e química eram sempre baixas. No ensino médio, Werner teve dificuldades para passar de ano, e seus pais receberam uma carta alertando que o filho repetiria a oitava série caso não melhorasse.

Frequentar a escola ficou ainda mais desconfortável para Werner depois do dia 30 de janeiro de 1933. Naquela segunda-feira fria e chuvosa, ele voltava de bicicleta para casa quando passou pela banca de jornal na estação ferroviária do jardim botânico e viu manchetes imensas anunciando que Hitler fora nomeado chanceler. No mesmo dia, a 400 km de distância, na aldeia de Josbach, Manfred Steinfeld soube da mesma "maravilhosa" notícia pelo médico de sua avó.

Quando chegou ao apartamento, Werner ficou surpreso ao ver que o pai tinha chegado mais cedo do trabalho e estava na sala, contando piadas sobre Hitler a um amigo que o visitava e à mãe de Werner.

"Hitler estava correndo de um lado para o outro na chancelaria estatal abrindo todas as gavetas e armários", disse o pai de Werner. "Quando perguntaram o que estava procurando, Hitler respondeu: 'Meu programa de governo'."

Ernst afirmou, confiante:

"Ele não vai durar duas semanas." Era um ponto de vista que muitos alemães compartilhavam naquela época.

Sua mãe disse que tinha ouvido uma boa piada na peixaria. "Sabe o que é um arenque de Hitler? Você pega o arenque, tira o cérebro, abre bastante a boca e pronto, tem um arenque de Hitler."

Aquela foi a última vez que Werner ouviu os pais fazerem piadas sobre Hitler.

Quando Werner entrou na sala, o pai perguntou como os garotos da escola haviam reagido à notícia. Werner disse que eles só ficaram sabendo depois de sair da escola. Sem vontade de falar mais sobre política, foi para o quarto.

No dia seguinte, na escola, Werner sentiu a tensão que se formava quando entrou na sala de aula. O professor ainda não tinha aparecido; em seu lugar estava um dos estudantes com o uniforme da Juventude Nazista. Assim que viu Werner, o garoto instruiu a classe a gritar em uníssono:

"Acorde, Alemanha! Morte aos judeus!"

Recebeu uma rodada de aplausos.

Werner sentiu os olhos de seus colegas o seguindo enquanto ocupava seu lugar, sentindo as pernas meio bambas e o rosto vermelho. Com aquele cabelo loiro e olhos azuis, não estava acostumado a ser identificado como judeu, e ser exposto daquela forma era desconfortável. Assim como os outros alunos, ele erguia o braço para fazer a saudação alemã obrigatória e gritava "*Heil* Hitler" no começo de cada aula. Nenhum de seus colegas chegou a comentar o fato de ele também fazer a saudação. Na verdade, Werner sabia que *não* fazer a saudação é que o tornaria um espetáculo.

Dois meses depois, quando foi promovido o boicote de 24 horas aos estabelecimentos comerciais de judeus, a mãe de Werner fez questão de ir a uma loja de costura judia fazer compras, mesmo sem precisar dos itens que escolheu. Levou Werner com ela, e os dois passaram por soldados da SA tirando fotos de qualquer pessoa que entrasse na loja. Lá dentro, Henny comprou uma caixa de agulhas e Werner escolheu um carretel de linha. A mãe de Werner manteve a cabeça erguida quando saiu da loja, com o filho ao lado. Werner torceu para que nenhum de seus amigos o visse saindo de uma loja de costura.

Mais tarde, por pura curiosidade, Werner foi assistir a um grande comício nazista no centro da cidade. De início não conseguiu ver nada por causa da multidão – era um garoto de 13 anos em meio a adultos –, mas logo um espectador o ajudou a se sentar no alto de uma escada. De sua posição elevada, Werner conseguiu ver o palco do comício, onde nazistas uniformizados brandiam tochas e bandeiras. Escutou as vozes amplificadas gritando slogans odiosos, todos ovacionados pela multidão entusiasmada.

"Um bando de judeus sujos!"

"Devem ser expulsos de nossa pátria!"

"Que vão para Jerusalém, mas antes vamos cortar suas pernas para que não voltem!"

Werner desceu da escada e voltou para casa.

No primeiro *Yom Kippur* após os nazistas tomarem o poder, ele foi com os pais à sinagoga que frequentava desde os 10 anos de idade. Enquanto os fiéis seguiam até o grande e imponente templo, tropas uniformizadas enchiam as calçadas, gritando provocações e insultos para os judeus que passavam. Escondido entre a mãe e o pai, Werner estava amedrontado não só pelos nazistas, mas também pelo medo que via no rosto dos pais e dos outros judeus que caminhavam com eles.

Na sinagoga, Werner se acomodou com sua família. Logo ele faria seu *bar mitzvah* nesse mesmo local, embora ainda não tivesse aprendido a breve reza que teria de recitar, muito menos a passagem da Torá que teria de ler em hebraico.

Naquela noite, dois nazistas postaram-se atrás da congregação para monitorar o sermão. O jovem rabino, dr. Manfred Swarsensky, discorreu de maneira explícita sobre o tumulto político que se desenrolava na Alemanha. Condenando os ultrajes cometidos diariamente pelos nazistas, citou em sua conclusão o Novo Testamento e as palavras finais de Cristo na cruz.

"Deus, perdoe-os, pois eles não sabem o que fazem."

Quase todos na congregação estavam chorando. Werner prestou atenção no rabino, aquele homem sagrado que tinha se atrevido a falar publicamente em frente aos nazistas quando tantas outras pessoas permaneciam em silêncio. Werner percebeu que estava ouvindo algo especial de um homem muito corajoso. Queria saber se o jovem rabino seria preso pelos dois nazistas depois do sermão, mas, para seu alívio, isso não aconteceu.

Quando o ano letivo de 1933-1934 começou, um professor substituto interrompeu a lição na aula de biologia de Werner para defender a superioridade da raça ariana dominante. A fim de demonstrar a que se referia, tentou mostrar como os formatos de crânio determinavam características raciais. Em certo momento, apontou para Werner, que sempre se sentava à frente da classe, por ser míope e não querer usar óculos.

"Este garoto tem um crânio ariano típico. É só observar a forma. Exatamente o mesmo tipo de cabeça do *Reichsminister* dr. Goebbels."

Os estudantes começaram a gargalhar, pois sabiam que o professor visitante tinha escolhido o único judeu da classe. Vários garotos procuraram Werner depois da aula não para caçoar dele, mas para ridicularizar o professor e as bobagens que andavam ouvindo dos professores nazistas.

Quando Hitler assumiu o poder, a maioria das crianças e dos adolescentes judeus que frequentavam as escolas públicas alemãs acabou sendo transferida para escolas particulares judaicas. Não foi o caso de Werner, cuja educação foi interrompida aos 16 anos de idade. Ninguém o considerava incapaz de ter uma educação mais avançada, muito menos seus pais, mas ele simplesmente não se sentia motivado. Era raro sentir-se desafiado; na escola, os professores, pouco criativos, pareciam mais preocupados em seguir o currículo prescrito que em fazer com que os estudantes se interessassem pelas matérias.

Werner disse ao pai que queria sair da escola e aprender uma profissão. Ernst sabia que, com base em suas notas, Werner não iria à universidade e, por isso, concordou que fazia pouco sentido o filho continuar na escola. Encorajou Werner a buscar uma área de atuação que aceitasse judeus, em que poderia entrar após a conclusão do semestre na primavera de 1936.

Werner não tinha interesse em trabalhar com vendas, mas gostava de animais e teve a ideia de trabalhar num zoológico. *Talvez*, pensou, com as características otimistas da juventude, *um dia eu possa liderar uma expedição ao centro da África para capturar criaturas exóticas.*

Em vez de descartar a ideia, o pai o ajudou a escrever uma carta para o diretor do zoológico de Berlim, perguntando sobre a possibilidade de um estágio. O diretor respondeu com uma carta educada, agradecendo Werner pelo interesse, mas ressaltando que, segundo as Leis de Nuremberg, ele estava proibido de contratar pessoas que não fossem arianas para trabalhar no zoológico.

"Veja só", disse Ernst, "agora até os chimpanzés são antissemitas".

Num domingo à tarde, Ernst convidou o filho para dar um passeio. Werner sabia que era a maneira como o pai gostava de ter conversas sérias, quando podia falar com mais liberdade: longe da mulher e dos filhos mais novos – Fritz, que tinha 13, e Hans, que estava com 8 anos.

Eles andaram pela Willdenowstrasse, perto dos jardins botânicos, passaram pelas árvores antigas e pela vila do *Reichsminister* Walther Darré, membro do gabinete de Hitler. Soldados da SS com uniforme preto montavam guarda em frente à propriedade. Outros vizinhos berlinenses conhecidos eram o dr. Joseph Goebbels, que antes morava nos altos de uma mercearia na Reichskanzlerplatz, e Hermann Goering, cujo antigo apartamento ficava num prédio discreto na esquina da Kaiserdamm. No entanto, nenhum vizinho despertava mais o interesse das crianças do bairro que a mãe do boxeador Max Schmeling, que certa vez Werner convenceu a lhe dar uma foto autografada pelo filho famoso.

Durante a caminhada, com a voz trêmula de emoção, Ernst disse ao filho que ele não poderia ficar na Alemanha. Os nazistas, explicou, tinham tirado seus direitos e sua honra. Ele estava convencido de que a geração mais nova de judeus, de Werner e seus irmãos, não tinha mais futuro naquele país, que devia construir a vida em outro lugar. Sua própria geração, disse Ernst, provavelmente teria de encarar a situação na Alemanha; seria difícil procurar outro lugar em sua idade e sua posição na vida. Disse para Werner continuar procurando a profissão que quisesse aprender, prometendo ajudá-lo a encontrar maneira de exercê-la, de preferência no exterior. Werner gostava de como a ideia de "ir para o exterior" soava; ficou ansioso pela aventura.

Duas semanas depois, o pai de Werner mostrou ao filho um artigo num jornal judaico anunciando o início de um campo de treinamento para futuros emigrantes judeus. Localizado no oeste da Polônia, o campo treinava rapazes e garotas com mais de 16 anos para criar animais e lidar com agricultura, ensinando ofícios que os preparariam para emigrar para outros países. Trabalhar com animais ao ar livre pareceu uma boa ideia para Werner, e ele se candidatou. Em 1º de abril de 1936, alguns dias após concluir o semestre escolar, Werner foi chamado para uma entrevista com Curt Bondy, o psicólogo e educador social de 42 anos que conduzia o programa.

A única pergunta feita durante a entrevista de quinze minutos da qual Werner se lembraria foi quando Bondy indagou como ele se sentia a respeito de ser judeu. Como não sabia a posição de Bondy, Werner deu uma resposta cautelosa, focada principalmente no fato de frequentar o templo com seus pais durante os feriados judaicos. Na verdade, ele não precisava ter se preocupado; Bondy era judeu e tinha sido professor universitário até os nazistas o demitirem, em 1933.

Alguns dias depois, Werner recebeu uma ligação informando que fora aceito. No mês seguinte, sua mãe o levou para a estação ferroviária. A separação foi rápida e tranquila, pois Werner tinha recebido a garantia de poder voltar para casa em visitas regulares. Henny ficou feliz pelo filho ter a oportunidade de aprender um trabalho que o ajudaria a emigrar, e Werner estava fascinado pela perspectiva de viagens e aventuras.

Gross Breesen era uma antiga mansão medieval pertencente a um judeu polonês, que comprara a propriedade depois da Primeira Guerra Mundial e a arrendava para o grupo de Bondy. Ao chegar, Werner se viu no meio de colinas e rodeado por bosques de árvores frutíferas e campos cultivados. Uma grande mansão erguia-se ao lado dos estábulos do gado. O ambiente parecia ideal para Werner: um lugar onde poderia aprender a cuidar de uma fazenda e trabalhar com animais. Juntou-se a mais de cinquenta rapazes e garotas, quase todos judeus alemães, que moravam na imponente mansão no meio do nada, mas dotada de conveniências modernas como luz elétrica, aquecimento central e banheiros com água corrente quente e fria.

Ao contrário do que acontecia na escola, Werner descobriu em Gross Breesen um propósito para o que aprendia. Do treinamento de seis semanas como leiteiro – acordando todos os dias às 4 horas da manhã para alimentar as vacas, tirar o leite à mão, separar a nata e preparar a manteiga – ao tempo aprendendo carpintaria, capinando as ervas daninhas nas plantações de batata e nabo, fazendo a colheita e conduzindo cavalos, as lições, as tarefas e a camaradagem com os instrutores e os aprendizes, tudo agradava a Werner. Os dias longos de trabalho costumavam se encerrar às 6 horas da tarde, embora na época de colheita a função se estendesse até bem depois de o sol se pôr, com a colheita do cultivo feita à luz da lua.

O ano e meio seguinte passou rápido para Werner. Ele aprendeu a cuidar de uma fazenda, cresceu e ficou com o corpo mais robusto, ganhando mais confiança em si mesmo. Então, em outubro de 1937, alguns meses após seu aniversário de 17 anos, ele recebeu um preocupante cartão-postal do pai.

> Meu querido filho, escrevo para você neste momento incomum por uma razão: preciso falar com você e pedir que venha até Berlim. Não faça perguntas. Vamos falar quando estiver aqui. Um grande beijo, papai.

Parecia sério, apesar de Werner não ter ideia do que pudesse ser. No sábado seguinte, ele pegou o trem para Berlim e foi direto para o apartamento da família na Holsteinischestrasse. A mãe estava lá sozinha; os dois irmãos mais novos tinham saído com amigos. Henny ficou visivelmente feliz em ver o filho, mas parecia nervosa e preocupada. Werner logo descobriu por quê.

Henny explicou: Ernst tinha decidido que a família inteira precisava sair da Alemanha. Não era mais seguro ficar lá. Um pouco ofegante, ela descreveu o plano de fuga. A cabeça de Werner girou, tentando absorver tudo. O pai, bancário, sempre tão honorável em questões de finanças, planejava contrabandear o dinheiro da família para Amsterdã, violando as rigorosas leis da moeda nacional instauradas pelo Terceiro Reich para impedir que judeus levassem seus bens do país. Se eles fossem pegos, as consequências seriam graves.

Werner Angress, com 16 anos, em Gross Breesen, 1936.
(foto da família)

A mãe de Werner disse que Ernst estava em Amsterdã naquele momento, cuidando dos preparativos finais, e que voltaria para Berlim no domingo. Na sexta-feira da semana seguinte, ela e os dois garotos mais novos deixariam a Alemanha, legalmente, como turistas em visita a Amsterdã. Cada um levaria apenas os dez marcos permitidos. No dia seguinte, Werner pegaria um voo para Amsterdã com o pai no aeroporto de Tempelhof. Eles levariam apenas bagagem de mão, para não despertar suspeitas. Alguns dias depois, uma empresa de mudança judia esvaziaria o apartamento e enviaria o mobiliário da família à Holanda.

O primeiro impulso de Werner foi não participar daquela viagem desesperada com a família. Já tinha discutido com Bondy sobre a possibilidade de viver em outro lugar com amigos de Gross Breesen – talvez até mesmo nos Estados Unidos, onde Bondy tinha planos de montar uma nova operação de treinamento em agricultura. Werner disse à mãe que não queria esperar o pai voltar, que precisava ir para Gross Breesen. Pouco tempo depois, ele foi para a estação, onde pegou o primeiro trem.

Quando voltou para a fazenda, Werner conversou com Bondy a respeito do audacioso plano de fuga do pai e de como ele mesmo queria ficar em Gross Breesen. Bondy ouviu Werner. Quando o garoto terminou de falar, Bondy explicou que iria para Berlim no dia seguinte e que eles conversariam quando voltasse.

Dois dias depois, Bondy chamou Werner ao escritório para uma conversa. Ele tinha falado com colegas em Berlim e todos concordaram que Werner não poderia ficar em Gross Breesen depois que seus pais tivessem fugido da Alemanha. As autoridades logo descobririam que seu pai havia levado dinheiro do país; então, provavelmente prenderiam Werner e o manteriam sob custódia até que o pai voltasse para enfrentar as acusações criminais. Aquilo poderia pôr em risco todo o programa de Gross Breesen.

A notícia seguinte foi um choque para Werner. Bondy tinha se encontrado com Ernst em Berlim e aconselhou o aflito garoto a fazer o que o pai determinara. Ernst compreendeu como Werner se sentia em relação a Gross Breesen e prometeu levar em consideração planos futuros para participar de assentamentos. Em vista de tudo o que estava acontecendo, Bondy disse a Werner que seu pai não poderia ter sido mais generoso. De sua parte, prometeu incluir Werner em quaisquer futuros planos para um novo assentamento agrícola, nos Estados Unidos ou em outras localidades.

Werner percebeu que Bondy tinha razão. Ele tinha reagido como um adolescente impetuoso. Se o pai estava tão convencido de que a família precisava sair da Alemanha, o perigo devia mesmo ser grande. Em tempos tão perigosos, ele deveria permanecer com a família.

Na sexta-feira, dia 29 de outubro de 1937, Werner pegou um trem noturno para Berlim, onde se encontrou com o pai na lanchonete da estação. Os dois se abraçaram com carinho, e no decorrer de um breve desjejum o pai explicou com calma que *Mutti* e os dois meninos, Fritz e Hans, haviam partido na véspera e já estavam em segurança fora do país.

O que Ernst não contou ao filho – para o bem do próprio Werner, caso fosse interrogado em algum momento – era que uma jovem alemã tinha ido ao apartamento deles naquela manhã com uma maleta vazia. Sua missão era pegar o dinheiro que Ernst havia levado do banco para casa na noite anterior e escondido embaixo do colchão. Ajudada pelo pai de Werner, a mulher guardou na maleta 100 mil reichsmarks em notas enroladas (que valiam cerca de 40 mil dólares).

Ernst ofereceu dinheiro para a jovem tomar um táxi, mas ela declinou; explicou que táxis podiam se envolver em acidentes de trânsito. Seria melhor tomar um bonde até a estação ferroviária. E foi embora. Depois de entregar todas as economias da família a uma estranha, Ernst não sabia se devia rir ou chorar. Enfim, estava feito, não dava para voltar atrás. A operação de contrabando de dinheiro, conduzida a partir de Amsterdã, receberia 10% de qualquer que fosse a moeda corrente. Fiel à sua personalidade íntegra, Ernst sacou apenas o próprio dinheiro, deixando intocados os outros depósitos bancários.

Saindo da lanchonete, Werner e o pai pegaram um táxi até o aeroporto de Tempelhof, no sul de Berlim. Werner estava com todas as roupas e cerca de doze livros em duas malas, enquanto o pai levava uma mala pequena, adequada para viagens curtas. No aeroporto, que tinha quatro ou cinco portões de embarque, Werner seguiu o pai. Chegando ao portão determinado, Ernst mostrou as passagens para dois homens de chapéu e sobretudo, traje favorito dos agentes da Gestapo, que monitoravam de perto todas as formas de transporte para fora da Alemanha.

Questionados acerca do propósito de sua viagem para a Holanda – ambos tinham passaportes válidos carimbados com o "J" vermelho –, Ernst disse que estava levando o filho para Amsterdã, onde Werner participaria de um treinamento especial para aprender agricultura. Os homens da Gestapo revistaram sua mala e permitiram que Ernst passasse. Depois que suas malas foram revistadas, Werner se encontrou com o pai na área de embarque.

Antes que pudessem se sentar, eles ouviram um anúncio do alto-falante do terminal: o avião para Amsterdã não conseguira decolar de Dresden devido à forte neblina. Passageiros com destino a Amsterdã podiam esperar pelo voo do dia seguinte ou pegar o trem naquela noite.

Em outros portões, havia voos partindo para Copenhague e Paris. Ernst sabia que pareceria suspeito se de repente mudassem o destino para a Dinamarca ou a França. Eles tinham dado uma razão específica aos agentes da Gestapo a respeito da viagem para a Holanda.

"Vamos pegar o trem noturno para Amsterdã", disse ele a Werner.

Como o trem só partiria à meia-noite e ainda era meio-dia, os dois tinham uma espera grande pela frente. No tempo que passaram juntos, Werner entendeu melhor o que finalmente tinha convencido o pai a tirar a família da Alemanha. Novas restrições aos judeus estavam sendo implantadas o tempo todo, explicou o pai, inclusive o confisco de bens e propriedades. A Alemanha vivia um "estrangulamento gradual dos negócios de judeus". Ernst temia que, cedo ou tarde, não conseguisse mais manter seu negócio e não tivesse nenhuma forma de ganhar a vida. Com o país sob controle dos nazistas, ele receava que a família ficasse sem ter para onde ir.

Depois de passar algum tempo em uma lanchonete da vizinhança, o pai sugeriu que fossem ao cinema. Arrastando as malas, pegaram um táxi até o cinema e se acomodaram nas poltronas para assistir a um filme, que foi precedido por um breve cinejornal intitulado *Aniversário de 40 anos de Papi.* "Papi", eles descobriram, era Joseph Goebbels, que acabara de completar 40 anos. Ele aparecia celebrando com a esposa Magda e os filhos, que presentearam o sorridente ministro da propaganda nazista com um buquê de flores.

Aquilo foi demais para Ernst. Cochichou para Werner que o garoto devia ficar e assistir ao filme, que depois se encontrariam no apartamento próximo de seu bom amigo Leo Gerson, de quem ele queria se despedir.

Werner decidiu que foi melhor o pai ter saído. O filme era sobre a polícia perseguindo ladrões de banco em Amsterdã.

Uma surpresa aguardava Werner quando ele chegou ao apartamento de Leo Gerson. Antes mesmo de tirar o casaco, o pai anunciou uma mudança nos planos. Werner deveria pegar um táxi até a estação de trem e embarcar no vagão-dormitório, onde o pai tinha reservado uma cabine particular. Ao chegar ao trem, Werner daria dois reichsmarks de gorjeta para o condutor e explicaria que seu pai tinha se atrasado em Berlim por conta de negócios e não poderia pegar o trem.

"Eu vou para Amsterdã sozinho? E você, papai?"

"Ainda não sei", respondeu Ernst.

O pai disse apenas que eles se encontrariam em Amsterdã. Apressado, deu dinheiro para o filho bancar as despesas e o mandou seguir com o plano. Pouco tempo depois de Werner sair, Ernst foi à mesma estação de trem, mas se encaminhou para outra plataforma e pegou um trem seguindo na direção oposta. Ele tinha um plano, claro, mas achou que seria melhor para ambos se não o contasse a Werner. Ernst também tinha decidido que seria mais seguro eles viajarem separados. Como achava que estaria no voo daquela manhã para Amsterdã, ele pediu à sua secretária de longa data, Else Radinowsky, e ao dono do banco, Leo Königsberger, que avisassem a polícia sobre os fundos desaparecidos durante a tarde, evitando, assim, suspeitas sobre ambos. Quando o voo para Amsterdã foi cancelado, Ernst decidiu não contatar nem a secretária nem o dono do banco, por medo de envolver os dois em seu crime. A essa altura, era provável que ambos já tivessem notificado a polícia que o diretor judeu do Banco Königsberger and Lichtenhein tinha sacado todo o seu dinheiro e parecia fugir do país. Se fosse mesmo o caso, as autoridades tentariam fazer tudo o que pudessem para impedi-lo.

Os temores de Ernst eram justificados. Naquela tarde, seus colegas alertaram quanto ao dinheiro desaparecido, e a polícia, por sua vez, notificou os funcionários da alfândega, que encaminharam telegramas para todas as estações de travessia da fronteira anunciando: "Família de cinco, sobrenome Angress, deve ser presa".

Ao embarcar no trem da meia-noite, Werner não sabia de nada disso. Seguiu as instruções detalhadas do pai: deu uma gorjeta ao condutor e disse que o pai não viajaria com ele, como havia sido planejado originalmente. O condutor pediu seu passaporte, e Werner o apresentou. No compartimento do vagão-dormitório, o garoto se arrumou e se deitou na cama de baixo do beliche. Exausto, adormeceu antes mesmo de o trem sair da estação.

Algumas horas depois, no meio da noite, o trem parou em Bentheim-Grenze, última estação na Alemanha antes da fronteira com a Holanda. Werner ainda estava dormindo quando a luz se acendeu no compartimento; ele acordou com três homens ao lado da cama. Um era o condutor a quem ele tinha dado a gorjeta. Os outros dois vestiam sobretudo e chapéu de feltro – um deles com o passaporte de Werner em mãos, analisando-o com atenção.

"Seu sobrenome é Angress?", perguntou, em alemão.

Werner, ainda grogue, confirmou.

"Onde está seu pai?"

Sem hesitar, Werner seguiu as instruções que tinha recebido do pai e mentiu com tranquilidade, dizendo que Ernst estava em Berlim.

Depois de mais algumas perguntas, os oficiais da Gestapo saíram do compartimento e foram para o corredor, onde trocaram algumas palavras. Os dois tinham sido orientados a procurar por uma família de cinco pessoas, não por um garoto adolescente viajando sozinho. Devolveram o passaporte de Werner para o condutor e partiram.

Logo o trem voltou a andar. Werner se vestiu depressa e pegou seu passaporte de volta com o condutor, que disse que seu turno estava quase acabando.

Alguns minutos depois, o trem parou em Oldenzaal, a primeira estação na Holanda. Só quando o novo condutor, que falava alemão com sotaque holandês, o cumprimentou foi que Werner se deu conta de que estava fora da Alemanha, viajando em um país livre. A mãe e os irmãos também estavam em segurança; a única preocupação era com o pai. Werner torceu para que o plano que seu pai elaborara na véspera funcionasse e o levasse em segurança à Holanda para encontrar a mãe e os irmãos esperando por eles, para que todos pudessem se reunir.

Em Amsterdã, Werner foi direto da estação para a pensão Rosengarten na Beethovenstraat, seguindo as instruções que o pai o fizera memorizar. Ao encontrar o endereço, viu que era um prédio velho e escuro, cheio de alemães judeus recém-chegados que também esperavam uma conexão para seguir viagem a outro lugar. O dono, que também era responsável pelo esquema de contrabando de dinheiro, tinha acabado de receber um telegrama de Ernst perguntando se "Werner e Minna" tinham chegado a Amsterdã. "Minna" era código para a maleta cheia de dinheiro. Agora o dono podia mandar um telegrama a Ernst avisando que tanto Werner quanto Minna estavam lá, em segurança.

Ernst demorou mais uma semana para chegar a Amsterdã. Para evitar ser preso, ele percorreu uma rota incrivelmente tortuosa. De Berlim, pegou um trem até Praga. Quando chegou à fronteira tcheca, saiu pelo lado oposto do trem e atravessou os trilhos, evitando os guardas alemães. Ao entrar na Tchecoslováquia, identificou-se como refugiado judeu saído da Alemanha, garantindo aos guardas tchecos da fronteira que estava a caminho da Holanda passando pela Áustria, pela Suíça e pela França – uma rota que refugiados alemães chamavam de "Circuito Meridional Judaico" –, evitando, assim, ser mandado de volta.

Em Amsterdã, a família finalmente se reuniu. Ainda assim, por semanas depois de se mudarem para um apartamento alugado, Ernst teve dificuldades em superar aquela provação. No esforço para tirar sua família da Alemanha, ele tinha feito coisas que nunca se imaginara capaz. Não só tinha violado a lei pela primeira vez na vida, como, ao fazer isso, sujeitou a mulher e os filhos a riscos. Além de sofrer esses golpes intensos em sua autoestima, Ernst precisou lidar com tudo que a família deixara para trás na terra natal. Isso incluía sua casa, todos os seus pertences, que, como Ernst ficou sabendo, foram confiscados pela Gestapo, e também a reputação respeitável que construíra em sua profissão. Havia ainda os parentes do casal e os sepulcros de seus antepassados, também abandonados. Por mais seguros que estivessem fora da Alemanha, havia muitas coisas que não poderiam repor nem reconstruir em outro lugar.

Werner também se sentia quase inconsolável após deixar todos os amigos para trás com tanta pressa, sem nem se despedir. Depois dos crimes financeiros cometidos pelo pai, ele nunca poderia voltar para Gross Breesen nem para a Alemanha. Gostasse ou não, Werner estava no exílio. Conversou sobre isso com o pai, que entendeu como ele se sentia. Ernst disse ao filho que sempre fora patriota. Quando estava no Exército, na guerra anterior, tinha se apresentado como voluntário para tomar parte na luta, e ficou desapontado ao ser designado para trabalhar na base militar devido a um problema de audição. Mas agora...

"Hitler e os nazistas não estão mais nos deixando ser alemães", explicou, com amargura. "Eles humilharam e rebaixaram os judeus a cidadãos de segunda classe. Por isso, Werner, a Alemanha não é mais nossa pátria. Eu pegaria em armas a qualquer momento contra aqueles bandidos!"

Com o coração pesado por conta da dor do pai e da sensação de ter sido traído, Werner não fazia ideia de como estava próximo o dia em que ele, e não o pai, pegaria em armas naquela luta.

O trem que Stephan Lewy pegou para sair da Alemanha o levou, com os outros órfãos judeus de Berlim, para os arredores de Quincy-sous-Sénart, um vilarejo francês de 1.500 habitantes cerca de 30 km ao sul de Paris. Os garotos ficaram maravilhados quando se aproximaram do novo lar, um velho castelo majestoso pertencente ao conde Hubert Conquéré de Monbrison. O conde e sua esposa, a princesa Irina Paley, prima do último *tsar* russo, mantiveram durante anos o castelo aberto para garotas refugiadas das guerras civis na Rússia e na Espanha, mas recentemente um membro do conselho de uma sociedade de assistência infantil judaica sediada em Paris, a Oeuvre de Secours aux Enfants (OSE) [Trabalho de Socorro às Crianças], pedira a eles que abrigassem crianças judias refugiadas da Alemanha que o grupo resgatava desde a *Kristallnacht*.

Quando os quarenta garotos chegaram de Berlim, em julho de 1939, não havia quarto disponível na mansão; a maioria já estava ocupada por garotas espanholas. Durante os primeiros meses, enquanto as garotas aguardavam ser acolhidas por famílias locais, os meninos tiveram de ficar em uma construção anexa, junto com instrutores e outros funcionários, a maioria deles também refugiados judeus.

Os meninos foram matriculados na escola do vilarejo, que ficava do outro lado da rua. Como Stephan e os outros não falavam francês, eles entraram na primeira série. Stephan, que já tinha 14 anos, aprendeu o idioma rapidamente. Por ser muito bom em matemática e geografia, logo alcançou sua série.

Uma das coisas que aprendeu na aula de história francesa foi que a França, um país de 40 milhões de habitantes, tinha acabado de perder 2 milhões de homens na última guerra com a Alemanha. Foi uma perda avassaladora, que atormentava a memória recente do país. Mesmo assim, apesar da ascensão de Hitler e dos nazistas e do rearmamento da Alemanha, havia um otimismo e uma forte sensação de segurança e proteção entre os franceses. A recém-construída Linha Maginot, formada por quilômetros de muralhas de concreto, obstáculos e fortificações no lado francês da fronteira com a Alemanha, era considerada impenetrável. Construída nos moldes dos combates defensivos estáticos da Primeira Guerra Mundial, muito possivelmente protegeria o país de futuras invasões alemãs, acreditavam especialistas militares franceses.

Com base em suas próprias experiências com os nazistas e depois da preparação militar que tinham visto na Alemanha, Stephan e os outros garotos de Berlim não compartilharam o bem-estar dos locais. O pai de Stephan, Arthur, tinha previsto que Hitler entraria em guerra no outono, "depois que a safra estiver colhida", para alimentar seu exército. Seria o mesmo cronograma empregado pela Alemanha na guerra anterior, o pai de Stephan explicara antes de o rapaz sair da Alemanha. Agora Stephan estava preocupado com o que aconteceria com seus pais, que ainda estavam na Alemanha, e o que aconteceria com ele na França caso houvesse uma guerra.

No dia 1º de setembro de 1939, todos no castelo se reuniram ao redor do rádio para escutar os boletins da BBC sobre a invasão alemã da Polônia. Foi relatado que colunas da cavalaria polonesa atacavam os tanques blindados. Dois dias depois, a França e a Inglaterra, aliadas da Polônia, declararam guerra contra a Alemanha. Com os alemães utilizando um novo tipo de estratégia militar, moderno e extremamente ágil, que ficou conhecido como *Blitzkrieg*, ou "guerra relâmpago", a batalha na Polônia durou apenas algumas semanas. Varsóvia se rendeu no dia 27 de setembro, e uma semana depois a Polônia não mais existia. Isso deixou 35 milhões de poloneses, incluindo mais de 3 milhões de judeus, subjugados ao controle nazista.

Quando a Polônia caiu, os noticiários indicaram que as nações em guerra se encontravam num impasse defensivo, com as tropas francesas e aliadas ocupando a Linha Maginot, e os alemães defendendo a fortificada Linha Siegfried, no seu lado da fronteira. No que a imprensa britânica e os políticos rotularam como a "guerra falsa", por causa da ausência de grandes conflitos, durante meses houve apenas algumas pequenas escaramuças. Stephan, contudo, não podia enviar correspondência para Berlim nem receber nada de lá e, assim, perdeu o contato com os pais depois do outono de 1939.

Em maio de 1940, tropas alemãs invadiram a Bélgica e a Holanda. Contornando habilmente a Linha Maginot ao norte, os alemães romperam o *front* defensivo da França, da Inglaterra e da Bélgica e empurraram as forças aliadas para a cidade costeira de Dunquerque, onde centenas de pequenas embarcações transportaram mais de

300 mil refugiados através do canal da Mancha. Ao sul, as forças alemãs atravessaram a agora obsoleta Linha Maginot, e a *Blitzkrieg* entrou na França como um rolo compressor, seguindo para Paris e para a costa da Normandia.

Um dia, bem cedo, Stephan e os outros rapazes acordaram com o som de vários veículos grandes parando em frente ao castelo. Pulando da cama, correram para as janelas e olharam para fora. O grande pátio estava ocupado por caminhões militares franceses e peças de artilharia. Uma hora depois, os soldados franceses tinham preparado os canhões, apontados na direção da capital do país. Os soldados ficaram à espera, prontos para conter o avanço alemão quando as tropas inimigas atravessassem Paris. Um dos soldados tocava um acordeão, enquanto outros fumavam e aguardavam.

Às 10 horas da manhã, o conde Monbrison, visivelmente tenso, reuniu os garotos e os instrutores. Explicou que os alemães estavam se aproximando de Paris e que não poderia garantir a segurança dos refugiados. Eles precisavam fugir, e o conde forneceu dois caminhões para levá-los a Limoges, 380 km ao sul. Os garotos foram para os quartos, enrolaram os cobertores e puseram uma única muda de roupa na mochila antes de seguir para os veículos. Junto com vários instrutores, eles ocuparam a traseira recoberta de lona do maior caminhão; o menor foi carregado com seus pertences e com bicicletas.

Pouco tempo depois de deixar o castelo, os caminhões se juntaram a um longo congestionamento. A invasão alemã tinha gerado um êxodo em massa de civis em automóveis, ônibus, caminhões, bicicletas e carretas, entupindo as estradas e as rotas secundárias que iam para o sul. Depois de quatro horas, os dois caminhões só haviam percorrido 9 km – até a cidade de Corbeil, onde barcos e balsas de diversos tamanhos e potências navegavam para o oeste pelo Sena. Um instrutor saiu do caminhão a fim de procurar uma embarcação que pudesse levá-los até a costa, na esperança de que a via fluvial estivesse menos congestionada que as estradas. Voltou uma hora depois e levou os garotos a uma *péniche* local, uma barcaça de aço motorizada construída para transportar carga pelo rio. A embarcação tinha cerca de 30 m de comprimento, mas pouco mais de 4 m de largura;

o convés proporcionava um espaço limitado para os garotos e os instrutores. O único espaço disponível embaixo do convés era um compartimento de carga cheio de carvão. Os meninos se amontoaram no espaço escuro sobre o carvão, e a porta foi fechada. Com o ar denso e a poeira, era quase impossível respirar.

Ao amanhecer, a porta foi aberta; encardidos de fuligem da cabeça aos pés, os garotos saíram à luz do sol. Stephan ficou surpreso ao descobrir que a barcaça tinha percorrido uma distância curta no rio: naquele momento, estava parada no trânsito diante de uma comporta. Levou mais algumas horas para a embarcação passar. Quando, afinal, chegaram a um vilarejo, eles saíram em busca de água e comida.

Por volta do meio-dia, estavam de volta à barcaça, prontos para seguir em frente. De repente, soaram disparos por todos os lados, e eles ouviram pessoas gritando na margem. Stephan nunca tinha ouvido tiros e não fazia ideia de como era alto. Pareciam muito próximos. Os rapazes não tiveram escolha senão voltar correndo para o compartimento sombrio. A porta foi fechada novamente. Menos de meia hora depois, eles ouviram ordens gritadas em alemão, seguidas pelo som do motor da barcaça sendo desligado.

O som de botas pesadas ecoou pelo convés, e a porta do compartimento de carga foi aberta. Os garotos judeus ergueram o olhar e viram soldados alemães com as armas apontadas para o interior do compartimento.

"*Juden!*"

Um dos soldados cuspiu.

"*Ein Bündel von schmutzigen Juden!*" "Bando de judeus sujos!"

Os soldados riram e bateram a porta da escotilha.

Depois que os soldados partiram, os instrutores deixaram os garotos, apavorados, saírem, e todos se reuniram para uma conversa difícil. Decidiram tirar todos da barcaça. O trajeto pelo rio era vagaroso demais, e de qualquer forma eles já tinham sido alcançados pelo Exército alemão. A última coisa que queriam era acabar perto da linha de frente de uma batalha entre os exércitos alemão e francês. Os instrutores disseram aos garotos que era melhor voltar para Quincy, que tinha ficado uns 30 km na direção contrária.

Encontraram um grande carrinho de mão de madeira puxado por duas alças, no qual carregaram seus pertences. O caminho de volta ia contra o fluxo de trânsito de pedestres e veículos que saíam de Paris, conforme a evacuação em massa dos civis seguia para o sul.

Depois do pôr do sol, incêndios e explosões distantes deixaram o céu vermelho-sangue, e os rapazes ouviam os estrondos abafados de bombas ao longe. No escuro, caminharam até um posto de controle ocupado por paraquedistas franceses. Desconfiados do grupo de jovens alemães, os soldados os interrogaram com atenção. De onde eles eram? Para onde estavam indo? Tinham visto soldados alemães? Finalmente, eles conseguiram permissão para passar. Encontraram um celeiro, onde puderam pernoitar, mas por volta da meia-noite começaram a ouvir disparos – muito próximos. Poucos garotos conseguiram dormir, e quando o sol nasceu eles retomaram o trajeto.

Quando o orvalho da manhã assentou no solo, o grupo se viu envolvido por um profundo e sinistro silêncio. Era difícil acreditar que estavam em um campo de batalha. Quando os rapazes pararam para almoçar, os instrutores distribuíram pequenas barras de chocolate, biscoitos e três sardinhas conservadas em óleo para cada um. Eles comeram, observando um paraquedas branco flutuar ali perto. Assim que tocou o solo, o paraquedista alemão foi atingido pelo fogo de franco-atiradores. Para a maioria dos garotos, incluindo Stephan, era a primeira pessoa que eles viam morrer. Contudo, não havia tempo para reflexões ou discussão. Todos logo voltaram à estrada e continuaram andando.

Pouco depois um soldado alemão passou rapidamente por eles de motocicleta. Ouvindo disparos de metralhadora por perto, os garotos e seus instrutores buscaram proteção. Vários aviões surgiram, soltando bombas tão perto deles que dava para sentir as explosões. Os aviões tinham as marcas circulares vermelhas, brancas e azuis do Exército francês. Poderosas baterias antiaéreas começaram a disparar de algum lugar a distância, e os meninos viram uma aeronave deixar uma trilha de fumaça escura, que em segundos caiu como uma bola de fogo.

Depois de um segundo dia caminhando, eles chegaram ao castelo. Uma sentinela os parou no pátio; para sobressalto do grupo, não era um soldado francês. O Exército alemão tinha assumido o controle. Dois garotos mais velhos entraram com os instrutores para falar com o oficial encarregado. Quando voltaram, disseram que o coronel alemão tinha oferecido duas opções: serem mandados de volta para a Alemanha ou trabalharem em Quincy. Eles optaram por ficar. Daquele momento em diante, os garotos lavariam as roupas dos soldados, limpariam veículos e equipamentos, serviriam refeições, engraxariam botas e fariam qualquer outra tarefa que fosse requisitada. Os soldados avisaram que, se alguém se recusasse a trabalhar ou causasse problemas, o grupo inteiro seria deportado.

Com mais de cem soldados ocupando o castelo e a construção anexa, os garotos e os instrutores levaram algumas camas para o porão. Os alemães dividiam pouco da carne, do leite e de outros alimentos entregues, e os meninos estavam sempre com fome. Saíam escondidos durante a noite para colher frutas e batata nos campos próximos.

Duas semanas após terem voltado, anunciou-se no rádio – agora sintonizado em estações alemãs, cheias de propaganda nazista – que a Alemanha e a França haviam assinado um armistício que resultava na divisão da França. Os alemães ocupariam o norte e as áreas costeiras, incluindo Paris e a Normandia, enquanto os recém-designados líderes franceses governariam a parte desocupada ao sul a partir da nova capital, Vichy.

Uma das tarefas de Stephan era lavar a roupa dos soldados. Punha as peças sujas numa panela imensa, acrescentava sabão e levava ao fogão, fervendo tudo por uma hora. Quando esfriava, levava a panela até a pia, escoava a água e enxaguava; depois, pendurava as roupas do lado de fora.

Um dia, durante esse processo, Stephan viu na superfície da água fervente manchas escuras que pareciam restos de comida. Pensando que deveriam ser sobras deixadas nas toalhas de mesa após as refeições, começou a recolher, juntar e comer as que apareciam na panela da roupa. Criado num orfanato, Stephan aprendeu a dividir e, por isso, compartilhou sua descoberta com os outros garotos famintos; todos concordaram que os restos úmidos eram deliciosos. Os petiscos acabaram quando um dos instrutores os pegou em flagrante e mostrou que estavam comendo pedaços de camisetas do Exército que tinham se desintegrado na água fervente.

No começo de outubro de 1940, os instrutores acordaram os garotos no meio da noite e os instruíram a empacotar rapidamente seus pertences. Em silêncio, saíram em fila pelo porão e foram para o pátio. Dois caminhões cobertos os aguardavam com o motor ligado. Os veículos saíram do pátio antes do amanhecer e rodaram até o meio-dia. Os caminhões pararam na fronteira entre a parte ocupada e a parte desocupada da França, e todo mundo desceu.

Quando perceberam que estavam prestes a entrar na França desocupada, fora do alcance dos nazistas, os garotos judeus ficaram muito animados. A empolgação aumentou quando viram que os soldados alemães guardando a fronteira não iriam detê-los. Ao chegarem ao outro lado, onde os gendarmes franceses (a polícia) monitoravam a travessia, todos já estavam correndo e comemorando. Encontraram o transporte à espera ali perto: um velho ônibus em mau estado que não tinha bancos para todos, de forma que eles revezaram quem se acomodava.

Três horas depois, o ônibus parou no vilarejo de Chabannes. Era uma região remota e preservada na parte central da França, localizada 180 km a oeste de Vichy; lá, os moradores mantinham um espírito de independência e justiça remanescente dos primeiros dias da República francesa.

O novo lar dos rapazes foi outro castelo antigo, que já tinha pertencido a diversas pessoas. A aristocrática família d'Anrémont tinha adquirido a propriedade nos anos 1870; em 1939, porém, já estava em condições precárias quando foi assumida pela OSE para servir como um dos catorze lares para crianças na França desocupada (a OSE não podia operar no território francês ocupado pelos alemães).*

---

* Até o fim de 1944, a OSE havia resgatado mais de 5 mil crianças judias da Europa ocupada pelos nazistas e as enviou em segurança para os Estados Unidos, a Inglaterra, a Suíça e a Espanha.

O diretor de Chabannes era o ex-jornalista Félix Chevrier, um imponente homem de 56 anos que passava a impressão de ser rude, mas parecia saber que muitas daquelas crianças riam durante o dia e choravam à noite. Chevrier insistia com a equipe, composta de cozinheiros, enfermeiros, faxineiros e professores, que todos deviam propiciar às crianças – que já tinham passado por exílio e separação – não apenas abrigo e alimento, mas também certo sentido de normalidade em tempos estranhos.

Em Chabannes, Stephan e os outros garotos de Berlim se juntaram a mais de cem crianças judias – na maioria, alemãs, além de algumas refugiadas austríacas e francesas – com idade entre 8 e 18 anos.

Como já tinha 15 anos e devido à superlotação da escola do vilarejo, Stephan aprendeu a trabalhar com couro em uma loja bem equipada, patrocinada pela Organização para Reabilitação com Treinamento (ORT). A ORT ajudava refugiados a migrar para outros países como trabalhadores qualificados. Stephan aprendeu a usar todo o maquinário e as mesas de corte e, em pouco tempo, já produzia belos cadernos, carteiras e bolsinhas para pentes que eram vendidos no vilarejo; os lucros eram revertidos para a ORT.

Esportes e educação física eram parte importante da rotina, com jogos animados e regulares de basquete e futebol. Georges Loinger, que fora engenheiro e passara a ensinar ginástica e atletismo, muitas vezes treinava os rapazes até a exaustão. Georges queria vê-los em forma para o caso de um dia terem de correr para sobreviver. Veloz e atlético, Stephan tinha um ótimo desempenho nessas atividades.

Em Chabannes, as crianças também tinham chance de se divertir. Nas noites de sábado, sempre havia música após o *Shabbat*, e todos dançavam, dos mais novos aos mais velhos; as melodias alegres eram conduzidas por adolescentes – Jean-Pierre Marcuse no violão, Armand Chochenbaum na bateria, Walter Herzig no piano e Marjan Sztrum no banjo. Sztrum, judeu polonês de 18 anos, também se revelou um talentoso artista plástico: pintou um afresco na parede da sala de jantar retratando um fazendeiro num trator.

Castelo Chabannes, lar das crianças judias próximo a Limoges, na França, onde Stephan Lewy viveu por quase dois anos, 1941. *(Museu Memorial do Holocausto dos Estados Unidos)*

Stephan Lewy com 16 anos *(à direita)* trabalhando na cozinha em Chabannes, 1941. *(Museu Memorial do Holocausto dos Estados Unidos)*

A recém-descoberta segurança que as crianças e seus instrutores sentiam em Chabannes desapareceu quando eles souberam que os gendarmes estavam aparecendo em lares da OSE, prendendo os garotos judeus mais velhos e transportando-os para campos de concentração. Alertados por vizinhos do vilarejo quando um contingente da polícia francesa se aproximava, Stephan e outros garotos corriam para a floresta, onde passavam a noite escondidos.

Por toda a França desocupada, ficou claro que o regime fascista unipartidário liderado pelo marechal Philippe Pétain não passava de um fantoche controlado pela Alemanha de Hitler. O governo de Vichy levava a cabo de maneira cada vez mais descarada os *pogroms* ordenados pelos nazistas e, em 1940, passou a aplicar suas próprias leis antissemitas, proibindo judeus franceses de trabalhar em algumas lavouras e expulsando à força os nascidos em outros países. O governo francês fornecia listas de judeus para os nazistas, ajudando-os a identificar e expropriar os bens de ricas famílias judias. O número de judeus presos na França era cada vez maior, e logo os gendarmes se tornaram tão temidos quanto as tropas de assalto nazistas.*

Um ano depois de chegar a Chabannes, Stephan foi chamado para o escritório do diretor. Meses antes, ele tinha procurado *monsieur* Chevrier para tentar entrar em contato com os pais, pois não parara de pensar neles enquanto fugia pela França em guerra. *Estariam em perigo? Ou algo horrível já teria acontecido a eles?* Tanta coisa havia se passado desde que eles se despediram em Berlim. Agora os nazistas estavam em guerra com o mundo, não apenas com os judeus na Alemanha. Apesar de morrer de medo de saber do pior, Stephan decidiu que precisava ter conhecimento do que havia ocorrido. Seus pais estariam mortos ou vivos?

Felizmente, naquele dia, Chevrier não tinha más notícias. Explicou que acabara de receber um telegrama da Cruz Vermelha na Suíça, informando que os pais de Stephan haviam sido localizados nos Estados Unidos.

---

* Entre 1939 e 1944, mais de 75 mil judeus foram presos na França e deportados para campos de extermínio nazistas na Polônia, onde cerca de 72.500 morreram.

Stephan não sabia se tinha escutado bem. “Estados Unidos?”

“Sim”, respondeu Chevrier, sorrindo. “Você pode escrever para eles.”

Stephan ficou animado e aliviado em saber que seus pais haviam conseguido ir para os Estados Unidos. Será que teria como encontrá-los? Ansioso, Stephan no mesmo dia escreveu e enviou uma carta. Várias semanas se passaram antes de receber resposta. Quando ela chegou, em uma correspondência encaminhada pela Suíça, o garoto reconheceu a letra cursiva e elegante da madrasta.

Queridíssimo Stephan,
Ficamos tão entusiasmados com sua carta que passamos um tempo olhando o envelope antes de ter coragem de abri-lo...

Na Alemanha, Arthur tinha perdido peso, equilibrado a pressão e conseguido passar no exame médico com facilidade. Em pouco tempo, o casal obteve a declaração juramentada do primo de Johanna, Bert Klapper, que morava em Massachusetts, e os vistos necessários para viajar aos Estados Unidos. A família aproveitou o que considerou a última oportunidade de escapar dos nazistas, partindo da Alemanha em maio de 1940. Foi uma agonia decidir pela viagem, pois eles não sabiam onde Stephan estava – nem mesmo se ainda estava vivo.

Em seu terceiro dia no mar, a bordo de um navio que saiu de Roterdã, eles ouviram notícias sobre a invasão alemã na Holanda e na Bélgica. Quando chegaram aos Estados Unidos, a França já estava em guerra, e as organizações que contataram não descobriram nada a respeito de Stephan. A carta continha muito mais: a alegria de tê-lo localizado, o amor que sentiam por ele e o quanto estavam determinados a encontrar maneira de levá-lo para perto. Stephan leu a carta de novo e, pela primeira vez em muito tempo, chorou.

No decorrer dos meses seguintes, depois de alguns percalços burocráticos, foi concluída a papelada que permitia a entrada de Stephan nos Estados Unidos. O primo de Johanna assinou uma declaração juramentada como garantia, assim como o empregador de seus pais, um judeu russo que tinha imigrado para lá nos anos 1920 e que fora muito bem-sucedido nos negócios. Arthur e Johanna Lewy trabalhavam como mordomo e empregada em sua mansão em Boston, Massachusetts. O empregador chegou a dar 500 dólares para eles pagarem a passagem de navio de Stephan.

Em abril de 1942, Stephan se despediu de todos em Chabannes e tomou o trem para Lyon, onde pegou seu visto no escritório do cônsul americano. Depois, viajou 300 km até Marselha, último porto mediterrâneo ao sul da França, e embarcou num navio de passageiros francês. Quando todos já estavam a bordo, o capitão reuniu os passageiros e explicou a rota tortuosa que pretendia fazer.

"Se seguirmos direto para o Mediterrâneo na direção do Norte da África", disse, "provavelmente seremos atingidos pelo torpedo de um submarino alemão, e ninguém nunca vai saber o que aconteceu conosco". Em vez disso, ele pretendia seguir ao longo da costa, percorrendo todas as enseadas. "Se formos atingidos por um torpedo, pelo menos consigo levar o navio para perto da terra e, quem sabe, nos salvar."

Eles chegaram a Barcelona e pegaram cinquenta refugiados espanhóis. Seguindo a costa espanhola para o leste e para o sul, o navio atravessou os 10 km do estreito de Gibraltar, na direção do Norte da África. Sem nunca se esquecerem do alerta sinistro do capitão quanto aos submarinos, todos os passageiros ficaram aliviados quando finalmente chegaram a Rabat, no Marrocos.

Stephan pegou um ônibus para Casablanca, onde aguardou durante várias semanas pelo navio que o levaria pelo Atlântico: o português *Serpa Pinto*, embarcação a vapor de 6 mil toneladas fretada pela Sociedade de Auxílio à Imigração Hebraica (HIAS), com sede nos Estados Unidos, para levar setecentos refugiados judeus para esse país. Por navegar com a bandeira de um país neutro, o *Serpa Pinto* era uma das poucas embarcações de passageiros que ainda fazia viagens transatlânticas, apesar da ameaça dos submarinos. Partiu de Casablanca no dia 7 de junho de 1942.

Enquanto o navio de 150 m percorria o Atlântico quase em velocidade máxima, Stephan se afligia com as luzes de alerta, que ficavam acesas a noite toda. A embarcação se erguia como um farol sobre o breu completo. Certa manhã, Stephan questionou um tripulante a respeito das luzes. Com todos os submarinos, não seria perigoso iluminar daquele jeito à noite?

"Nós somos neutros", explicou o tripulante. "É por isso que colocamos uma enorme bandeira de Portugal tão à vista, com as luzes acesas. Qualquer embarcação pode ver que somos neutros."

A bandeira, visível na popa e iluminada por holofotes durante a noite, era um pedaço sólido de madeira pintado de verde e vermelho, que não pendia nem se agitava com o vento. A explicação do tripulante pareceu plausível para Stephan – até algumas horas depois, quando a vibração dos motores parou. O garoto logo correu para se reunir a outros passageiros e ver o que se passava; foi quando se deparou com um submarino parcialmente imerso com uma suástica pintada na torre de comando.

Um grupo de marinheiros alemães embarcou numa pequena lancha motorizada e se aproximou. Quando chegaram ao *Serpa Pinto*, uma escada de cordas foi estendida para que subissem a bordo. No convés, nenhum refugiado falava nada; reinava um silêncio mortal. Stephan teve uma sensação horrível. Sabia que não havia lugar para se esconder.

O grupo armado passou três horas verificando todos os compartimentos, aparentemente buscando por contrabando. Ao não encontrarem nada, fizeram a tripulação recolher os passaportes dos passageiros e os verificaram, um por um. Quase todos indicavam o "J" vermelho.

Por fim, os marinheiros partiram, voltando ao submarino. Os passageiros continuaram no convés, esperando para ver o que aconteceria em seguida.

"*Habt keine Angst*", disse um tripulante que falava vários idiomas.

Na sequência, percorreu o convés, dizendo aos passageiros, cuja maioria falava alemão, que eles não precisavam ter medo.

Ainda assim, todos estavam aterrorizados. Será que o submarino faria uma manobra e lançaria um torpedo para afundar o navio? Torcendo para não ter chegado tão longe só para se afogar no meio do oceano, Stephan foi ao convés e se juntou a outros, que rezavam em alemão e hebraico; continuaram rezando até o submarino se perder de vista.

No dia 25 de junho de 1942, o *Serpa Pinto* chegou ao porto de Nova York. O navio reduziu a velocidade ao passar pela Estátua da Liberdade, o que permitiu aos passageiros dar uma boa olhada na escultura de 90 m da deusa romana Libertas. No alto, a deusa segurava uma tocha de cobre, iluminando o caminho que livrava imigrantes oprimidos, vindos de outras paragens, da tirania e do sofrimento. Alguns sorriam e conversavam; outros tinham perdido a voz.

Stephan Lewy, que fora órfão por mais da metade da vida, sabia que seu pai e sua nova mãe o esperavam no porto. Respirou fundo, e seus olhos se encheram de lágrimas. Ele tinha conseguido.

3

UM LUGAR PARA CHAMAR DE LAR

O pai de Günther Stern o havia alertado para "ser como tinta invisível" e não chamar atenção. No entanto, pouco depois de se despedirem no porto de Bremerhaven, onde ele embarcou no SS *Hamburg* em novembro de 1937, Günther se juntou às outras crianças emigrantes no navio, que corriam de um lado para o outro brincando de esconde-esconde e aprontando travessuras. Os jovens judeus estavam ansiosos para se livrar das regras rígidas sob as quais viviam na Alemanha nazista, as quais exigiam que tivessem uma conduta irrepreensível em público para não chamar atenção. Na verdade, Günther ainda estava tão envolvido em sua aventura marítima que não tivera tempo de sentir saudade de casa.

Em um dia ensolarado, as crianças fizeram amizade no convés com um americano mais velho que viajava sozinho. Quando ele ofereceu a elas uma bebida exótica que ninguém conhecia, chamada Coca-Cola, todas se convenceram de que devia se tratar de um daqueles famosos milionários americanos. Mais perto do fim da viagem, o homem explicou que na verdade era carteiro e havia economizado anos para tirar suas primeiras férias na Europa. As crianças refugiadas não acreditaram: como um americano normal arcava com uma viagem daquelas? Decidiram que o generoso milionário provavelmente só queria permanecer anônimo.

Quando chegaram a Nova York, um representante do comitê determinou que Günther, depois de todas as aulas particulares com Herr Tittel, dominava o inglês suficientemente bem para percorrer sozinho o resto do caminho até St. Louis. No entanto, como o garoto teria que mudar de trem em Chicago, alguém o encontraria lá para ajudá-lo a fazer a baldeação.

Durante o breve período que passou no coração de Nova York, Günther ficou muito impressionado com o amontoado de arranha-céus, os metrôs lotados e os pitorescos *Automatenrestaurants*, ou "restaurantes automáticos", nos quais pessoas apressadas inseriam moedas em máquinas e instantaneamente recebiam sanduíches e outros produtos alimentares.

Num domingo, Günther chegou a Chicago para uma escala de três horas. A mulher com quem se encontrou decidiu que havia tempo suficiente para um rápido *tour* pela Cidade dos Ventos. A excursão incluiu um passeio pelo Maxwell Street Market, um mercado a céu aberto que ocupava vários quarteirões. Fundado em 1912 por imigrantes judeus recém-chegados da Europa oriental, tinha barracas que vendiam uma grande variedade de itens com desconto: alimentos, roupas, ferramentas e muitos outros. Para Günther, era uma mistura caótica de culturas e etnias; viu pessoas de todas as cores e todas as idades, muitas delas judias, misturando-se com tranquilidade, conversando e contando piadas umas às outras.

Günther nunca presenciara nada parecido na Alemanha. Se aquilo significava estar nos Estados Unidos da América, a terra da liberdade, então seus dias do passado, tentando desaparecer em público como se fosse tinta invisível, tinham chegado ao fim.

Depois de outra longa viagem de trem, Günther chegou a St. Louis. A tia Ethel e o primo Melvin o encontraram na estação. O tio Benno, irmão de sua mãe, trabalhava no turno da noite em uma padaria, e Günther só o conheceu quando ele voltou para casa, mais tarde. Günther sabia um pouco da vida do tio: quando era um adolescente rebelde de 14 ou 15 anos, Benno foi exilado por um pai rigoroso, que o enviou aos Estados Unidos numa época em que ainda era fácil para os imigrantes entrar no país. Benno era um homem baixo e atarracado, que teve dificuldades durante a Depressão, mas conseguiu superá-las. Os Silberberg não tinham uma vida fácil, mas nunca haviam sido ameaçados de despejo nem rebaixados a esperar em filas de pão. Benno não se desculpou pelo apartamento pequeno, localizado em uma mansão subdividida na zona oeste da cidade, predominantemente frequentada por judeus. O ambiente era bem diferente da casa espaçosa e bem localizada em que a família de Günther morava em Hildesheim. Ninguém explicou a Günther por que teria de dividir um quarto pequeno e uma cama de solteiro com outro garoto refugiado, Rudy Solomon, que a tia havia abrigado a pedido da Sociedade de Assistência Judaica.

Apesar de sentir falta da família e saudades de casa, os sonhos juvenis que Günther tinha de viver aventuras no novo país continuaram intactos, especialmente quando ele se matriculou, cinco dias depois, na Soldan High School, uma escola pública com reputação de ser a melhor de St. Louis. Na Soldan, alunos de famílias ricas sentavam-se ao lado de alunos com roupas surradas, e todos aprendiam e se inspiravam em professores dedicados e administradores determinados a competir com as melhores escolas preparatórias do país. Era o melhor que os Estados Unidos tinham a oferecer.

No primeiro dia de aula, Günther foi recebido pessoalmente pelo diretor, que o informou que ele estudaria na classe da sra. Muller, a professora de alemão. Quando o diretor perguntou se ele estava interessado em atividades extracurriculares, Günther logo respondeu:

"Em natação e no jornal da escola."

Sua primeira aula foi de geometria e, depois de uma recepção calorosa da professora – "nosso novo aluno da Alemanha!" –, Günther percebeu que a classe se preparava para uma prova. A sra. Carmody, professora de geometria, encorajou Günther a fazer o teste também, para mostrar o que sabia. Ele se sentou e leu as questões. Aproximando-se da mesa da professora, perguntou em voz baixa:

"Por favor, o que é um 'triângulo isósceles'?"

A professora desenhou um na lousa.

"Ah, sim", disse Günther. "*Ein gleichschenkliges Dreieck.*"

Ele fez a prova e tirou B, de bom.

Em pouco tempo, a curiosidade natural de Günther fez com que se tornasse repórter do jornal da escola, *Scrippage*, cujo nome fora inspirado pela peça *Do jeito que você gosta*, de Shakespeare. Günther conseguiu um emprego na lanchonete, onde começou a trabalhar em troca de almoços grátis, e na primavera tornou-se o primeiro nadador de peito do time do colégio. Na mesma época, também teve sua primeira namorada, Idamae Schwartzberg, uma morena atraente e vivaz. Os dois assistiram a musicais de verão grátis, como *Of Thee I Sing*, de Gershwin, e *Show Boat*, de Jerome Kern e Oscar Hammerstein, encenados ao ar livre no Forest Park.

Apesar de ela ter um nome diferente, Idamae tinha pouca paciência com o nome de Günther, que ela chamava de "trava-língua alemão". A moça decidiu que manteria as duas primeiras letras e acrescentaria um "y". Entusiasmado para se entrosar, Günther se tornou Guy. O apelido pegou, e logo todos concordaram que o nome se adequava à personalidade animada dele.

A transformação, porém, não se limitou ao nome. Os últimos anos na Alemanha, durante os quais fora obrigado a ser discreto, resultaram numa inevitável perda de confiança e até mesmo numa sensação de inutilidade. A reconquista da autoestima de Guy no país em que se refugiou se deu mais rápido do que qualquer pessoa teria imaginado possível, inclusive ele mesmo. Com um coração bondoso, um sorriso cativante e bom senso de humor, ele conquistou uma legião de novos amigos.

As duas maiores reportagens de Guy publicadas no jornal da escola, que lhe renderam o apelido de "Furo", foram entrevistas com o músico Benny Goodman nos bastidores do Fox Theater, no centro de St. Louis – quando discutiram jazz e suingue por meia hora –, e com o escritor alemão Thomas Mann, vencedor do Prêmio Nobel de Literatura (1929), que esteve em St. Louis para dar uma palestra na Associação de Jovens Hebreus.

Mann, que escrevia em alemão, foi acompanhado pela filha, Erika, atriz e escritora que traduzia os livros e os discursos do pai para o inglês. Com um forte sotaque alemão, Mann leu seu discurso "A próxima vitória da democracia" em um inglês correto, mas não muito preciso, para uma plateia de 3 mil pessoas. Mann condenou o Acordo de Munique de 1938 como traição por parte da Inglaterra e da França, por permitir que a Alemanha anexasse a região do Sudeto da Tchecoslováquia, que Hitler declarou como território alemão. Criticou os esforços do primeiro-ministro Neville Chamberlain para agradar a Hitler e alertou que a sede do Führer pela expansão das fronteiras alemãs à custa de outras nações nunca diminuiria.

Em seguida, cerca de vinte cadeiras foram colocadas em outra sala para uma coletiva de imprensa. Mann chegou antes da filha, que já tinha lhe traduzido algumas perguntas da plateia. Mann respondia em alemão, e ela explicava: "O meu pai acredita...". A certa altura, em vez de esperar pela tradução, um correspondente da *Time* fez uma pergunta confusa em inglês, a qual deixou o escritor perplexo. Guy se manifestou, repetindo a pergunta em alemão e, depois, traduzindo a resposta de Mann para o inglês.

Com Mann olhando diretamente para ele, Guy juntou coragem para fazer sua própria pergunta, também em alemão. Até mesmo em companhia tão digna, a pergunta de Guy revelou seu intelecto afiado e seu entendimento dos eventos correntes. Será que Mann, conhecido por se manifestar contra o nazismo desde seu exílio da Alemanha quando Hitler assumiu o poder, pensava que o ditador alemão e Stálin poderiam encontrar uma causa em comum? Mann negou vigorosamente a possibilidade.

"Ditadores nunca se dão por contentes", disse a Guy, "pois nunca vão ficar satisfeitos com seus ganhos territoriais".

Durante aquilo que, na prática, se transformou numa entrevista exclusiva para Guy, o escritor alemão passou a discutir sua proposta de cobertura de saúde nacional nos Estados Unidos falando em alemão. Guy tomou notas abreviadas, algo que tinha aprendido a fazer em sua escola na Alemanha, enquanto Mann explicava que a democracia só pode ser forte se cada cidadão tiver seu bem-estar social garantido e que isso deveria incluir tratamento médico acessível, oportunidade de educação e uma pensão.

A chegada de Erika Mann à tribuna encerrou a exclusiva de Guy. Contudo, antes de aceitar perguntas de outros repórteres, Mann olhou direto para Guy e disse, em alemão:

"Eu quero que jovens como você tenham uma educação superior gratuita."

A edição seguinte do jornal da escola alardeou: "Acreditem ou não, um repórter do *Scrippage* chegou na frente de um jornalista da revista *Time*!".

Guy também deixou sua marca em outras áreas. A professora de latim Rose Kaufman, bem relacionada na comunidade judaica local, interessou-se por ele e, no último ano de Guy, o recomendou para um emprego de meio período no histórico Chase Hotel, no centro da cidade. Contratado como ajudante de garçom, Guy ficou orgulhoso de ganhar o próprio sustento e começar a pagar um pouco de aluguel para os tios.

Enquanto abria caminho pelo novo país, não se esqueceu da promessa feita aos pais: tentar encontrar alguém que assinasse a declaração juramentada exigida para que a família inteira pudesse ir para os Estados Unidos. Infelizmente, ele ainda não tinha encontrado ninguém que pudesse ajudar. O país ainda se encontrava na grande crise, com a maioria das pessoas desempregada ou mal conseguindo se sustentar. Guy nunca imaginou que fosse demorar tanto. Já fazia um ano desde que se despedira dos pais naquele porto na Alemanha – e, na época, acreditava que a essa altura eles já teriam se reunido novamente. Eles continuavam se correspondendo duas vezes por mês, mas enquanto Guy escrevia com liberdade sobre sua vida em novas terras, os pais eram reservados em relação às condições na Alemanha. As cartas contidas faziam pouco para aliviar a urgência crescente que Guy sentia em relação a quando e como sua família sairia da Alemanha.

Nunca parou de tentar a crucial declaração que o Departamento do Estado exigia para permitir que sua família fosse para os Estados Unidos. A fim de poupar a tarifa do ônibus, Guy costumava pegar carona até seu emprego no hotel. Uma tarde, no outono de 1938, foi com um homem judeu bem-vestido dirigindo um sedã de luxo. Guy contou a já bem ensaiada história sobre sua imigração: que havia chegado no ano anterior; que os pais e dois irmãos mais novos ainda estavam presos na Alemanha. O homem escutou, assentindo com simpatia. Então, como se tivessem ensaiado, ele perguntou:

"O que seria necessário para que eles viessem para cá?"

Guy disse que precisava encontrar alguém com os meios financeiros para assinar um documento do governo garantindo que seus familiares não se tornariam um ônus público.

"Bem, eu posso fazer isso", disse o homem, com tranquilidade.

Guy teve de se esforçar para não estender o braço e apertar com força a mão de seu benfeitor enquanto eles percorriam o trânsito do Delmar Boulevard.

"Só não tenho certeza se o governo vai me aceitar", o homem continuou. "Eu sou um jogador. É assim que ganho meu dinheiro."

Guy não achou que aquilo poderia ser um problema. Dinheiro era dinheiro.

"O senhor está disposto a tentar?", perguntou.

"Claro. Afinal de contas", acrescentou o homem com um sorriso, "a vida é um jogo".

Guy levou uma semana para agendar um horário com o advogado que a Sociedade de Assistência Judaica recrutara para trabalhar *pro bono* pelos refugiados. Os três finalmente se encontraram no escritório do advogado, que verificou uma pilha de formulários com Guy e seu benfeitor, fazendo uma série de perguntas rotineiras. O processo foi interrompido de repente, quando o advogado perguntou sobre a profissão do homem.

"*Jogador?!*", resmungou o advogado. "Você é *jogador* profissional?" Pôs de lado os papéis que estava preenchendo. "Não precisamos continuar. O signatário de uma declaração juramentada para o Departamento de Estado dos Estados Unidos deve ser um cidadão estável, com renda garantida."

"Mas, senhor" disse Guy, "não seria possível colocar só 'negociante'?".

O advogado olhou para Guy, irritado.

"Burlar a lei para enganar o governo? Não, eu não vou fazer isso!"

O jogador xingou o advogado e se retirou.

Guy ficou imóvel, mal conseguindo respirar, como se tivesse tomado um soco no estômago. Não acreditava no que tinha acabado de acontecer. Um advogado encarregado de fornecer assistência legal para refugiados estava mais preocupado com moralismos num formulário do governo que com os apuros de uma família judia tentando sair da Alemanha nazista? Aquela foi a última vez em que Guy viu o jogador e, desde então, nunca mais chegou tão perto de conseguir uma declaração juramentada para sua família.

Algumas semanas depois, Guy saiu da casa dos tios para caminhar até a escola quando passou por um garoto vendendo o jornal *St. Louis Star Times*.

"Sinagogas queimando na Alemanha! Leiam as notícias!"

Era o início de novembro de 1938, e a manchete era sobre a *Kristallnacht*.

Quando leu sobre a campanha antissemita alemã que destruiu centenas de sinagogas e outras propriedades de judeus, Guy ficou chocado e indignado. Pensou na sinagoga centenária de Hildesheim, que tinha visitado pela primeira vez aos 6 anos de idade. Não era só um lugar para conduzir cerimônias, mas o centro da comunidade judaica na cidade. Ele, então, imaginou-a transformada em cinzas. Pensou nas procissões que percorriam a rua Lappenberg aos sábados de manhã, com famílias bem-vestidas caminhando em direção ao templo. Guy tinha começado seus estudos na escola de uma sala adjacente à sinagoga. Será que também fora destruída? Estaria tudo perdido?

E quanto à sua família? Para Guy, a pior parte era não saber se eles estavam bem. Teve de aguardar pela próxima carta para saber e só confirmar o que já temia: a sinagoga da cidade não existia mais. Preocupados com os censores, seus pais tinham desenvolvido uma espécie de código nas correspondências, que Guy conseguia decifrar com facilidade. Quando eles escreviam "se de um jeito não der certo, sempre tente outra forma de agir" ou "esperamos que possa realizar todos os seus planos", Guy sabia que queriam dizer "continue tentando a papelada para nossa imigração".

A família que Guy Stern tentou salvar: os pais e os irmãos em Hildesheim, na Alemanha, por volta de 1938. *(foto da família)*

Guy se formou no ensino médio em junho de 1939 e trabalhou em período integral por um ano, poupando o dinheiro para pagar a faculdade. No outono de 1940, matriculou-se na Universidade de St. Louis, instituição jesuíta conhecida pelos altos padrões acadêmicos. Guy conseguiu um emprego de meio período no restaurante de um hotel a apenas um quarteirão da escola. Era tão conveniente que ele costumava ir e voltar do trabalho para as aulas sem tirar o uniforme.

No verão de 1942, recebeu uma carta breve e sinistra da mãe, com um carimbo de Varsóvia.

Nós temos um quarto aqui no gueto e estamos dando um jeito. Temos esperança de dias melhores. Como dissemos quando você partiu, faça o possível.

Guy Stern aos 18 anos *(à direita)*, assistente de garçom no Melbourne Hotel, em St. Louis, na primavera de 1940. *(foto da família)*

Guy sabia que, mais uma vez, as palavras tinham sido escolhidas mais para os censores que para ele. Era óbvio que o envelope tinha sido aberto; a aba estava colada novamente com um carimbo nazista oficial com uma suástica. A mãe não podia revelar com mais detalhes a situação deles. Guy sabia que seus pais nunca teriam optado por sair de Hildesheim, e a mãe não mencionara aquela possibilidade nas cartas anteriores. E por que Varsóvia? Guy conhecia a geografia europeia: Varsóvia ficava 750 km a leste de Hildesheim.

Em todo caso, o significado de "faça o possível" era claro: apesar de saber que ele ainda estava procurando alguém, qualquer pessoa que pudesse ajudá-los a ir para os Estados Unidos, a mãe o absolvia de culpa caso não tivesse sucesso. Guy segurou a correspondência nas mãos trêmulas, a cabeça girando com pensamentos terríveis sobre o desespero dela e do resto da família. E havia aquele carimbo estranho...

Por que os nazistas estavam enviando famílias judias para a Polônia?

Manfred Steinfeld deixou a mãe soluçando na plataforma da estação ferroviária em julho de 1938. Quando o trem chegou a Hamburgo, a 370 km de distância, a representante da HIAS o esperava na estação e o levou para passar a noite em sua casa. Na manhã seguinte, junto com uma dúzia de crianças judias refugiadas, ele embarcou no SS *New York*, um navio da Hamburg-America Line, a maior e mais antiga empresa de barcos a vapor da Alemanha.

Viajando na terceira classe, Manfred e outro garoto da mesma idade dividiam uma pequena cabine com beliche. O banheiro comunitário ficava no corredor, e as refeições eram servidas na sala de jantar da terceira classe. Obedecendo ao aviso da mãe para se manter em silêncio e não chamar atenção, Manfred não conversava com outros passageiros nem com tripulantes, quase todos alemães. Ficou a maior parte do tempo no beliche e só saía durante as refeições. Manfred passou a viagem toda assolado pelo medo e pela ansiedade frente à perspectiva de nunca mais ver a família. Sem nunca ter viajado para longe de casa antes, também estava preocupado com a vida que teria nesse outro país.

Depois de onze longos e tediosos dias no mar, marcados pelo clima tempestuoso, o navio entrou no porto de Nova York às 5 horas da manhã e passou pela Estátua da Liberdade, que estava envolta pelo nevoeiro. Manfred foi ao convés para ver a chegada, apoiado no balaústre. A visão era ao mesmo tempo inspiradora e reconfortante. Ele não se moveu durante a hora que levou para o navio chegar à doca. Começava a acreditar que tudo ficaria bem. Na verdade, Manfred não se sentia tão seguro desde que saíra de casa. Outro representante da HIAS recebeu as crianças no porto e pendurou placas de identificação no pescoço de todas. Manfred e outro garoto eram os únicos que seguiriam para Chicago; os demais refugiados iriam para outras partes do país. Os dois rapazes foram levados ao Grand Central Terminal, receberam duas lancheiras e foram acompanhados até embarcar no trem noturno.

O SS *New York*, que levou Manfred Steinfeld da Alemanha nazista para os Estados Unidos em 1938, com 14 anos de idade. *(foto da família)*

Manfred chegou à estação de Chicago e foi recebido pela tia Minna, irmã de sua mãe. Ficou exultante ao ver um rosto conhecido, mas o alívio esvaneceu quando eles saíram da estação para as ruas urbanas e movimentadas, repletas de pedestres e automóveis. Para um garoto da cidade rural de Josbach, com uma população de 400 habitantes, a intensidade visual e sonora da cidade grande era um pouco demais.

A tia mostrou-se calorosa e acolhedora, mas Manfred percebeu que o tio não ficou feliz em recebê-lo. Como muitos judeus alemães residentes em Chicago, Morris Rosenbusch trabalhava nos estábulos, recebendo cerca de quinze dólares por semana. A família de oito pessoas (agora nove) morava em um apartamento apertado de três quartos e um banheiro no número 5.409 da avenida South University. Os 25 dólares por mês que as instituições de caridade de Chicago pagariam para os tios receberem o sobrinho eram muito necessários. Mesmo assim, devido à falta de espaço, não havia cama para Manfred, que teve de passar os quatro anos seguintes dormindo no sofá da sala de estar.

Atrasado nos estudos por saber pouco inglês, Manfred teve aulas de gramática por vários meses antes de entrar na Hyde Park High School, em janeiro de 1939. Rápido no aprendizado, fez bastante progresso no domínio do idioma, em parte por conta de seu círculo de novos amigos na vizinhança de maioria judaica do Hyde Park. Os mesmos amigos foram rápidos em americanizar seu nome. Manfred Steinfeld de Josbach, na Alemanha, tornou-se Manny Steinfeld de Chicago, Estados Unidos.

Como não recebia mesada de ninguém, Manny teve de trabalhar para ganhar seu próprio dinheiro. Em pouco tempo, conseguiu uma rota de entrega de jornal que pagava 1,5 dólar por semana. Manny tinha que acordar às 5 horas da manhã para entregar o *Chicago Tribune* antes de ir para a escola; durante a tarde, entregava o *Herald-American* e o *Daily News*. Também conseguiu um segundo emprego na farmácia local, onde entregava receitas e cuidava da máquina de refrigerante. Com o tempo, conseguiu comprar uma bicicleta usada e, de vez em quando, gastava dez centavos para assistir, no cinema, a filmes de caubóis, uma de suas paixões. Também economizava para comprar chocolate e café, considerados artigos de luxo em Josbach, e enviar para a mãe na Alemanha.

Mãe e filho se escreviam com frequência, e por essas cartas Manny soube que, pouco tempo depois de ter saído da Alemanha, a mãe mandara seu irmão Herbert para um centro de treinamento em um *kibutz* em Frankfurt. Em novembro de 1938, Herbert tinha 12 anos e foi dos 35 alunos selecionados para emigrar para a Palestina, onde havia uma colônia infantil num vilarejo perto de Pardes Hanna, próximo a Tel Aviv. Pouco tempo depois da mudança, Herbert começou a escrever com regularidade e a enviar fotografias para o irmão em Chicago. O irmão de Manny adotou seu nome hebreu, Naftali, e as longas cartas que escrevia – era um missivista muito mais apto que Manny – eram cheias de histórias interessantes sobre a vida na

Palestina. Manny ficava muito contente com cada nova correspondência que chegava atestando que o irmão mais novo estava em segurança, fora do alcance dos nazistas.

Com dois de seus três filhos em segurança fora da Alemanha, Paula Steinfeld concentrou-se na filha, Irma. No verão de 1939, com a ajuda de uma organização judaica de resgate, Paula conseguiu um visto para Irma emigrar para a Inglaterra. Dois dias antes da data da partida do navio de Irma, porém, a Alemanha invadiu a Polônia. A Inglaterra declarou guerra contra a Alemanha imediatamente, e todo o trânsito marítimo comercial entre os dois países foi suspenso. Irma não teve escolha a não ser voltar para Josbach.

A irmã de Manny Steinfeld, Irma, com a mãe, Paula. *(foto da família)*

Manny soube de tudo isso por meio das cartas de sua mãe. Ela também escreveu dizendo que as propriedades dos judeus estavam sendo confiscadas e que tinha sido obrigada a vender a casa para uma família de gentios. Por enquanto, os novos proprietários estavam permitindo que Paula e Irma ficassem num quarto no andar superior, mas Paula continuava explorando as opções de fuga. Por um tempo, a rota mais promissora parecia ser através da União Soviética, mas em junho de 1941 a Alemanha invadiu o país, eliminando também essa opção.

Vários meses depois, sua mãe escreveu sobre rumores perturbadores que circulavam. Parecia que as famílias judias de Josbach seriam retiradas da Alemanha, embora não se tivesse ideia de para onde iriam nem de por que estavam sendo deslocadas.

Alarmado, Manny respondeu na mesma hora. Não teve retorno.

Nascido de pais imigrantes judeus russos em 1923, Victor Brombert passou os primeiros dez dias de sua vida em Berlim, onde a mãe era paciente de um famoso ginecologista que a ajudara a engravidar e participara do parto. Os pais de Victor voltaram com o bebê recém-nascido para a casa em que moravam em Leipzig, no leste da Alemanha.

Jacob e Vera Brombert se conheceram quando estudavam direito na Rússia. Ambos eram de famílias com posição social e financeira adequada para viver em Moscou e em São Petersburgo, lugares inacessíveis à maior parte dos judeus. Naquela época, também não era muito comum que mulheres, especialmente judias, fossem admitidas por uma universidade de direito russa, mas isso não era tão incomum em famílias com dinheiro e proeminência social.

Jacob era delicado e estudioso, com um senso inato de organização e justiça. Sua família era de prósperos comerciantes, que havia várias gerações negociavam peles de animal para o mercado de luxo. O pai de Jacob pagou para que ele obtivesse dois diplomas em direito – primeiro em Paris, depois na Rússia – por entender que ele acabaria herdando e administrando o negócio da família.

Esse dia chegou mais cedo do que Jacob poderia imaginar. Estava na casa dos 30 anos quando o pai faleceu, o que fez com que ele assumisse o negócio da noite para o dia. Jacob logo dominou as complexidades do comércio de peles: participando de leilões por atacado por toda a Europa, classificando, expedindo e vendendo, na Itália, na França, na Inglaterra e nos Estados Unidos, matéria-prima para peleiros que faziam casacos e estolas para o mercado de varejo.

Em 1917, Jacob e Vera estavam passando a lua de mel na Dinamarca quando souberam do início da Revolução Russa. Os dois decidiram não voltar para sua terra natal, onde a propriedade privada estava sendo restringida, e as fábricas, entregues aos trabalhadores. Depois de alguns meses em Londres, cujo tempo frio e nebuloso incomodava Vera, eles se estabeleceram em Leipzig, que era um dos centros do comércio de peles na Europa. O jovem casal tornou-se apátrida, eventualmente recebendo passaportes de refugiados, expedidos pela Liga das Nações a partir de 1922 para exilados russos que não tinham como obter documentos de viagem do governo.

Algumas das lembranças mais precoces de Victor eram de viagens com os pais a Marienbad, popular balneário na Tchecoslováquia. Seus pais acreditavam muito nos poderes curativos dos tratamentos do balneário de Marienbad, com suas fontes de dióxido de carbono natural. Era um local frequentado por celebridades como Thomas Edison e Mark Twain e por governantes europeus como Eduardo VII do Reino Unido e o *tsar* Nicolau II da Rússia, que também viajavam com regularidade para um momento de bem-estar em Marienbad. Vera, que visitara a França muitas vezes e falava o idioma com fluência, participava do time de *bridge* que disputava o campeonato francês no resort.

Durante uma dessas viagens, no começo dos anos 1930, o trem dos Brombert parou na fronteira antes de sair da Alemanha. Em vista do status de refugiados apátridas, Jacob e Vera sempre ficavam ansiosos nas travessias de fronteira. Dessa vez, homens ostentando braçadeiras com suásticas retiraram à força do trem um casal de idosos que estava sentado perto deles.

Alguns passageiros sussurravam entre si. Uma palavra era mais audível: "*Devisenschieber*".

"O que é *Devisenschieber*?", perguntou Victor.

Seus pais mandaram que ficasse em silêncio.

Quando o trem voltou a se mover, o pai de Victor explicou que *Devisenschieber* referia-se à tentativa de contrabandear dinheiro para fora da Alemanha, uma prática ilegal.

Naquela época, Victor já era filho único. Sua irmã mais nova, Nora, garota bonita e amorosa de cabelos escuros, tinha morrido durante uma cirurgia em 1930, aos 5 anos de idade, quando médicos alemães operavam um tumor em seu cérebro. Para Victor, então com

7 anos de idade, aquele foi o primeiro confronto com a morte. Chorou junto com a mãe quando ela explicou o que havia acontecido. Com o passar do tempo, Victor compreendeu como a morte da irmã tinha afetado seus pais, assolados pela autopiedade e por um sentimento de culpa que nunca superaram totalmente.

Depois de terem vivenciado os efeitos de uma revolução, Jacob e Vera viram a ascensão de Hitler ao poder em 1933 com muita apreensão. Ficou claro para eles desde cedo – com as manifestações de rua e a violência, as prisões em massa e os *pogroms* – que a ascensão do nacionalismo nazista era um acontecimento sinistro. Ao contrário de alguns judeus nascidos na Alemanha que tiveram esperança no país natal e demoraram demais para partir e de outros que queriam sair, mas acabaram impedidos pelas circunstâncias, o casal imigrante da Rússia não perdeu tempo. Graças à natureza internacional de seu comércio de peles, Jacob tinha bens valiosos, depósitos bancários e contas acessíveis de fora do país, o que possibilitou uma rápida emigração.

A mudança proporcionou mais uma memorável viagem de trem para Victor, de Leipzig para a Suíça, neutra, onde a família conseguiu ficar perto do lago de Genebra enquanto aguardava pelos vistos para residência permanente na França. Seus pais tinham uma cabine particular para dormir no trem noturno, assim como Victor e sua fiel babá alemã, Marianne. Quando o trem parou à noite na fronteira entre a Alemanha e a Suíça, Victor acordou com vozes altas no corredor. Ouviu a palavra "*Juden*" repetida várias vezes e batidas fortes nas portas, que eram abertas e fechadas. Victor ficou apavorado, mas conseguiu permanecer em silêncio; o pai já havia alertado para que não destrancasse a porta da cabine a menos que fosse instruído a fazê-lo.

Quando o trem voltou a se locomover, a mãe bateu com leveza na porta, e Victor a deixou entrar. Ela queria saber se ele e Marianne estavam bem e disse que já haviam entrado na Suíça e estavam em segurança.

Quando finalmente chegaram à França, passaram os primeiros dias em Paris no apartamento da irmã de Jacob, Anya Adler, viúva havia muito tempo. Ela levou o jovem Victor para conhecer seu primeiro mercado a céu aberto, que o deslumbrou com as mostras de flores, frutas, vegetais, carnes e, em especial, as barracas de peixe, que vendiam grandes camarões rosados e caranguejos vivos. Naquele dia, tia Anya também apresentou ao jovem Victor um vegetal novo peculiar, a alcachofra, que a princípio ele achou estranho, mas passou a apreciar após aprender a tirar as folhas e entender quais partes eram comestíveis. Tia Anya tinha perdido o marido, um bombeiro, anos antes, na Rússia, e levava em Paris uma vida que chamava de *une vie facile*, fácil, possibilitada pela generosidade do irmão, Jacob.

Depois de passar alguns dias com Anya, a família alugou um apartamento decorado com móveis finos do século XVIII no afluente 16º *arrondissement*, que abrigava uma colônia de imigrantes antibolcheviques abastados. Anos antes, Jacob e Vera tinham conseguido tirar os pais da Rússia para a Alemanha. Além de russo, a avó materna de Victor, Anna, falava com ele em francês, assim como a mãe, e quando se mudaram para Paris ele já era fluente. Em casa, os pais também falavam em russo, e durante os primeiros nove anos em Leipzig Victor falava alemão dentro e fora da escola; continuou usando esse idioma em Paris com sua babá, que ficou dois anos com a família antes de retornar para a Alemanha. Por essa mistura, Victor não sabia bem o que dizer quando alguém perguntava qual era sua língua nativa. Ele sonhava em alemão, francês e russo e, quando contava os movimentos durante os exercícios físicos, mudava de um idioma para outro sem pensar.

Com o tempo, passou a identificar a França, onde viveu por oito dos seus anos mais formativos, como seu verdadeiro lar, adotando a língua, a cultura e a identidade francesas. Não fosse pela Revolução Russa, ele teria sido russo; não fosse por Hitler, ele teria sido criado como alemão; por esses dois fatos, Victor se tornou francês, com muito orgulho.

Frequentou o Lycée de Janson de Sailly, uma das escolas mais prestigiadas de Paris. Era fraco em matemática, mas tinha as notas mais altas em literatura francesa e história. Seu primeiro contato com o inglês foi com um professor que acreditava que a chave para a fluência era traduzir e recitar, de memória, poetas ingleses como William Wordsworth. De sua parte, Victor aprendeu mais inglês com filmes estrelados por Fred Astaire, Ginger Rogers, Loretta Young, Tyrone Power e Bing Crosby.

Como frequentava sinagogas apenas nos feriados judaicos, Victor cresceu com pouca instrução religiosa. Na verdade, seu pai fez questão de lhe ensinar o significado da palavra "agnóstico", e Victor costumava ser alertado pelo pai e pela mãe quanto aos perigos de doutrinas e dogmas propagados pela religião ou pelo Estado. Ainda assim, fez o *bar mitzvah* ao completar 13 anos, em 1936. Para se preparar, aprendeu o básico de hebraico durante umas férias junto com a mãe em Marienbad. As aulas eram ministradas num quarto de hotel por um rabino local, que foi contratado para ser seu tutor.

A cerimônia foi conduzida em uma sinagoga pequena e moderna na rue de Montevideo, via tranquila perto do apartamento dos Brombert. Victor ficou nervoso, mas não achou o evento muito marcante; sua parte favorita foi dar à oração uma entonação operística, pois alimentava a fantasia de um dia se tornar um famoso cantor de ópera. Para os pais, a cerimônia pareceu uma formalidade, mas também um divertido rito de passagem para o filho. Era também uma oportunidade de organizar uma festa exuberante, que acabou não sendo muito diferente de suas outras festas, com vodca e caviar servidos aos convidados, cuja maioria também era de emigrantes russos.

Victor, que pretendia se tornar cidadão francês naturalizado quando chegasse à maioridade, estava certo de que um dia seria convocado para servir ao Exército da França. Era uma data pela qual ele ansiava, apesar das preocupações dos pais pacifistas; eles insistiam para que Victor lesse livros contra a guerra, como *Nada de novo no front*, mas nem sempre o resultado era o esperado. Victor passava horas fantasiando uma vida de aventuras e dias cheios de atos heroicos.

Para ele, o verão de 1939, passado com os pais em Deauville, um resort na praia da Normandia, foi muito mais que uma viagem de férias com a família. Ele precisava estudar para uma prova que aconteceria no outono e que determinaria – devido às notas baixas em matemática – se repetiria o ano. A mãe lembrava-o desse evento todos os dias e providenciou um tutor para Victor. Também houve tardes passadas com amigos, jogando vôlei e tênis, e quando fazia muito frio eles recorriam a um novo jogo de tabuleiro chamado *Banco Imobiliário*. Ainda assim, houve tempo para o rapaz de 16 anos se apaixonar pela primeira vez.

O nome dela era Danielle Wolf, e Victor ficou tão apaixonado que quase não conseguia pensar em outra coisa. Dany era dois anos mais velha, de baixa estatura e bem proporcionada, com cabelos castanhos encaracolados penteados para trás, olhos alegres e lábios carnudos. Ele passava todo o tempo que podia com ela, mesmo quando isso significava faltar às aulas particulares. Em certa ocasião, despertou a ira da mãe, que costumava ser calma, quando gastou os honorários do tutor em presentes para Dany enquanto passeavam à beira da praia. À noite, o jovem casal se deitava na areia com os dedos entrelaçados, observando o céu e contando estrelas cadentes. Horas depois de se separarem, ele ainda continuava pensando nela; podia sentir o gosto de seus lábios e o cheiro envolvente de seus cabelos.

O verão quase mágico de Victor foi interrompido bruscamente no dia 1º de setembro de 1939. Enquanto a família se preparava para a viagem de volta a Paris, boletins da rádio da BBC noticiaram a invasão da Polônia pela Alemanha. Dois dias depois, quando a França e a Inglaterra, aliadas da Polônia, declararam guerra contra a Alemanha, circularam rumores de que o poderoso exército do Terceiro Reich se voltaria contra a França. Jacob, que havia anos não compartilhava do mesmo nível de complacência e da sensação de segurança de tantos franceses, decidiu que a família não retornaria à casa de Paris. Suspeitando que a capital fosse um dos principais alvos, encontrou um lar para alugar em Deauville.

Até então vendo a guerra como algo distante e irreal, de início Victor adorou a mudança de planos. Não teria mais de enfrentar o grande exame e, com certeza, não teria de ir à escola num futuro próximo. Quanto ao segundo ponto, ele estava enganado. Muitas outras famílias de férias estenderam a estadia na Normandia – para a grande decepção de Victor, a família de Dany não estava entre elas –, e uma escola foi organizada em um hotel local. Talvez Victor tenha dado sorte – ou talvez os padrões fossem mais baixos do que os de Paris: ele entrou na classe mais avançada do ciclo secundário de educação que preparava para o *baccalauréat*.

Mesmo assim, começou a se perguntar: *com a França em guerra, qual era o sentido de se preparar para uma universidade? Qual era a importância de um diploma ou de uma carreira?* Victor decidiu que, quando completasse 18 anos, entraria no Exército para lutar pela França. Ponto-final.

Victor Brombert e Dany Wolf no calçadão de Trouville, na Normandia, verão de 1939. *(foto da família)*

Apesar da ausência de grandes batalhas durante a chamada Guerra de Mentira, as vítimas foram muito reais. Naquele inverno de 1939, a guerra chegou muito perto de Victor e dos outros estudantes, que se reuniram a fim de ajudar a evacuar um trem de carga cheio de soldados franceses feridos para um hospital local. Os estudantes esperaram durante horas na estação de Deauville; quando o trem do Exército chegou, tarde da noite, eles carregaram os feridos em macas até as ambulâncias.

Naquele inverno, Victor acompanhou o pai numa breve viagem de negócios a Paris. Quando Dany foi embora, no fim do verão, ela e Victor começaram a se corresponder. As cartas dele eram exageradamente românticas, com passagens tiradas dos grandes poetas. As respostas que Dany escrevia de Paris eram afetuosas, mas evasivas; os pais dela, franceses judeus, preferiam um pretendente mais velho e apropriado para a filha de 18 anos. Ainda assim, Dany e Victor planejaram um encontro na avenida Champs-Élysées. Quando se encontraram, tão distantes das areias da Normandia, eram praticamente dois estranhos. Victor esperava muito mais, talvez até mesmo reviver o que sentiram antes. No entanto, não era para ser. Foi a primeira lição difícil que teve a respeito do amor, embora isso não o tenha impedido de tentar novamente.

Alguns meses após aquela viagem a Paris, em maio de 1940, tropas alemãs atravessaram as Ardenas e entraram na França, dias depois de invadirem a Holanda e a Bélgica. Do outro lado da enseada de Deauville, bombardeiros da Luftwaffe atingiam as refinarias de petróleo de Le Havre. Victor e seus pais, com máscaras à mão para o caso de sofrerem um ataque de gás venenoso, observaram do outro lado da enseada as explosões vermelho-sangue lampejando no céu noturno e fazendo a terra tremer. Na manhã seguinte, fizeram as malas rapidamente e saíram da casa alugada, determinados a seguir para uma região mais segura, no sul da França.

Quando chegaram a Paris, o êxodo coletivo para o sul já estava avançado. Com as as vias de saída da cidade congestionadas por todos os meios de transporte motorizado e não motorizado, eles decidiram pegar um trem até Bordeaux, 600 km ao sul, apesar dos alertas de que nem todos os trens estavam alcançando o destino devido aos ataques aéreos.

O trem completou viagem a salvo, e o clima estava ameno quando eles chegaram a Bordeaux e se acomodaram em um pequeno hotel. Jacob decidiu visitar o consulado de Portugal, na esperança de obter vistos para a família ir àquele país neutro. Chamou Victor para ir junto. Enquanto percorriam de carruagem as largas avenidas da cidade, o pai de Victor explicou como era importante, em tempos como aqueles, fazer contato com os funcionários adequados e colocar em suas mãos, ou em suas mesas, um envelope com algumas notas de dinheiro no momento certo. Jacob queria que o filho entendesse que ele considerava incentivos daquele tipo ilegais e moralmente reprováveis; em tempos normais, não seriam forçosos. Contudo, com o mundo do jeito que estava, às vezes subornos eram necessários. Dinheiro podia salvar vidas. Victor ficou esperando em frente ao consulado, mas o pai saiu de lá ainda com o envelope de dinheiro na mão – e sem nenhum visto.

Em junho, o Exército francês já tinha sido esmagado pelos alemães, a um custo de quase 100 mil mortos e 1,5 milhão de soldados franceses confinados em campos de prisioneiros de guerra. As forças alemãs chegaram a Paris no dia 14 de junho, sem sofrer nenhuma derrota. Passados poucos dias, a Alemanha ditou os termos do armistício, dividindo a França em zonas ocupadas e desocupadas e estabelecendo o novo regime pró-nazista em Vichy, que concordou em deportar quaisquer refugiados políticos que tivessem buscado asilo na França.

Quando soube que os judeus na França estavam sujeitos a prisões e extradição, Jacob escolheu a Espanha como o refúgio seguinte da família. Considerou improvável que Hitler invadisse o país governado pelo ditador fascista Francisco Franco. Jacob alugou um automóvel com motorista e comprou gasolina a preços de mercado negro. Com as malas amarradas no teto do veículo, a família fugiu para Biarritz, uma cidade na costa basca da França, a 30 km da fronteira com a Espanha. Depois de dois dias, ainda não tinham feito nenhum progresso na obtenção dos vistos, e os noticiários indicavam que toda a costa oeste da França logo seria ocupada por forças alemãs. Desesperado para impedir a família de ser capturada pelos nazistas, Jacob alugou uma velha ambulância para levá-los até Pau, no interior, onde se depararam com os Pireneus, uma barreira natural e centenária entre a França e a Espanha. O plano um tanto vago de Jacob – encontrar um lugar ao longo da fronteira para fazer a travessia, a pé, se fosse necessário – parecia perigoso e pouco realista.

Assim, eles seguiram mais de 450 km para o norte pela costa até Nice, cidade situada na região controlada por Vichy, no sudeste da França. Aparentemente seguros pelo momento, alugaram um apartamento; Jacob começou a procurar forma de levar a família aos Estados Unidos. Fez várias viagens ao consulado americano em Marselha, zona também controlada por Vichy, levando os passaportes da família, cartas e declarações juramentadas fornecidas pelo irmão de Vera, um homem de negócios bem-sucedido que se estabelecera em Nova York havia alguns anos. Jacob trabalhou sem descanso junto aos canais oficiais e, no verão de 1941, tinha reunido a pilha de documentos necessários: vistos de imigração para os Estados Unidos, vistos para sair da França, vistos para atravessar a Espanha e dispendiosas passagens de navio.

Eles embarcariam no sul da Espanha, em Sevilha, que era o único porto comercial do país, localizado a cerca de 75 km do acesso para o Atlântico. Chegar lá exigiu vários dias de viagem de trem. Na fronteira com a Espanha, homens em uniformes estranhos interrogaram Jacob incansavelmente enquanto examinavam os documentos da família. Victor ficou sentado na sufocante cabine do trem, suando, com medo de que alguma burocracia imprevista os impedisse de seguir ou de que alguma nova regulação invalidasse as permissões e anulasse todos os esforços que seu pai dispendera para adquiri-las. Seus temores, porém, foram infundados. Eles tiveram os papéis aprovados e carimbados e puderam seguir viagem pela Espanha.

A embarcação que os aguardava em Sevilha pertencia a uma empresa transportadora espanhola, fretada por um grupo de empresários portugueses ansioso por lucrar com pessoas desesperadas e dispostas a pagar altas somas em dinheiro para atravessar um oceano e fugir dos nazistas. O SS *Navemar*, que pendia um pouco para o lado, tinha 120 m de comprimento e o casco alto e volumoso de um navio cargueiro, não de passageiros. As cabines acomodavam somente 28 passageiros, e fora das cabines não havia instalações para os tripulantes, tampouco banheiros. Passagens para as poucas cabines disponíveis custavam preços exorbitantes. O capitão chegou a ceder sua própria cabine, cobrando 2 mil dólares por cabeça que conseguisse se encaixar no limitado espaço. Jacob disse ao filho que tinha pagado mil dólares por pessoa pelas passagens mais baratas. Embora pudesse arcar com o preço, criticou a empreitada pela escandalosa exploração de pessoas em situação de perigo, muitas das quais não tinham como custear tal montante. O compartimento de carga não foi carregado com banana nem com carvão, mas com 1.120 refugiados, a maioria judeus da Alemanha, da Áustria e da Tchecoslováquia.

A travessia pelo Atlântico, uma trajetória feita em zigue-zague para evitar os submarinos alemães, demorou seis semanas e incluiu paradas em portos de Lisboa, Havana e Bermudas; os refugiados não puderam sair do navio em nenhuma dessas ocasiões. A comida era escassa a bordo: consistia principalmente de batata.

Victor e os pais passaram a maior parte dos dias na parte superior da embarcação, dividindo o convés estreito com alguns bois que foram mortos no decorrer da viagem para servir de alimento. A família preferia dormir no convés ou em algum dos botes salva-vidas, não nos compartimentos inferiores, cujo espaço abafado e escuro foi ocupado por várias fileiras de beliches improvisados. Não demorou muito para o ambiente ser tomado pelo fedor de vômito e excremento. Muitas pessoas contraíram tifo e disenteria; seis morreram durante a travessia e foram jogadas ao mar.

Num dia, bem cedo, ainda deitado meio adormecido no convés e enrolado em um cobertor, Victor ouviu um burburinho. Juntou-se aos outros passageiros no convés tumultuado para conferir o navio entrar nas águas do porto de Nova York. Os arranha-céus de Manhattan eram visíveis ao longe, e Victor também viu a Estátua da Liberdade. Já a conhecia a partir de uma réplica menor, que ficava numa pequena ilha do rio Sena, em Paris. Victor tinha aprendido na escola que a estátua do porto de Nova York fora um presente da França em homenagem às revoluções americana e francesa e simbolizava a amizade entre os dois países. A famosa *mademoiselle* banhada de cobre que segurava uma tocha a iluminar o caminho para a liberdade fez Victor se sentir em casa.

Pai de Victor Brombert, Jacob, a bordo do cargueiro *Navemar*, sobrecarregado com mais de mil refugiados –, a maioria judeus fugindo dos nazistas –, em setembro de 1941. *(foto da família)*

Quando o navio ancorou no Brooklyn, em 12 de setembro de 1941, Victor e os pais ficaram numa longa fila para desembarcar, esperando os funcionários da imigração e do serviço de saúde registrar os passageiros. Victor, Jacob e Vera ficaram sabendo que os jornais locais tinham se referido ao *Navemar* como um "campo de concentração flutuante" que levava judeus da Europa ocupada pelos nazistas. Sua chegada, muito antecipada, foi acompanhada por funcionários do governo, fotógrafos, repórteres e familiares alegres.*

Os pais de Victor encontraram um apartamento para alugar no décimo andar do número 72 da West Street, perto da Riverside Drive. Logo se cansaram de ser parabenizados por estranhos pela sorte de terem recebido permissão para entrar nos Estados Unidos. Também enfrentaram perguntas intermináveis sobre o que havia acontecido na França no verão de 1940. "Por que os franceses não lutaram melhor contra os alemães?", as pessoas não paravam de questionar.

Também tiveram de lidar com uma pergunta mais difícil: "Como vocês conseguiram sair, se outras pessoas não conseguiram?". Era uma indagação que Victor fazia a si mesmo com frequência. Sabia que a sorte tinha desempenhado um papel, mas só até certo ponto. Em todas as histórias de aventura que lia – *Os três mosqueteiros* era uma de suas favoritas –, os heróis apresentavam aspectos em comum: bela aparência, habilidade com armas e força sobre-humana. Seu pai não tinha nenhuma dessas qualidades, mas foi o herói da sua história. Jacob inventara várias rotas de fuga. Quando uma não funcionava, encontrava outra. A família foi salva por sua tenacidade, coragem e inteligência. Jacob era um homem de temperamento ameno, mas não fraco. Sua perseverança heroica possibilitou a fuga da família da Europa ocupada pelos nazistas em circunstâncias incrivelmente difíceis e perigosas.

Embora o semestre letivo já tivesse começado, Victor foi aceito na Harrisburg Academy, um internato de elite no coração da

* Quatro meses depois, em 23 de janeiro de 1942, o *Navemar* naufragou no estreito de Gibraltar, atingido por um torpedo do submarino italiano *Barbarigo*. No ano seguinte, o *Barbarigo* desapareceu com 58 tripulantes enquanto transportava materiais bélicos da Alemanha para o Japão.

Pensilvânia, às margens do rio Susquehanna. Foi a primeira vez que viveu longe de casa. Para sua surpresa, o sucesso acadêmico veio com facilidade. O sistema educacional francês o havia preparado bem. Em pouco tempo, ele se tornou capitão da equipe de tênis, participando de excursões e encontros com outros estudantes. Como refugiado judeu foragido da Europa nazista, Victor era uma pequena celebridade entre professores e estudantes. Ganhou papel de destaque; tratava-se de um campus que organizava assembleias natalinas em que os estudantes cantavam "Jingle Bells", e as reuniões normais sempre começavam com uma oração. Viajado, atraente, erudito e com um charmoso sotaque francês, Victor se tornou popular.

Logo foi chamado como convidado especial no almoço de um grupo de mulheres republicanas. Ao entrar na sala de banquetes, percebeu que todas eram parecidas. Usavam luvas brancas e chapéu pequeno, que ocultava parcialmente o tom azulado de seus cabelos. Tinham o rosto enrugado, mas o receberam com grandes sorrisos. Victor foi a atração principal na mesa, respondendo a muitas perguntas. Ficou claro que, apesar dos bons modos, as mulheres não acreditaram em suas descrições da guerra na Europa. Falou sobre os nazistas e suas políticas de ódio, campos de concentração como Dachau, aviões metralhando civis que fugiam pelas estradas da França, a desgraça do armistício e o governo pró-nazismo, o empenho da polícia francesa em prender judeus e sobre as vergonhosas deportações.

Os sorrisos começaram a esvanecer.

Quando a presidente do clube apresentou Victor e pediu que se levantasse e dirigisse algumas palavras ao grupo, ele começou dizendo como se sentia grato por estar em segurança com a família nos Estados Unidos. A afirmação foi seguida de grandes sorrisos: era exatamente o que as pessoas reunidas queriam ouvir. Então, ele acrescentou:

"Na verdade, espero que este país entre na guerra e ajude a derrotar Hitler."

Os sorrisos, mesmo os mais educados, desapareceram.

Quando voltou a se sentar, Victor estava com a incômoda sensação de ter cometido uma gafe. Embora manifestassem interesse por questões internacionais, aquelas senhoras de boa educação claramente não queriam confrontar as realidades da guerra que se alastrava pela Europa e ameaçava milhões de europeus. Agiam como se Victor, por sua juventude, estivesse mal informado ou exagerando. Pela primeira vez, Victor começou a entender o poder do "isolacionismo" americano sobre o qual tinha lido. Fosse ou não questão de enterrar a cabeça na areia, aquelas senhoras e muitos outros americanos não tinham vontade nenhuma de ver os Estados Unidos intervindo na guerra na Europa. A falta de entusiasmo e receptividade não alterou o pensamento de Victor nem as opiniões que expressava dentro e fora da escola. Ele já tinha visto coisas demais para ficar em silêncio.

O ataque surpresa do Japão contra Pearl Harbor, no dia 7 de dezembro de 1941, foi o evento mais emocionante do ano que Victor passou na Harrisburg Academy. Enquanto a notícia do ataque se espalhava pelos corredores, pelos dormitórios e pelas salas de aula, ele se perguntava como a eclosão da guerra no Pacífico impactaria na Europa. Alguns dias depois, quando a Alemanha declarou guerra aos Estados Unidos, as esperanças de Victor se renovaram. Com o envolvimento do Exército americano, ele tinha certeza de que a Alemanha nazista acabaria derrotada e que sua amada França seria libertada, bem como o restante da Europa ocupada.

Victor se formou alguns meses depois, com as notas mais altas da classe, e foi o orador da turma. Seu discurso abordou muitas questões que havia mencionado no almoço das mulheres republicanas, ressaltando a necessidade de derrotar Hitler, esmagar o nazismo e libertar a Europa. Em vez de vê-lo como agitador, no entanto, a multidão de estudantes, pais e instrutores prestou atenção em cada palavra que dizia. Aplausos empolgados o interromperam mais de uma vez. Mais tarde, Victor se deu conta de que não tinha falado quase nada sobre o Japão e seu ataque surpresa contra a frota americana. A guerra do Pacífico não era a guerra de Victor.

Sua guerra era a dos Estados Unidos contra Hitler e a Alemanha nazista, e ele queria muito participar do confronto.

PARTE II

Estávamos travando uma guerra americana, mas também uma guerra muito pessoal. Nós nos envolvemos com cada fibra de nosso ser. Trabalhamos mais arduamente do que qualquer um esperaria. Nós éramos cruzados. Era a nossa guerra.

Günther “Guy” Stern

4

CAMP RITCHIE

Martin Selling, ex-prisioneiro de Dachau, ainda aguardando seu visto para entrar nos Estados Unidos, estava vivendo havia apenas dois meses no campo de refugiados de Kent, na Inglaterra, quando a Europa entrou em guerra.

O Reino Unido declarou guerra contra a Alemanha depois que Hitler invadiu a Polônia, no dia 1º de setembro de 1939. No mesmo instante, Martin e mil outros judeus alemães no campo foram classificados como "estrangeiros inimigos". Isso era comum em países em guerra e foi posto em prática porque os refugiados tinham nascido em um país inimigo do qual ainda mantinham cidadania. Assim como Martin, a maioria dos internos do local eram homens solteiros que haviam sido libertados de campos de concentração nazistas com a condição de saírem da Alemanha imediatamente.

O que surpreendeu Martin não foi a agressão armada da Alemanha, mas a sensação de segurança que os britânicos mantiveram no ambiente provinciano de seu país insular. A maioria dos britânicos pareceu chocada com o começo da guerra. Apenas um ano se passara desde que o primeiro-ministro da Inglaterra, Neville Chamberlain, havia assinado um acordo permitindo que a Alemanha anexasse partes da Tchecoslováquia – um país sacrificado numa tentativa vã de satisfazer Hitler – e voltado de Munique para anunciar a "paz em nosso tempo". Martin poderia ter dito a qualquer um: era um equívoco considerar que a tentativa de apaziguar Hitler o manteria distante. Ele tinha visto as ruas da Alemanha cheias de tanques, equipamentos bélicos e soldados marchando; havia testemunhado a determinação férrea com que Hitler conduzia o país à guerra; e conhecia pessoalmente a determinação nazista em impor sua vontade.

O campo de refugiados Kitchener ficava em uma antiga base militar na ponta sudeste da Inglaterra. Quando a guerra começou, a segurança lá foi intensificada. Os refugiados que passaram a ser inimigos estrangeiros receberam ordens de permanecer no campo até que emigrassem para outro lugar. Não podiam se afastar mais de 7 km de Kitchener e tinham de voltar todas as noites. Viajar distâncias maiores exigia permissão da polícia local, a qual muitas vezes era negada.

Martin percebeu que, quando a Inglaterra entrou na guerra, pararam de chegar refugiados ao campo. Compreendeu o que isso significava: que um número incontavelmente maior de judeus continuaria preso na Europa ocupada pelos nazistas, impossibilitados de sair, mesmo se tivessem visto para outros países. Se sua partida da Alemanha tivesse demorado dois meses a mais, agora Martin estaria entre eles. Era um pensamento perturbador.

Nenhum aquecimento foi instalado nos alojamentos antigos de Kitchener. Cada unidade era dividida em dois quartos com doze beliches e mais nada, nem mesmo cadeiras. Cada beliche tinha um colchão, um travesseiro e um cobertor de lã do Exército, artigos que sobraram da Primeira Guerra Mundial. Os refugiados podiam manter uma mala; o resto de seus pertences era armazenado em um depósito. As instalações sanitárias eram primitivas, não havia água quente nos banheiros. Muitos reclamavam da comida, mas, depois de Dachau, Martin considerou aquelas refeições uma grande melhora.

As conversas em alemão sempre chamavam atenção, e alguns moradores deixavam bem claro que os refugiados não eram bem-vindos nas cidades próximas. Logo, porém, o Exército britânico decidiu utilizar o domínio dos alemães de seu idioma nativo no esforço de guerra. Acreditava-se que os nazistas estavam usando estações de rádio comerciais no continente para enviar mensagens a submarinos em alto-mar e espiões na Inglaterra. Uma unidade do Exército britânico entrou no campo e instalou vinte grandes receptores de rádio em um dos alojamentos, conectando-os a ditafones que podiam ser ativados para gravar conversas suspeitas. Equipes de refugiados monitoravam os receptores, que ficavam sintonizados em diferentes estações de rádio alemãs.

Apesar de Martin estar ansioso para ajudar e ter imediatamente se apresentado como voluntário, não levou muito tempo para perceber que a operação tinha falhas graves. Em primeiro lugar, os voluntários não sabiam quais conteúdos buscavam e deviam gravar. Os britânicos suspeitavam que o inimigo usasse algum tipo de código, mas os refugiados não recebiam ajuda para descobrir qual poderia ser. Um verso de uma canção ou de um poema? Uma sequência de números? E, mais importante, não tinham permissão para erguer as antenas mais alto que o teto do alojamento – o pé-direito era baixo e limitava muito o alcance do equipamento.

Um tenente britânico supervisionava os destacados para a intercepção. Alojado em um hotel na cidade, o oficial, que aprendera um pouco de alemão na escola, tinha um receptor instalado no quarto. Por dispor de antena bem mais alta, posicionada no telhado do hotel, ele conseguia uma recepção melhor e podia sintonizar estações que não eram captadas no campo. Não demorou muito para ele se frustrar com a falta de resultados dos refugiados; quando eles mencionavam os problemas causados pela falta de antenas bem posicionadas, isso não era levado em consideração. Apesar do grande empenho de Martin e dos outros voluntários, a situação se tornou conflituosa. Ficou claro que eles não mereciam confiança por serem alemães, e toda a operação foi encerrada.

Antes de sair da Alemanha, quando ainda podia pagar em reichsmarks, Martin comprou uma passagem só de ida da Inglaterra para Nova York na Cunard-White Star Line. Foi uma aquisição que não teria conseguido fazer depois de emigrar devido às leis proibindo retirada de dinheiro da Alemanha. No campo de refugiados, ele tinha muito pouco dinheiro, mas isso quase não importava: a passagem de navio a vapor para os Estados Unidos valia muito mais.

No início do novo ano, depois de longos e agonizantes anos à espera, o número de Martin na cota de imigração finalmente chegou, e ele foi ao consulado americano em Londres pegar seu visto. No dia 30 de janeiro de 1940, a empresa de transporte britânica validou sua passagem, e Martin embarcou no MV *Georgic* em Liverpool. Aquela foi uma das últimas travessias do navio pelo Atlântico transportando civis; pouco tempo depois, a embarcação foi requisitada pelo Exército para o transporte de tropas.

Martin chegou a Nova York dez dias depois. Seu irmão gêmeo, Leopold, e o tio Julius Laub, com quem ele havia sido preso durante a *Kristallnacht*, o encontraram no porto. Os dois haviam chegado aos Estados Unidos alguns meses antes e moravam numa pensão em Newark, em Nova Jersey. Julius não encontrara trabalho, mas Leopold, que tinha um pé torto, trabalhava em uma padaria recebendo um dólar por dia e todos os pães velhos que conseguisse levar para casa. Muitas vezes essa era a principal refeição dos dois. Martin arranjou emprego numa lavanderia a seco e, algum tempo depois, trocou-o por outro que pagava melhor: era em uma oficina mecânica, e ele recebia quarenta centavos por hora.

Martin ficou feliz com o emprego e aliviado por não ter de trabalhar como alfaiate, ocupação que detestava quando ainda estava na Alemanha. Mesmo assim, de vez em quando se sentia perdido e desorientado, ainda mais quando não conseguia se localizar no labirinto desconcertante do sistema metroviário de Nova York. Com inglês limitado, Martin tinha dificuldade com placas e orientações. Seu conhecimento dos Estados Unidos – do povo, da cultura e da geografia – era rudimentar, e as diferenças entre o Velho e o Novo Mundo o deixavam perplexo. Ir a um banco para depositar seu salário ou ao correio para enviar uma carta exigia que pedisse orientações, as quais em geral ele achava ininteligíveis. Lojas de *self-service* eram uma experiência inédita, e Martin tinha certeza de que seria preso por furto se pegasse um item da prateleira. Sentia-se frustrado sempre que tentava usar o telefone público. A moeda era devolvida sem que a chamada fosse efetuada, e, enquanto tentava descobrir o que fazer, quase sempre havia alguém batendo na porta, exigindo que desligasse logo.

Certo dia, Martin ouviu outro funcionário conversando sobre uma escola noturna. Logo demonstrou interesse, e o homem falou sobre a escola técnica de Newark, instituição que mais tarde se tornaria parte da Rutgers University. Martin resolveu se informar a respeito da matrícula. Ele tinha dez anos de escolaridade, o que na Alemanha equivalia à educação secundária nos Estados Unidos. O funcionário foi paciente com as explicações hesitantes de Martin em seu inglês fraco e permitiu que se matriculasse. Durante os dois anos seguintes, Martin teve aulas quatro noites por semana enquanto trabalhava em tempo integral. Precisou dedicar muitas horas de estudo para melhorar seu inglês, mas encarou os cursos de ciências e matemática com facilidade.

Quando os japoneses bombardearam Pearl Harbor em 7 de dezembro de 1941 e a Alemanha declarou guerra aos Estados Unidos quatro dias depois, envolvendo a nação americana no conflito europeu, Martin virou inimigo estrangeiro pela segunda vez. Mesmo assim, ele não viu a expansão da guerra nem sua própria situação com receio. Havia anos ele esperava que os americanos se envolvessem militarmente na Europa, acreditando que seria a única forma de deter Hitler e os nazistas. Com sede de vingança pelos dias sombrios que passara em cativeiro no campo de Dachau, Martin estava mais que pronto para lutar.

Martin tinha 22 anos e já podia se alistar no Exército como residente não cidadão; não esperou para receber uma carta do serviço de seleção. Preferiu ir direto ao posto de recrutamento da Força Aérea do Exército em Newark. Ao contrário da maioria dos jovens que lotavam as filas no recinto, ao chegar sua vez, Martin disse aos recrutadores que não queria ser piloto.

"Eu quero ser bombardeiro", explicou, "para jogar bombas em alvos alemães".

Desconfiados de seu sotaque alemão, os recrutadores trataram aquilo como uma grande piada quando descobriram que Martin era um inimigo estrangeiro.

Quatro meses depois, Martin recebeu uma notificação para se apresentar à junta de recrutamento. Foi o primeiro a ser chamado no local em que trabalhava, e seus colegas estavam tão convictos de que ele partiria em breve que organizaram uma festa de despedida e lhe deram alguns pequenos presentes. No dia seguinte, porém, ele estava de volta ao trabalho, constrangido e decepcionado após ter sido rejeitado de novo: desta vez, porque seus papéis de imigração não estavam em ordem.

Três meses depois, Martin foi notificado de que todos os seus documentos tinham sido localizados e foi instruído a se apresentar para um exame físico. Questionado pelo médico sobre doença ou ferimento recente, Martin descreveu seus meses de maus-tratos em Dachau. Ao concluir o exame, o médico deu um tapinha no ombro dele.

"Considerando tudo pelo que passou, você está em ótima forma."

Os convocados que passaram pela avaliação médica foram informados de que tinham uma semana para pôr suas coisas em ordem antes de se apresentarem. Martin deu um passo à frente e perguntou se podia dispensar o período de espera. Depois do constrangimento que tinha sofrido, ele não queria voltar para a oficina mecânica e encarar os colegas. Naquele mesmo dia, embarcou num navio para Fort Dix, em Nova Jersey.

As principais realizações de Martin no primeiro dia em Fort Dix foram descobrir onde as refeições eram servidas – no "rancho" – e reivindicar um beliche vazio para passar a noite. Pela manhã, os recém-chegados receberam uniformes que não serviram muito bem e passaram por uma bateria de exames. No dia seguinte, foram designados para diferentes categorias de treinamento – infantaria, divisão blindada etc. Martin se saiu bem nos exames e pediu para ingressar na força aérea, ainda com esperanças de bombardear a Alemanha. Foi informado de que seria impossível: seu status como inimigo estrangeiro o tornava inapto para qualquer tipo de treinamento com armas. Recrutado para trabalhar no corpo médico, Martin foi enviado a Camp Pickett, na Virgínia, onde teria doze semanas de treinamento básico.

Martin ficou irritado e desgostoso, sentiu-se até mesmo humilhado com a ideia de ser impedido de lutar na guerra. Não tinha se alistado no Exército dos Estados Unidos numa guerra global contra Hitler e os nazistas para servir apenas como não combatente.

Em seu primeiro dia em Camp Pickett, ele e os outros recrutas foram avaliados para determinar se tinham experiência ou qualificação especial relacionada ao campo médico. Martin, ainda furioso, disse ao médico do Exército que o entrevistou que só estava naquele posto porque tinha nascido na Alemanha e o Exército não confiava nele o suficiente para lhe dar uma arma. Era judeu e estivera preso em Dachau, acrescentou, com irritação. Queria enfrentar os nazistas no campo de batalha.

O médico foi compreensivo, disse que entendia como Martin devia se sentir, mas seu conselho foi: "Vai com calma, filho. As coisas vão dar certo no fim". Martin serviria como auxiliar hospitalar, explicou; disse que era um serviço importante e desejou-lhe boa sorte.

As primeiras semanas de treinamento médico básico consistiram de ordem unida, exercícios, limpeza de alojamentos, aulas sobre saneamento e tratamento de ferimentos, bem como intermináveis horas na cozinha lavando panelas e caldeirões.

Então, em fevereiro de 1943, depois de seis semanas em Camp Pickett, Martin foi convocado para o quartel-general do batalhão. O sargento, visivelmente perplexo, tinha uma passagem de trem e uma série de ordens para ele. Martin também ficou surpreso e confuso com a situação. Recrutas nunca eram transferidos no meio do treinamento básico completo, foi isso que o sargento informou. Além disso, Martin estava sendo mandado para uma base ultrassecreta sobre a qual o sargento não sabia nada.

"Que crime você cometeu?", perguntou o sargento.

Martin não tinha ideia, mas, depois de tudo por que havia passado, ser aprisionado como inimigo estrangeiro parecia tão possível quanto qualquer outro cenário.

Vestindo o uniforme e carregando suas coisas na mala, Martin pegou um trem no início da manhã seguinte. Viajou o dia todo e depois tomou um ônibus para uma pequena base do Exército, num grande vale entre duas montanhas na zona rural de Maryland. A entrada principal tinha torres altas de pedra que fariam jus a um castelo normando. A única placa em frente aos portões de ferro dizia "Pare".

Chegando à guarita, sob os cuidados de um policial do Exército (PE) alto, Martin entregou as ordens que recebera. Para seu espanto, o PE se dirigiu a ele em alemão.

Ao ler pela primeira vez as ordens para se apresentar ao Centro de Treinamento da Inteligência Militar (CTIM) em Camp Ritchie, Maryland, Martin se perguntou o que poderia saber ou fazer que fosse de qualquer valor para a Inteligência do Exército dos Estados Unidos. Agora, conversando em seu alemão nativo com o PE, teve o primeiro indício da razão por trás de sua transferência. O indício seguinte se deu assim que ele entrou no ultrassecreto Camp Ritchie. Um pelotão de soldados marchava ao longo de uma rua. Usando o uniforme completo da Wehrmacht, um sargento marcava a cadência em alemão:

"*Links, zwei, drei, vier.*"

Pouco depois de escapar por um triz em outubro de 1938, quando os agentes da Gestapo subiram no trem noturno que saía da Alemanha durante sua fuga para a Holanda, Werner Angress entrou para uma cooperativa agrícola. Com os pais e os irmãos mais novos estabelecidos em Amsterdã, onde o pai, ex-banqueiro, Ernst, tinha comprado e administrava uma loja de lingerie feminina, Werner se mudou para Wieringen, na costa norte da Holanda. Assim como em Gross Breesen, ele se adequou bem à vida na fazenda, levantando junto com o sol e os galos toda manhã e trabalhando ao ar livre o dia todo.

No início de 1939, o pessoal de Gross Breesen começou a planejar uma nova operação de treinamento agrícola na Virgínia. Curt Bondy, o diretor do programa, se lembrou de sua promessa e convidou Werner a se juntar a eles. Curt disse que provavelmente Werner poderia emigrar para os Estados Unidos por meio de uma cota para agricultores, e Werner, agora com 19 anos, decidiu se inscrever.

Quando a Alemanha invadiu a Polônia em setembro, a emigração pendente de Werner passou a ser tão importante para seus pais quanto para ele.

"Mais cedo ou mais tarde", alertou seu pai, Hitler atacaria a Holanda neutra. "É importante *Mutti* e eu sabermos que você está seguro."

Se as coisas ficassem ruins na Holanda, acrescentou Ernst, ele tentaria tirar a família da Europa, talvez para se encontrar com Werner no outro continente.

Pelos contatos de Bondy, o American Jewish Joint Distribution Committee [Comitê de Distribuição em Conjunto Judaico-Americano] em Nova York encontrou um patrocinador para Werner: Lewis L. Strauss, coproprietário do banco de investimentos Kuhn, Loeb & Co, com sede em Nova York. O pai de Werner ficou deslumbrado; quando viu a declaração juramentada de Strauss, exclamou:

Portão frontal de Camp Ritchie, cuja única placa dizia "Pare".
(corpo de sinaleiros do Exército dos Estados Unidos)

"Ele é sócio sênior de um dos maiores bancos dos Estados Unidos!"*

Em setembro de 1939, Werner foi convocado a comparecer ao consulado americano em Amsterdã. Teve de responder a uma série de perguntas, a maioria exigindo apenas resposta monossilábica: Já tinha sido membro do Partido Comunista? Queria assassinar o presidente dos Estados Unidos?

Uma semana depois, Werner voltou ao consulado para fazer um exame físico. Ele foi aprovado, completando o último passo para a obtenção do visto. A despedida da família foi breve, mas bastante emotiva. Nenhum dos Angress sabia quando – nem se – eles voltariam a se ver. Sua mãe, Henny, esforçou-se para sorrir enquanto o beijava e abraçava. O irmão mais novo, Hans, então com 11 anos, chorava desconsolado. O último vislumbre que Werner teve do pai foi quase como um retrato de Ernst, usando seu terno com colete e parecendo o banqueiro respeitado que costumava ser, acenando ao lado do carro. Werner se esforçou para conter as lágrimas enquanto se afastava com o coração batendo mais forte. Tomou um trem para Antuérpia, onde embarcaria no SS *Veendam*, da Holland America Line, e seguiria até os Estados Unidos.

O navio holandês estava repleto de refugiados judeus, e muitas cabines para duas pessoas eram compartilhadas por quatro passageiros. A maior parte da travessia de doze dias pelo Atlântico Norte foi feita em meio a tempestades, e inúmeros passageiros não saíram da cama. Werner foi um dos poucos que não enjoaram e, com tanta gente sem comer por causa do estômago embrulhado, desfrutou de porções duplas e triplas na sala de jantar praticamente deserta.

O SS *Veendam* chegou a Nova York em 11 de novembro de 1939. Acompanhado por um amigo de Breesen que o encontrou

* Lewis L. Strauss (1896-1974) era um comerciante e filantropo judeu americano. Líder de causas judaicas e membro do Comitê Judaico Americano, empenhou-se para aliviar o sofrimento de refugiados judeus. Durante a Segunda Guerra Mundial, trabalhou no gabinete de artilharia da Marinha dos Estados Unidos e, mais tarde, como conciliador para o secretário da Marinha, Frank Knox. Em 1947, Strauss foi indicado para participar da recém-formada Comissão de Energia Atômica, tornando-se figura importante no desenvolvimento do poder nuclear do país.

na cidade, Werner fez um pouco de turismo, inclusive um passeio pelo Central Park. As avenidas e os arranha-céus eram impressionantes, mas também opressores. A "cidade que nunca dorme" parecia grande demais, cheia demais, com multidões em todos os cantos. Depois de dois dias – e duas noites passadas num albergue da juventude abarrotado de outros estrangeiros –, ele estava mais que pronto para voltar à vida tranquila da fazenda. Antes disso, no entanto, queria agradecer pessoalmente a seu patrocinador. Werner procurou pelo escritório do Kuhn, Loeb & Co. em Manhattan, mas foi informado pela secretária que o chefe dela "não tinha tempo para aquilo". Mesmo assim, Werner escreveu uma carta de agradecimento para Lewis Strauss.

Werner tinha descido do barco com cinquenta dólares que recebera do pai e ainda estava com a maior parte daquele dinheiro quando pegou um ônibus da Greyhound para a Virgínia, até uma fazenda de 650 hectares chamada Hyde Farmlands, perto da cidade de Richmond. Dois comerciantes americanos judeus, os primos Morton e William Thalhimer, eram donos da propriedade e apoiavam a missão de Bondy de ensinar refugiados judeus a trabalhar na fazenda e se tornarem autossuficientes.

A casa principal era uma mansão construída antes da guerra civil, com colunas brancas e rodeada por belos gramados pontilhados por salgueiros antigos. A cerca de 90 m de distância ficava a antiga senzala, usada nos anos recentes para armazenar a forragem do gado. Werner e dois velhos amigos de Gross Breesen limparam essa casa e se mudaram para lá. Logo estavam ocupados plantando duzentas cerejeiras e quinze figueiras e construindo galinheiros.

Os seis meses seguintes passaram rápido para Werner. Ele achava o trabalho no campo duro, mas gratificante, e no tempo livre desenvolveu uma paixão pelo novo ambiente. Gostava de passear pelas matas virgens, tomar banho em cachoeiras, andar a cavalo em noites de lua cheia – coisas que o lembravam dos sonhos juvenis de caubói, quando lia os livros de aventuras de Karl May.

Então, no dia 10 de maio de 1940, chegou a notícia de que os exércitos de Hitler haviam invadido a Holanda, justamente como o pai de Werner previra. A luta durou apenas alguns dias; logo as forças holandesas se renderam, e em uma semana tropas alemãs ocupavam a Holanda, a Bélgica e Luxemburgo.

Para todos em Hyde Farmlands, assim como para os judeus da Alemanha ou de outros países europeus ocupados pelos nazistas, a guerra e os acontecimentos em suas nações de origem dominavam quase todas as conversas. Werner estava terrivelmente preocupado com sua família, desesperado por algum contato, por notícias. Será que eles tinham saído? A Holanda caiu tão rápido; eles tiveram muito pouco tempo. Werner pensava no esforço da mãe para sorrir na despedida e no irmão mais novo, Hans, que não conseguia parar de chorar. E no irmão Fritz, que com 16 anos tinha mantido a compostura e controlado as emoções quando se despediram, como um rapaz crescido. Werner acreditava no pai, que não só tinha orquestrado a fuga da Alemanha, como também levado suas economias para fora do país, bem debaixo do nariz dos nazistas. Será que ele conseguira planejar outra fuga miraculosa?

No fim de junho, Werner recebeu uma carta dos pais. Não houve nenhuma fuga desesperada; eles ainda estavam na Amsterdã ocupada. "Por enquanto estamos bem, dadas as circunstâncias." A vida deles seguia como antes, com Ernst trabalhando na loja e Fritz e Hans indo à escola. Werner ficou maravilhado, mas, por mais alegre que tenha se sentido com a notícia, também se perguntou quanto tempo aquela normalidade duraria, com os nazistas ocupando a Holanda.

Na noite de 29 de dezembro, Werner se juntou a um grupo sentado ao redor do rádio na confortável biblioteca da mansão ouvindo a conversa ao pé da lareira do presidente Franklin Roosevelt, falando sobre a defesa.

"Meus amigos, esta não é uma conversa sobre a guerra. É uma conversa sobre segurança nacional, pois o propósito [...] é manter você agora e seus filhos depois, e seus netos muito depois, fora da última trincheira de uma guerra pela preservação da independência dos Estados Unidos e de todas as coisas que a independência significa para você, para mim e para os nossos."

O discurso calmo e deliberado do presidente americano encheu a sala, e Werner não conseguia tirar os olhos do rádio. Roosevelt clamou por um esforço nacional para produzir "tanto quanto possível", a fim de prover apoio econômico e militar para a Inglaterra manter-se "tão forte quanto possível" contra os poderes do Eixo. Queria que os ouvintes entendessem que "os nazistas da Alemanha não pretendem apenas dominar toda a vida e todas as mentes em seu próprio país, mas também escravizar toda a Europa e, depois, usar os recursos da Europa para dominar o mundo".

Embora naquela época ainda afirmasse que os Estados Unidos não entrariam na guerra, Roosevelt concluiu seu discurso de quarenta minutos com um chamado às armas. "Nós devemos ser o grande arsenal da democracia. Para nós, esta é uma emergência tão grave quanto a própria guerra."

Depois do discurso, todos pareciam absortos demais nos próprios pensamentos para conversar. Werner foi para o quarto e escreveu em seu diário: "Grande discurso, claro, simples e honesto". Na manhã seguinte, encontrou Bondy, e os dois conversaram sobre aquela fala. Bondy comunicou sua sensata avaliação a Werner:

"Logo nós estaremos diante de condições totalmente novas. Provavelmente ninguém mais vai conseguir sair dos países ocupados."

Com a velocidade de uma bala, os pensamentos de Werner se voltaram para sua família – não que ele deixasse de pensar neles por muito tempo. Será que eles estavam presos na Europa ocupada? O registro em seu diário naquela noite revelou ansiedade e preocupação: "Estou tão cansado física e mentalmente. Droga, o que vai acontecer agora?".

Dois meses depois, os donos de Hyde Farmlands informaram a Bondy que sua empreitada filantrópica tinha se tornado financeiramente insustentável e que eles tinham decidido vender a propriedade. Os trinta residentes, a maioria garotos e um punhado de mulheres, discutiram sobre o futuro. Para os homens, Bondy sugeriu o Exército, e muitos – entre eles, Werner – concordaram que era uma opção melhor que sair procurando trabalho nas fazendas locais. Se os Estados Unidos entrassem na guerra, como todos esperavam que acontecesse em breve, eles teriam uma vantagem em relação à onda de novos recrutas e poderiam começar mais cedo a fazer sua parte.

Werner se apresentou para servir, entrando para o Exército americano no dia 7 de maio de 1941. No mesmo dia, pegou um trem com os outros recrutas para Fort Meade, em Maryland, sede da 29ª Divisão da Guarda Nacional da Virgínia, para começar seu treinamento. Um dia antes de partir, Werner deu o diário que mantivera pelos últimos cinco anos – desde que chegara a Gross Breesen até seu último dia em Hyde Farmlands – para um amigo guardar, caso "qualquer coisa aconteça comigo, o que não é improvável". Seu último registro dizia:

> *6 de maio de 1941: amanhã começa minha vida como soldado. Nos últimos cinco anos, aprendi sobre agricultura, saí da Alemanha, conheci a Europa ocidental e imigrei para os Estados Unidos. A maior parte desse tempo foi cheia de emoções, inquietação e turbulência. O mundo está em guerra, e talvez eu morra em combate. Talvez um dia a Alemanha me receba novamente. Se eu conseguir morrer lá, minha vida vai fazer sentido. No mês que vem completo 21 anos. Não sei o que vai ser de mim. Só sei de uma coisa: não há tempo de folga para mim, não há tempo sem luta e sem saudades.*

Werner foi designado para servir na Companhia B, no 116º Regimento da 29ª Divisão de Infantaria. Muitos membros da unidade eram de Lynchburg, na Virgínia, cidade no sopé das montanhas Blue Ridge, mas eles aceitaram bem o estrangeiro, e contavam para ele histórias sobre sua cidade natal, situada às margens do rio James. Oitenta anos depois da guerra civil, o orgulho era óbvio nas vozes quando explicavam que Lynchburg fora a única grande cidade na Virgínia não capturada pelo Exército da União.

Para Werner, as longas marchas eram a parte mais difícil do treinamento. Durante as manobras nos arredores de Fort Meade e em outras áreas do sul, os recrutas percorriam 30 km ou mais na umidade e no sol escaldante do verão, carregando mochilas, fuzis, munição, baionetas e outros equipamentos. Werner sentiu que sua capacidade de enfrentar os desafios físicos da infantaria se devia ao trabalho extenuante a que se acostumara na fazenda.

No Exército, ele logo fez um novo amigo: John G. Barnes, um engenheiro civil de Newport News, na Virgínia. Alto e na casa dos 30 anos, Barnes tinha um rosto tão feio que de início chamou a atenção de Werner. Não havia, contudo, nada de perturbador em sua personalidade nem na preocupação genuína que sentia pelos outros. Ao ouvir o inglês limitado de Werner, ele perguntou se o garoto queria um mentor, e Werner aceitou a oferta. Barnes começou lendo para o alemão a seção de política do jornal *The New York Times*; em seguida, pedia para Werner ler e explicar o artigo. Em alguns meses, Werner estava lendo e falando com fluência, sem dificuldade nenhuma para entender nem mesmo o peculiar sotaque regional dos sargentos.

Apesar de Werner ainda manter um sotaque alemão bem perceptível, ninguém na divisão parecia se incomodar com aquilo, tampouco com sua descendência alemã. Até dezembro de 1941, ele conseguiu manter uma correspondência regular com a mãe, e uma das coisas que ela contou foi que, naquele ano, funcionários de uma agência alemã encarregada da implantação das leis contra a transferência de dinheiro para o exterior foram até a casa deles e prenderam o pai de Werner. Pouco tempo depois, Werner recebeu um bilhete breve de Ernst, escrito na cela de uma prisão em Amsterdã. Em sua última carta, a mãe de Werner disse que seu pai tinha sido transferido para Berlim, julgado por tirar dinheiro do país e condenado à prisão na Penitenciária de Brandemburgo, uma das mais seguras da Europa, na qual os detentos eram forçados a cumprir longas sentenças de trabalhos árduos.

Aquela carta desoladora, que chegara pouco tempo antes de os Estados Unidos entrarem na guerra, foi a última que Werner recebeu da mãe. Desde então, não soube mais nada – nem dela nem dos irmãos, tampouco do pai preso. Desesperado, Werner mandava suas cartas para a Holanda, mas não recebia resposta. Ele começou a temer pelo pior.

Em junho de 1942, a 29ª Divisão foi para Camp Blanding, próximo a Jacksonville, na Flórida, onde entrou em alerta e recebeu ordens para se preparar para uma viagem marítima até a Irlanda do Norte. Werner ficou entusiasmado com a notícia, mas muito decepcionado quando soube que não embarcaria com sua unidade. Sua cidadania americana ainda não era definitiva, apesar da aprovação de uma nova lei que acelerava aquele processo para quem estivesse no Exército.* Como tinha entrado para o Exército durante tempos de paz, até então Werner não tinha sofrido nenhuma restrição no treinamento nem em seu posicionamento nas Forças Armadas, mas, como ainda tinha cidadania alemã quando a Alemanha declarou guerra aos Estados Unidos, em dezembro de 1941, ele automaticamente se tornou um inimigo estrangeiro.

Depois de se despedir do amigo John Barnes, que ele nunca mais veria, Werner foi transferido para a 79ª Divisão de Infantaria, que também treinava em Camp Blanding. Após mais alguns meses de manobras, foi notificado de que se juntaria a outros soldados que ainda não tinham recebido a papelada da cidadania numa nova unidade chamada de "destacamento estrangeiro". Havia vinte homens na divisão, a maioria judeus nascidos na Alemanha, enquanto os outros eram da área de não judeus em Chicago, mas tinham ascendência alemã. Eles receberam ordens para entregar suas armas e seus uniformes e não tinham autorização para ir à cidade aos fins de semana. Não ficaram nos alojamentos como os outros soldados, mas em pequenas barracas no meio de um campo aberto. Durante os seis meses seguintes, eles se ocuparam de atividades banais, como limpar janelas, juntar folhas e lavar latrinas. À noite, eram insultados pelos soldados embriagados que voltavam da cidade, que os chamavam de "porcos nazistas" ou coisa pior.

---

* O *Second War Powers Act*, de 27 de março de 1942, previa a "naturalização rápida" de pessoas nas Forças Armadas dos Estados Unidos. Sob essa legislação, imigrantes (inclusive inimigos estrangeiros) que tivessem servido de maneira honrosa nas Forças Armadas por ao menos três meses eram elegíveis para a naturalização. Antes dessa lei, todos os imigrantes, mesmo os que estavam no Exército, precisavam ter residido durante cinco anos nos Estados Unidos para obter a cidadania.

Werner conjecturava como tinha ido parar naquela situação. Afinal, ele fora um inimigo estrangeiro pelos últimos seis meses na 29ª Divisão, mas ninguém falava nada sobre sua ascendência alemã nem sobre a falta de cidadania americana. Não se sabia de nenhuma outra divisão com destacamentos estrangeiros. Algum tempo depois, Werner soube que sua unidade fora concebida por um coronel "quase senil" e seu sargento do Brooklyn. O sargento tinha convencido o coronel, o oficial de inteligência da divisão, de que os inimigos estrangeiros – mesmo os que alegavam ser judeus –, podiam ser espiões nazistas.

Após quase um ano, no verão de 1943, os homens do destacamento estrangeiro se surpreenderam ao receber seus uniformes de volta e uma licença de dez dias. Não houve nenhuma explicação, e todos saíram rapidamente da base no mesmo dia, antes que seus superiores mudassem de ideia. Werner foi para Richmond, na Virgínia, para onde Bondy tinha se mudado depois que Hyde Farmlands fechara.

Por coincidência, Werner chegou no momento em que um oficial do Exército estava entrevistando Bondy – como parte da investigação quanto ao histórico de trabalho declarado por Werner no formulário para sua naturalização. Questionado pelo oficial sobre como estava indo o serviço no Exército, Werner respirou fundo, pensou "que se dane" e contou tudo a respeito do destacamento estrangeiro, sem omitir nenhum detalhe. O oficial, chocado, disse que aquilo violava o regulamento e prometeu denunciá-lo.

Quando Werner voltou para Camp Blanding, as barracas tinham sido retiradas do campo e o destacamento estrangeiro fora dissolvido. Werner e os outros soldados receberam suas armas de volta e entraram em unidades regulares, exercendo tarefas normais na base. Ainda assim, não foi tão fácil para Werner e os outros se esquecerem do tratamento a que tinham sido submetidos por quase um ano.

Algumas semanas depois, Werner leu no quadro de avisos do alojamento uma convocação para que soldados que falassem um idioma estrangeiro se cadastrassem no Centro de Treinamento de Inteligência Militar para atuar como tradutores, intérpretes e interrogadores de prisioneiros de guerra. Percebendo que aquele poderia ser o caminho para sair da divisão que passara a desprezar, ele imediatamente se registrou e foi aceito. Em pouco tempo, Werner estava a caminho de Camp Ritchie.

Localizado na base das montanhas Blue Ridge, a oeste de Maryland e não muito longe do local da batalha de Gettysburg na guerra civil, Camp Ritchie era rodeado por lagos e bosques. Em dias chuvosos, que eram frequentes, a paisagem ao redor podia parecer sombria, isolada e abandonada. No entanto, quando o céu desanuviava e a floresta e o lago reluziam à luz do sol, era fácil entender por que no início do século XIX a região tinha atraído os ricos de Baltimore, da Filadélfia e de Washington que queriam escapar do calor do verão em resorts próximos ao lago.

Em 1926, a Guarda Nacional de Maryland escolheu aquele local para fazer seu acampamento de verão, adquirindo 258 hectares com dois lagos. O nome foi uma homenagem ao governador do estado, Albert C. Ritchie, e no decorrer da década seguinte as construções foram erguidas usando pedra do local. Instalações para cozinhas foram construídas em cada lado do prédio da sede. Foram erguidos também um campo para desfiles, um estande de tiro ao alvo e outro para treinamento com metralhadoras.

Em 1940, um ano antes de os Estados Unidos entrarem na guerra, o general George C. Marshall, chefe de gabinete do Exército dos Estados Unidos, ficou preocupado com as condições precárias do treinamento da Inteligência da instituição. Na primavera de 1941, o general enviou um grupo de oficiais para a Inglaterra com o objetivo de estudar treinamento e operações de inteligência militar com o Exército britânico. Como resultado do relatório que produziram, foi recomendada a criação de um local centralizado para o treinamento de interrogadores, intérpretes e tradutores, atividades muito necessárias para o Exército dos Estados Unidos no caso de uma guerra.

A questão permaneceu sob análise até a segunda metade de 1941, conforme perspectivas divergentes se confrontavam nos níveis mais altos. O secretário de Guerra Henry Stimson tinha fechado o escritório de criptoanálise do Departamento de Estado

Nacional anos antes, quando era secretário de Estado, dizendo: "Cavalheiros não leem correspondências alheias". Uma conferência do Pentágono sobre inteligência militar foi agendada para o dia 8 de dezembro, mas a reunião foi cancelada depois do ataque a Pearl Harbor, em 7 de dezembro. Quando o país entrou em guerra no Pacífico e na Europa, a questão deixou de ser a necessidade ou não de treinamento centralizado de inteligência e passou a ser quando teria início. No dia 22 de janeiro de 1942, Stimson, que logo mudou de opinião sobre coleta de informações, escreveu uma diretiva declarando que "as demandas revelaram uma necessidade desesperada pelo aumento do treinamento em inteligência para o combate".

Em 19 de junho de 1942, o Exército dos Estados Unidos arrendou Camp Ritchie, do estado de Maryland, por um dólar ao ano a fim de abrir a primeira instalação em sua história para o treinamento centralizado em inteligência. A 27 km da cidade mais próxima – Hagerstown, Maryland, população de 32.500 habitantes – e a 100 km de Washington, a localização remota de Camp Ritchie o tornou ideal para o tipo de treinamento secreto que seria conduzido lá, inclusive por ser um local de fácil acesso a partir do Pentágono. O Exército gastou 5 milhões de dólares para reformar as instalações, construindo alojamentos de dois andares, salas de aula, um hospital e uma clínica, uma nova sede e prédios administrativos.

Foi construído ainda um espaço para sessões de treinamento em propaganda, que um dia incluiriam falsas passeatas nazistas com um imitador de Hitler, Harry Kahn, imigrante alemão judeu que usava bigode curto falso e que se tornou mímico profissional depois da guerra. Para instruções na condução de invasões e buscas domiciliares evitando armadilhas inimigas, foi construído um vilarejo alemão que parecia autêntico; as fachadas lembravam os fundos de um estúdio de gravação de Hollywood. Tudo isso foi feito antes mesmo de os primeiros alunos chegarem, com um nível de segurança só superado pelo utilizado no desenvolvimento da bomba atômica com o Projeto Manhattan, que teve início naquele mesmo verão, em Oak Ridge, no Tennessee.

Alojamentos de Camp Ritchie, inverno de 1944. *(NARA – Administração Nacional de Arquivos e Registros)*

A importância que o Exército atribuiu à missão de Camp Ritchie foi exemplificada pela escolha do primeiro oficial comandante: o coronel Charles Y. Banfill, da Força Aérea. Banfill, que servia como chefe assistente de gabinete da Força de Inteligência Militar em Washington, era cunhado de seu chefe, o major-general George V. Strong, chefe da Inteligência Militar. Devido ao apoio com que contava em Washington, Banfill tinha autoridade para transferir a Camp Ritchie qualquer membro do Exército que dominasse outro idioma. A busca por essas pessoas foi auxiliada por operadores de dados no Pentágono, que processaram informações e vasculharam dezenas de milhares de registros para encontrar soldados cujo histórico indicasse fluência em línguas estrangeiras, processo que fez com que homens qualificados recebessem ordens para se apresentar em Camp Ritchie.

O primeiro curso de oito semanas em Camp Ritchie formou 33 alunos que falavam alemão, em outubro de 1942, na chamada Interrogação de Prisioneiros de Guerra (IPG). Depois disso, a operação ficou muito maior, com novas turmas todos os meses. As 34 turmas que se seguiram formaram em média quinhentos alunos por mês.

Treinamento demonstrando a histeria nazista.
(corpo de sinaleiros do Exército dos Estados Unidos)

Alguns graduados das primeiras turmas foram mandados às pressas ao exterior para participar da invasão anglo-americana do Norte da África, no fim de 1942. Em carta escrita em agosto de 1943 para o comandante de Camp Ritchie, o general Terry Allen, comandante da 1ª Divisão de Infantaria, definiu como "particularmente excepcional" o trabalho feito pelas equipes de IPG que serviram em suas unidades durante a campanha no Norte da África. Com os interrogatórios de prisioneiros alemães, relatou Allen, foram desenvolvidas "novas estratégias antitanque" que ajudaram a derrotar o Afrika Korps de Rommel. As equipes de IPG propiciaram aos comandantes de infantaria "sobreposições revelando rotas práticas que de outra forma talvez nunca tivessem sido verificadas [...]. Tudo isso foi feito numa escala nunca antes tentada".

Em 25 de agosto de 1943, Werner se juntou à 11ª turma de Camp Ritchie para participar de um curso chamado IPG-Al (Interrogação de Prisioneiros de Guerra Alemães). A 11ª turma também tinha estudantes matriculados em cursos para interrogadores italianos (IPG-It), intérpretes de fotos (IF) e inteligência terrestre (IT). Não havia nenhum requisito de idiomas para os dois últimos cursos, cujos graduados aprendiam a interpretar fotografias aéreas e mapas de terrenos, não a conduzir interrogatórios com prisioneiros.

Alguns alunos, em especial os que haviam saído da escola havia algum tempo, consideraram o curso difícil. Não eram permitidos atrasos nem faltas não justificadas. A taxa de desistência variava de turma para turma, mas às vezes chegava a 40%. Os alunos que não obtinham nota suficiente eram mandados de volta para suas unidades originais sem alarde.

Na base, nos refeitórios e nos postos de troca, pairava uma cacofonia de idiomas: francês, italiano, norueguês, espanhol, japonês, grego, holandês e outros identificáveis apenas por falantes nativos. Não era raro encontrar pessoas que dominavam várias línguas. Um desses alunos era o sargento Hugh Nibley, um homem de 33 anos nascido em Portland, Oregon, que tinha sido missionário mórmon e trabalhado como professor de história antiga no Pomona College; ele falava dezesseis línguas e afirmava ter conhecimentos do dobro disso.

O centro de treinamento se tornou um reduto estrangeiro, povoado por intelectuais, escritores, artistas plásticos, cineastas, professores e estudantes. Muitos desses improváveis soldados eram mais velhos que o recruta típico prestes a ser mandado para a guerra. Alguns tinham um desprezo óbvio por treinamentos militares, mas compensavam com motivação, inteligência e criatividade. Os alojamentos e os refeitórios eram palco de discussões sobre política, história e arte, assuntos mais comuns em *campi* universitários que em bases de Exército. Até mesmo a comida servida aos alunos era atípica. O cozinheiro responsável pela base tinha trabalhado como chef no Waldorf-Astoria em Nova York e supervisionava a preparação do que Werner e outros soldados veteranos definiram como o melhor rango da instituição.

Werner ficou em um alojamento grande, cheio de soldados imigrantes judeus alemães, o que o ajudou a se sentir em casa. Eles tinham muita coisa em comum, inclusive a experiência de ter escapado por pouco dos nazistas e abandonado entes queridos na Europa ocupada. Agora eles eram soldados americanos treinados, com habilidades especiais para voltar e fazer sua parte no combate a Hitler. E mal podiam esperar.

A turma de Werner no curso de IPG se dividiu em grupos de mais ou menos trinta homens para receber instruções em salas de aula – sempre em alemão. Nos treinamentos práticos, eles se separavam em grupos menores. Os estudantes tinham aulas sete dias seguidos, com folga no oitavo dia. As noites eram ocupadas por horas de estudo e prática.

Os alunos de IPG e seus instrutores não eram os únicos que falavam alemão. Uma unidade de tropas de apoio também dominava o idioma, e para promover a autenticidade costumava usar uniformes de prisioneiros alemães capturados no Norte da África. Essas tropas faziam demonstrações nos estandes de tiro usando fuzis, pistolas, morteiros, granadas de mão, artilharia e metralhadoras do inimigo para que os alunos se familiarizassem com o som, o alcance e os efeitos do poder de fogo alemão.

Um exame avaliou a imersão dos soldados nos detalhes da vida militar alemã. Cada estudante recebeu uma prancheta com os números 1 a 50 impressos numa folha de papel, ao lado da descrição correspondente, como #4, distintivo Technische Nothilfe [Unidade de Emergências Técnicas] ou #9, mira telescópica AT. Todos tinham de encontrar e identificar os itens enumerados num campo com centenas de peças de uniformes, armas e outros itens espalhados do Exército alemão.

Werner, que em Berlim se sentia tão entediado na escola que desistiu do estudo formal depois da oitava série, estava mais uma vez ouvindo professores ensinarem em alemão. Desta vez, porém, ele prestava muita atenção.

Todos concordaram que o curso mais difícil era Ordem de Batalha (OB), sobre a estrutura do Exército alemão. Por definição, "ordem de batalha" incluía "todas as informações conhecidas sobre o inimigo". O curso não abordava a Marinha alemã (*Kriegsmarine*) nem a Força Aérea (*Luftwaffe*), pois as equipes de IPG eram treinadas para interrogar apenas soldados inimigos capturados durante operações em terra. Para todas as divisões e as unidades encontradas na Europa, os alunos tinham de aprender designação de unidades, termos e abreviações, os arsenais bélicos, a natureza do sistema de apoio e a hierarquia de comando.

O Exército conduziu uma busca ampla de indivíduos qualificados para ser treinados em Camp Ritchie. Dada a especificidade do treinamento, os recém-graduados que tinham melhor desempenho no curso costumavam se tornar treinadores. O instrutor de OB de Werner era um deles. O capitão Herbert Cohn era um imigrante alemão judeu, graduado em 1929 pela Universidade de Heidelberg e formado na segunda turma. Tendo se tornado especialista em questões do Exército alemão, ele ensinava sobre os diferentes tamanhos de unidades, que iam de exércitos (100 mil homens) a divisões (15 mil) e regimentos (5 mil), bem como sua constituição, sua hierarquia e a qualidade dos soldados e dos líderes.

O livro de referência para o curso de OB chamava-se *Ordem de batalha alemã*, um estudo sigiloso preparado pela Divisão de Inteligência Militar do Departamento de Guerra. Muitas das informações contidas nos cursos, no entanto, tinham de ser memorizadas, pois a maior parte do material, inclusive as anotações em sala de aula, não devia ficar com o soldado, que poderia ser capturado. No exterior, o líder de cada equipe IPG recebia uma cópia numerada do livro de OB, apelidado de Livro Vermelho e que estampava um aviso importante na primeira página: "Este documento não deve cair nas mãos do inimigo".

Convivendo com a organização militar de Hitler durante o dia, às vezes Werner sonhava com o Exército alemão durante a noite – o que era muito melhor que acordar de madrugada banhado de suor por conta de um pesadelo com sua família, de quem não tivera mais notícias, em perigo. Durante as horas de vigília, a cabeça de Werner era tomada por nomes, datas, postos, insígnias, unidades – todo tipo de informação sobre o Exército alemão, de cima a baixo.

Trechos do livro *Ordem de batalha alemã:*

2. Alto-comando das Forças Armadas (OKW).

Hitler é o comandante supremo das Forças Armadas (*Oberster Befehlshaber der Wehrmacht*). Seu interino é o *Generalfeldmarschall* Wilhelm Keitel, chefe do alto-comando das Forças Armadas. Keitel é responsável pelo bom funcionamento do alto-

-comando e por garantir que as ordens de Hitler sejam cumpridas, mas ele tem relativamente pouco a ver com grandes decisões ou políticas.

3. Alto-comando do Exército (OKH)

a. *Sede* – desde dezembro de 1941, quando von Brauchitsch foi dispensado como comandante em chefe do Exército (*Oberbefehlshaber des Heeres*) e Hitler assumiu o controle direto do Exército, o QG da OKH foi praticamente anexado ao da OKW. As funções de ambos, no entanto, permaneceram distintas, e não houve nenhuma união de pessoal a não ser no alto escalão.

214ª Divisão de Infantaria
Comandante: Genlt. Max HORN (idade: 56)
Composição: Dois regimentos de infantaria (355º; 367º), um regimento de artilharia (214º), um batalhão móvel, um batalhão de engenharia, um batalhão de sinalização.
Sede: Hanau (Al).
Formado no verão de 1939 com uma alta proporção de componentes da *Landwehr* (antiga milícia ou guarda territorial), depois substituídos por jovens recrutas. No *front* de Saar até dezembro de 1939. No sul da Noruega a partir de maio de 1940. Em dezembro de 1941, um de seus regimentos de infantaria foi destacado para serviço no norte da Finlândia.

Esse tipo de informação detalhada sobre unidades do Exército alemão era útil não apenas para aprimorar as perguntas que eles poderiam fazer aos prisioneiros, explicou o capitão Cohn, mas também serviria como demonstração de conhecimento para impressionar os prisioneiros; o que, os americanos já sabiam, podia ter um efeito perturbador. Por exemplo, mencionar casualmente o nome do comandante de alguém teria um efeito psicológico profundo sobre um prisioneiro interrogado. Talvez o prisioneiro pensasse que, se os americanos já sabiam tanto, não faria mal responder a algumas perguntas a mais por um cigarro ou uma barra de chocolate. Isso, por sua vez, podia levar o alemão a entregar informações táticas valiosas capazes de salvar vidas americanas.

Por essas razões, acrescentou Cohn, quando eles estivessem no campo de batalha, seu dever como interrogadores seria sempre obter informações atualizadas sobre o inimigo.

Conforme os dias se transformaram em semanas, Werner começou a compreender que ele e os outros soldados nascidos na Alemanha não estavam em Camp Ritchie apenas por falar o idioma. Também conheciam a cultura e a psique dos alemães melhor que qualquer um – um conhecimento profundo e íntimo, nascido dos pequenos detalhes da vida na Alemanha. Quando criança, eles tinham ido à escola e jogado bola com garotos que agora eram soldados do Exército alemão. Como interrogadores de prisioneiros de guerra alemães, eles conheceriam o funcionamento da mente nativa, os hábitos alemães e as influências da doutrina nazista sobre soldados e civis. Sua compreensão inata do inimigo não podia ser ensinada para alguém nascido nos Estados Unidos e faria toda a diferença na aquisição de informações táticas valiosas dos soldados alemães capturados.

No curso chamado Organização do Exército Alemão, os alunos estudavam maquetes de madeira de tanques e veículos alemães. Memorizaram os uniformes usados por soldados alemães até que pudessem dar uma olhada rápida em alguém que entrasse e saísse correndo da sala e identificar corretamente a atividade, a patente, as medalhas e as faixas, as marcações no chapéu, qualquer treinamento especial e a participação em batalhas e campanhas.

No curso de documentação, exigia-se que todos conseguissem ler documentos alemães, inclusive aqueles em escrita gótica ou na forma manuscrita chamada Sütterlin. Às vezes Werner achava esse curso divertido – como quando os instrutores distribuíam documentos capturados de autênticos prisioneiros de guerra alemães para os alunos lerem em voz alta. Às vezes havia uma carta escrita para a esposa ou para alguma namorada, evocando momentos de intimidade. Essas eram lidas em meio a muitas gargalhadas e piadas. Os alunos já proficientes em taquigrafia alemã eram selecionados para uma turma de leitura avançada de taquigrafia, para o caso de encontrarem documentos desse tipo em missão.

Em Inteligência Terrestre e Aérea, os alunos aprendiam a desenhar um mapa topográfico indicando distância e elevação. Também interpretavam fotos tiradas pela Força Aérea e identificavam as características das imagens. Em uma sala especial equipada com telégrafo e fones de ouvido, eles aprendiam a enviar e receber transmissões por código Morse. Ao fim do curso, cada aluno passava por um teste no qual transcrevia e respondia mensagens enviadas por um instrutor.

O major Rex Applegate, reconhecido especialista em combate corpo a corpo, com e sem armas, criou um curso chamado Combate Corpo a Corpo. Escreveu um manual de instruções, *Matar ou ser morto*, e os alunos prestavam atenção total a suas aulas e demonstrações, sabendo que aquelas técnicas – inclusive o melhor método para garrotear uma sentinela – talvez salvassem a vida deles um dia. Os alunos também tinham de conhecer o alcance das armas, que incluíam vários modelos diferentes de fuzis – primeiro o M1, depois as carabinas M1 e M3, bem como a pistola calibre 45, que todos os oficiais comissionados e os interrogadores usavam como arma de mão. Algumas aulas também ensinavam a usar a metralhadora Thompson.

Na manhã de 5 de outubro de 1943, Werner tinha uma manobra de campo agendada para durar dois dias. Promovido a sargento após dois anos no Exército, ele foi encarregado de conduzir um pelotão pela floresta e escalar até o cume de uma montanha de 650 m ao sul usando um mapa e uma bússola. Quando estavam prestes a partir, porém, Werner recebeu ordens para subir num caminhão com alguns outros alunos e ir até a cidade próxima de Hagerstown, onde participaria da cerimônia de juramento para se naturalizar cidadão americano. A distância era curta, mas a estrada esburacada fez o percurso no caminhão do Exército durar uma hora. Em Hagerstown, esperaram no saguão da prefeitura até serem chamados.

Quando chegou a vez de Werner, ele foi levado a um escritório, à mesa de um escriturário com uma pilha de documentos à frente.

Depois de verificar a identidade de Werner, o escriturário disse que todos os papéis pareciam em ordem. Entregou um cartão com uma declaração impressa a Werner e pediu para repeti-la em alto e bom som. Apesar de ter esperado tanto tempo por aquele dia, Werner percebeu que não haveria nenhuma cerimônia além desse juramento formal para o Exército.

"Declaro por meio desta e sob juramento que renuncio absoluta e inteiramente toda aliança e fidelidade a qualquer Estado ou soberania estrangeira de que eu tenha sido cidadão até agora. Apoiarei e defenderei a Constituição e as leis dos Estados Unidos da América contra todos os inimigos, estrangeiros e domésticos. Que serei leal e obediente à nação. Que usarei armas em nome dos Estados Unidos..."

Quando terminou, o escriturário carimbou um papel oficial e o entregou a Werner. Ele passou a ser um cidadão naturalizado dos Estados Unidos da América. O primeiro pensamento de Werner foi como seus pais ficariam felizes; mas aí, claro, ele lembrou. Não tinha como contar a eles: nem para a mãe nem para os irmãos, com quem tinha perdido contato, tampouco para o pai, preso em Berlim.

Mesmo assim, Werner sentiu um alívio imenso, como também os outros novos americanos no caminho de volta ao campo. Durante as últimas semanas houvera muita especulação sobre o que aconteceria se os alunos nascidos na Alemanha fossem mandados às pressas para o exterior após a graduação, antes que a cidadania fosse concluída. No caso de serem capturados, seriam tratados como prisioneiros de guerra de acordo com a Convenção de Genebra? Ou seriam executados pelos nazistas como traidores, por serem judeus alemães no Exército dos Estados Unidos?

Eles voltaram para a base no começo da tarde. Os dez homens que Werner conduziria no exercício o esperavam, impacientes para começar. Os outros grupos já tinham saído havia muito tempo. Werner e seus homens subiram na traseira coberta de lona de um caminhão, de forma que não pudessem ver para onde estavam sendo levados. O caminhão os deixou na beira de uma floresta com um mapa, uma bússola e mais nada. Werner não reconheceu nenhum dos nomes no mapa, pois todos ficavam localizados na França – a ideia era tornar mais difícil pedir orientação aos habitantes locais. Seguir as linhas topográficas do mapa era a única maneira de chegar ao destino.

O objetivo era passar por todos os pontos de verificação, resolver problemas relativos a inteligência em cada um deles e voltar para a base em até 48 horas. Qualquer um que voltasse depois desse prazo teria de repetir o exercício. Como eles estavam começando seis horas depois de todos os outros, Werner conduziu os homens com bastante rigor. Em cada ponto de fiscalização, um examinador entregava um envelope contendo tarefas a serem cumpridas. Algumas envolviam um teste; outras exigiam que falsos prisioneiros vestidos com uniforme alemão fossem interrogados. Alguns dos prisioneiros portavam documentos que precisavam ser interpretados.

Na segunda noite, tiveram que atravessar um campo no escuro total. Para verificar o mapa, Werner precisava se ajoelhar, cobrir-se com um pano para que nenhuma luz escapasse, abrir o mapa e acender a lanterna. Havia tropas de apoio espalhadas pela floresta e, caso elas vissem luzes ou ouvissem algo, "disparariam" contra os agressores usando balas de festim que soavam tão alto quanto munição real. O exercício tinha como objetivo simular uma patrulha de combate cujos únicos marcos geográficos fossem as características do terreno. Enquanto avançavam, Werner descobriu que o melhor método era buscar por referências facilmente discerníveis – ferrovias, um rio ou um lago. Orientando-se dessa forma, ele levou sua equipe para todos os pontos de fiscalização sem se perder por muito tempo.

Em um dos pontos, eles se depararam com uma cerca de arame farpado. Do outro lado da cerca havia um touro de aparência ameaçadora, observando-os. Eles tinham sido instruídos a não parar por causa de cercas, mas, exaustos como estavam, os homens decidiram dar a volta mais longa. Também foram avisados de que talvez os confundissem com vagabundos e que fazendeiros com balas de verdade nas armas poderiam atirar contra eles. Nesse caso, a instrução era gritar "Soldados americanos em patrulha!".

Nos primeiros dias de Camp Ritchie, um grande número de moradores locais chamou a polícia para denunciar uma "invasão alemã". Enquanto aravam o campo, fazendeiros ergueram os olhos e viram caminhões pesados passando marcados com a suástica, cheios de infantaria e armas de artilharia. Agora, no entanto, a maior parte dos residentes rurais do leste de Maryland já tinha se acostumado aos homens com forte sotaque alemão correndo por lá, alguns com uniformes alemães e capacetes de aço, outros com uniformes americanos. Com o tempo, os habitantes locais começaram a usar uma frase comum para se referir àquelas atividades curiosas: "São só os garotos Ritchie".

O grupo de Werner concluiu o exercício de campo um pouco depois do prazo, mas passaram na prova por terem recuperado a maior parte das seis horas perdidas, sendo até mesmo elogiados pelos instrutores.

Para o exame final no curso de interrogatório, o aluno tinha de mostrar que sabia extrair informações táticas de alguém se passando por prisioneiro alemão. Instrutores e alunos (formados ou não) interpretavam o papel de prisioneiros, orientados sobre como deveriam responder a diversos métodos, de questionamentos sutis a intimidações, e sobre quando revelar (ou não) a informação desejada.* Caso o interrogador se mostrasse inapto, o prisioneiro era instruído a ficar calado. O interrogatório era observado e avaliado por um examinador com base no desempenho do aluno ao extrair "os elementos essenciais de informação" ou a informação mais crítica referente ao inimigo – força, localização etc. – que pudesse auxiliar um comandante americano a "chegar a uma decisão lógica". Inteligência tática era definida como a localização de morteiros e metralhadoras, enquanto a localização da fábrica que produzia essas armas era considerada inteligência estratégica. Como informações táticas podiam se tornar obsoletas ou de pouca utilidade após dias ou mesmo horas em uma batalha, os interrogatórios eram feitos o quanto antes quando o soldado inimigo fosse capturado; além de a informação ser mais atual, também era o momento em que o novo prisioneiro estaria mais amedrontado e se sentindo mais vulnerável. Essa também foi a razão pela qual as equipes de IPG foram designadas para acompanhar as unidades na linha de frente.

---

* Alguns estudantes de IPG chegaram a interrogar prisioneiros de guerra alemães legítimos, capturados no Norte da África e despachados para Camp Ritchie.

No começo, os moradores locais ficaram alarmados com a "invasão alemã" nos arredores de Camp Ritchie.
(corpo de sinaleiros e NARA, de cima para baixo)

Quando chegou o momento de sua avaliação, Werner teve azar: caiu com o examinador que queria evitar. O homem era um segundo-tenente que já havia interrogado alemães no Norte da África, mas desenvolveu um quadro de estresse pós-traumático durante a campanha. Depois de se recuperar nos Estados Unidos, foi enviado para Camp Ritchie. Um dia antes de começarem os testes, o tenente deu uma visão geral para a turma de quais eram as expectativas dos examinadores. Os alunos deveriam descobrir a que unidade militar o prisioneiro pertencia, a força da unidade, onde estava localizada e outras informações táticas. O tenente tinha ideias bem precisas de como um prisioneiro deveria ser tratado. Deveria ser forçado a ficar em posição de sentido, com os calcanhares unidos e as mãos ao lado do corpo, em frente ao interrogador, que estaria sentado. Sob nenhuma circunstância o prisioneiro deveria sentar-se nem receber um cigarro ou copo de água. Enquanto os prisioneiros ficavam em posição de sentido, o interrogador deveria gritar com eles sem parar.

"É assim que se faz", disse o tenente. "Foi assim que eu fiz; por isso, tive muito sucesso no Norte da África. É assim que vocês vão fazer."

Embora nunca tivesse conduzido um interrogatório em tempos de guerra, Werner considerou os métodos do tenente simplórios. Apesar das afirmações do oficial, Werner teve dificuldades para imaginar aquele sujeito invocado ser bem-sucedido gritando com veteranos calejados do Afrika Korps de Rommel. De qualquer forma, Werner não tinha intenção de se tornar um interrogador escandaloso. Sempre acreditara haver formas melhores e mais humanas de extrair informação de outra pessoa, mesmo que fosse um inimigo. Agora teria de passar pelo tenente no exame final, mas devido ao tempo no Exército e a seu posto de sargento, Werner não se sentiu intimidado pelo oficial arrogante. Combinada com sua natureza teimosa, essa atitude levou Werner a tentar uma abordagem que considerava ser mais eficaz quando chegasse a hora de interrogar prisioneiros alemães de verdade no campo de batalha.

Prática de interrogatório em alemão com prisioneiro em Camp Ritchie. *(NARA)*

Quando entrou na sala de interrogatório, Werner viu que o tenente já estava em uma cadeira no canto oposto. Fazendo bastante esforço para ignorá-lo, Werner virou sua cadeira para ficar de costas para o oficial.

Werner levara uma garrafa de água e um maço de cigarros, os quais deixou em cima da mesa. Quando o falso prisioneiro entrou na sala, Werner se dirigiu a ele em alemão, pedindo que puxasse uma cadeira e se sentasse. Em seguida ofereceu água e cigarro; o prisioneiro aceitou. Werner fez uma série de perguntas inofensivas em um tom de voz normal, como nome, posto e número de identificação – perguntas a que os prisioneiros podiam responder, de acordo com a Convenção de Genebra.

Depois de dez minutos fumando e respondendo a várias questões inofensivas feitas por Werner, o falso prisioneiro pareceu se cansar da farsa e começou a fornecer informações, como se tentasse acabar logo com aquilo. Detalhou espontaneamente unidade, localização e força, além de outras informações similares. Com isso, o interrogatório terminou. O tenente e Werner ficaram sozinhos na sala. Werner se virou e olhou para o tenente, que o encarava com uma expressão incrédula.

Apesar de Werner ter extraído as informações de que precisava, isso não impediu que ouvisse do tenente o tipo de reprimenda que não recebia desde a infância. O tenente disse que Werner era "incapaz de interrogar" e não tinha "a postura militar necessária" para ser levado a sério por alemães capturados. Explicou que não daria nota suficiente para Werner ser aprovado para interrogatórios.

Quando Werner e mais 184 colegas se formaram no IPG-Al, em 23 de outubro de 1943, sua nota mais baixa foi em interrogatórios, um sólido 85. Combinada com as outras notas, todas acima de 90, Werner teve uma média de 91. Seu domínio do idioma foi classificado como E, de excelente. As avaliações combinadas dos instrutores de Werner revelaram uma fraqueza em sua ficha:

> Extremamente esforçado, inteligente e aplicado, passa uma impressão favorável e militar. Tem domínio total dos dois idiomas e os usa com eficácia. No entanto, devido a reações psicológicas um tanto lentas, não é um grande interrogador.

Werner fez parte da 11ª turma, que graduou 427 alunos, além de treinar 74 interrogadores que falavam italiano e logo participariam da campanha aliada na Itália, 136 intérpretes de fotos e 33 especialistas em inteligência terrestre. Por questões de segurança, todos foram alertados a não contar a ninguém – nem mesmo a familiares – que trabalhavam para a inteligência militar.

Depois da graduação, os membros da turma de Werner souberam que seriam enviados a outra base, na qual participariam de manobras adicionais. A ideia de passar mais tempo em treinamento exasperava Werner. Era só o que ele fazia no Exército: treinar, treinar e treinar mais um pouco! Não aguentava mais treinos, estava pronto para a ação. Estava mais que pronto para entrar na guerra e fazer sua parte. Foi falar com o coronel comandante de Camp Ritchie, que se dispôs a ouvi-lo.

"Senhor", disse Werner, depois de bater continência e sem sair da posição de sentido, "eu gostaria de me apresentar como voluntário para partir no próximo transporte para o exterior".

Deve ter sido um pedido incomum. O coronel olhou para Werner com as sobrancelhas erguidas.

"Você quer mesmo ir, sargento?"

"Sim, senhor."

"Tudo bem. Você vai no próximo."

O coronel cumpriu sua promessa, e algumas semanas depois Werner se juntou a um contingente de outros graduados de Camp Ritchie para embarcar, em Nova York, em um navio que seguiria para a Inglaterra, onde as forças aliadas se reuniam em preparação para invadir a França ocupada.

Quatro anos tinham se passado desde que Werner Angress atravessara o mesmo oceano como um imigrante alemão judeu fugindo de Hitler e dos nazistas. Agora estava voltando como um garoto Ritchie para lutar contra eles.

5

O RETORNO

Victor Brombert e Werner Angress não se conheciam, mas depois da graduação em Camp Ritchie eles navegaram com um contingente de quase duzentos outros garotos Ritchie pelo Atlântico tempestuoso a bordo do RMS *Rangitata*, navio de passageiros neozelandês que estava sendo usado pelas tropas. Eles partiram, no dia 28 de janeiro de 1944, de um píer no Brooklyn que ficava perto do local em que Victor e os pais desembarcaram três anos antes do *Navemar*, o navio sobrecarregado de refugiados judeus. Parado no convés do *Rangitata*, observando a Estátua da Liberdade desaparecer a distância, Victor ficou surpreso em perceber certa simetria entre sua chegada como imigrante e sua partida, então como soldado americano.

Victor já tinha falado muito com amigos e parentes sobre o quanto queria se envolver na luta para libertar a França dos nazistas. Ao mesmo tempo, sabia que aquilo preocupava seus pais, que já tinham perdido uma filha – sua irmã Nora, aos 5 anos de idade. Eles ficariam arrasados se também o perdessem. Depois de seu discurso na Harrisburg, quando falou sobre a urgência de derrotar Hitler, Victor tinha se matriculado numa escola de odontologia, mas no inverno de 1942 chegou uma convocação da junta militar, e a decisão saiu de suas mãos. Pouco depois, Victor estava a caminho do treinamento básico de Fort Dix, em Nova Jersey.

Os outros recrutas o chamavam de "Francês", e ele conseguiu passar pelo treinamento básico mesmo tendo certa dificuldade de entender o sargento do Alabama. Victor gostou de aprender a desmontar, limpar, lubrificar, montar novamente e atirar com todas as armas. O treinamento físico foi menos prazeroso: correr pela pista de obstáculos; escalar, pular e rastejar sob fogo simulado ou real; flexões e abdominais intermináveis; estocar a baioneta em bonecos esfarrapados; e treinar embate corpo a corpo. Quando terminou o treinamento, contudo, Victor já se sentia um soldado de verdade. Por isso, ficou terrivelmente decepcionado ao ser transferido para o corpo médico por não ser cidadão americano. Os pais tinham ficado felizes quando souberam que ele serviria como não combatente, não na infantaria, mas Victor ficou exultante quando seu treinamento como maqueiro foi interrompido por ordens para se apresentar em Camp Ritchie.

Assim como muitos outros alunos em Camp Ritchie que tinham nascido no exterior, Victor se naturalizou americano em Hagerstown e, depois de completar o curso de IPG, continuou em Camp Ritchie por mais três semanas. Devido à fluência no francês, ficou entre os 22 alunos selecionados para um curso de graduação especial voltado a interrogatórios de franceses civis. Todos aprenderam a natureza e as localizações de diversos grupos da resistência francesa, as estruturas típicas das células locais e as melhores formas de entrar em contato e trabalhar com elas, o que deveriam obter com os interrogatórios de civis. Precisaram ainda ter uma boa noção sobre a administração das cidades francesas urbanas e rurais. Depois de fazer o curso de IPG em alemão, no qual recebeu nota final 89 (suas notas mais altas foram em Organização e Tática), Victor adorou a oportunidade de voltar a falar e a ler em francês. Esforçou-se ao máximo no curso, tentando garantir a participação nos desembarques aliados que todos sabiam ser planejados para a costa da França.

Os homens alistados que se graduavam em um curso de IPG costumavam ser promovidos para um entre quatro postos de sargento.

Ao completar seus dois cursos, no entanto, Victor foi de soldado raso, o posto mais baixo do Exército, para o mais alto posto não comissionado: sargento-instrutor, uma promoção normalmente conquistada por soldados de carreira após anos no Exército. O cargo estava mais relacionado às "necessidades do serviço" que às habilidades de Victor como soldado, já que sargentos e oficiais juniores eram necessários para liderar pequenas equipes de interrogadores. Essa foi a razão das muitas promoções rápidas dos soldados que se graduavam em Camp Ritchie. Depois de cinco breves meses no Exército, Victor, sem nenhuma listra no uniforme, recebeu seis divisas nas mangas. Com menos de 20 anos de idade, com certeza foi um dos sargentos-instrutores mais jovens do Exército americano.

O *Rangitata* levou mais de duas semanas para atravessar o Atlântico, em um comboio que só podia navegar com a velocidade do navio mais lento. As embarcações estavam agrupadas numa formação bem fechada, protegidas da ameaça dos submarinos alemães por navios de guerra. Os torpedeiros e os contratorpedeiros que protegiam o comboio detectaram submarinos inimigos submersos em diversas ocasiões, detonando uma série de bombas de profundidade.

Essa viagem de Victor pelo Atlântico foi totalmente diferente da anterior. Dessa vez, ele dormia numa cama limpa em um espaço bem ventilado, asseado e arrumado, e jogava pôquer com outros soldados para passar o tempo. Victor ficou amigo de outro sargento-instrutor, um alsaciano também treinado em Camp Ritchie. Os dois conversavam na língua materna, o francês. O outro soldado era alguns anos mais velho que Victor e tinha deixado a esposa nos Estados Unidos.

Num dia muito frio, enquanto os dois estavam no convés observando o movimento do mar, Victor falou com entusiasmo e longamente sobre a nobreza e o heroísmo de lutar para libertar a Europa. O homem mais velho ficou escutando e, afinal, meneou a cabeça.

"*Tu as le virus*", disse, com evidente sarcasmo, ao definir Victor como acometido pelo "vírus" da guerra. O alsaciano profetizou que Victor logo perderia aquele vírus.

Chegaram a Liverpool com um clima ameno e encontraram uma multidão no porto segurando cartazes dizendo "Bem-vindos, ianques". A primeira refeição de Victor em um refeitório militar na Inglaterra causou alvoroço. Ao passar por uma mesa com sargentos mais velhos do Exército americano, eles pararam de comer e se voltaram para ele sem baixar os garfos. Victor era anos mais novo que qualquer um deles, mas seu posto era superior ao de todos, e ele os cumprimentou. Ao ouvir seu sotaque francês, os homens pareceram mais confusos ainda. Como podia um francês ser sargento-instrutor no Exército americano?

Victor ainda veria muitas reações como aquela, assim como os outros garotos Ritchie, por causa dos sotaques e dos postos mais altos. Para a Inteligência do Exército, porém, eles não eram párias. Sempre que os soldados graduados em Camp Ritchie eram designados para pequenas equipes ligadas a uma divisão ou um regimento, eles operavam em grande parte de maneira independente das unidades e de comandantes regulares do Exército, sendo livres para circular por conta própria.

Victor foi designado para uma equipe de seis pessoas – oficialmente chamadas de intérpretes da inteligência militar-francês – cuja missão principal era interrogar civis franceses e obter informações de membros da resistência francesa, o que podia envolver operações de reconhecimento atrás das linhas inimigas. Os dois oficiais da equipe eram tenentes; como único sargento-instrutor, Victor era o alistado de posto mais alto. Oficialmente, os tenentes e Victor eram os interrogadores líderes, com um sargento para analisar os documentos e dois sargentos técnicos encarregados de lidar com as traduções e de datilografar os relatórios, além de dirigir os dois jipes à disposição da equipe. Essa organização estrutural – que era a mesma para todas as equipes de IPG – acabou se revelando teórica, pois todos dividiam as diversas tarefas. Todos eram graduados de Camp Ritchie e falavam francês, embora só Victor conseguisse falar como um francês nativo. Ele e outro membro da equipe, o sargento Willi Joseph – o mais velho do grupo, com 35 anos –, eram os únicos também fluentes em alemão.

Em fevereiro de 1944, a equipe foi enviada para o sul da Inglaterra, não muito longe de Stonehenge, para se juntar à 2ª Divisão

Blindada. Conhecida como "Inferno sobre Rodas", era um destacamento veterano que estivera sob o comando de George S. Patton Jr. e já tinha lutado no Norte da África e na Sicília. Corriam rumores de que essa divisão calejada, com dois regimentos com mais de cem tanques cada, seria uma das primeiras divisões blindadas a entrar na França, junto com um regimento de infantaria e batalhões de apoio de engenheiros, unidades de sinaleiros e de reconhecimento.

No momento, a 2ª Divisão Blindada estava mobilizada em manobras de pré-invasão ininterruptas, que incluíam longas marchas, treinos especiais e jogos de guerra nas verdejantes colinas de Salisbury Plain, um bom terreno para praticar manobras com tanques. Durante esse período, Victor aprendeu a dirigir, sozinho, num dos jipes da equipe. Embora não se esperasse que os garotos Ritchie tivessem de operar tanques, Victor fez um passeio de demonstração em um desses veículos. Passou o tempo todo dominado por uma claustrofobia intensa, imaginando como seria ficar preso dentro de um tanque em chamas durante uma batalha.

No começo de maio de 1944, Victor foi chamado para falar perante um grupo de mais de cem oficiais da 2ª Divisão Blindada sobre o que poderiam encontrar na França quando avançassem depois da invasão. Resolveu fazer um retrato verbal de uma típica cidade francesa, concentrando-se numa descrição detalhada das pessoas que eles poderiam encontrar – o prefeito da cidade, o farmacêutico, o padre, o banqueiro, o diretor da escola – e de lugares conhecidos, como a igreja, a padaria, o centro da cidade e a prefeitura.

Victor fez sua apresentação na frente da sala, usando uma vareta para indicar os locais num grande mapa da região costeira francesa. Não conhecia bem as regiões ao redor de Calais, ponto em que a travessia do canal da Mancha era mais curta e que muitas pessoas – inclusive Hitler e seus generais – consideravam o local mais provável para a invasão dos Aliados. Por isso, Victor escolheu uma região que conhecia bem para situar a cidade mítica que criou: a Normandia. Descreveu em detalhes o lugar em que tinha se apaixonado por uma garota chamada Dany, num verão que parecia distante.

Semanas depois, quando eles souberam o local onde os homens e os tanques da divisão Inferno sobre Rodas desembarcariam na costa da França no Dia D, alguns dos oficiais presentes – bem como a própria equipe de Victor – custaram a acreditar que ele não havia sido informado antes, secretamente, por alguém importante do Quartel-General Supremo das Forças Expedicionárias Aliadas (QGSFEA) em Londres. Victor não sabia de nada. Foi puro acaso ele ter indicado no mapa, naquele dia, o local que logo ficaria conhecido como Omaha Beach.

Guy Stern só se tornou um Ritchie por ter sido rejeitado pela Marinha dos Estados Unidos.

Dois meses depois de os Estados Unidos entrarem na guerra, Guy, em seu segundo ano na Universidade de St. Louis, levou a sério os cartazes do Exército afixados nos corredores da faculdade, especialmente um dirigido a qualquer um que tivesse alguma habilidade especial, como dominar idioma estrangeiro: "A Inteligência Naval precisa de você!". Guy dirigiu-se ao escritório de recrutamento da Marinha no centro de St. Louis. Quando chegou sua vez na fila de jovens ansiosos para se alistar, explicou ao recrutador que tinha visto o cartaz da Inteligência Naval e queria se alistar.

"Eu falo alemão", disse Guy.

"Já percebi o sotaque. Você nasceu aqui?"

"Não, nasci na Alemanha."

"Não vai ser possível. A Inteligência Naval só aceita americanos nascidos no país."

Guy ficou abatido, preocupado por não conseguir fazer sua parte na guerra. Quatro meses depois, foi convocado.

Guy queria entrar na guerra por estar convencido de que derrotar os nazistas era a única forma de se reunir com sua família. Em pouco tempo, ele já se sentia em casa nos Estados Unidos – que o acolheram e lhe deram outra vida – e já tinha desenvolvido um sentimento pessoal de patriotismo pelo novo país. Ao mesmo tempo, mantinha uma ligação especial com a terra onde nascera, sentia o dever de voltar e ajudar a livrar seu país natal de Hitler e dos nazistas.

Juntamente com doze outros recrutas de St. Louis, Guy foi enviado para o Centro de Indução Militar de Fort Leavenworth, no Kansas. Depois de duas semanas esperando o Exército decidir o que faria com eles, os doze foram mandados para Camp Barkeley, centro de treinamento básico para cuidados médicos perto de Abilene, no Texas. Lá os recrutas enfrentaram longas caminhadas embaixo de sol escaldante, transportando equipamento de campo, seguidas por aulas ministradas por professores locais de ensino médio que apresentavam os fundamentos da burocracia envolvida em tratamentos médicos e internações.

Em 1º de maio de 1943, enquanto ainda estava em treinamento, Guy e um grupo de outros recrutas nascidos no exterior embarcaram em um ônibus para Abilene, onde se apresentaram a um magistrado federal para uma cerimônia coletiva de obtenção de cidadania. Foram informados de que a corte podia alterar nomes que soassem alemães ou judeus caso desejassem. Vários soldados aceitaram, pois não queriam ir para o exterior com o nome de nascimento nas plaquetas de identificação, evitando problemas no caso de serem capturados. Naquele dia, Günther Stern de Hildesheim se tornou, legalmente, Guy Stern de St. Louis.

Guy imaginava que, assim que concluísse o treinamento básico, seria designado a um hospital militar ou uma unidade de suporte médico. Antes de terminar seu tempo em Camp Barkeley, porém, foi chamado pelo quartel-general e informado por um sargento de que seria transferido, naquele dia, para outra base.

"Para onde, sargento?"

"Não sei dizer. Suas ordens estão lacradas."

Guy recebeu ordens para embarcar em um trem que seguia para o leste com dois outros soldados judeus alemães. Após três horas de uma viagem que pareceu interminável pelas pradarias ao leste do Texas, eles abriram as ordens, conforme haviam sido instruídos. Os três deveriam fazer uma baldeação em Baltimore e tomar um trem local que os levaria a Martinsburg, Virgínia Ocidental, onde um jipe os esperaria. O mistério continuou até o dia seguinte, quando chegaram ao portão de uma base militar em Maryland que era cercada por uma vegetação exuberante e tinha um lago no meio. O PE leu as ordens do grupo com atenção e, em seguida, os cumprimentou em alemão.

"*Willkommen im Camp Ritchie.*" "Bem-vindos a Camp Ritchie."

Guy achou o treinamento em Camp Ritchie muito diferente do que tinha visto no Texas, mas igualmente exigente. Em pouco tempo, começou a ter atividades noturnas com outros alunos: eles eram deixados no meio da floresta com apenas um mapa num idioma desconhecido e uma pequena bússola. Havia um ponto de encontro marcado no mapa, mas, se não chegassem lá antes das 23 horas, perderiam o transporte e teriam de caminhar 37 km de volta até a base. No primeiro exercício de Guy, havia um coronel no grupo, que ficou com o mapa e a bússola. Depois de algumas horas dando voltas, o coronel admitiu que estava lendo o mapa de ponta-cabeça. Exaustos, eles percorreram o caminho de volta no escuro e chegaram à base na manhã seguinte, bem a tempo de assistir à primeira aula.

Na missão seguinte, o mapa não fazia o menor sentido para Guy nem para seus companheiros. Um deles achou que estava escrito em islandês. Percorreram uma linha reta até a primeira fazenda, cujo proprietário os cumprimentou com entusiasmo. Claramente não era a primeira vez que via um grupo de visitantes de Camp Ritchie perdidos.

"Oi, pessoal. Que tipo de mapa vocês têm para hoje? Deixem-me dar uma olhada." O fazendeiro estudou as características geográficas familiares. "Certo, essa construção no centro é uma escola uns 3 km ao norte. Depois, há uma encruzilhada meio escondida. Vocês pegam a esquerda, seguem por 8 km e chegam ao caminhão à espera. Vão rápido que estarão lá a tempo."

Apesar de terem sido instruídos a não pedir orientações para os moradores locais, muitos alunos faziam isso quando se perdiam. Guy imaginou que os instrutores sabiam do que acontecia, mas queriam que os futuros graduados da Inteligência do Exército aprendessem a se safar e encontrassem maneiras de resolver problemas daquele tipo.

Guy descobriu que o trabalho de campo em Camp Ritchie era tão exigente quanto as demandas intelectuais em sala de aula. Poucos dos mais atuais aspectos de inteligência sobre o inimigo não eram cobertos. De memorizar passagens inteiras da *Ordem de batalha alemã* a analisar mapas aéreos e identificar insígnias no quepe da Wehrmacht e as medalhas nos uniformes da SS, tudo tinha como propósito prepará-los para extrair rapidamente informações vitais dos prisioneiros.

Em seu aprendizado de como conduzir interrogatórios, Guy aprendeu quatro técnicas básicas. A primeira, "conhecimento superior", exigia sobrecarregar o prisioneiro com detalhes sobre unidades inimigas que o interrogador já conhecia. "Formas de suborno" envolvia comer uma barra de chocolate ou acender um cigarro na frente do prisioneiro. Se o prisioneiro pedisse algo para comer ou um cigarro, era informado de que só seria atendido se cooperasse. "Encontrar interesses em comum" jogava com gostos e inclinações do prisioneiro. Se fosse fã de futebol, o interrogador falaria sobre futebol até o prisioneiro esquecer que o oponente usava um uniforme diferente. Por último, havia o "uso de medo", no qual o interrogador descobria receios e ansiedades do prisioneiro e o fazia pensar que se tornariam realidade caso não houvesse cooperação.

No caso de algum aluno achar que não havia limites legais ou morais no que dizia respeito a interrogatórios de prisioneiros, um major advogado, que pertencia à unidade jurídica, repassava regras e regulamentos.

"Primeiro e mais importante – lembrem-se disso se esquecerem de todo o resto que vou dizer: *nunca toquem em um prisioneiro.* Trata-se de uma clara violação da convenção geral de guerra."

Guy foi um dos 130 graduados do curso de IPG-Al, na oitava turma de Camp Ritchie. Suas notas mais altas foram em comunicação de sinais (96), atividades de equipe (89) e contrainteligência (90). Teve a seguinte avaliação de seus instrutores: "Calado, modesto, teatral, bastante inteligente. Bom alemão. Bom com documentos. Bom estenógrafo e datilógrafo". Ao se graduar, Guy foi promovido a sargento.

Depois de mais dois meses treinando e realizando manobras em Fort Polk, na Louisiana, cujos pântanos eram repletos de cobras, jacarés e porcos selvagens, Guy ficou contente por finalmente voltar à Europa. Em janeiro de 1944, após se juntar a outros duzentos garotos Ritchie – inclusive Werner Angress e Victor Brombert –, zarpou rumo à Inglaterra a bordo do *Rangitata*.

Soldado Guy Stern, 1943. *(foto da família)*

Ao chegarem, foram de trem até o quartel-general das equipes de Inteligência Militar da Inglaterra, localizado na pequena e exótica cidade de Broadway, na região de Cotswolds, a noroeste de Oxford. Em grande parte inalterada desde a época de Shakespeare, a cidade fora batizada devido à rua principal, larga, gramada, com castanheiras vermelhas e construções de calcário amareladas, muitas do século XVI. A maioria dos garotos Ritchie ficou alojada com famílias locais, que os convidavam para participar das refeições, de atividades e de outras ocasiões sociais. Por sua vez, os soldados dividiam itens especiais, como chocolates e cigarros, que eram difíceis de obter.

O treinamento dos Ritchie continuou, às vezes reforçado por palestras de experientes oficiais de inteligência britânicos. Muitas horas de prática em interrogatórios foram feitas num campo de detenção ao norte da cidade, onde duzentos prisioneiros de guerra alemães capturados no Norte da África eram mantidos. Conhecido como "gaiola", era um lugar para praticar métodos de interrogatório em soldados do Terceiro Reich. Porém, depois de tantas sessões de perguntas e sabendo que para eles a guerra havia acabado, os prisioneiros já tinham adquirido certa imunidade à maior parte das técnicas de interrogatório.

Em guerra contra um poderoso inimigo no outro lado do canal, toda a Inglaterra tinha se tornado uma base armada, o que inquietava os garotos Ritchie sempre que precisavam usar uniformes alemães e visitar bases de soldados americanos para ensinar um pouco sobre o inimigo. O que mais os preocupava era a Guarda Nacional britânica, composta majoritariamente por homens mais velhos armados com fuzis e pistolas antigas e que atiravam sem avisar nos "invasores chucrutes". Guy sempre concluía suas apresentações com o que considerava uma frase em alemão muito útil para os soldados. Logo depois, um alojamento inteiro de soldados sorridentes gritava em coro: "*Hände hoch oder ich shiesse!*". "Mãos ao alto, senão eu atiro!".

Guy era membro de uma equipe de IPG de seis pessoas, vinculada ao QG do 1º Exército, na época composto por seis divisões de infantaria tradicional e aerotransportada que somavam cerca de 100 mil homens. O 1º Exército havia sido recentemente ativado sob o comando do tenente-general Omar Bradley, designado pelo ex-colega de classe de West Point, o general Dwight Eisenhower, comandante supremo das forças aliadas, encarregado de todas as operações terrestres americanas na Overlord, que era a invasão da França ocupada pelos nazistas.*

Guy logo percebeu que a maioria dos 24 oficiais e dos homens alistados nas quatro equipes de IPG designadas para o QG do 1º Exército (outras equipes de IPG foram vinculadas às divisões e aos diversos regimentos) era formada por refugiados judeus alemães como ele, exilados da terra onde nasceram e separados das pessoas que amavam. Todos aqueles exilados judeus estavam dispostos a abandonar seu refúgio e voltar à Europa para lutar contra os nazistas. Unidos por um fervor missionário, todos se consideravam em cruzada contra o mal.

Uma demonstração de uniformes e equipamentos alemães para soldados na Inglaterra pouco antes do Dia D. *(corpo de sinaleiros do Exército dos Estados Unidos)*

Uma das tarefas da equipe antes da invasão foi selecionar futuras localizações para gaiolas de prisioneiros de guerra na França

* Turma da Academia Militar dos Estados Unidos de 1915: conhecida como a "classe em que choveram estrelas", pois 59 dos 164 graduados – mais ou menos 36% – chegaram ao posto de general, recorde que provavelmente jamais será superado.

logo após estabelecidas as primeiras cabeças de ponte. Esses pontos deveriam ficar próximos, mas não tanto, do QG do 1º Exército. Os locais precisavam ter acesso a estradas para a evacuação rápida dos prisioneiros, estar perto do acampamento dos interrogadores para facilitar o acesso aos prisioneiros e ter bastante espaço para acomodar o que seriam, esperavam-se, muitos alemães, que teriam de ser alimentados e vigiados por unidades auxiliares. Eles elaboraram uma lista de futuras gaiolas para prisioneiros de guerra e, depois, junto com centenas de milhares de soldados aliados acantonados na Inglaterra para a invasão, esperaram pelo Dia D.

A equipe de Guy já tinha suas instruções. Quando soasse o alerta, eles seguiriam em comboio desde o QG do 1º Exército em Bristol, cidade com quase meio milhão de habitantes no sudoeste da Inglaterra, por cerca de 160 km em estradas bloqueadas ao trânsito comum, até chegar a Southampton. Porto marítimo na extremidade sudeste da Inglaterra, Southampton fora selecionado como o principal ponto de partida para centenas de navios e lanchas de desembarque que transportariam as forças de invasão.

Como o clima no canal estava tempestuoso, permaneceram à espera.

Para matar o tédio durante uma tarde, Guy entrou numa tenda ampla e escurecida na qual se exibiam filmes no fim do dia. Normalmente não havia matinês, mas naquele dia estava passando um novo filme de Hollywood para ajudar a aliviar a tensão. Era *Melodia do amor*, estrelado por Ann Sheridan, garota muito popular durante a guerra que, segundo os boatos, recebia 250 propostas de casamento por semana, muitas de soldados. Cerca de vinte minutos depois de o filme começar, logo após Ann cantar a conhecida "Time Waits for No One", as luzes foram acesas. Uma voz soou no alto-falante: "Todos devem seguir para os alojamentos! Preparem-se para partir em comboio dentro de meia hora!". Guy e os outros soldados saíram às pressas da sessão de cinema.

A invasão estava em andamento, e o fervoroso desejo de Guy Stern de voltar e lutar contra os nazistas que o afastaram de sua família estava prestes a se realizar.

***

Werner Angress nunca tinha pensado em saltar de um avião.

Antes de ir para Camp Ritchie, recusara a oportunidade de fazer o treinamento em paraquedismo. *Participar da infantaria durante uma guerra já seria suficientemente arriscado*, pensou. Ao chegar à Inglaterra, mais uma vez perguntaram se gostaria de ingressar numa unidade de paraquedismo, e mais uma vez ele respondeu, com firmeza, que "não, obrigado". Para sua enorme surpresa, contudo, depois de algumas semanas em Broadway, ele foi designado para uma equipe de IPG vinculada à 82ª Divisão Aérea, que tinha lutado no Norte da África, na Sicília e em território italiano. A divisão havia chegado havia pouco tempo à Inglaterra e fora fortalecida por reposições e novos equipamentos para o Dia D. Agora restabelecida, a 82ª contava com três regimentos de infantaria paraquedista (RIP): o 505º, o 507º e o 508º. Foi designada uma equipe de IPG para cada regimento, enquanto uma ficaria no QG da divisão.

A equipe de Werner foi designada para o 508º regimento. Werner foi entrevistado por um oficial do regimento, que perguntou as circunstâncias em que ele saíra da Alemanha. Werner fez um breve relato da fuga de sua família.

"Então você é judeu? Não parece. Tem qualificação para saltar?"

Werner olhou para o oficial com uma expressão de surpresa. Depois de certa hesitação, respondeu:

"Ainda não."

Não foi uma resposta evasiva, embora se perguntasse como poderia estar numa unidade de infantaria aerotransportada sem ser paraquedista. Após dois anos servindo na infantaria, chegando ao posto de primeiro-sargento e graduado em Camp Ritchie, Werner estava determinado a ser um bom soldado e não fugir de seus deveres.

O oficial pareceu satisfeito com a resposta de Werner. Explicou que a maioria dos homens na unidade aerotransportada tinha aprendido a saltar em Fort Bragg, na Carolina do Norte, mas que alguns recém-chegados foram treinados na Inglaterra. Prometeu que Werner e os outros novatos seriam habilitados como paraquedistas antes da invasão. O oficial admitiu que o treinamento não seria equivalente às seis semanas do curso de paraquedismo, mas pelo menos incluiria a prática dos cinco saltos necessários para se qualificar como paraquedista.

Werner Angress na Inglaterra, recém-incorporado à 82ª Divisão Aerotransportada. *(foto da família)*

A equipe de IPG de Werner incluía três outros judeus alemães que imigraram para os Estados Unidos quando os nazistas assumiram o poder. Todos tinham recebido treinamento de infantaria antes de chegar a Camp Ritchie. Sabiam que o Dia D – que anteviam com uma mistura de ansiedade e determinação – estava chegando, e costumavam imaginar como procederiam com os prisioneiros de guerra reais. Todos rejeitavam qualquer tipo de uso de força durante os interrogatórios, acreditando firmemente que, como soldados americanos, teriam a responsabilidade de agir de maneira civilizada para se distinguir dos nazistas. Eles sabiam, logicamente, que nem todos os soldados alemães eram nazistas e sentiam empatia por "aqueles pobres coitados" que tinham sido convencidos por Hitler e seu partido e que seriam necessários para criar uma nova Alemanha quando a guerra acabasse.

O capitão John Breen, líder da seção de Inteligência do regimento (conhecida como S-2) se empenhou para providenciar os saltos necessários a Werner. Breen, que na vida civil trabalhava como investigador do Tesouro americano, era afável e simpático; o único oficial no regimento que frequentava um pub próximo junto com os homens, violando as regras que proibiam oficiais de confraternizar com soldados alistados. Passaram-se semanas com o tempo ruim demais para voar ou com falta de aviões ou pilotos disponíveis.

No fim de maio, a 82ª foi posta em alerta. Todos receberam ordens para preparar roupas e equipamentos e aguardar o transporte até o aeroporto. Eles sabiam o que isso significava: a invasão era iminente.

Enquanto fazia as malas, Werner foi abordado por um oficial do regimento que explicou que ele teria de ficar ali mesmo, junto com outros soldados que não tiveram tempo de fazer os saltos. Eles seriam levados para a costa da França dias depois do Dia D, quando as praias invadidas estivessem seguras.

Werner ficou furioso. Após todo o treinamento militar, antes e depois de a guerra começar – e da espera em vão pelo treino com paraquedas que nunca aconteceu –, ele ficaria para trás enquanto sua divisão saltava de paraquedas sobre a França ocupada pelos nazistas no Dia D? Para ser levado depois, de barco, como um saco de batatas? Werner expressou veementemente suas objeções para o oficial, mas sem resultado. Ainda assim, como de costume, não se deixou intimidar pela cadeia de comando do Exército: decidiu ir direto ao alto escalão.

Werner saiu do alojamento e correu até o quartel-general da divisão, aonde chegou sem fôlego. Com a respiração acelerada pela corrida, disse ao sargento de plantão que estava lá para ver o general no comando.

"O general está ocupado", disse o sargento. "O que você quer?"

Werner explicou ao sargento, que o direcionou para o escritório do comandante assistente da divisão, general James Gavin, que em alguns meses se tornaria o general comandante da 82ª. Era conhecido como "Jumpin' Jim" [Jim Saltador], devido ao hábito de participar dos saltos em combate junto com seus paraquedistas.

O general deu as costas para o mapa afixado na parede.

Werner permaneceu em posição de sentido, bateu continência e disse:

"Primeiro-sargento Angress se apresentando."

"Certo, sargento. Pode falar."

"Senhor, fui designado para a divisão como interrogador supondo que seria treinado para saltar. Não tive esse treinamento, principalmente por questões relacionadas ao tempo. Ainda assim, peço permissão para saltar junto com a divisão."

Quando Werner terminou de falar, o general olhou para ele esboçando um sorriso.

"Bem, meu chofer nunca saltou na vida. Além disso, está acima do peso. Mas preciso dele na França, então ele vai saltar. Se ele pode ir, você também pode. Diga a seu oficial superior que você tem minha permissão."

Werner bateu continência e voltou correndo para o alojamento. Para a surpresa do oficial do regimento, relatou o encontro com o general e logo foi posto num ônibus que o levaria ao aeroporto.

Seguindo a tradicional política do Exército de "preparar-se às pressas para esperar", o regimento de Werner passou os dias seguintes em um hangar gigantesco na estação Saltby da Royal Air Force, em Leicestershire, 130 km ao norte de Londres. Quatro esquadrões dos Estados Unidos tinham chegado da Sicília, e seus aviões de transporte C-47 Skytrain estavam perto da pista, prontos para levar os homens à França. Centenas de camas dobráveis foram montadas no hangar para os paraquedistas, que jogavam cartas e dados com o dinheiro feito para a invasão, que eles tratavam como se fosse dinheiro de brinquedo. Uma banda militar tocava todas as tardes, e um filme era exibido à noite.

Werner passou boa parte do tempo lendo. Seu livro favorito era um volume fino e surrado de *Baladas da caserna*, de Kipling, especialmente "Gunga Din" e outros poemas militares sobre a Guerra dos Bôeres. Também escreveu cartas para seus amigos de Gross Breesen, muitos dos quais estavam no Exército, e para Curt Bondy, na Virgínia. Werner queria contar as novidades para os pais, mas não tinha contato com eles desde a última carta que recebera da mãe, dois anos antes, dizendo que seu pai estava preso em Berlim. Todas as cartas que escreveu desde então ficaram sem resposta. Não sabia se a mãe e os irmãos ainda estavam na Holanda ocupada pelos nazistas ou se tinham sido levados a outro lugar.

Werner se manteve ocupado limpando e lubrificando suas armas. Foi equipado com um fuzil M1, o favorito de muitos paraquedistas por ser leve e fácil de carregar, mas com a desvantagem de não ter muito poder de impacto numa troca de tiros. Werner também comprou uma pistola Luger alemã de um oficial britânico. Os soldados americanos não tinham permissão para usar a Luger, mas Werner decidiu levá-la no Dia D, pensando que poderia ser útil.

Na manhã de 4 de junho, eles entraram em alerta mais uma vez, e surgiram rumores de que o Dia D seria na manhã seguinte. Os soldados empacotaram o equipamento extra em sacolas de lona que seriam entregues depois da invasão. Naquela tarde, todos souberam aonde iriam: para a península de Cotentin, na Normandia. Os paraquedistas da divisão pousariam entre os lagos Douve e Merderet horas antes de as tropas de assalto chegarem às praias, para capturar a importante cidade de Sainte-Mère-Église, a 12 km da costa.

Werner foi designado para um C-47 com um grupo de trinta soldados. O supervisor de salto era um sargento veterano de muitos saltos. Quando soube que Werner não fora treinado como paraquedista, começou a chamá-lo de Frango. Decidindo que Werner precisava de um pouco de treinamento no hangar, o supervisor o ensinou a puxar o capacete de aço para trás antes de saltar e, assim, poder olhar para cima e verificar se o velame de 8 m tinha sido aberto pela corda presa à mochila do paraquedas. Explicou que a corda de 4 m era projetada para abrir o paraquedas antes de se soltar e continuar presa ao avião. Se o paraquedas não abrisse automaticamente em até três segundos ou se algum gomo do velame de seda tivesse rasgado – o que aumentaria perigosamente a velocidade da queda –, Werner deveria puxar a alça do paraquedas menor, de reserva, presa numa mochila no peito. O supervisor também mostrou como manter as pernas ligeiramente afastadas quando chegasse ao chão para não quebrar o joelho. Puxar duas cordas ligadas ao paraquedas principal ajudaria a reduzir a oscilação durante o salto e a pousar em pé. Por fim, o supervisor fez Werner subir num grande engradado de madeira e pular como se saltasse de um avião. Werner pousou na ponta dos pés e na posição correta. Esse "salto" e os quinze minutos de instruções foram todo o treinamento dele como paraquedista.

A invasão programada para o dia seguinte foi cancelada devido ao mau tempo no canal da Mancha. Na manhã seguinte, os paraquedistas despertaram com o céu limpo e souberam que nada impediria a invasão.

À tarde, os soldados se sentaram no chão em frente ao hangar, com uniforme verde-oliva e botas engraxadas, para ouvir um pronunciamento do general Gavin. Ele deu uma visão geral da área onde saltariam e sobre a missão. Não dourou a pílula. Eles saltariam 15 km atrás das linhas inimigas para enfraquecer as defesas alemãs e capturar alvos que incluíam pontes, cidades e interseções de estradas. Estariam no flanco oeste das praias que seriam invadidas e deveriam impedir qualquer contra-ataque daquela direção contra as forças marítimas que desembarcavam nas praias. Se o ataque pelo mar não estabelecesse uma posição e as tropas tivessem de recuar para a Inglaterra, os paraquedistas não poderiam ser resgatados. Gavin instruiu os homens a não fazer nenhum prisioneiro alemão de início, pois naquelas circunstâncias seria um fardo insustentável. Concluiu seu discurso com bom humor:

"Boa sorte e boa caçada!"

Werner ficou alarmado com o que ouviu. *Não fazer prisioneiros?* Não seria uma violação das convenções de Genebra? Dirigindo-se aos garotos Ritchie sentados ao lado, perguntou por que diabos eles estavam indo se não interrogariam prisioneiros. Um dos soldados especulou que poderia ser apenas temporário, característico das horas iniciais de uma operação de paraquedismo, que exigia velocidade e discrição atrás das linhas inimigas. Não haveria tempo para construir e vigiar gaiolas de prisioneiros.

Os cozinheiros do Exército montaram uma cozinha móvel em frente ao hangar. Os oficiais ficavam no fim das longas filas para comer, seguindo uma regra do general Gavin: os oficiais da 82ª Divisão Aerotransportada sempre se serviam depois dos homens que comandavam. Na noite anterior, os cozinheiros tinham servido bifes, o que consideraram uma refeição de despedida adequada para os homens. Agora, devido ao atraso por causa do tempo, eles teriam de servir um segundo jantar final em pouco tempo. A solução foi preparar um aguado macarrão com queijo; todos concordaram que não era lá uma bela última ceia. Em seguida, os soldados se escureceram com a graxa e as cinzas dos fogões portáteis para reduzir o reflexo do luar. Werner achou que pareciam saídos de uma festa a fantasia.

Por volta da meia-noite, todos seguiram devagar até os aviões estacionados, cada homem carregando de 20 a 30 kg de equipamentos. Pelo peso, Werner começou a suar. Dois paraquedas, um nas costas e outro no peito. Uma máscara de gás presa numa perna e uma pá para cavar trincheiras na outra. Duas granadas de fragmentação presas em tiras de lona do peito. Ainda havia um cantil, uma baioneta, um kit de primeiros socorros, munição extra e uma faca no cinto. Por baixo do paraquedas reserva, Werner ainda levava granada de fósforo, bússola, chiclete, sopa em cubos, tabletes de purificação de água, barras de chocolate Hershey's, um kit de barbear, roupas de baixo, meias e o livro de Kipling.

Enquanto sua equipe se alinhava na base da rampa para entrar no avião, Werner notou uma frase atrevida pintada na fuselagem: *SON OF THE BEACH*.*

Sobre as palavras, havia um desenho do Pato Donald de calção de banho.

---

* A tradução literal seria "filho da praia", mas em inglês "beach" tem a mesma sonoridade que "bitch", um insulto como "vagabunda". (N. T.)

Soldados conversavam entre si, acenavam, faziam piadas, tudo numa forma de se despedirem uns dos outros.

"Espera aí, Frango!"

Werner saiu da fila que começava a se formar até a rampa.

"Você entra por último", disse o supervisor de salto.

"Último?" Werner não entendeu a razão. "Por quê?"

"Você vai ser o primeiro a saltar."

6

NORMANDIA

Quando Werner Angress entrou no avião, a maioria dos paraquedistas, com capacete de aço e carregados como burros de carga, já tinha se acomodado nos bancos de metal distribuídos em duas fileiras, uma de frente para a outra. Perto da porta havia sacolas de equipamentos com uma metralhadora, um morteiro, munição e mantimentos, todas amarradas umas às outras e presas a um paraquedas com uma corda fixa ligada a um cabo metálico instalado no teto da cabine.

Os paraquedistas já tinham silenciado o alarido. Com o interior da aeronave iluminado por lâmpadas vermelhas para preservar a visão noturna, era como se os homens estivessem em outro mundo. Os rostos escurecidos refletiam um brilho azulado fantasmagórico.

O silêncio foi rompido pela voz do piloto no alto-falante; ele leu uma mensagem do general Eisenhower enviada a todas as forças aliadas para o Dia D.

"Vocês estão prestes a embarcar na grande cruzada para a qual nos esforçamos durante meses. Os olhos do mundo estão sobre vocês. As esperanças e as orações de todos que amam a liberdade marcham com vocês. Em companhia de nossos corajosos aliados e irmãos de armas em outras frentes, vocês promoverão a destruição da máquina de guerra alemã, eliminarão a tirania nazista sobre os povos oprimidos da Europa e garantirão nossa segurança em um mundo livre. A tarefa não será fácil. Seu inimigo é bem treinado, bem equipado e experiente [...]. Não aceitaremos nada menos que a vitória total. Boa sorte! Vamos todos pedir a bênção de Deus Todo-Poderoso para esta grande e nobre missão."

O som dos motores do avião sendo ligados passou de um ruído engasgado e intermitente para um zumbido reconfortante. Formaram uma fila única com os outros C-47 carregados de paraquedistas da 82ª Divisão Aerotransportada até a pista de decolagem. Quando chegou a vez de Werner, a aeronave cheia de soldados e equipamentos percorreu a pista sacudindo e chacoalhando até ganhar velocidade suficiente para sair do chão e alcançar altitude.

Era a primeira vez que Werner voava, e ele se deu conta de que estava prestes a fazer uma série de coisas pela primeira vez. Primeiro salto de paraquedas. Primeiro salto noturno. Primeiro salto de combate. Até então, não pensara no que enfrentaria na Normandia, embora tenha imaginado que, como o primeiro a saltar do avião, seria um alvo fácil para qualquer alemão esperando no solo para disparar contra saltadores americanos em paraquedas abertos. Torceu para não travar na hora do salto, para o paraquedas abrir e para pousar inteiro.

Sobrevoaram o interior da Inglaterra em círculos enquanto a armada aérea assumia sua formação. Werner viu outros aviões se aproximarem, as luzes na ponta das asas cintilando no céu noturno. Assim que se alinharam, seguiram em formação sobre o canal da Mancha em direção à costa francesa. Para não sobrevoar a frota de invasão da Normandia e arriscar um ataque de marinheiros assustados, os aviões fizeram um grande percurso circular sobre as Ilhas do Canal ocupadas por forças alemãs, a 45 km da costa da França. Voavam a baixa altitude para evitar as baterias antiaéreas do inimigo, assentadas para disparar contra bombardeiros em alta altitude, e passaram pelas ilhas sem um disparo sequer. Em trinta minutos, chegaram à costa francesa e subiram para a altitude de salto, de 300 m.

"Fiquem de pé e se enganchem nos cabos!", urrou o supervisor do salto.

Os homens se levantaram e formaram uma fila única, voltada para a traseira do avião. Todos prenderam a ponta de corda fixa ao cabo do teto.

"Verificar equipamento!"

Todos verificaram a corda do homem à frente para garantir que estivesse bem presa ao cabo, livre dos braços e não emaranhadas, o que poderia fazer com que o paraquedas não abrisse corretamente.

Assim que passaram pela península do Cotentin, eles se depararam com o fogo inimigo.

Olhando pela porta de saída aberta, Werner viu no céu inúmeras balas alaranjadas sendo disparadas pela artilharia antiaérea; estas ajudavam os soldados no chão a ajustar a mira. No começo, pareciam belos fogos de artifício, mas, logo depois, o avião ao lado foi atingido em cheio e explodiu. Horrorizado, Werner viu o avião despencar sem um único paraquedas se abrir.

De repente, todos no avião de Werner ouviram um baque terrível e sentiram um solavanco, as primeiras indicações de que o avião fora atingido. Werner viu a luz vermelha ao lado da porta de saída apagar. O piloto deveria acender uma luz verde adjacente quando estivessem sobre a zona de salto, mas o impacto sofrido tinha provocado uma falha elétrica na cabine.

O supervisor do salto praguejou. Como as luzes não funcionavam, ele teria de ir à cabine do piloto para receber a ordem de saltar e, para isso, precisou atravessar o corredor estreito cheio de paraquedistas.

O avião fez manobras bruscas enquanto o piloto tentava se evadir da artilharia antiaérea que pontilhava o céu com violentas explosões avermelhadas; era difícil permanecer de pé.

"O que você esperava?", disse o sujeito ao lado de Werner. "É o caos, como sempre."

Quando voltou da cabine de comando, o supervisor gritou para Werner ajudar a empurrar as sacolas de equipamentos porta afora. Assim que fizeram isso, virou-se para Werner e berrou:

"Lá vamos nós! Salte, Frango!"

Werner avançou para a porta, puxou o anel metálico ao longo do cabo que ligava seu paraquedas à corda presa ao teto e pulou do avião sem hesitar nem por um instante.

Eram 2h15 da madrugada do dia 6 de junho de 1944.

Werner fora instruído a contar em voz alta "mil e um, mil e dois, mil e três" e depois olhar para cima para ver se o paraquedas principal estava aberto. Se não estivesse, deveria puxar um cabo no peito para abrir o reserva. Quando chegou a mil e dois, sentiu um tranco doloroso: o equipamento o pressionou na virilha e nos ombros. Erguendo o olhar, ficou aliviado ao ver todos os gomos de seda intactos. Rodopiando, Werner puxou as cordas que reduziam a oscilação. Não teve nenhuma sensação de queda, apenas de estar flutuando.

A lua estava brilhante, mas entrava e saía de trás das nuvens. Werner se perguntou por que não via outros paraquedas abertos ao redor. Também não havia luzes no chão nem qualquer indicação de pessoas disparando contra ele. O silêncio era tal que escutou o relinchar de um cavalo num pasto próximo.

Werner viu que pousaria em um pomar. Ao se aproximar do chão, puxou as cordas e alterou a direção para desviar de uma árvore. Mesmo assim, o paraquedas ficou preso nos galhos mais altos, interrompendo subitamente a descida e o deixando pendurado a alguns centímetros do solo. Soltou-se e deixou-se cair.

Werner olhou à volta e não viu ninguém por perto. Verificou a bússola e começou a seguir para leste, na direção que tinham sido instruídos a seguir a fim de chegar ao ponto de encontro planejado. Werner se viu rodeado por macieiras, separadas a cada 100 m por uma série de cercas vivas altas e densas.

Chegou a uma ferrovia e se arrastou sobre os trilhos, com cautela. Uma estrada próxima corria paralela, e Werner se escondeu atrás de uns arbustos e ficou observando o trânsito leve, principalmente de motocicletas. Notou que eram soldados alemães, pela forma dos capacetes dos motoristas. Sabia que enfrentaria tropas inimigas na Normandia, mas nunca achou que estaria sozinho quando o fizesse, e agora sua situação parecia irreal.

Werner esperou uma pausa no trânsito para atravessar a estrada e seguir um caminho estreito que adentrava a floresta. Andou por uns dez minutos e chegou a uma clareira iluminada pela lua. Ao avançar, viu a silhueta de três soldados alemães posicionados numa trincheira do outro lado, a uns 30 m de distância, com uma metralhadora apontada para o centro da clareira.

Continuou avançando em silêncio, torcendo para passar sem ser percebido, mas um dos alemães gritou para que se identificasse.

"*Unteroffizier auf Patrouille!*", respondeu Werner.

Assim que as palavras saíram de sua boca, percebeu que tinha cometido um erro. Embora seu alemão fosse perfeito, com um leve sotaque berlinense, Werner tinha dito que era um cabo fazendo patrulha. Em Camp Ritchie, porém, aprendera que na Wehrmacht cabos não costumavam sair em patrulha sozinhos. Um dos soldados inimigos ordenou que Werner se aproximasse.

Sua M1 estava pendurada no ombro, e com o tempo que levaria para empunhá-la os soldados poderiam matá-lo facilmente. De qualquer forma, a carabina de pequeno calibre de nada adiantaria contra uma metralhadora. Era tarde demais para dar meia-volta, por isso Werner entrou na clareira, tomou posição em frente à casamata, puxou uma granada, tirou o pino de segurança e a lançou na direção dos soldados alemães, pouco antes de se virar e sair correndo a toda velocidade – na verdade, não tão rápido, por causa de todo o equipamento que transportava.

Nos esportes, arremesso nunca fora seu forte. Enquanto corria, escutou os alemães gritarem de surpresa bem antes da explosão. Werner olhou para trás, e esse foi outro erro. A granada caiu no chão, explodindo na frente da casamata. Um dos soldados alemães já tinha saído da trincheira e apontava uma pistola em sua direção.

Certo de que estava prestes a levar um tiro nas costas, Werner saltou sobre o arbusto na beira da clareira, tentando desesperadamente desaparecer na folhagem.

A única bala disparada pela pistola do soldado atingiu seu capacete com um baque reverberante. Werner mergulhou com a carabina nas mãos e ficou esperando. Continuou deitado, sem se mexer, respiração ofegante e coração batendo mais forte. Ouviu mais gritos e insultos e percebeu que um dos alemães tinha sido ferido pela explosão. Para sua surpresa, ninguém apareceu, e Werner continuou se arrastando entre as árvores da floresta. Quando estava a uns 400 m de distância dos alemães, resolveu parar de perambular no escuro e se acomodou para esperar o nascer do sol.

Examinando o capacete, Werner viu que a bala tinha rasgado a rede de camuflagem e aberto um pequeno talho na parte de trás. Se tivesse perfurado o aço, a bala o teria atingido bem na nuca. *Aquele sujeito sabia atirar!* Werner percebeu que tivera muita sorte de sobreviver a seu primeiro combate. Disse a si mesmo que teria de fazer melhor na próxima vez. Precisava ser mais cauteloso, mais rápido e mais ágil, por isso começou a aliviar o peso do que transportava. Enterrou coisas que não considerava essenciais, como a máscara de gás, a pá, o colete do paraquedas, que ainda estava vestindo, e a granada de fósforo branco – apelidada de "Willie Pete" –, que recebeu e que não tinha a menor intenção de usar em outro ser humano, nem mesmo num inimigo. Diferente da granada de fragmentação que ainda carregava, a qual explodia ao ser detonada, a Willie Pete era uma arma incendiária, que entrava em combustão e incinerava tecidos, combustível, munição e até mesmo pessoas.

Quando o sol nasceu, Werner analisou o mapa e conferiu a bússola. Nenhuma parte do terreno ao redor correspondia ao que via, o que o fez perceber que estava perdido. Ainda assim, decidiu continuar seguindo para leste, conforme as instruções. Depois do encontro com os soldados alemães, continuou pela floresta sempre que possível, apesar de ter precisado atravessar algumas estradas. O trânsito era sempre de soldados alemães, e ele esperava que passassem.

Algumas horas depois, ouviu vozes vindo de uma trilha. Escondeu-se atrás de uma moita e esperou. Quando as vozes se aproximaram, viu que eram de uma senhora idosa e de uma garotinha carregando uma braçada de lenha. Werner se revelou para elas, esquecendo que ainda estava com o rosto coberto de graxa e fuligem.

Assim que o viram, as duas gritaram.

“*Je suis parachutiste américain*”, disse, com seu francês dos tempos de colégio.

Apesar de parecerem maravilhadas ao saber que Werner era um soldado americano, a senhora ainda tremia enquanto respondia às perguntas dele. Disse que o vilarejo mais próximo, Videcosville, ficava a cerca de 400 m, mas que ele precisava tomar cuidado porque os alemães estavam acantonados no outro lado da cidade.

Quando elas foram embora, Werner encontrou Videcosville no mapa e viu que se situava 18 km ao *norte* de Sainte-Mère-Église. A zona de salto deveria ter sido alguns quilômetros ao *sul* de Sainte-Mère-Église. Ele tinha sido lançado a mais de 20 km do alvo! Relembrando as violentas manobras evasivas do piloto quando o avião foi atingido, imaginou se toda a equipe teria saltado no lugar errado. Nas instruções antes do salto, todos foram informados de que os pilotos tinham ordens de não desviar da trajetória designada para evitar que aquilo acontecesse. E quanto ao resto do regimento? E da divisão? Se o mesmo tivesse acontecido com muitos soldados, eles estariam espalhados por toda a Normandia.

Após passar a noite acordado, Werner caminhou durante a maior parte do dia seguinte sem cruzar com ninguém. No fim da tarde, viu um fazendeiro ordenhando vacas num celeiro. O francês não pareceu nada surpreso ao ver um soldado americano. Deu a Werner um copo de leite recém-ordenhado, seguido por uma dose de um líquido âmbar. Werner pensou que fosse suco de maçã, mas era Calvados, um conhaque de maçã feito na Normandia. O álcool caiu como um soco em seu estômago. Werner percebeu que estava exausto e admitiu que precisava dormir antes de continuar. O fazendeiro o levou a outro celeiro, e Werner desmoronou sobre um monte de feno.

Por volta da meia-noite, foi despertado por um adolescente que falou de dois soldados americanos ali perto. Todos tinham sido avisados de que poderiam contar com a ajuda de civis franceses, ansiosos por ser libertados, mas também foram alertados de que alguns talvez colaborassem com os alemães e que os entregariam de bom grado em troca de recompensa. Com a Luger a postos para o caso de ser uma armadilha, Werner seguiu o garoto com cuidado até um campo rodeado por densas folhagens. De fato, dois paraquedistas estavam escondidos no arbusto com o símbolo da águia da 101ª Divisão Aerotransportada no ombro. Feliz por não estar mais sozinho, Werner cumprimentou os dois com entusiasmo, mas de repente se viu na mira de duas carabinas.

Ao perceber que seu sotaque alemão os deixara inquietos, Werner foi logo explicando que era um soldado americano como eles, apesar de ter descendência alemã, que tinha fugido dos nazistas alguns anos antes e agora estava servindo como interrogador de prisioneiros para a 82ª Divisão. No entanto, eles também tinham visto sua pistola Luger – a arma favorita dos oficiais alemães –, então Werner teve que dar explicações adicionais. Por sorte, um dos homens, judeu do Brooklyn, finalmente acreditou nele e o ajudou a convencer o outro, um irlandês ruivo de Boston, de que Werner também era um paraquedista dos Estados Unidos.

Quando Werner conseguiu convencê-los de que combatiam do mesmo lado, os dois soldados observaram que, como sargento, Werner estava no comando. Sua primeira ordem foi a de se revezarem em períodos de duas horas de vigília à noite enquanto os outros dois dormiam.

No decorrer dos dias seguintes, o adolescente levou outros americanos perdidos para o esconderijo. No dia 10 de junho, o grupo já contava com mais de vinte paraquedistas da 101ª e da 82ª que estavam perdidos e não conseguiam encontrar as unidades. O mais graduado era um capitão, que decidiu que eles deveriam partir e encontrar suas divisões para, então, se juntar à guerra.

Ao longe, podiam ouvir o som de artilharia e de bombas explodindo. Assim, seguiram na direção do combate, locomovendo-se apenas durante a noite para reduzir as chances de serem vistos. Ouviram tropas alemãs, caminhões e veículos blindados seguindo às pressas no sentido noroeste, direção oposta à das praias sendo invadidas e rumo ao porto de Cherbourg, controlado pelos alemães. Aquilo foi interpretado como sinal de que os desembarques do Dia D tinham ido bem e de que as tropas aliadas estavam avançando no interior do país.

Werner era o único que falava francês; por isso, ficou encarregado de obter comida com os fazendeiros locais. Ele precisava abordá-los com cuidado e ter certeza de que não eram colaboradores. Alguns fazendeiros tinham o maior prazer em doar a comida que conseguiram poupar para seus libertadores, mas na maior parte dos casos Werner pagou pelos alimentos com o dinheiro da invasão, impresso pelo Comando Aliado. Os franceses nunca tinham visto aquele tipo de dinheiro e o aceitavam a contragosto, pois não poderiam gastá-lo enquanto estivessem sob ocupação alemã; aquele dinheiro só teria valor no caso de vitória dos Aliados. Com uma dieta composta principalmente por leite e pão, e nunca em grandes quantidades, a fome era uma constante para os paraquedistas perdidos.

No dia 15 de junho, Werner encontrou um fazendeiro que concordou em usar sua carroça para entregar leite e pão, pelos quais Werner pagou adiantado. O homem disse que levaria os mantimentos às 22 horas à margem da floresta em que estavam acampados. No entanto, ele não apareceu. Preferiu informar a posição dos paraquedistas para os alemães.

Pouco depois do horário combinado, um grande número de soldados alemães começou a disparar nos paraquedistas escondidos; eles estavam em uma colina arborizada. As balas zuniam. Uma metralhadora inimiga imobilizou Werner à beira de um campo aberto, e o barulho dos tiros passando poucos centímetros acima de sua cabeça foi o mais hediondo que ele já ouvira. Werner deitou-se de costas e lançou uma granada na direção da arma. As rajadas pararam o suficiente para ele rastejar de volta às árvores. Quando os paraquedistas reagiram – eles não tinham metralhadoras nem morteiros, tampouco outras armas pesadas –, os alemães só pararam por um instante, mas abriram fogo novamente.

Pouco depois, ouviu-se o som característico de um canhão antiaéreo de 20 mm, disparando contra a copa das árvores que abrigavam paraquedistas, atingidos por uma chuva de farpas e estilhaços quentes.

Quando a árvore sob a qual se escondia explodiu, Werner ficou temporariamente cego e surdo. Percebeu que ainda estava vivo quando sentiu a dor aguda de um ferimento por estilhaço na coxa esquerda e o calor do sangue escorrendo, sensações que considerou estranhamente reconfortantes.

Mesmo com o zumbido nos ouvidos, Werner escutou ordens sendo berradas em alemão.

"O que eles estão dizendo, sargento?", perguntou o capitão.

"Que vão nos cobrir de estilhaços pelo tempo que for necessário", respondeu Werner.

O bombardeio continuou, fazendo o chão tremer.

O capitão decidiu – *com razão*, pensou Werner – que a situação era insustentável. Estavam com pouca munição, cercados atrás das linhas inimigas por uma força maior e com mais poder de fogo. Reagir só resultaria em um massacre sem sentido.

Werner Angress requisitou novas plaquetas de identificação antes da invasão e substituiu o "J" de judeu, por um "P" de protestante *(canto inferior direito). (cortesia do Museu Memorial do Holocausto dos Estados Unidos, em Farmington Hills, Michigan)*

"Você fala a língua deles, sargento", disse o capitão. "Diga a esses filhos da puta que nós nos rendemos."

Werner disse ao oficial que, se o ouvissem falando em alemão, saberiam que ele tinha nascido lá. O que não mencionou foi que seus captores saberiam que *qualquer* alemão lutando ao lado de americanos seria judeu. Muitos garotos Ritchie requisitaram e receberam novas plaquetas de identificação antes da invasão, removendo ou alterando a letra que designava uma preferência religiosa. Werner alterou o "J", de judeu, por "P", de protestante.

"Maldição", praguejou o capitão. "O que eu faço?"

Werner disse ao capitão para gritar "*Kamerad, Kamerad*", o que ele fez; logo em seguida, os tiros cessaram.

Os 28 paraquedistas americanos largaram os capacetes e as armas, juntaram as mãos atrás da cabeça e saíram da floresta para o cativeiro.

Depois de todo o treinamento do Exército dos Estados Unidos para transformar Werner Angress em interrogador de prisioneiros, ele era agora um prisioneiro do Exército alemão.

Victor Brombert voltou para sua adorada França dois dias depois do Dia D com a Inferno sobre Rodas, a 1ª Divisão Blindada dos Estados Unidos a entrar na Normandia.

A maior parte da 2ª Divisão Blindada embarcou em navios construídos para transportar tanques no porto de Southampton, os quais partiram da Inglaterra para atravessar o canal da Mancha no dia 7 de junho. Eles se aproximaram da Normandia no fim da tarde, e as tropas passaram a noite a bordo, com muitas equipes permanecendo dentro dos tanques. Na escuridão, um dos navios, com 120 m de comprimento, bateu numa mina e provocou uma explosão tão forte que fez as embarcações próximas balançarem. A que foi atingida afundou rapidamente, levando junto sete homens e trinta tanques, além de caminhões e meias-lagartas.

Quando o sol apareceu, as lanchas de desembarque já estavam na praia, com as portas da proa abertas e as rampas estendidas.

Os homens da 2ª Divisão entraram com os tanques e outros veículos em Omaha Beach, extensão costeira de 10 km com penhascos rochosos nas duas extremidades. Apesar de terem chegado ao setor Easy Red 48 horas depois de as primeiras tropas de assalto invadirem a praia, ainda puderam ver as evidências horrendas do Dia D espalhadas pela areia.

Victor atravessou a rampa da barcaça dirigindo um jipe, o qual ele conduziu sobre as pranchas de madeira estendidas ao longo da praia para os veículos não atolarem. Passou por lanchas de desembarque capotadas, veículos destruídos, equipamentos e cintos de munição abandonados e tudo o que restava das defesas alemãs: estacas quebradas de sustentação de minas e valas antitanque em forma de "V", com os dentes apontados para o mar. Soldados jaziam em trincheiras rasas cavadas na areia, temporariamente cobertos por um pano de algodão. O suave declive da praia, que não possibilitou proteção nenhuma às tropas invasoras, estendia-se por quase 300 m desde a marca da maré baixa até um paredão de alvenaria, no qual soldados feridos com plaquetas de identificação presas nas botoeiras se apoiavam. Um deles tinha a cabeça toda enfaixada, com apenas duas fendas estreitas abertas para os olhos.

Falando com os engenheiros exaustos que tentavam abrir uma saída pelas dunas inclementes para possibilitar a passagem de tropas, veículos e equipamentos desembarcados dos navios, Victor ouviu testemunhos sobre o caos em Omaha Beach no Dia D. Soube dos tantos soldados que saíram das embarcações para ser despedaçados por morteiros ou ceifados pelas metralhadoras que disparavam das casamatas de concreto, estrategicamente localizadas. Soube dos feridos que foram tragados pelo mar revolto. Dos engenheiros que não puderam neutralizar todos os obstáculos e as armadilhas na água perto da praia, pois a infantaria sob fogo pesado precisou usá-los para se proteger. De partes de corpos que surgiam por toda parte levadas pela corrente, da água do mar vermelha de sangue. De como as tropas de assalto, imobilizadas e paralisadas pelo pânico e pela confusão, se recusaram a abandonar a praia.

Tenso, Victor dirigiu ao longo de um caminho íngreme e pedregoso que subia por uma falésia de 60 m até chegar ao cume coberto de vegetação, onde reunia sua equipe de intérpretes franceses. Um dos jipes rebocava um trailer de duas rodas coberto por uma lona; o automóvel levava as mochilas dos soldados e documentos de Inteligência Militar, inclusive uma cópia encadernada de *Ordem de batalha alemã*. Eles seguiram até a vila de Saint-Laurent-sur-Mer para começar a questionar os quase duzentos moradores e descobrir o que sabiam a respeito da força das tropas alemãs e de suas posições defensivas.

Na primeira noite em território francês após quase três anos, Victor, cansado demais para cavar uma trincheira, enrolou-se num cobertor e deitou-se na orla de um campo aberto. Algumas horas depois, foi despertado pelo barulho de um avião alemão voando baixo, iluminado pelo brilho de um sinalizador aéreo. O avião metralhou o campo, e Victor abraçou a terra úmida. Sem lugar para se esconder e incapaz de pensar numa oração, ele fez duas promessas: se sobrevivesse, passaria a considerar a vida uma dádiva preciosa e nunca mais reclamaria de nada. E nunca mais dormiria fora de uma trincheira enquanto durasse a guerra.

Victor e os outros interrogadores logo descobriram quão difícil seria obter informações precisas por parte de fazendeiros e moradores locais. Alguns de fato se recusavam a cooperar, enquanto outros, preocupados em agradar os americanos que falavam francês, diziam o que achavam que os soldados queriam ouvir. Quando um dos interrogadores perguntou a um senhor francês "onde os alemães colocaram as minas", ele apontou entusiasmado o lado esquerdo de uma estrada, dizendo: "À direita daquela estrada". Mesmo os relatos de testemunhas oculares eram pouco confiáveis, com descrições que contradiziam umas às outras. Victor e sua equipe logo aprenderiam que a solução era falar com tantas pessoas quanto possível e comparar as respostas para eliminar imprecisões e exageros.

Ele ficou surpreso ao constatar que nem todo mundo na Normandia estava feliz com a chegada dos Aliados. Havia certo entusiasmo pela *libération*, mas os moradores também se ressentiam pela invasão ter provocado a morte de civis franceses inocentes, não só dos odiados alemães, *les boches*. O bombardeio indiscriminado dos Aliados tinha danificado casas, igrejas e lojas. Além disso, a região de Calvados exportava laticínios, sidra, conhaque e gado, e a ocupação alemã não tinha prejudicado sua prosperidade. Devido à escassez em outros lugares, o mercado negro local tinha vicejado, razão pela qual a Normandia foi um terreno menos fértil para a resistência.

Com suas sebes intermináveis, a paisagem da Normandia apresentava problemas específicos para operações militares, em especial às unidades de veículos blindados. Era o único tipo de terreno para o qual os motoristas de tanques da 2ª Divisão Blindada não haviam treinado na Inglaterra – esse tipo de treinamento teria revelado aos atentos espiões que a invasão seria feita pela Normandia. Salpicada por pequenas lavouras rodeadas por cercas vivas maciças, vias rebaixadas e muitas intersecções, era excelente para posições defensivas, mas dificultava o trabalho de forças invasoras. Era o terreno perfeito para franco-atiradores alemães e ninhos de metralhadora camuflados, que podiam esperar a infantaria e os veículos blindados se aproximarem a menos de 100 m antes de abrir fogo. Depois de perder muitos tanques quando a parte inferior, desprovida de blindagem, era exposta às armas antitanque no momento em que os veículos subiam nas sebes, a divisão tentou sem sucesso usar cargas explosivas para abrir caminho pela densa vegetação. Então, alguém pensou em prender lâminas de escavadeira na frente de um tanque para cortar as sebes. Aquilo funcionou tão bem que foram providenciadas lâminas especiais; estas foram instaladas em dezenas de tanques que ficaram conhecidos como Rinocerontes.

Os homens da 2ª Divisão Blindada logo aprenderam outras formas de se adaptar ao combate naquela vegetação. Quando os alemães ficavam escondidos nas moitas e deixavam os tanques mais avançados passarem para depois abrir fogo contra os soldados que seguiam a pé, os tanquistas pensaram num truque mortal. Eles carregaram as armas principais com metralha, um tipo de munição que consiste em bolinhas de chumbo ou de ferro, e começaram a disparar para os lados. Conforme os tanques avançavam, eles disparavam contra as sebes, aniquilando qualquer pessoa que esperasse para fazer uma emboscada. Essa estratégia conquistou o respeito relutante dos alemães, que passaram a se referir à divisão como os "açougueiros de Roosevelt", apelido que os homens da 2ª Divisão aceitaram com orgulho.

Quando ouviu relatos sobre motoristas sendo decapitados por arames estendidos em vias estreitas, a equipe de Victor customizou os jipes. Como era necessário dirigir com o para-brisa abaixado para evitar que o reflexo do sol atraísse franco-atiradores, eles instalaram cortadores de arames verticais metros acima dos para-choques fronteiros.

Na Normandia, Victor desfez a ilusão de que a guerra poderia ser uma coisa nobre ou heroica. Como seu amigo alsaciano havia profetizado a bordo do *Rangitata*, ele logo perdeu o "vírus" da guerra. Na primeira noite que passou no campo de batalha, Victor descobriu que o heroísmo era ótimo na literatura, mas significava pouco quando as balas voavam. A perspectiva mais ampla era muito menos importante do que ele poderia ter imaginado. O foco precisava ser no que acontecia *no momento*. Depois, no que aconteceria *a seguir*.

Ao avançar pela Normandia interrogando moradores das cidades recém-libertadas em busca de qualquer informação acerca das defesas alemãs, de armadilhas que os alemães tivessem deixado para trás e dos movimentos das tropas, Victor raramente se deparava com pomar, pasto ou travessia sem soldados mortos e animais sem vida. Era fácil identificar quais eram alemães, apesar da condição dos cadáveres, porque tinham cravos na sola das botas. Uma visão que ficou marcada em sua memória foi a de um jovem alemão deitado embaixo de uma macieira com a boca aberta em aparente agonia, como se reproduzisse *O grito*, de Edvard Munch. A quantidade de gado morto na região também era chocante: vacas inchadas em posições grotescas, normalmente deitadas de costas com as pernas enrijecidas viradas para cima; as carcaças apodrecidas muitas vezes serviam de proteção para os soldados.

Victor ficou especialmente horrorizado com os cadáveres das equipes da 2ª Divisão Blindada nos tanques: comandantes caídos sobre os canhões ou motoristas, atiradores e mecânicos presos no interior, pois tentaram sair pela escotilha do veículo em chamas, mas não conseguiram e foram queimados até ficarem irreconhecíveis. Victor achou que os tanques destruídos, virados de lado ou capotados pareciam feras pré-históricas mutiladas, com o ventre estripado. E o cheiro: combustível e pólvora da munição queimada, além de carne humana carbonizada.

Apesar de manter em mente o propósito maior – a luta contra Hitler e os nazistas –, era difícil suportar aquelas imagens terríveis. Um poema que Victor escreveu na Normandia em carta a um primo começava assim:

> *"Os tanques feridos, homens varados por balas,*
> *Imagens da guerra que ninguém desejava..."*

Uma semana depois de chegar à França, a 2ª Divisão Blindada foi incumbida de eliminar a defesa inimiga em Cerisy-la-Forêt, floresta em Calvados. Com uma vegetação abundante de faias, carvalhos e pinheiros-da-escócia, Victor achou que, em tempos normais, seria um lugar agradável para caminhadas e piqueniques. Contudo, a cobertura das árvores se tornava letal quando era atingida por rajadas de explosivos inimigos que detonavam ao entrar em contato com a copa das árvores, criando uma chuva de estilhaços. Nem as trincheiras abertas ofereciam proteção quando o ataque era de cima. Havia um coro que se repetia dia e noite, conforme os estilhaços eram lançados pelas detonações aéreas: explosões fortes e o crepitar intenso de árvores desintegradas, seguidos por gritos de "meu Deus! Fui atingido!".

Durante a batalha de Cerisy, Victor foi convocado a participar de um plano maluco e perigoso elaborado pelo oficial de inteligência (G-2) de sua divisão, militar graduado em West Point que comandara um batalhão de tanques na Sicília, onde servira sob Patton. O coronel decidiu que, com um pouco de estímulo, as tropas inimigas talvez se convencessem a se render. Queria que a equipe de Victor falasse com as tropas inimigas em alemão, pelos alto-falantes voltados para seus postos avançados. Ao ser informado de que somente dois membros da equipe francesa eram fluentes em alemão, chamou os dois ao quartel-general – Victor e Willi Joseph – e explicou sua ideia imprudente. Eles deveriam fazer três transmissões por dia para os alemães, falando da "maravilhosa oportunidade" de se render. O coronel achava que os comandantes alemães haviam recrutado soldados jovens e inexperientes, que talvez se deixassem dissuadir.

Victor sabia da existência de unidades móveis de guerra psicológica com caminhões especiais, equipados para fazer exatamente esse tipo de trabalho. As equipes que operavam esses caminhões tinham sido treinadas em Camp Ritchie e, no momento, estavam ocupadas na elaboração de panfletos de propaganda lançados sobre posições inimigas ou transmitindo mensagens de propaganda enquanto tocavam música popular alemã pelos alto-falantes. Mas os grandes caminhões usados por essas equipes teriam dificuldades para chegar à linha de frente. De qualquer forma, o coronel decidiu que Victor e Willi eram os homens certos para aquela missão.

"Saiam e façam seu trabalho", vociferou.

Para fazer com que as vozes de Victor e Willi fossem amplificadas a ponto de chegar aos soldados inimigos, os técnicos do corpo de sinaleiros receberam ordens de instalar um sistema de alto-falantes perto das linhas alemãs. Um dos técnicos estava subindo numa árvore para instalar um alto-falante quando foi atingido por um franco-atirador inimigo e morreu.

Depois de localizar a companhia de infantaria mais próxima do *front*, Victor e Willi partiram em direção às linhas inimigas. Tinham sido avisados de que encontrariam um pelotão americano em posição defensiva quando passassem por uma via rebaixada, a 1 km dos alemães. Quando atravessaram a floresta e chegaram à via rebaixada, percorreram o restante do trajeto rastejando, passando por cadáveres e capacetes de aço cheios de buracos de bala.

Quando chegaram ao sistema de alto-falantes instalados para eles, Victor transmitiu uma mensagem bajuladora. Ele tinha pensado bastante no que diria. Nada de ameaças. Acima de tudo, queria expressar um sentimento de cumplicidade. *A guerra é horrível. Nós não gostamos disso. Vocês não gostam disso. A paz é maravilhosa. Nós viemos para libertar a Europa. Vocês serão bem tratados quando se renderem.*

A resposta do inimigo chegou logo, na forma de ataque de morteiros.

Mesmo assim, os dois garotos Ritchie continuaram rastejando até a linha de frente três vezes ao dia, por dois dias sucessivos, transmitindo sua mensagem pelos alto-falantes. Todas as vezes que o fizeram, a resposta foi um ataque de morteiros.

Nenhum alemão se rendeu.

Guy Stern tentou controlar o medo que sentiu enquanto a lancha de desembarque em que estava lutava contra a maré em direção a Omaha Beach, três dias depois do Dia D. Estava espremido entre outros soldados e tinha certeza de que todos tinham os próprios receios. Nenhuma pessoa sã que se aproximou de Omaha Beach pelo mar no início de junho de 1944 fez isso sem sentir medo.

Uma preocupação continuava acompanhando Guy desde seu treinamento em Camp Ritchie. O que aconteceria se fosse capturado pelos alemães e eles o identificassem como judeu "traidor", que agora trabalhava para a Inteligência Militar do Exército dos Estados Unidos? Traidores e espiões capturados costumavam ser fuzilados.

E esse não era seu único temor. Guy também se preocupava com o desconforto que sempre sentira ao ver sangue. Desde criança, saía correndo da sala se alguém cortasse o dedo em sua presença. Qual seria sua reação perante a carnificina da guerra? Será que cumpriria, com desenvoltura e profissionalismo, as tarefas para as quais fora treinado? Os nazistas eram responsáveis pelos pais o terem mandado para longe aos 15 anos e também por tirarem sua família da casa em que moravam em Hildesheim e os enviarem para o gueto de Varsóvia e, depois, um destino desconhecido. Dado o ódio que sentia por Hitler e seus capangas, será que conseguiria controlar as próprias emoções o suficiente para fazer o trabalho?

Na praia, o jipe de Guy passou por uma fileira de soldados feridos seguindo no sentido oposto, em direção aos barcos. Eram os feridos que conseguiam andar, capazes de sair da praia sem ajuda. Todos pareciam abalados, aturdidos, além de ensanguentados. Um pouco adiante na praia, passaram por cadáveres sendo examinados pelas equipes de registro de sepulturas. Pelo visto, os mortos não tinham prioridade na evacuação. Guy ficou surpreso quando percebeu que conseguia olhar para aquela grotesca exposição de cadáveres com certo distanciamento. De alguma forma, aquela sensibilidade que o acompanhara a vida inteira havia esvanecido.

"Venham logo! Temos prisioneiros demais!", gritou o líder da equipe no comando. Era o sargento-instrutor Kurt Jasen, um judeu alemão na casa dos 30 anos que fugira de Berlim com a família quando os nazistas tomaram o poder. Tinha mudado de nome, antes Jacobowitz, quando se naturalizou cidadão americano e se graduou na oitava turma de Camp Ritchie junto com Guy.

A equipe de IPG de Guy, de seis pessoas, foi separada antes da invasão. Três membros chegaram à Normandia um dia depois do Dia D, e os outros três haviam acabado de chegar. O sargento Jasen entrou com o primeiro grupo; foram sobrecarregados pelo número de prisioneiros capturados. Estava esperando pela chegada do restante da equipe e agora os mandava ao planalto acima do nível da praia a fim de interrogar os prisioneiros.

Já no topo do mirante, encontraram uma cela de detenção com centenas de alemães escoltados por policiais do Exército, até que pudessem ser levados para os navios que voltariam à Inglaterra e aos campos de prisioneiros. Os interrogadores deveriam obter o máximo de informação possível sobre as defesas costeiras antes de os prisioneiros partirem.

Em um campo aberto, Guy preparou uma mesa improvisada usando caixotes. O primeiro prisioneiro com que falou foi um alemão de aparência severa, com uma insígnia vermelha na gola do uniforme. Guy sabia, pelo treinamento de Camp Ritchie, que era o símbolo usado pela artilharia. O posto do prisioneiro, *Wachtmeister*, era equivalente ao de sargento, e sua idade, seu posto e sua aparência desgrenhada mostravam que já havia participado de muitas batalhas e campanhas naquela guerra. Quando Guy começou a questioná-lo, o alemão respondeu apenas com nome e posto. Não importava a tática que utilizasse, o prisioneiro não cedia, e Guy teve medo de fracassar em seu primeiro interrogatório na guerra.

Naquele momento, um projétil da artilharia passou por cima deles e caiu a uma pequena distância, fazendo os dois se jogarem no chão enlameado.

Guy levantou-se logo depois da explosão, sem se dar conta de que um ataque de artilharia quase sempre era seguido por outros. Sabendo disso, o *Wachtmeister* continuou deitado, já esperando uma barragem dos próprios morteiros.

"*Krieg deinen verdammeten Arsch hoch und antworte auf meine Fragen, du Feigling!*", gritou Guy, ordenando ao prisioneiro que "levantasse a bunda do chão e respondesse às perguntas".

O alemão levantou-se, cauteloso. Pareceu incrédulo com a atitude tola de Guy, talvez supondo que se tratasse de bravura, não apenas falta de experiência. Depois disso, passou a responder às perguntas. Por sorte, aquele disparo de artilharia não foi seguido por outros, como o *Wachtmeister* esperava, o que acabou mudando a dinâmica do interrogatório de forma a colocar Guy no comando. Talvez ele não tenha entendido bem por quê, mas sabia que havia assumido o controle de seu primeiro interrogatório na guerra, o que renovou a confiança de que conseguiria fazer aquele trabalho.

Em uma semana, a equipe de IPG de Guy tinha avançado 6 km para o interior, chegando a um grande campo de prisioneiros de guerra próximo à cidade de Foucarville. Alguns dias depois, o oficial encarregado da equipe, capitão Melvin Rust, texano que aprendera alemão em Brownsville, puxou Guy de lado e disse que estavam com três espanhóis sob custódia, foragidos de uma prisão alemã nas Ilhas do Canal, perto da costa da França.

"Você tem espanhol no seu currículo", disse Rust, "por isso, os dois vão para você".

Quando entrou para o Exército, Guy escreveu em um formulário que havia feito dois anos de espanhol na Universidade de St. Louis. No entanto, já de início o interrogatório dos espanhóis foi insatisfatório, pois todos começaram a falar ao mesmo tempo e num ritmo rápido demais para que Guy entendesse. Depois de um tempo, ele fez com que falassem mais devagar, um de cada vez, e ficou sabendo que eram veteranos da Guerra Civil Espanhola que haviam fugido para a França, onde foram capturados pelos alemães. Os três eram engenheiros e foram mandados para as Ilhas do Canal – colônias da coroa britânica no canal da Mancha, perto da costa da Normandia – quando os alemães as dominaram, em junho de 1940. Os nazistas os obrigaram a ajudar na fortificação das defesas das ilhas. Fora disso, Guy não compreendeu muito do que disseram. As aulas de espanhol na faculdade não incluíam termos militares.

Os espanhóis queriam ajudar, então pediram lápis e papel. Guy os deixou numa barraca; quando voltou, viu que eles tinham deixado várias folhas com desenhos indicando em detalhes a localização de baterias antiaéreas, artilharia, metralhadoras e outras instalações militares nas Ilhas do Canal.

Guy levou os desenhos para seu capitão, que ficou surpreso.

"Belo interrogatório, Stern", disse Rust, com seu arrastado sotaque texano.

Guy não contou a Rust que não conseguira se comunicar com os espanhóis de forma muito detalhada sobre as defesas militares nem que fora ideia dos engenheiros fazer os desenhos. De qualquer modo, ele teve sucesso em obter um retrato completo das defesas alemãs, muito importante caso os Aliados tentassem tomar aquelas ilhas, o único território britânico ocupado pelos alemães durante a guerra.

Como resultado do "brilhante trabalho" com os espanhóis, Rust delegou outra tarefa a Guy. Rust explicou que recebera questionários do quartel-general perguntando sobre táticas estratégicas. Qual era a melhor maneira de avaliar o moral das tropas alemãs? Quais seriam as táticas de propaganda norte-americanas mais eficientes? E as menos?

"Preciso de uma seção de pesquisas para conduzir e revisar interrogatórios e preparar respostas detalhadas", disse Rust. "Vou reunir interrogadores para essas pesquisas. Você será o encarregado, sargento."

No ensino médio e na faculdade, Guy sempre gostou de pesquisar e elaborar relatórios. Pelo visto, essa nova função seria semelhante, exceto pelo fato de ele coletar dados de soldados alemães capturados, não de livros.

Uma das poucas mulheres correspondentes de guerra no continente chegou a Foucarville no mês seguinte para fazer uma reportagem. Guy reconheceu a morena de 30 e tantos anos, de uniforme e capacete, assim que ela entrou na barraca da equipe de IPG. Era Virginia Irwin, repórter do *St. Louis Post-Dispatch*. Já servira almoço para ela muitas vezes na lanchonete em que trabalhara como garçom para se sustentar durante a faculdade.

"Você parece bem diferente com essa calça do Exército e esse chapéu de lata", disse Guy, sorrindo. "Eu me lembro de você, Virginia. Sempre de vestido preto, até no verão, com o cabelo preso bem alto."

Ela riu e disse que também se lembrava dele, mas que nunca tinham sido propriamente apresentados. Virginia anotou o nome e o endereço de Guy, assim como o nome de seus tios; incluiu essas informações depois no jornal da cidade em que morava.

Virginia também conseguiu que Guy atuasse como intérprete em uma turnê pela base. Um alemão, constrangido por estar com a barba por fazer e usando roupas sujas na frente de uma repórter, disse ter certeza de que a guerra estava perdida para a Alemanha, sem mais esperança. Explicou que não ficou surpreso com as notícias publicadas no dia 20 de julho sobre a tentativa de assassinarem Hitler, acrescentando que achava que a única salvação da Alemanha seria estabelecer um novo governo democrático que favorecesse a classe trabalhadora.

Quando Virginia parou para conversar com outro prisioneiro, ele disse à repórter, com a ajuda de Guy, que ao ser capturado e passar pelas linhas americanas viu todo aquele equipamento avançando e percebeu que não teriam como enfrentar aquilo.

Antes de partir, Virginia perguntou a Guy o que ele achava do moral dos soldados alemães. Guy respondeu que achava que 90% deles acreditavam que a guerra não podia ser vencida, mas que somente 75% admitiriam isso. Essa discrepância, explicou, podia ser compreendida como uma mistura de orgulho alemão com fanatismo nazista.

"Somente campos de prisioneiros são iluminados"

Destaque-se na escuridão da Normandia como se fosse numa estreia de Hollywood

De Virginia Irwin, correspondente de guerra do *Post-Dispatch*

Em algum lugar da Normandia, 24 de julho. No blecaute absoluto imposto na Normandia, causa surpresa e espanto a visão das celas de prisioneiros de guerra durante a noite, iluminadas como uma apresentação de Hollywood para a estreia de *...E o vento levou.*

Essas celas são os únicos lugares na península onde se avista luz quando anoitece. Jipes e caminhões percorrem as ruas no breu para não serem alvo de aviões do Exército; é crime militar fumar a céu aberto após as 22 horas, e lanternas só podem ser utilizadas em caso de absoluta necessidade.

Dentro da prisão, porém, os alemães circulam numa área cercada por arame farpado sob a luz de imensos holofotes – luz que é intensificada pelo escuro total que domina os arredores.

Hoje visitei um campo de prisioneiros alemães. Milhares deles foram evacuados para a Inglaterra saindo de lá, numa média de 4 mil a 5 mil a cada 24 horas nos dias que se seguiram à queda de Cherbourg, no fim de junho.

Quando cheguei aqui, logo se espalhou a notícia de que havia no campo uma americana, e os alemães se amontoavam perto do arame farpado para ver tal raridade.

Por meio de um intérprete, o primeiro-sargento Guy Stern, que mora no número 1116A da Maple Place, em St. Louis, conversei com diversos alemães capturados nos estágios iniciais da batalha por Saint-Lô...*

---

* Virginia Irwin foi a primeira repórter americana em Berlim durante a guerra. Ela chegou à cidade em 27 de abril de 1945, três dias antes de Hitler se suicidar e dez dias antes da rendição da Alemanha. Com os russos e os alemães ainda envolvidos em combate nas ruas da capital devastada, ela redigiu a reportagem numa máquina de escrever portátil e logo voltou para as linhas americanas, onde arquivou uma cópia do furo global que havia obtido. Furiosos por ela ter ido a Berlim sem autorização, os censores do Exército não divulgaram a matéria.

Pouco tempo após a visita de Virginia Irwin, Guy foi informado sobre um alemão recém-capturado que tinha sido guarda em um campo de concentração. Como não havia tempo nem pessoal suficiente para interrogar os milhares de prisioneiros de guerra capturados, era responsabilidade dos membros do IPG encarregados da triagem – depois de uma ou duas perguntas preliminares – identificar quem talvez tivesse informações valiosas e passar os nomes para as equipes de interrogação investigarem com mais detalhes.

Guy fez com que o ex-guarda fosse levado até ele. Apurou que o sujeito entrara no Exército havia pouco e que trabalhara no campo de concentração de Sachsenhausen-Oranienburg, 30 km ao norte de Berlim. Ele falou com Guy sobre as condições no campo, que pelo relato abrigava milhares de detentos, muitos deles judeus, mas também vários comunistas, criminosos e homossexuais. Os prisioneiros eram forçados a trabalhar em oficinas da SS fabricando peças de aviões e outros equipamentos bélicos. As punições eram severas; um dos procedimentos comuns, explicou o homem, era suspender os detentos por cordas amarradas nos pulsos, presos com firmeza atrás das costas. Os que eram flagrados tentando escapar eram enforcados em público. Outras execuções eram realizadas por pelotões de fuzilamento.

"Eu me apresentei como voluntário várias vezes para o pelotão de fuzilamento", acrescentou o jovem, sem nenhuma emoção aparente.

"Por que você se apresentou?", perguntou Guy, mantendo o tom neutro.

O soldado deu de ombros.

"Se eu não fizesse isso, outra pessoa faria." O homem explicou que havia um bônus para quem se apresentasse como voluntário. "Eu ganhava um passe para ir a Berlim. As salas de concerto ainda estavam abertas. Adoro concertos, especialmente de obras de Beethoven e Mozart."

Guy colocou papel e caneta na frente do soldado capturado e pediu que preenchesse uma declaração, o que ele fez. Assinou como confissão.

Depois, Guy mandou que tirassem o homem da sua frente e o levassem de volta à cela.

Guy ficou abalado com as confissões do prisioneiro, principalmente pela naturalidade com que relatou – tão aberto e sem culpa aparente. Imbuído da lógica nazista, o soldado alemão era incapaz de reconhecer o horror das próprias ações. O que ele disse era chocante, mas Guy acreditou em cada palavra.

Quando concluiu a papelada sobre o interrogatório, Guy o mandou para o quartel-general do 1º Exército e outros centros de comando. Esperava obter resposta, o que não aconteceu. Até então, não havia ordem para documentar crimes de guerra nem para identificar criminosos de guerra. Ainda era cedo para isso. As informações mais valiosas eram as que ajudavam na movimentação, informações táticas que salvavam vidas americanas e ajudavam os Aliados a vencer a próxima batalha. Guy nunca soube o que aconteceu com o prisioneiro que confessou a execução de pessoas inocentes com tanta facilidade só para poder ouvir suas sinfonias favoritas.

Guy criou o hábito de examinar atentamente todos os documentos de identificação dos novos prisioneiros, o que o ajudava a decidir quem interrogar. Ao contrário dos papéis de identificação americanos, que não revelavam nada, os documentos alemães, os *Soldbücher*, continham muitas informações úteis, como número da unidade, histórico de combate e data e localização da última licença que o soldado obtivera. Quando se deparou com o documento de Günther Halm, Guy reconheceu o nome. Agora *Oberleutnant* da Wehrmacht, Halm era sócio do clube esportivo juvenil que Guy costumava frequentar em Hildesheim antes de todos os judeus serem expulsos de lá. Colegas de infância, os dois já haviam competido várias vezes em atividades atléticas. Lá estava alguém que talvez tivesse informações sobre sua família, de quem Guy nunca mais recebera notícia depois daquela carta no verão de 1942. O documento de identificação mostrava que Halm fora a Hildesheim durante uma licença. Talvez ele soubesse de algo.

Guy esperou até a meia-noite para pedir que o prisioneiro fosse levado até ele. Na escuridão da barraca, com apenas uma lanterna focada no rosto sonolento de Halm, Guy deu início ao interrogatório comentando o fato de que, por causa da aparência atlética de Halm, supunha que fosse um excelente atleta. Guy sabia que o ex-colega se sobressaíra em todas as modalidades esportivas. Aquilo o levou a falar sobre esportes. Em seguida, Guy indagou sobre a cidade de origem de ambos a fim de verificar a honestidade de Halm. O prisioneiro mostrou precisão meticulosa em suas descrições de Hildesheim.

O jovem de quem Guy se lembrava como um garoto quieto e passivo havia se transformado em um guerreiro; ostentava a cobiçada Cruz de Cavaleiro, a qual recebera por bravura enquanto servia no Afrika Korps de Rommel. Mais tarde, Guy ficaria sabendo que Günther Halm, de Hildesheim, fora na verdade o soldado mais jovem do Afrika Korps a receber a Cruz de Cavaleiro.

Em seguida, Guy perguntou sobre o tipo de treinamento que Halm recebera, e o alemão entrou em detalhes sobre seu excelente treinamento com armamentos antitanque, falando com muito orgulho.

Guy perguntou se Halm tivera qualquer contato com civis franceses antes de ser capturado, acrescentando que provavelmente ele havia estudado francês na Realschule.

Quando disse isso, Guy percebeu que cometera um deslize. Só havia uma Realschule em Hildesheim, colégio com um currículo mais atualizado, com idiomas modernos em vez de antigos. Guy e Halm tinham frequentado a mesma escola.

Perplexo com a precisão das informações que o interrogador americano tinha sobre ele, Halm tentou proteger os olhos da luz para enxergar melhor o rosto oculto na escuridão.

“Como você sabe tanto a meu respeito?”, perguntou, desconfiado.

“*Oberleutnant*, você é um oficial condecorado, e nós mantemos informações precisas a respeito de oficiais inimigos condecorados.”

Sem saber se Halm tinha acreditado nele e percebendo que arriscava ser reconhecido, Guy interrompeu o interrogatório e ordenou que Halm fosse mandado de volta para a cela.

Na manhã seguinte, Guy determinou que o prisioneiro de Hildesheim fosse levado a outro campo; sua ideia era evitar um encontro à luz do dia. Nem chegou a fazer a pergunta: "O que aconteceu com minha família?".

Em Camp Ritchie, sempre se enfatizou para interrogadores nascidos na Alemanha que se identificarem como alemães não só era perigoso para a própria segurança, caso caíssem em mãos inimigas, como também seria um risco a quaisquer parentes que tivessem no país ou nos territórios ocupados. E havia outra razão para Guy não ter feito a pergunta que considerava mais importante.

Ele tinha medo da resposta.

Os soldados alemães levaram Werner Angress e os outros paraquedistas americanos capturados para um campo. Mandaram todos se despirem – tirarem até mesmo relógios e anéis – e se deitarem de barriga para baixo. As roupas foram vasculhadas em busca de armas escondidas antes de serem devolvidas, e a maior parte dos itens pessoais sumiu.

Um dos paraquedistas se dirigiu a Werner:

"Sargento, diga àquele alemão que quero ficar com minha aliança de casamento!"

Um dos soldados alemães estava admirando a aliança de ouro.

Werner ergueu os olhos, horrorizado com a ideia de ser identificado como alemão.

"Não posso", sussurrou para o soldado. "Desculpe."

O paraquedista compreendeu, assentiu e ficou sem a aliança.

Depois daquilo, ninguém mais pensou em revelar o que sabia sobre Werner. Eles foram levados de caminhão do campo a um celeiro, onde passaram a noite sem comida nem cuidados para seus ferimentos. Na manhã seguinte, foram revistados novamente, depois transferidos em grupos pequenos para uma casa de fazenda que servia como posto de comando da unidade que os capturara.

Werner foi interrogado por um oficial mais velho. Teve a impressão de que aquele *Sonderführer* de meia-idade com óculos devia ter sido professor, pois falava em um inglês escolar típico, com sotaque carregado. Ficou preocupado, pois pensou que talvez o oficial percebesse seu sotaque alemão. Werner estava mancando por causa do ferimento com o estilhaço, e o interrogador prometeu que ele seria levado a um hospital para tratar do ferimento assim que terminassem.

"De que unidade você é, sargento?", perguntou o oficial.

Werner indicou o símbolo da 82ª Divisão Aerotransportada em seu ombro.

"Sim, mas qual regimento?"

Como dois regimentos da 82ª tinham saltado no Dia D e um fora mantido de reserva na Inglaterra – e poderia ou não já ter chegado à Normandia –, aquela informação talvez fosse útil para o inimigo.

"Não posso dizer, e o senhor também não diria se estivesse em meu lugar", respondeu Werner. "De acordo com a Convenção de Genebra, só preciso informar nome, posto e número de identificação."

"Seu primeiro nome é Werner. Você tem descendência alemã? Talvez tenha sido batizado em homenagem a seu avô?"

Werner percebeu que o interrogador tinha fornecido uma resposta plausível.

"O senhor está certo", disse Werner. "Meu nome foi uma homenagem ao meu avô Werner." *Por que parar agora?* "Meu avô e outros membros da família migraram para os Estados Unidos no século XIX."

"Onde você nasceu?"

Nascido em Berlim, Werner escolheu a cidade de Lynchburg, na Virgínia, que nunca havia visitado, mas da qual ouvira falar por ser o local de origem da maioria dos homens de sua unidade – Companhia B, 116º Regimento, 29ª Divisão de Infantaria.

"Lynchburg!", repetiu o interrogador. "Eu já estive lá!"

Werner tentou não demonstrar preocupação. Quais eram as chances de um interrogador alemão na Normandia já ter ido a Lynchburg, na Virgínia? Em vez de aguardar por uma pergunta a que talvez fosse incapaz de responder, pois não sabia nada sobre a cidade, Werner foi para a ofensiva:

"Quando esteve lá pela última vez?", perguntou, cauteloso.

"Em 1926", respondeu o interrogador. "Eu era muito jovem, trabalhava para uma empresa têxtil alemã. Eles me mandaram para lá por três semanas."

Werner perguntou se ele tinha voltado alguma vez, e o homem respondeu que não. Aliviado, Werner continuou:

"Bem, Lynchburg mudou muito desde aquela época."

O alemão pareceu quase saudoso.

"Ah, não tenho dúvida."

Werner sabia que era hora de mudar o assunto.

"Seria possível conseguir algo para comer?"

"Sim, assim que terminarmos aqui. Agora, quando e onde você saltou de paraquedas?"

Werner sentiu-se no controle novamente.

"O senhor sabe que não posso dizer isso."

O treinamento em Camp Ritchie estava se provando útil agora que Werner se via, inesperadamente, no lado oposto de um interrogatório de prisioneiro. Sabia o que podia e o que não era obrigado a dizer segundo o acordo da Convenção de Genebra e, mais sutilmente, sabia como manter um diálogo amistoso e razoável sem entregar nada durante um interrogatório.

Alguns minutos depois, entrou um tenente alto da Wehrmacht, que estava interrogando em outra sala. Perguntou em alemão o que o oficial mais velho tinha descoberto. *Nichts*, respondeu o interrogador de Werner. O tenente disse que também não havia apurado nada.

Werner e os outros soldados feridos foram levados a Cherbourg e internados no hospital Louis Pasteur, onde havia mais de cem soldados, muitos gravemente feridos. Alguns tiveram membros amputados. O ferimento na perna de Werner foi tratado com pó de enxofre e coberto para evitar infecções. Como ainda podia andar, ele foi designado para ajudar enfermeiros alemães e franceses a alimentar os americanos.

O trabalho de Werner possibilitava acesso ao hospital inteiro, e sua capacidade de compreensão dos dois idiomas se mostrou útil. À noite, pouco antes de as luzes serem apagadas, ele contava aos pacientes as notícias da guerra que ouvira nas conversas dos alemães.

Foi assim que todos souberam que a invasão da Normandia tinha sido bem-sucedida e que tropas dos Estados Unidos avançavam para o importante porto de Cherbourg. Os alemães já estavam explodindo docas e outras instalações portuárias que não queriam deixar para os Aliados.

Três dias depois, Werner e os outros feridos capazes de andar juntaram-se a outros prisioneiros americanos detidos perto de Cherbourg, em um velho celeiro com beliches infestados de pulgas. Werner preferiu dormir no chão e passou a noite acordado, ouvindo explosões a quilômetros de distância. No começo da manhã seguinte, a guerra chegou muito mais perto, quando projéteis de artilharia caíram a 300 m do celeiro. Muitos soldados fugiram, mas os que ficaram decidiram transferir os prisioneiros para um grande complexo de túneis nos limites da cidade. Quando chegaram, o túnel, que levava a uma colina, servia de quartel-general da 709ª Divisão de Infantaria Estática dos alemães, força de defesa costeira que sofrera 4 mil baixas desde o Dia D.

Na manhã seguinte, Werner e doze outros prisioneiros foram transportados de caminhão ao hospital a fim de ajudar a carregar camas e colchões que seriam levados para o túnel superlotado. O cerco de Cherbourg estava apertando, e projéteis de artilharia caíam por toda parte quando eles passaram pela cidade.

Quando chegaram ao hospital, Werner viu que baterias antiaéreas tinham sido posicionadas ao redor do prédio. Havia vários soldados alemães na entrada do hospital, e eles olhavam os prisioneiros de guerra americanos com raiva. Ao passar perto, Werner ouviu os alemães falando de matar os "*amerikanischen Bastarde*". Quando entraram no prédio, Werner disse aos outros o que havia escutado, acrescentando:

"Provavelmente eles não vão fazer isso, mas não se espalhem. Fiquem comigo."

Werner agora se sentia como uma mãe galinha, com todos ao redor enquanto transportavam os colchões do hospital para o caminhão. Um paraquedista da 101ª chamado Sigmund "Sig" Stajkowski, com quem Werner tinha feito amizade durante os dias que passaram tentando fugir, ainda carregava o caminhão com alguns outros prisioneiros enquanto o resto do grupo voltava para o túnel. Naquele momento, um projétil de artilharia caiu bem na frente do hospital. O impacto da explosão derrubou Werner e todos os outros no corredor, que de repente ficou escuro. Werner ouviu berros e gritos do lado de fora, com os alemães amaldiçoando a artilharia americana por abrir fogo contra um hospital, mesmo enquanto suas armas antiaéreas ao lado disparavam com tudo.

Fora do hospital, vários soldados alemães estavam mortos, cinco prisioneiros americanos ficaram feridos, e o corpo inerte de Sig jazia ao lado do caminhão. Sig era sargento, mas pouco antes do Dia D fora rebaixado a soldado raso por voltar de uma licença alguns dias depois de expirada. Werner sabia que Sig era um sujeito decente e excelente soldado; estava sempre disposto a ajudar Werner nos delicados acordos com os fazendeiros franceses para conseguir alimento. Com 25 anos de idade, Sig era fazendeiro e trabalhava na indústria de laticínios da família no Wisconsin antes de se alistar no Exército, em 1940. Werner ajoelhou-se e pôs a mão no ombro de Sig, com delicadeza. Ficou feliz em pensar que o amigo tinha tirado aqueles dias de folga não autorizada na Inglaterra e torceu para que tivesse se divertido. Werner puxou uma das duas plaquetas de identificação de Sig presas no pescoço – a outra permanecia no corpo para fins de identificação – e ajudou a colocar seu corpo mutilado em outro caminhão, que o levou embora junto com os cadáveres alemães, todos amontoados.

No dia seguinte, 24 de junho, com os relatos de que forças americanas já se encontravam na periferia da cidade, os alemães transportaram os prisioneiros até a zona portuária e os conduziram a um abrigo subterrâneo.

Enquanto alguns soldados alemães continuavam explodindo as docas, outros entraram no abrigo em busca de segurança. Werner ficou surpreso ao encontrar o subtenente de óculos que o havia interrogado. Ele cumprimentou Werner como se fosse um velho amigo. Pouco tempo depois, ele e Werner estavam jogando xadrez. De tempos em tempos, o interrogador erguia os olhos com apreensão para o teto, que estremecia a cada ataque da artilharia ou explosão de bomba. O subtenente perguntou se Werner achava que o teto ia aguentar.

"Provavelmente", respondeu, "a menos que sofra um impacto direto".

"Por que vocês não param?"

"Por que vocês não se rendem?"

"Essa guerra toda é uma loucura", disse o interrogador.

Quanto mais eles conversavam, em inglês, mais Werner gostava dele. Recruta mais velho e barrigudinho, não era o estereótipo de um soldado nazista, nem física nem politicamente. Certamente não era alguém de quem Hitler se orgulharia. Ao contrário de alguns soldados nascidos nos Estados Unidos, Werner sabia que nem todos os alemães eram maus alemães.

Conforme as horas passavam, os outros soldados alemães no abrigo, já pensando na autopreservação e percebendo que a queda de Cherbourg para as forças aliadas era só questão de tempo, ficaram muito mais amistosos. Distribuíram para os prisioneiros charutos e champanhe deixados por um general e perguntaram sobre as condições dos campos de prisioneiros americanos. Werner os ouviu falando entre si, preocupados: "Amanhã seremos prisioneiros deles", disse um, e os outros concordaram. Diziam que preferiam ser mandados para os Estados Unidos, não para a Inglaterra, como se estivessem contratando um pacote turístico.

Werner pediu papel e lápis. Sob a luz trêmula de uma vela, registrou algumas de suas experiências desde o Dia D. Tinham sido três longas semanas, metade do tempo em cativeiro. Seu último registro, no dia 26 de junho: "Amanhã é meu aniversário de 24 anos, e quero ser um homem livre de novo".

Seu desejo de aniversário foi realizado no dia seguinte, exatamente ao meio-dia, quando o general alemão encarregado da defesa de Cherbourg se rendeu com uma bandeira branca aos oficiais americanos da 9ª Divisão de Infantaria. Como eles haviam previsto, os alemães que os vigiavam se alinharam fora do túnel para ser levados por soldados armados.

Alguns dos americanos libertados sugeriram a Werner procurar o *Sonderführer* de meia-idade que o havia interrogado e dizer, em alemão fluente, que ele tinha sido enganado por outro interrogador. Werner declinou.

"Ele nos tratou com decência do começo ao fim", explicou. "A última coisa que quero fazer é humilhá-lo como prisioneiro."

Werner andou até o subtenente e disse, em inglês:

"Espero que nós o tratemos com a mesma cortesia com que nos tratou."

Os dois apertaram as mãos.

Werner juntou-se a seu regimento perto do vilarejo de Vindefontaine, um pouco ao sul de Sainte-Mère-Église. Soube que aquela fora a primeira cidade libertada nas primeiras horas do Dia D, por integrantes da 82ª, não muito longe de onde ele deveria ter saltado. Foi recebido calorosamente pelos amigos, até então convencidos de que ele estava morto. Um oficial médico examinou o ferimento em sua perna, que estava cicatrizando. Por insistência de Werner, o médico deu permissão, ainda que com relutância, para ele continuar com o regimento em vez de ser mandado de volta à Inglaterra para se recuperar.

Pouco tempo depois de seu retorno, Werner interrogou um prisioneiro que disse saber de alemães que queriam se render, mas tinham medo de ser fuzilados pelos americanos. Werner pediu que ele indicasse a localização do grupo em um mapa. Levando alguns soldados, caminhou até o local na beira de um pequeno bosque, na base de uma colina. Quando chegaram, Werner decidiu descer a colina sozinho. Ao chegar à base, gritou em alemão para os soldados alemães escondidos que a guerra deles tinha terminado, que era hora de se render. Werner garantiu que seriam bem tratados.

Duas dúzias de alemães saíram da mata com as mãos atrás da cabeça; eram liderados pelo mais graduado, um cabo. Werner disse para o cabo ficar com ele e mandou os outros subirem a colina.

Com o cabo, Werner logo soube o número do regimento deles, onde estavam escondidos os remanescentes da unidade fragmentada e algumas outras informações. O cabo disse a Werner que era de

Berlim, que fora sapateiro na vida civil. Ele e seus homens estavam fartos da guerra e decidiram que não queriam ser mortos.

Naquele instante, um dos paraquedistas no topo da colina gritou para Werner que um tenente americano que eles não conheciam chegara ao local e queria fuzilar os prisioneiros.

Fazendo o cabo segui-lo, Werner subiu a colina depressa e encontrou o tenente apontando um fuzil para o grupo de prisioneiros. Os homens de Werner tinham se espalhado de maneira a proteger os alemães, dizendo ao oficial que aqueles eram prisioneiros do sargento Angress e que ele deveria recuar. O tenente se recusou, ordenando várias vezes que saíssem da frente, mas os soldados se mantiveram firmes.

"Saiam já!", ordenou o jovem tenente.

A primeira suspeita de Werner a respeito do tenente logo foi confirmada: ele acabara de chegar à Normandia de barco e mal podia esperar para matar alguns alemães e se tornar um herói de guerra.

"Tenente", disse Werner, com firmeza, "tenho ordens de levar esses prisioneiros para interrogatório. Isso não é assunto seu. Se o senhor não se afastar, vou denunciá-lo para meu capitão".

Os homens de Werner ergueram as armas na direção do tenente. Ele abaixou o fuzil, com relutância, e saiu batendo os pés. Werner e seus homens escoltaram os prisioneiros até uma cela para serem interrogados. Mais tarde, Werner soube que o ansioso tenente morrera em combate alguns dias depois.

Foram elaborados planos para "comemorar" o feriado de 4 de julho com um ataque contra as linhas alemãs. O capitão Breen, oficial de inteligência do regimento de Werner, orientou-o a focar os interrogatórios nos locais em que as unidades inimigas que os enfrentavam haviam colocado suas minas. Um dia antes do ataque, Werner interrogou um sargento alemão que não disse muita coisa, mas encontrou em seus documentos um mapa indicando a localização de todas as minas na área. Percebendo que o mapa era uma grande descoberta, logo o levou a Breen.

"Isso é maravilhoso", exultou Breen. "Precisamos enviar esses mapas aos batalhões e a outros regimentos antes do ataque."

Sabendo a localização precisa dos explosivos ocultos, as unidades desativadoras poderiam desarmá-los, poupando as tropas americanas de atravessar campos minados. A informação obtida por Werner era tão importante que Breen anunciou que entregaria pessoalmente uma cópia do mapa a todas as unidades da divisão na manhã seguinte, antes de o ataque ter início, ao meio-dia.

"Você gostaria de me levar?", perguntou Breen.

"Sim, muito", respondeu Werner.

Não foi uma conversa típica entre oficial e soldado alistado, mas o relacionamento deles não era típico. Cerca de dez anos mais velho que Werner, casado e com três filhos, Breen tratava seu jovem sargento de maneira amistosa e quase paternal. Por sua vez, Werner se prontificava a ajudar Breen em tudo de que precisasse, até mesmo auxiliava o dedicado oficial a se lembrar dos horários das reuniões de equipe e de outros detalhes que costumavam escapar à atenção de Breen.

Werner trabalhou até tarde naquela noite, marcando a localização de cada mina em mais de doze cópias de mapas militares. Finalmente conseguiu dormir, logo antes do nascer do sol. Quando acordou, pouco tempo depois, o capitão já tinha saído. Werner foi informado de que Breen decidira não o acordar, já que ele havia passado a noite inteira trabalhando, e que encontrara outra pessoa para dirigir.

Por volta das 9 horas da manhã, um soldado se aproximou de Werner e perguntou:

"Você soube que o capitão Breen morreu?"

Werner ficou chocado.

"Não! O que aconteceu?"

"O jipe passou por uma mina."

Informando-se de onde o acidente tinha ocorrido, Werner pegou um jipe e encontrou o local onde o corpo desmembrado do capitão ainda jazia, numa vala, ao lado do veículo detonado. Soube que o motorista fora levado para um hospital de campanha com ferimentos graves. Werner conteve as lágrimas pela morte do homem que considerava um amigo. A dor ficou maior ainda quando os pertences de Breen foram entregues ao regimento. Entre os itens, encontravam-se as cópias do mapa que ele estava distribuindo, nos quais Werner marcara claramente a mina terrestre que o matara. A conhecida distração do capitão foi sua ruína. Ele morreu no dia 4 de julho.

Werner não conseguia se livrar dos sentimentos de perda e culpa. Se ele estivesse dirigindo, o capitão ainda estaria vivo. Werner havia marcado a localização das minas nos mapas e teria tomado cuidado para não passar por lá; o motorista substituto não contava com tal informação. No entanto, o capitão o havia deixado dormir e agora estava morto. Era a segunda vez na guerra, depois da morte de Sig, que Werner vivenciava uma perda tão grande.

Logo depois, Werner recebeu notícias de mais uma perda. Seu amigo e tutor do 115º Regimento, 29ª Divisão de Infantaria, o sargento John G. Barnes, que o ajudara a aprender inglês lendo o jornal *The New York Times* junto com ele em voz alta, morrera em Omaha Beach no Dia D, nos primeiros três minutos da invasão. Barnes não chegou à praia, faleceu doze dias antes de seu aniversário de 38 anos. Werner tinha escrito uma carta a Barnes, recebida na véspera do Dia D, que foi respondida no mesmo dia. Werner sentiu-se grato por esse último contato entre eles, quando pôde agradecer a John por sua amizade, e muito abalado pela morte de um homem de quem sempre se lembraria como amigo e como ser humano maravilhoso.

Pouco mais de uma semana depois, a 82ª Aerotransportada foi substituída, passados 33 dias de combate desde o Dia D. Os homens foram levados a Omaha Beach em caminhões a fim de embarcar em navios de transporte e voltar para a Inglaterra.

Na praia, Werner passou por várias celas de arame farpado, em que centenas de prisioneiros alemães aguardavam embarcações para sair da Normandia. Pensou em seus guardas alemães durante os dias finais de cativeiro em Cherbourg, lembrando-se de como torciam, enquanto prisioneiros de guerra, para ser mandados aos Estados Unidos. Werner sabia que havia boas chances de alguns deles chegarem a esse país antes dele mesmo.

Apenas um mês havia se passado, e Werner já tinha saltado no Dia D, sido capturado e interrogado por alemães, libertado após dezenove dias como prisioneiro de guerra, capturado e interrogado prisioneiros alemães e perdido três amigos. Enquanto deixava a Normandia, perguntou-se se a guerra toda seria daquele jeito. Se fosse, que chances teria de sobreviver?

7

A FUGA

Martin Selling atravessou o Atlântico novamente no começo de junho de 1944. Era algo que ele aguardava havia muito tempo – desde a noite em que fora tirado de casa e levado para Dachau, do tempo que passou como refugiado na Inglaterra e depois nos Estados Unidos, onde foi estigmatizado como inimigo estrangeiro quando o país entrou na guerra.

Quando voltou à Europa com o Exército dos Estados Unidos, já era cidadão americano. Alguns dias depois de sua transferência para Camp Ritchie, em fevereiro de 1943, Martin e trinta outros soldados imigrantes foram levados de caminhão para o tribunal de Hagerstown, onde se apresentaram diante de um juiz octogenário, já aposentado, mas convocado para ajudar com o grande número de cerimônias de naturalização dos estrangeiros na base militar. Do banco em que estava, Martin olhou para os soldados.

"Vocês estão preparados para pegar em armas e defender seu país?"

"Não!", gracejou um piadista na fileira de trás, provocando muita risada.

O juiz bateu o martelo para interromper aquela frivolidade no tribunal.

"Fiquem quietos, espertinhos! Todos devem erguer a mão direita e repetir depois de mim o juramento à bandeira." Quando o grupo terminou, o juiz bateu de novo o martelo. "Agora todos vocês são cidadãos dos Estados Unidos."

O último exercício de campo de Martin em Camp Ritchie, na primavera de 1943, tinha ido mal. Seu grupo não encontrou o ponto designado em uma zona rural no meio da noite e vagou sem destino por florestas rochosas e montanhosas até chegar a um desfiladeiro íngreme. Sem lanternas, a única coisa que podiam fazer era esperar o amanhecer. A equipe de Martin teria de repetir o exercício. Apesar desse contratempo, ele, que recebeu nota 99 em ordem de batalha e 95 em interrogatório, graduou-se na quinta turma de IPG em abril de 1943.

Martin tinha esperanças de ir para a Europa e atuar nas invasões no Dia D. Contudo, duas demoradas participações em manobras e jogos de guerra na Louisiana causaram atrasos, por isso ele só foi oficialmente liberado de Camp Ritchie um ano após a graduação. Duas semanas depois, já como primeiro-sargento, Martin finalmente atravessou o Atlântico a bordo do navio britânico *Andes*.

Ao chegar à Inglaterra, a equipe de IPG de Martin foi designada para a 35ª Divisão de Infantaria, ligada ao 3º Exército dos Estados Unidos, recentemente reclassificado como comando em treinamento para Exército pronto para combate com a chegada de seu novo comandante, o tenente-general George S. Patton Jr. Segundo rumores, o exército de Patton seria poupado da invasão do Dia D e preservado para um avanço total da infantaria e das unidades blindadas pela França ocupada.

Na noite anterior ao Dia D, enquanto olhava para o céu do sul da Inglaterra e observava as intermináveis formações de bombardeiros atravessando o canal, Martin sentia que estava perdendo o evento principal. Desde os primeiros dias dos Estados Unidos na guerra, quando tentou se alistar na Força Aérea americana para bombardear o inimigo, ele desejava estar em um daqueles aviões, despejando cargas letais para ajudar a vencer a guerra. Por isso, sentiu-se duplamente frustrado quando foi mandado a Londres a fim de participar de um curso de duas semanas sobre análise de documentos, durante o qual não aprendeu muita coisa além do que já havia visto em Camp Ritchie.

O ex-prisioneiro de Dachau Martin Selling, que se tornou um garoto Ritchie e serviu na 35ª Divisão de Infantaria. *(foto da família)*

No dia 13 de junho, as aulas de Martin foram interrompidas quando a primeira bomba V-1 alemã explodiu, a 1,5 km de distância, e todos foram evacuados para um abrigo subterrâneo. Embora o alto-comando Aliado já suspeitasse de sua existência, quando mais de cem bombas atingiram Londres na hora seguinte, civis e militares ficaram igualmente chocados. As V-1 logo foram apelidadas de *buzz-bombs*, ou bombas-zumbido, devido ao som distinto emitido pelos motores a jato que as propeliam; dotadas de asas e cauda, pareciam pequenas aeronaves.*

Feliz por deixar Londres e as bombas para trás, Martin partiu no dia 6 de julho com sua equipe de IPG. Atravessaram o canal e aterrissaram em Omaha Beach, então protegida de ataques aéreos por centenas de balões de barragem. Mesmo depois de um mês, ele ainda via as evidências do dia 6 de junho: navios e lanchas de desembarque naufragados e um novo cemitério americano no planalto ventoso localizado acima da praia.

A 35ª Divisão foi posicionada a 30 km da praia, bem ao norte de Saint-Lô, onde a equipe de IPG foi dividida em dois, com três homens para cada regimento. O grupo de Martin foi despachado para o 320º Regimento de Infantaria, unidade que entrava em combate pela primeira vez. Surpresos com o acentuado sotaque dos interrogadores e receosos de ter espiões entre os integrantes, os oficiais de regimento debateram abertamente sobre recolher suas armas e colocá-los em funções permanentes na cozinha. Martin, como mais graduado, explicou que ele e sua equipe haviam recebido treinamento especial e mostrou as ordens oficiais designando-os ao regimento.

"Seremos úteis quando o senhor quiser informações de prisioneiros alemães", prometeu Martin. E acabou convencendo o pessoal do regimento a deixar seus companheiros trabalharem.

Martin teve sorte em dois dos seus primeiros interrogatórios. Ambos os prisioneiros eram recrutas, felizes por estarem fora da guerra e dispostos a responder às perguntas. O primeiro descreveu em detalhes o que estava ocorrendo atrás de uma vegetação próxima, onde sua companhia, com cerca de cem soldados de infantaria, ocupava posições defensivas. Dois dias depois, ocorreu algo ainda mais auspicioso: a captura de um paramédico alemão, que forneceu detalhes sobre os efetivos e as baixas dos alemães. Como havia percorrido o setor de Saint-Lô tratando dos feridos, o paramédico

* O "V" veio da palavra alemã *Vergeltungswaffen*, que significa "arma de represália". Elas foram desenvolvidas por cientistas alemães na instalação de pesquisas Peenemünde, no mar Báltico. Durante os oitenta dias seguintes, mais de 8 mil bombas V-1 foram lançadas contra a Inglaterra, matando milhares de pessoas.

sabia mais sobre o terreno e as posições defensivas que a maior parte da infantaria. Ele trabalhou com Martin para criar um mapa de todas as posições alemãs. Foi uma função tediosa, e o mapa que traçaram tinha marcos geográficos incomuns dos quais o paramédico se lembrava: uma faia caída aqui, uma vaca morta e apodrecida ali. Quando terminaram, Martin deu o mapa a um sargento do pelotão de reconhecimento que passara vários dias observando a região de binóculos; o homem reconheceu o terreno. O sargento levou o mapa desenhado à mão para o quartel-general do regimento, depois para a companhia de artilharia da divisão, onde eles marcaram cuidadosamente as posições inimigas em um mapa militar com os quadrantes utilizados para orientar a artilharia e os ataques aéreos.

O ataque final por terra contra Saint-Lô começou na manhã seguinte, após um bombardeio aéreo massivo. O 320º atravessou a área mapeada por Martin e seu prisioneiro. O sargento do pelotão de reconhecimento disse a Martin que, usando seu mapa para selecionar os alvos, os obuses foram de uma precisão letal e tinham destruído tudo, de ninhos de metralhadora a postos de comando inimigos. O comandante do regimento recomendou Martin para uma promoção, e desde então o coronel e sua equipe se tornaram defensores dos interrogadores que falavam alemão.

Martin passou a aperfeiçoar a arte do interrogatório. Nem todos os casos eram bem-sucedidos, pois nem sempre os prisioneiros eram convencidos a responder a todas as perguntas. Martin decidiu que os elementos de um interrogatório podiam ser ensinados, mas deviam ser praticados no contexto de batalha, com prisioneiros reais, para que fossem aperfeiçoados. O que funcionava na sala de aula às vezes não tinha efeito no campo de batalha. Equipes de interrogadores com treinamento especial eram um elemento novo da guerra moderna, empregado pela primeira vez pelos ingleses e americanos no Norte da África, no fim de 1942. Assim, todos aprendiam na prática, às vezes sob fogo.

A maioria dos prisioneiros alemães era de soldados de infantaria capturados no *front*. O objetivo era interrogá-los assim que fossem capturados para descobrir o que sabiam e que poderia ser usado contra o inimigo e, então, transmitir essa informação com clareza e rapidez para os lugares apropriados. Isso costumava ser feito por meio de mensageiros ou de interrogadores que relatavam as informações descobertas direto a um posto de comando, uma vez que os rádios tinham pouco alcance e eram instáveis. Os telefones de campanha exigiam fiação direta, algo que às vezes não era possível estabelecer entre as unidades na linha de frente, que estavam sempre em movimento.

Informações táticas podiam ficar obsoletas em questão de dias, talvez horas. Por isso, era importante interrogar os prisioneiros antes que fossem classificados e levados para as celas. Aqueles primeiros interrogatórios se tornaram o foco das equipes de IPG como a de Martin, designadas para regimentos, que tradicionalmente ficavam mais perto do *front* – onde os prisioneiros eram capturados – que as divisões ou os quartéis-generais do Exército. Além disso, prisioneiros recém-capturados muitas vezes estavam assustados e confusos, o que os tornava mais propensos a falar. Martin e os outros interrogadores tinham aprendido isso em Camp Ritchie e agora estavam descobrindo a validade desse ensinamento em combate.

Não levou muito tempo para Martin perceber que os que tinham alemão como idioma nativo nas equipes de IPG – em geral, judeus alemães, mas também um punhado de austríacos – eram interrogadores muito superiores aos americanos que aprenderam a língua na escola ou foram criados por famílias alemãs nos Estados Unidos. O domínio da língua por parte dos alemães nativos, incluindo vocabulário e jargões, era parte da vantagem, mas eles também compreendiam a cultura e a psicologia dos homens que interrogavam. Conheciam o país, o povo e a história. Quando Martin começava um novo interrogatório, muitos prisioneiros olhavam com surpresa ao ver um soldado americano falando como eles. Às vezes, chegava a recorrer a determinados insultos bávaros para se fazer entender. O uso de coloquialismos apropriados era eficaz, pois sinalizava familiaridade com os costumes alemães, além de competência linguística.

Com o tempo, Martin desenvolveu seu próprio estilo de interrogatório. Descobriu que começar com nome, posto e número de série não era a melhor abordagem, pois lembrava ao prisioneiro que, de acordo com a Convenção de Genebra, ele não precisava dizer mais nada. Em vez disso, Martin começava perguntando como o prisioneiro tinha sido capturado, o que fazia com que a maioria começasse a falar. Parecia mais uma conversa, e quase todos respondiam por instinto e com detalhes, contentes por alguém se interessar por eles. A reação ao contato inicial sempre possibilitava que Martin analisasse o prisioneiro e, durante a conversa, percebesse quais perguntas mais específicas deveria fazer. Martin sempre fazia as perguntas mais fáceis primeiro para que eles começassem a falar, deixando as mais difíceis para depois. Convencido de que a coisa mais importante que um interrogador podia fazer era desenvolver vínculo com o prisioneiro, sempre evitava questioná-lo sobre algo a que não soubesse responder – como levantar questões técnicas a um soldado de infantaria sobre armas de artilharia ou a um soldado de artilharia sobre os mecanismos de um tanque Panzer. Aquilo era capaz de encerrar uma conversa ou, pior ainda, fazer com que o prisioneiro desse respostas sem base, o que desperdiçava o tempo de Martin e podia resultar na transmissão de informações pouco precisas.

Quando sentia que estava ouvindo uma informação incorreta ou enganosa, Martin fazia uma pergunta para a qual já sabia a resposta. Se o prisioneiro mentisse de novo, a postura e o tom de Martin mudavam de maneira abrupta para não deixar dúvidas de que ele podia ser desagradável, caso fosse necessário. Normalmente, só precisava subir o tom de voz, e a maioria dos prisioneiros entrava em posição de sentido, como tinham sido ensinados a fazer no exército de Hitler. Como Churchill disse em seu discurso de 1943 ao Congresso: "Os hunos estão sempre em sua garganta ou a seus pés". Tendo vivenciado as duas realidades, Martin preferia a segunda.

Desde sua experiência em Dachau, Martin nutria ódio pelos nazistas. Ficou entusiasmado quando foi enviado a Camp Ritchie e sonhava em voltar para o continente como interrogador do Exército para se vingar – física e emocionalmente – dos soldados capturados do Terceiro Reich de Hitler. Às vezes, Martin fantasiava retribuir todo o sofrimento e a degradação que ele e outros judeus tinham vivenciado.

É claro que não mencionou nada disso aos colegas de Camp Ritchie por medo de ser expulso do programa de treinamento, mas foi essa motivação que o conduziu secretamente a cada passo do caminho.

Martin Selling interroga prisioneiros alemães perto da linha de frente na França, 1944. *(corpo de sinaleiros do Exército dos Estados Unidos)*

Agora que finalmente tinha uma chance de se vingar, Martin descobriu algo surpreendente: seu coração era mole. Não conseguia se convencer a ser maldoso nem agressivo com os alemães que não o provocavam, e apenas uns poucos prisioneiros mais arrogantes faziam isso. Quanto à tentação de usar força física, considerava que era perda de tempo. Em Dachau, tinha visto a brutalidade ser usada pelos mais cruéis contra os mais indefesos, sem nenhum resultado. Além disso, qualquer informação obtida sob tortura era suspeita, pois a maior parte das pessoas diria praticamente qualquer coisa para interromper a dor e o sofrimento. Agora que estava no campo de batalha interrogando prisioneiros inimigos, Martin só queria fazer bem seu trabalho – e de forma que lhe permitisse manter a própria humanidade.

Dito isso, houve ocasiões em que ele esbofeteou alguns prisioneiros. Normalmente, respeitava o direito dos soldados de ficarem calados e logo fazia com que fossem levados pela polícia do Exército, seguindo o interrogatório com outro prisioneiro. No entanto, Martin não tolerava respostas mal-educadas nem sermões de nazistas convictos, especialmente os da SS. Às vezes, quando interrogava um prisioneiro muito difícil, imaginava em voz alta o que teria acontecido com ele se tivesse confrontado um guarda da SS em Dachau com tamanha audácia. "Em Dachau, éramos esbofeteados ou coisa pior por muito menos e até mesmo por nenhuma razão. Tanto judeus como não judeus." Sempre que Martin mencionava sua estadia em Dachau, a maioria dos prisioneiros respondia a suas perguntas sem hesitar. Um prisioneiro mais ousado questionou, em tom acusatório, onde exatamente Martin tinha aprendido a falar um alemão tão impecável.

"Na Alemanha", respondeu Martin, secamente. "Onde também vi como a SS interroga prisioneiros, quando estava em Dachau."

Saber que estava diante de um ex-detento de campo de concentração nazista foi um choque tão terrível que o alemão perdeu o controle do intestino no mesmo instante.

Martin aprendeu a usar os medos inculcados nos prisioneiros, a obediência incondicional e a reação instantânea a comandos firmes. Quase todos tinham passado por uma experiência brutal durante a guerra; foram maltratados pelos superiores e sujeitados a punições severas por qualquer pequeno deslize. Viram seus compatriotas se comportarem de maneira deplorável nos territórios conquistados, executando oponentes militares, civis e políticos. Alguns também haviam participado. Por isso, quando eram capturados, esperavam um tratamento igualmente cruel por parte do Exército dos Estados Unidos. Martin tentou tirar vantagem dessa expectativa. Sempre via como os prisioneiros ficavam chocados quando ele falava de maneira calma, e percebia a disposição deles para continuar respondendo às perguntas se aquilo o fizesse manter uma abordagem civilizada.

No dia seguinte à queda de Saint-Lô, um jovem soldado alemão foi levado a Martin. Durante o interrogatório, contou que tinha ajudado a plantar um campo minado no setor americano antes de ser capturado. Martin perguntou casualmente se ele podia mostrar onde as minas estavam enterradas. O prisioneiro concordou. Martin e o prisioneiro passaram pelas sebes espessas em direção às linhas de frente, marcadas pelas batalhas. Foram parados várias vezes por soldados americanos exaustos e desconfiados, que queriam saber que diabo eles estavam fazendo naquela terra de ninguém. Com um alemão de uniforme da Wehrmacht e o forte sotaque de Martin, eles tiveram o bom senso de levar junto um PE americano nativo, que Martin deixava responsável pelas explicações.

Foi a primeira vez que Martin viu uma zona de batalha real pouco depois do fim de um combate. O local fora bombardeado havia pouco por aviões e pela artilharia, e quase nada fora limpo. Soldados alemães mortos jaziam nas trincheiras ao lado de tanques inoperantes. Alertado sobre a existência de armadilhas, além das minas, o grupo caminhava com cautela.

Armado com uma pistola calibre 45, Martin andava logo atrás do prisioneiro, tomando o cuidado de pisar sobre as pegadas deixadas pelas botas alemãs, com cravos na sola. O PE seguia atrás de ambos com o fuzil a postos. Se aquela história fosse falsa, Martin simplesmente levaria o prisioneiro de volta e o devolveria à cela. Se fosse um estratagema para tentar matar dois soldados americanos levando-os por um campo minado, Martin queria ter certeza de que o prisioneiro pisaria no primeiro explosivo.

Chegaram a uma estrada que atravessava um campo aberto, onde engenheiros de uma unidade desativadora de explosivos sondavam cautelosamente a presença de minas alemãs ativas; as que encontravam eram deixadas de lado para detonações controladas.

O prisioneiro saltitou até os engenheiros e, com Martin atrás e traduzindo, revelou o padrão geral utilizado na disposição do campo minado. Em seguida, foi até onde estavam as minas desencavadas e desarmou uma dúzia delas sem se perturbar. Os engenheiros observaram como ele agiu e começaram a fazer o mesmo. Quando terminaram, o alemão já tinha feito amigos; os soldados deram-lhe chocolate e cigarros de presente e apertaram sua mão.

Para Martin, a cena no campo minado deixou uma impressão permanente: os melhores interrogadores não se preocupavam com a coleta de inteligência para matar o inimigo. Eles se preocupavam em salvar vidas.

Vinte e quatro horas após a invasão do Dia D e exatamente dois anos depois de sair da Europa ocupada pelos nazistas como refugiado em um navio que foi parado no meio do oceano por um submarino alemão, Stephan Lewy partiu do porto de Nova York a bordo do *Queen Mary* para retornar à Europa como um garoto Ritchie. Sua equipe de Ordem de Batalha (OB) de três pessoas foi designada para a 6ª Divisão Blindada, prestes a entrar em combate pela primeira vez com o 3º Exército de Patton.

Foi um longo percurso para o garoto que passou os primeiros treze anos em Berlim, sendo a segunda metade no Orfanato Baruch Auerbach. Após ele sobreviver a uma noite aterrorizante trancado na sinagoga do orfanato por nazistas uniformizados durante a *Kristallnacht*, o pai de Stephan o enviou da Alemanha para a França: primeiro para Quincy-sous-Sénart, vilarejo a 30 km de Paris; depois, quando os alemães marcharam sobre essa cidade, a um castelo mais ao sul, em Chabannes. Passaram-se quase dois anos antes de Stephan, com ajuda da Cruz Vermelha, restabelecer contato com o pai e a madrasta, Arthur e Johanna, que já tinham fugido da Alemanha para os Estados Unidos. Os dois o ajudaram a obter os documentos necessários para se encontrar com eles, o que aconteceu em junho de 1942, em Boston, onde seus pais trabalhavam como empregados domésticos.

Chegando aos Estados Unidos sem falar inglês, Stephan se matriculou na escola noturna e, em um ano, já era fluente. Alistou-se no Exército em março de 1943, no dia de seu aniversário de 18 anos, e entrou na instituição cinco meses depois. Primeiro, foi enviado para um treinamento básico no corpo médico; depois, transferido para Camp Ritchie, onde se viu no meio de um mar de refugiados judeus alemães. *Meu Deus*, pensou. *Parece que estou de volta a Berlim.* Depois de comparecer com um grupo de soldados perante um magistrado federal para fazer o juramento e se tornar cidadão americano, Stephan escreveu aos pais: "Não sou mais apátrida".

Na semana de seu aniversário de 19 anos, Stephan se graduou como intérprete de francês na 15ª turma de Camp Ritchie; pouco depois, foi selecionado para completar um curso de quatro semanas de Ordem de Batalha focado na estrutura do Exército alemão. Antes de seguir para o exterior, ele conseguiu passar os últimos dias com os pais, que ainda esperavam pela cidadania americana. Ao se despedirem, o pai o puxou de lado. Arthur tinha recebido uma medalha por seu serviço no Exército alemão durante a Primeira Guerra Mundial, duas décadas antes de os nazistas o mandarem para o campo de concentração Oranienburg junto com outros "indesejáveis". Ele disse a Stephan que estava orgulhoso dele, mas também falou sobre ter cautela.

"Não vai ser um piquenique", alertou. "É melhor você ter muito, muito cuidado."

Na noite anterior à partida do *Queen Mary*, Stephan estava em meio a uma multidão de soldados num prédio nas docas adaptado para servir de cinema temporário. O filme, *Lassie, a força do coração*, certamente foi escolhido para divertir e entreter. Duas horas depois, porém, emocionados com a longa e perigosa jornada da leal cadela tentando se reunir com a família, soldados prestes a partir para a guerra saíram do cinema entristecidos, com lágrimas escorrendo pelo rosto.

O *Queen Mary* já tinha sido um imponente navio de passageiros; agora era uma embarcação de transporte superlotada de soldados. Os garotos Ritchie ocuparam um conjunto de beliches adjacente. Assim como Stephan, a maioria deles fora promovida após a graduação para sargento-instrutor ou primeiro-sargento, com tantas listras nos braços que os outros soldados se referiam a eles como o Batalhão Zebra. Os Aliados haviam perdido muitos navios no Atlântico para os submarinos alemães, por isso todos ficaram alarmados quando souberam que fariam a travessia sem escolta. Foram informados de que o *Queen* era tão rápido que fugiria de qualquer submarino inimigo. De fato, o imenso navio, com 12 mil soldados e uma tripulação de mais de mil pessoas, fez a travessia de 5.141 km em exatos seis dias.

Quando a equipe de Stephan se juntou à 6ª Divisão Blindada, apelidada de "Super-Seis" por conta do entusiasmo demonstrado no treinamento, foram realizadas manobras no interior da Inglaterra. Então, chegou o dia em que todos foram levados a outro porto e embarcaram para mais uma travessia, bem mais curta que a do Atlântico: a do canal da Mancha. No dia 19 de julho de 1944, alcançaram a Utah Beach. Seis semanas após o Dia D, já havia uma série de docas improvisadas na praia, e homens e tanques saíram do mar sem se molhar.

Quando todas as unidades desembarcaram, a 6ª Divisão avançou para sudeste, em direção à península da Bretanha. Em 29 de julho, primeiro dia de combate, a divisão atravessou o rio Sena pela Pont de La Roque, e seus tanques percorreram 39 km em 24 horas. No decorrer dos dias seguintes, a 6ª Divisão libertou várias cidades da ferrenha resistência inimiga, capturando 800 prisioneiros no processo. Durante o percurso, a equipe de Stephan revistou casas e escritórios usados pelo inimigo, em busca de mapas e documentos que contivessem informações úteis. Em 1º de agosto, Patton mandou a divisão blindada avançar pelo centro da península até o extremo oeste da França e dominar a cidade portuária de Brest, onde os alemães mantinham uma grande base de submarinos.

Constituindo a única equipe de Ordem de Batalha, Stephan e seus dois colegas operavam no quartel-general da divisão, lugar que Patton frequentava. O extravagante general visitava seus comandantes de campo em um caminhão adaptado de 2,5 toneladas, com uma sirene de bombeiros capaz de afastar tanques, caminhões, homens e qualquer outra coisa que estivesse no caminho. Patton viajava com um grupo de auxiliares e assistentes, geralmente acompanhado por seu bull terrier, Willie (apelido de "William, o Conquistador"). O general se destacava, sempre de capacete, botas muito bem engraxadas e dois revólveres calibre 45 iguais, com cabo de marfim, num largo cinturão de caubói. Dizia-se que portava aquelas duas armas desde que ficara sem munição em um tiroteio no México, em 1914, enquanto caçava o fora da lei Pancho Villa. Sua lenda tinha evoluído a partir dessa e de outras histórias, como da vez em que um avião da Luftwaffe mergulhou disparando contra o acampamento de Patton no Norte da África, em 1943, e o general não tentou se proteger, optando por disparar contra a aeronave.

Stephan esteve presente em algumas das reuniões em que Patton recebeu informações do pessoal da divisão. Sempre que o general recebia diversas propostas de planos de ação para um ataque planejado, sua primeira pergunta era: "Qual vai me causar menos baixas?".

A equipe de Stephan logo aprendeu a não se dar ao trabalho de descarregar o trailer que rebocava com o jipe. Desfazer as malas era perda de tempo, pois o exército de Patton não ficava muito tempo no mesmo lugar. Seu refrão para os comandantes era uma constante: "Vocês têm que cumprir a quilometragem do dia!". Stephan pensou muito sobre o que fazia de Patton um bom general e concluiu que eram dois fatores principais: a preocupação em relação às tropas e uma filosofia agressiva segundo a qual era melhor atacar antes de ser atacado.

Embora Stephan conduzisse alguns interrogatórios – ele era o único da equipe OB que tinha alemão como idioma nativo –, a principal função de sua equipe era usar a informação obtida pelos interrogadores das turmas de IPG da divisão a fim de identificar quais unidades inimigas estavam confrontando e qual era sua capacidade de combate. O grande conhecimento que eles tinham sobre o Exército alemão logo seria posto à prova.

A Bretanha, assim como a Normandia, era uma região coberta de sebes, e as sebes nas imediações de Brest eram formidáveis. Barragens de terra, muitas vezes com mais de 2 m de altura, eram rodeadas por árvores e arbustos. Em seus últimos dias de avanço em Brest, a 6ª Divisão encontrou um inimigo feroz e determinado. Estimou-se que houvesse 20 mil soldados inimigos entrincheirados para defender a cidade portuária. Enquanto a 6ª Divisão se posicionava para o ataque final, o carro oficial de um general nazista com um longo sobretudo de couro se aproximou abertamente do batalhão de artilharia de campo da divisão. Furioso, o general abriu a túnica para expor o peito nu e dizer que preferia ser alvejado a sofrer a humilhação de ser capturado, mas mesmo assim os americanos o fizeram prisioneiro. Apesar de ter se recusado a falar, o oficial foi identificado como o tenente-general Karl Spang, comandante da 266ª Divisão de Infantaria alemã.

Primeiro-sargento Stephan Lewy. *(foto da família)*

Com base no livro de Ordem de Batalha e informações mais recentes reunidas em interrogatórios, a equipe de Stephan sabia que a 266ª tinha sido formada um ano antes, em Stuttgart, e posicionava-se ao longo da costa norte da Bretanha. Algumas unidades dessa divisão lutaram no fim de junho, quando os Aliados atacaram a partir de suas cabeças de praia na Normandia. Stephan e sua equipe também determinaram, com base em documentos em posse do general capturado, que a divisão seguiria para Brest e ajudaria a defender o porto até o último homem.

Com base nessa peça-chave de inteligência indicando que havia uma divisão alemã em avanço, o comandante da 6ª Divisão, major-general Robert Grow, mudou seu plano e cancelou o ataque a Brest. Manteve uma pequena força de fachada voltada para lá, mas fez o restante da divisão dar meia-volta e seguir para o norte em três colunas de combate, as quais atacaram a divisão alemã em trânsito na manhã seguinte. A batalha que se seguiu foi bem-sucedida devido ao ataque surpresa ao flanco do inimigo, com tanques e infantaria liderados por escavadeiras adaptadas para abrir caminho pelas sebes da Bretanha.

A 266ª Divisão de Infantaria alemã foi eliminada como força de combate. Sem disparar um tiro, a equipe de garotos Ritchie de Stephan desempenhou um papel crucial.

Um mês depois de desembarcar em Omaha Beach, Victor Brombert foi designado para serviço temporário com o 82º Batalhão de Reconhecimento – os "olhos e ouvidos" da 2ª Divisão Blindada – para a batalha iminente pela captura da fortaleza alemã em Saint-Lô.

Victor considerou azar ter sido selecionado. A unidade de reconhecimento estava encarregada de avançar à frente do grosso de tropas e tanques para se infiltrar por trás das linhas inimigas. Ter um interrogador que falava francês, como Victor, ajudaria a unidade a coletar informação dos residentes locais – e, se fizessem prisioneiros, ele poderia interrogá-los imediatamente em alemão. Era como ter dois interrogadores em um só.

A 37 km das praias invadidas, Saint-Lô era uma encruzilhada estratégica, com vias pavimentadas e trilhos que seguiam em todas as direções. Sem assumir o controle daquele ponto, homens e equipamentos do 1º Exército dos Estados Unidos seriam atrasados indefinidamente por sebes e pomares, agora abarrotados de tropas descansadas desembarcadas nas praias invadidas, mas que não tinham para onde ir. Tomar Saint-Lô aliviaria o congestionamento. Os alemães também sabiam disso e dispunham de divisões de infantaria e de tanques Panzer prontos para defender a cidade e bloquear as estradas.

De carona numa meia-lagarta de reconhecimento – veículo aberto com blindagem leve, com lagartas na traseira e rodas de caminhão na frente –, Victor sentia-se exposto enquanto avançavam na missão de patrulha. Não sabia se conseguia esconder sua ansiedade dos outros soldados da unidade, que agiam como se aquilo fosse tarefa comum – o que, para eles, de fato era.

Pouco tempo depois, eles receberam ordens de parar e aguardar novas instruções. Estacionaram o veículo na margem de uma floresta, a alguns quilômetros de Saint-Lô. Uma operação grande – de codinome Cobra – estava prestes a acontecer, mas, antes que fosse lançada, o tempo ficou péssimo, imobilizando o poder aéreo dos Aliados. Para Victor e os homens na unidade de reconhecimento, o suspense aumentou durante a longa espera. Na terceira manhã, o céu finalmente clareou. Logo um imenso estrondo fez o chão tremer, e quando ergueram os olhos eles viram algo que até então não teriam nem imaginado. De horizonte a horizonte, o céu foi coberto por silhuetas de aviões bombardeiros, médios e pesados, dos exércitos americano e britânico – não eram centenas, mas milhares, calculou Victor. Ficaram observando os aviões lançarem sua carga sobre Saint-Lô, as longas fileiras de bombas caindo em espiral até o solo e explodindo num crescendo contínuo.

A equipe de reconhecimento buscou abrigo na floresta densa, mas Victor sentiu que sua cabeça implodiria com a pressão das esmagadoras ondas de impacto geradas pelas explosões próximas. Ele conhecia a teoria do bombardeio de saturação, mas nunca tinha vivenciado aquilo pessoalmente; indiscriminado e impreciso, o objetivo era liberar um corredor amplo ao longo de posições inimigas fixas, mesmo que o processo envolvesse destruir tudo e todos ao redor.

De repente, Victor imaginou como seria aquilo para os civis que não conseguiram sair de Saint-Lô.

Conforme o bombardeio prosseguia, a visibilidade foi reduzida devido à quantidade de fumaça e poeira no ar. Depois que o último esquadrão de bombardeiros passou e as explosões cessaram, houve um silêncio perturbador.

Finalmente, a equipe de reconhecimento recebeu sinal para prosseguir. A meia-lagarta cruzou uma paisagem que parecia lunar, desprovida de vida e marcada por crateras de impacto. Estradas e outros pontos de referência eram irreconhecíveis. Passaram por animais e alemães trucidados pelas mesmas bombas. Alguns soldados caíram uns sobre os outros, unidos para sempre em um abraço. Outros foram imobilizados na posição em que estavam no instante da morte, lembrando Victor das imagens de figuras humanas mumificadas por lava vulcânica. Os cadáveres mais medonhos eram aqueles em poses vívidas e contorcidas – um jovem soldado tinha o braço erguido, como se amaldiçoasse o céu que desabou aquela devastação.

Ao entrar em Saint-Lô, encontraram a cidade em ruínas, com construções em chamas ou já transformadas em fuligem. Apesar de alguns franco-atiradores isolados e obstinados bolsões de resistência alemã, a unidade seguiu em frente, passando por casas destruídas, com fumaça preta saindo pelas janelas quebradas e paredes de alvenaria demolidas por móveis arremessados na rua, ao lado de cadáveres e veículos destruídos. A maior parte dos soldados e dos tanques inimigos que sobreviveram ao bombardeio na região tinha fugido, cedendo ao Exército americano a vitória buscada com tanto vigor. Divisor de águas de toda a campanha na Normandia, a tomada de Saint-Lô abriu caminho para a península de Cotentin a oeste e para Caen e Paris a leste.

Victor se reuniu com sua equipe de IPG em Saint-Lô. A 2ª Divisão Blindada passou as semanas seguintes em movimento, liderando o avanço dos Aliados. A natureza e o ritmo da guerra tinham mudado; sem ter de lidar mais com as sebes, que serviram como trincheiras de uma guerra mais antiga, agora os Aliados se voltavam a um estilo de guerra mais ágil e moderno.

Em meados de agosto, um grande movimento em pinça encurralou mais de doze divisões alemãs em uma lacuna de 22 km entre as cidades de Falaise e Argentan, ao sul de Caen. No que se tornou conhecido como o Bolsão de Falaise, o Exército alemão sofreu uma derrota de proporções épicas, com 10 mil soldados do Terceiro Reich mortos, ainda que pelo menos 20 mil homens tenham escapado, deixando todo o equipamento pesado para trás, a fim de se reorganizar e se rearmar no retorno à luta.

A 2ª Divisão Blindada, então anexada ao 3º Exército de Patton, tinha um novo objetivo: atravessar o rio Sena, que liga Paris ao canal da Mancha em Le Havre. As colunas de tanques de Patton avançaram com tanta rapidez, atropelando qualquer oposição enfrentada, que os mapas militares detalhados usados pelas equipes de tanques logo se tornavam irrelevantes, pois só mostravam os territórios deixados para trás. Os tanques que lideravam o avanço tinham de parar com frequência em postos de gasolina para obter mapas das redondezas. Em alguns dias, eles percorriam mais de 18 km. Muitas horas de vigília da equipe de IPG foram passadas andando de jipe, tentando acompanhar as colunas blindadas. Entre esses interrogadores cansados de viajar era consenso que eles não teriam mais muita vontade de fazer passeios turísticos depois da guerra. Finalmente, a 2ª Divisão parou em Mantes-Gassicourt a fim de fazer manutenção nos tanques e deixar que os veículos transportando combustível e suprimentos os alcançassem antes de atravessar o Sena.

A travessia relâmpago pela Normandia deixou Victor meio desorientado, sem noção de tempo e localização. Agora, ao se ver diante da familiar margem do Sena, soube que eles estavam a apenas 45 km de Paris.

Havia outra razão para os americanos pararem ali. De acordo com instruções dos escalões mais altos, as tropas americanas não deviam entrar na cidade. Por respeito ao orgulho francês, as Forças Francesas Livres, sob o comando do general Philippe Leclerc, receberam permissão para libertar a capital do país.

Victor, contudo, não conseguiria estar tão próximo de Paris, onde tinha passado alguns de seus dias mais felizes, e não participar das comemorações após a libertação. Ele soube que a 2ª Divisão continuaria acantonada naquela posição próxima ao Sena por uns dois dias. Encontrou um cúmplice em sua equipe, e os dois pegaram suas carabinas M1, tomaram um dos jipes e dirigiram pela noite em direção a Paris. Apesar das equipes de IPG operarem de maneira bem flexível e independente – muitas vezes requisitando casas e fazendas para os interrogatórios ou para usar como alojamentos pessoais –, os dois interrogadores partiram sem permissão.

No caminho, pegaram um jovem francês pedindo carona. Estava com um fuzil, usava uma braçadeira com as três cores nacionais da França e afirmou ser membro da Resistência. O carona ficou filando cigarros dos americanos, acendendo um atrás do outro, enquanto contava histórias sobre explodir trilhos, descarrilhar trens de transporte de tropas alemãs e resgatar paraquedistas aliados. Victor tinha dúvidas, pois já conhecera diversos franceses que alegavam ter lutado pela Resistência. A maneira como o jovem manuseava o fuzil fazia o objeto parecer mais um adereço de palco que uma arma.

Quase todos os franceses com quem Victor havia falado afirmavam ter se engajado em alguma forma de resistência contra os alemães. Aldeias inteiras diziam ter participado das Forças Francesas do Interior, o grupo clandestino da Resistência conhecido como FFI. Victor sabia serem alegações exageradas. Durante muito tempo, uma boa parte da população – não somente os que apoiavam o governo nazista de Vichy e os gendarmes cúmplices das prisões e das deportações em massa de judeus – colaborou com os invasores alemães em troca de benefícios pessoais. Depois do desembarque dos Aliados, uma epidemia de colaboracionismo foi seguida por uma epidemia de denúncias: vizinhos denunciando vizinhos, comerciantes denunciando outros comerciantes, todos se acusando de colaboração com nazistas. Victor se entristeceu ao ver que o fim da ocupação não tinha ajudado a reduzir as rixas entre os próprios franceses. O processo de limpeza e expurgos que aconteceu em toda a França, conduzido pelos próprios franceses, levou a execuções sumárias sem procedimentos legais. Mulheres foram expostas ao escárnio do público, às vezes até mesmo violentadas, por terem se envolvido com soldados alemães ou se apaixonado por um deles. Apesar de haver muitos franceses patriotas, Victor concluiu que a França sofria de consciência pesada não apenas pela velocidade com que seu grande Exército fora derrotado, mas também pelo mau comportamento de muitos governantes e cidadãos durante a ocupação.

Eles chegaram a Paris de manhã, entrando na cidade pelo 16º *arrondissement*, onde Victor tinha morado dos 9 anos até o momento em que fugiu com os pais, em 1940. Como havia pouquíssimos veículos nas ruas, eles puderam circular com rapidez, com a cidade se descortinando diante de Victor como se fosse um sonho. Passou na frente de sua velha escola primária, onde jogava bola de gude na calçada; atravessou a Champs-Élysées, passou pelo Rond-Point, entrou pelas largas avenidas a que a mãe costumava levá-lo para assistir a filmes e subiu o bulevar Poissonnière, perto do escritório onde seu pai trabalhava. Passou pelo prédio de sua tia Anya, onde vivera os primeiros dias em Paris junto com os pais depois de emigrar da Alemanha, em 1933. Os pais já o haviam informado de que sua tia, que o levara para ver o mercado a céu aberto, tinha fugido de Paris quando a cidade fora ocupada e seguido para Nice, onde acabou capturada pelas batidas policiais em busca de judeus estrangeiros. Ninguém ouvia falar dela havia mais de dois anos. O breve passeio turístico mostrou que ruas, praças, quarteirões e parques responsáveis pelo encanto de Paris foram razoavelmente preservados após quatro anos de ocupação alemã. A cidade mais encantadora da Europa tinha sido poupada da ruína que se abatera sobre Saint-Lô.

Enquanto dirigia pela Place de la République, Victor se lembrou de Dany Wolf, com olhos alegres, lábios carnudos e cabelos castanhos encaracolados penteados para trás. Aquele era o bairro dela. Apesar de nunca a ter visitado, ainda se lembrava do endereço para o qual escrevera tantas cartas quando estava em Deauville, depois daquele verão apaixonado. Estacionou o carro e pediu para seu colega de equipe esperar no jipe.

Victor sabia que Dany e seus pais tinham se mudado de Paris, assim como a família dele, para a segurança relativa da zona não ocupada. Um ano depois de ter ido com a família para Nice, Victor soube por um conhecido em comum que a família Wolf estava em Lyon e que Dany estava casada e tinha um filho – notícia que não chegou a ser chocante, mas, sim, agridoce. Foi a última informação que teve a respeito da ex-namorada. Também sabia que Lyon, cidade que sofrera prisões em massa antes mesmo de os alemães ocuparem toda a França no fim de 1942, tinha se tornado um lugar perigoso para os judeus.

Victor percorreu a curta distância até o endereço dela no bulevar Voltaire e subiu correndo as escadas até o antigo apartamento da família. Quando tocou a campainha, uma mulher de cabelos grisalhos abriu a porta. Atrás dela, uma mulher ainda mais velha, envolvida em um xale preto, ergueu os olhos da poltrona em que estava. Parecia da família de Dany, daquele verão na Normandia: uma versão mais enrugada da avó da garota.

Victor disse seu nome para a *grand-mère* e perguntou:

"*Où est Dany?*"

"*Déportée*", respondeu a senhora idosa, com uma voz rouca. Dany tinha sido levada para um campo junto com o filho, acrescentou, sem demonstrar qualquer emoção, como se não tivesse mais forças.

Victor sabia o que aquilo significava. Havia muito entendera o que aquelas senhoras de luvas brancas do clube de mulheres republicanas em Harrisburg não queriam reconhecer quando ele falou sobre prisões e deportações de judeus e dos campos de concentração nazistas. Saber o destino de Dany, porém, não era algo que ele conseguiria aceitar nem mesmo assimilar – especialmente naquele dia, quando a cidade deles era, por fim, libertada, após anos de ocupação.

Atônito, deu as costas para a avó de Dany sem dizer nada e saiu do prédio.

De volta ao volante do jipe, dirigiu freneticamente para o centro de Paris, desesperado para se perder nas comemorações dos bairros mais jovens. Foi até o bulevar Saint-Michel e parou no Jardin du Luxembourg, que sabia ser um local de encontro de estudantes. Sabia disso por já ter sido um deles. Quando chegou, uma grande multidão já havia se aglomerado e gritava, alegremente: "*Vive la France!*

Vive de Gaulle! Vive les américans! Vive la victoire!". Victor recebeu uma garrafa de vinho aberta e muitos beijos.

Foi informado de que o líder exilado das Forças Francesas Livres, Charles de Gaulle, tinha entrado em Paris na véspera e liderado uma passeata triunfante pela Champs-Élysées até a Catedral de Notre-Dame, mesmo sob o fogo esporádico de franco-atiradores nazistas remanescentes nos telhados.

Embriagado pelo vinho e pela alegria da libertação, Victor subiu no capô do jipe e começou a discursar sobre um assunto de que nunca conseguiu se lembrar. Algumas pessoas na multidão ficaram confusas. *Ele é francês? Ou americano? Ele usa uniforme americano, mas fala como francês.* Victor parou para dar outro gole de vinho.

Sua lembrança seguinte foi de estar deitado no banco de couro de uma cafeteria, com a cabeça no colo de uma mulher que afagava seus cabelos. Mesmo antes de abrir os olhos, Victor sentiu um cheiro forte de perfume.

Algumas horas depois, ele e o amigo saíram de Paris totalmente de ressaca. Quando voltaram, encontraram o acampamento da divisão vazio, com alguns soldados empacotando suas coisas. Estes disseram que a 2ª Divisão Blindada atravessara o Sena às pressas, perseguindo alemães.

Victor e o amigo trocaram um olhar e, mesmo sem dizer nada, compreenderam a situação preocupante em que se encontravam. Embora equipes de interrogação operassem por conta própria, a situação deles era muito irregular, pois nem mesmo o oficial encarregado pela equipe sabia seu paradeiro. Como não tinham autorização para partir e receberam ordens explícitas para ficar fora de Paris, os dois se enquadravam tecnicamente em Ausência Sem Permissão (ASP). Agora que a divisão voltara a agir, eles poderiam ter sérios problemas caso sua ausência fosse percebida.

Victor disparou com o jipe pela estrada esburacada atrás do veloz Inferno sobre Rodas de Patton para alcançar uma guerra que o deixara para trás.

8

HOLANDA

Num domingo, Manny Steinfeld, o compenetrado garoto da aldeia de Josbach, na Alemanha, ouvia um jogo do Chicago Bears pelo rádio enquanto fazia sua lição de casa. A transmissão foi interrompida por notícias de que Pearl Harbor havia sido atacado.

Quando a Alemanha declarou guerra aos Estados Unidos, alguns dias depois, a primeira coisa em que Manny pensou foi na mãe, Paula, e na irmã dele, Irma, agora com 18 anos. Como elas fariam para sair da Europa ocupada pelos nazistas? Não tinha notícia delas havia meses, desde que recebera uma carta da mãe avisando que talvez as duas fossem deportadas para o gueto de Łódź, o que o fizera temer pelo pior. Manny estava certo de que a melhor chance de salvá-las era derrotando Hitler e os nazistas. Quanto mais pensava a respeito, mais certeza tinha de que a melhor coisa que *ele* poderia fazer por elas seria se alistar no Exército dos Estados Unidos assim que possível, ajudando seu país adotivo a derrotar sua terra natal.

Manny passou pouco mais de três anos vivendo com os tios em Chicago. Destacou-se na escola muito mais por sua memória fotográfica e sua habilidade de leitura dinâmica que por dedicação aos estudos. Quando se formou na Hyde Park High School, em junho de 1942, e descobriu que, como "inimigo estrangeiro", teria de esperar ser convocado em vez de se alistar, Manny pensou que entrar para a faculdade seria a escolha lógica. Naquele outono, matriculou-se na Universidade de Illinois, na intenção de continuar os estudos até ser convocado. Manny se mudou do superlotado apartamento dos tios, onde ainda dormia no sofá, e encontrou um quarto perto da faculdade e um colega, outro estudante, para dividir o aluguel de catorze dólares por mês. Teve de manter dois empregos de meio período para se sustentar, trabalhando como balconista em uma farmácia durante a semana e como ajudante de garçom em um restaurante grego, onde recebia 35 centavos por hora e tudo o que conseguisse comer. Apesar dessa nova independência, o rapaz de 19 anos não estava contente; pensava todos os dias em vestir um uniforme e fazer sua parte na guerra da Europa. Finalmente, no começo de 1943, seu desejo foi realizado quando recebeu a convocação para o Exército dos Estados Unidos.

Seu treinamento básico se deu em Camp Roberts, na Califórnia, e Manny se saiu suficientemente bem nos testes de inteligência e aptidão – a ponto de ser selecionado para o Programa de Treinamento Especializado do Exército (PTEE), oferecido em centenas de universidades de todo o país com treinamento em áreas como engenharia, idiomas e medicina, para suprir a demanda militar por soldados com habilidades técnicas. Considerados ainda mais exigentes que West Point ou que a Academia Naval, esses programas exigiam que os estudantes concluíssem um currículo de quatro anos em dezoito meses. Em julho de 1943, Manny foi enviado para a City College de Nova York, onde seus estudos incluíram um novo idioma: russo. Durante a faculdade, ele se tornou o que já era de coração: um americano. No dia 15 de novembro de 1943, Manny fez o juramento para se tornar cidadão dos Estados Unidos, algo que cobiçava desde que passara de navio pela Estátua da Liberdade como um garoto imigrante de 14 anos.

Em seu auge, em dezembro de 1943, o PTEE tinha 150 mil soldados matriculados. Começaram, no entanto, a surgir muitas críticas de que o programa estaria mantendo homens demais com potencial de liderança na escola, mas não em combate. Como declarou o tenente-general Lesley J. McNair: "Precisamos de 300 mil homens [nas unidades de combate] e estamos mandando homens para a faculdade?". O PTEE começou a reduzir as vagas. Em fevereiro de 1944, mais de 100 mil soldados-estudantes foram notificados de que seriam transferidos para unidades comuns. Manny era um deles.

Enquanto a maioria foi enviada para forças de combate convencionais, a fluência de Manny em alemão fez com que recebesse ordens diferentes. Ele foi direto para Camp Ritchie, onde se formou em abril de 1944, na 17ª turma, com 150 outros interrogadores que falavam alemão. Com sua nota mais alta em exércitos inimigos e avaliações louváveis de seus instrutores, Manny foi selecionado para se juntar a outros trinta para um curso especial de quatro semanas, uma pós-graduação em Ordem de Batalha que abrangia a organização do Exército alemão e sua estratégia militar. A excepcional memória de Manny o ajudou outra vez. Após completar a segunda graduação em Camp Ritchie, foi promovido a primeiro-sargento e logo embarcou em um navio de transporte de tropas que atravessou o Atlântico no Dia D.

Em Londres, Manny foi designado para servir como especialista em OB no quartel-general da Inteligência Aliada, localizado no número 40 de Hyde Park Gate, onde coletava e analisava informações reunidas pela Resistência sobre movimentos de tropas alemãs na França ocupada. Sua função era identificar cada unidade alemã em ação no oeste da França: estrutura, comandantes, armamentos, equipamentos e poder de combate.

Um mês depois do Dia D, a Inteligência Aliada fez uma convocação urgente para que soldados que falassem alemão e tivessem conhecimentos especializados sobre o Exército germânico se apresentassem como voluntários para as divisões aerotransportadas. Apesar de ser qualificado, Manny nunca tinha entrado em um avião, tampouco conseguia se imaginar saltando de uma aeronave durante o voo. Ainda assim, acreditando que deveria ir para onde fosse mais requisitado, respondeu ao chamado. No primeiro treino de salto de paraquedas sobre a Inglaterra rural, ficou na frente da fila e foi o primeiro a subir no avião, o que significava que seria o último a saltar. O avião decolou, e Manny já estava bem nervoso quando o supervisor de salto, que permaneceria na aeronave depois que os aprendizes saltassem, percorreu a linha de soldados e parou na frente dele.

"Steinfeld, me dê seu relógio."

Manny tirou o relógio e o entregou.

"Agora me dê sua carteira."

Manny entregou a carteira, perguntando por quê.

"Há uma chance de seu paraquedas não abrir", disse o supervisor. "Um em cada 100 mil paraquedas falha. Se isso acontecer, quero ficar com seu relógio e sua carteira."

Manny estava ansioso demais naquele momento para perguntar ao supervisor se ele pretendia mesmo ficar com os itens. Quando o supervisor o empurrou com força porta afora, Manny tremia de medo. Não conseguiu respirar até sentir o reconfortante tranco do colete e ver o paraquedas se abrir com segurança. Sofreu queimaduras terríveis das correias apertadas na pele, mas havia o alívio por estar vivo; por isso, ele não reclamou. Ainda haveria mais quatro saltos de treinamento. Manny teve medo de todos, mas lutou para controlar a ansiedade. Sair de um avião em pleno voo nunca se tornou algo rotineiro para ele. De certa forma, aquilo parecia até mesmo pior que a perspectiva de ser atingido por alemães. Perguntava-se se os outros homens também sentiam tanto medo. Ao abrir mão do confortável emprego que tinha no quartel-general, Manny sabia que havia deixado de observar um conhecido ditado militar: nunca se apresente como voluntário para nada. Ele, porém, não servia no Exército dos Estados Unidos para passar a guerra sentado atrás de uma mesa.

Manny fez todos os saltos exigidos pelo treinamento, pegou sua carteira e seu relógio de volta e recebeu as asas da insígnia de paraquedista. Agora, como paraquedista qualificado, foi designado para a 82ª Divisão Aerotransportada, que logo voltaria da Normandia à Inglaterra. Quando a viagem de volta começou, surgiram rumores de que a divisão de todos os americanos – assim chamada por causa de sua predecessora na Primeira Guerra Mundial, a 82ª Divisão de Infantaria, composta por soldados de todos os estados da União – participaria de outras operações aéreas sobre a Europa ocupada pelos nazistas.

Ao contrário de outros garotos Ritchie que conhecia, Manny não mudou de nome quando se tornou cidadão americano nem requisitou novas plaquetas de identificação antes de sair do país. A letra "J", de judeu, marcava sua identificação metálica presa a uma corrente comprida ao redor do pescoço.

Ich bin ein deutscher Jude. Sou um judeu alemão.

Manfred Steinfeld viveria ou morreria nessa guerra como judeu alemão.

Werner Angress atravessou o canal de navio, da França para a Inglaterra, com a 82ª Divisão Aerotransportada, em meados de julho. Em 33 dias de combate desde o Dia D, sem descanso nem substituições, a 82ª lutara contra cinco divisões de infantaria alemãs, incapacitando duas. Essas vitórias, no entanto, tiveram um custo terrível. Dos 11.770 homens da 82ª que chegaram à Normandia de paraquedas, em planadores e navios, havia menos de 6 mil naquele navio retornando para a Inglaterra.*

Depois de ter sobrevivido aos combates, à captura e ao tempo que passou como prisioneiro de guerra, Werner sentia-se grato por estar entre os que voltavam. Logo depois de chegar ao acampamento da divisão em Nottingham, ele recebeu as medalhas Estrela de Bronze e Coração Púrpura, pelo ferimento na perna sofrido em combate. A recomendação recebida para a Estrela de Bronze consta (parcialmente) a seguir:

---

* As baixas da 82ª Divisão Aerotransportada na Normandia contaram 5.245 mortos, feridos e desaparecidos. O 508º Regimento de Paraquedistas da divisão, para o qual Werner Angress foi designado, teve 2.056 soldados saltando sobre a Normandia no Dia D, muitos deles em lugares errados. Desse total, 307 foram mortos e 754 ficaram feridos, ou seja, 50% de baixas.

> Pelos meritórios serviços entre 6 de junho e 12 de julho de 1944 na Normandia, França. Em todos os momentos, o sargento Angress desempenhou suas funções com alta capacidade e foi agressivo, exibindo um nível elevado de iniciativa na obtenção de informações de prisioneiros de guerra que se mostraram valiosas para as operações táticas. O sargento Angress avançou muitas vezes pelas linhas de frente para capturar prisioneiros e agilizar a coleta de informações valiosas. Em uma ocasião, quando um prisioneiro se rendeu e disse ao sargento que outros esperavam para se render perto de nossa linha de frente, mas tinham medo de ser fuzilados por nossos homens, ele levou quatro homens à localização indicada sem se preocupar com sua própria segurança, fazendo com que 24 homens do Exército inimigo se rendessem.

Depois da Normandia, a Inglaterra pareceu um retorno glorioso para casa, e os homens da 82ª Divisão aproveitaram o intervalo entre operações. Metade da divisão imediatamente obteve licença de cinco dias. Quando voltaram, foi a vez da outra metade.

Em seu primeiro dia de licença, Werner pegou um trem para Broadway, em Cotswolds, onde mais equipes de Inteligência militar recém-chegadas se reuniram para aguardar instruções. Foi recebido como herói, o primeiro interrogador e primeiro paraquedista a voltar da Normandia. O primeiro a retornar depois de ter sido capturado pelos alemães. Isso conferiu certa notoriedade e autoridade a Werner. Também foi convidado a dar uma palestra aos recém-chegados dos Estados Unidos sobre o Dia D, a luta na França, sua experiência como prisioneiro de guerra e o trabalho realizado como interrogador. Sua palestra recebeu atenção total da plateia, cuja maioria tinha acabado de concluir o curso em Camp Ritchie.

Ao fim de sua licença, Werner recebeu novas ordens: passar uma semana num campo de prisioneiros de guerra ao norte da Inglaterra para reunir informações sobre a campanha na Normandia que pudessem ser úteis para o planejamento de futuras operações. Assim que Werner se anunciou no portão, o PE olhou para ele com desconfiança, por causa do sotaque. Logo depois de entrar no campo, Werner encontrou o cabo alemão que havia entregado a rendição de seus homens na Normandia e quase os viu ser fuzilados pelo tenente americano antes de sua intervenção. Werner e o prisioneiro apertaram as mãos como velhos amigos e conversaram em alemão, atraindo mais olhares desconfiados da polícia do Exército.

Werner Angress, paraquedista. *(foto da família)*

Werner disse ao cabo que estava lá para falar com os prisioneiros sobre suas experiências na Normandia, e o alemão se ofereceu para reunir voluntários. Em pouco tempo, parecia que todos os soldados alemães no campo queriam ser entrevistados, e a longa fila de prisioneiros dispostos a falar manteve Werner ocupado durante toda a semana.

Um paraquedista alemão, depois de descrever a nova arma antitanque usada pela primeira vez na Normandia, disse a Werner que, ao fim da guerra, ele achava que paraquedistas dos dois lados deveriam pressionar o Comitê Olímpico Internacional para incluir salto de paraquedas nos próximos Jogos Olímpicos.

Quando Werner voltou para Nottingham, a 82ª Divisão Aerotransportada tinha recebido equipamentos e tropas de substituição para repor suas perdas. Isso exigia mais treinamentos, então Werner, frustrado, teve de participar de manobras com o uniforme do Exército alemão. As equipes de IPG se revezavam nos papéis de mocinho e bandido nos jogos de guerra. Os soldados com uniformes da Wehrmacht eram instruídos a falar exclusivamente em alemão depois de ser "capturados" pelos camaradas americanos. Os garotos Ritchie detestavam andar pela zona rural disfarçados de soldados do Terceiro Reich. Consideravam especialmente revoltante que, sendo judeus, fossem obrigados a usar uniformes com a suástica das legiões de Hitler, fosse qual fosse a razão. Além disso, era uma encenação perigosa. A Guarda Nacional britânica estava mais determinada que nunca a impedir os detestados chucrutes de pisar em sua terra natal ou morrer tentando, o que tornava bastante real o risco de se vestir como inimigo.

Em um dia quente e úmido de agosto, Werner participou de um ato em homenagem ao general Eisenhower em um campo aéreo a 45 km de distância, em Leicester. Em seu discurso, Eisenhower agradeceu às tropas reunidas da 82ª e da 101ª divisões aerotransportadas pelo que tinham realizado na Normandia, dizendo que muito em breve todos seriam necessários para mais missões aéreas na Europa.

"Assim como vocês, eu preferia ir para casa pescar", disse aos soldados. "Um dia, depois de derrotar os nazistas, poderemos fazer isso. Por enquanto, tenho mais trabalho para vocês. E não vai demorar muito."

O entusiasmo de Werner com a promessa de mais ação ganhou força ainda naquele mês, quando a 82ª recebeu um novo comandante, James "Jumpin' Jim" Gavin, o mesmo general (e ex-comandante-assistente de divisão) que havia dado permissão a Werner para saltar no Dia D sem ser qualificado como paraquedista. O respeito de Werner por Gavin só tinha aumentado desde aquele episódio. Diferente de muitos generais, ele tratava bem seus subordinados, sem dúvida por ter sido soldado raso aos 17 anos, antes de entrar para a West Point, onde se formara em 1929. Qualquer homem que lidasse com Jim Gavin poderia ter certeza de que receberia a atenção total do general. Como resultado, ele se tornou muito popular entre as tropas. Aos 36 anos, após servir como general por menos de um ano, Gavin se tornou o general americano de duas estrelas mais jovem a comandar uma divisão desde a guerra civil.

Enquanto os paraquedistas aguardavam com nervosismo pelo próximo chamado às armas, Werner usou seu pouco tempo livre para escrever uma carta, havia muito adiada, para seu mentor de longa data, Curt Bondy, na Virgínia. Sabia que Bondy tinha sido notificado quando Werner fora dado como desaparecido na Normandia e que levara semanas para saber que, na verdade, ele estava vivo.

> *Caro Bo,*
>
> *eu te avisei, não avisei, que "desaparecido em ação" não quer dizer necessariamente morto? Sinto muito que você tenha se preocupado [...]. As notícias parecem muito boas, e espero que a bandeira americana seja hasteada em Berlim em bem pouco tempo. Realmente espero estar lá para ver isso. Cruze os dedos para que eu consiga [...]. Ainda tenho esperanças de encontrar meus pais e meus irmãos nessa confusão na Europa.*

Alguns dias depois, chegou o alerta para a 82ª Aerotransportada, para a 101ª Aerotransportada e para a 1ª Aerotransportada Britânica. Sob o comando do marechal de campo Bernard Montgomery, as forças terrestres britânicas já haviam alcançado a fronteira norte da Bélgica, e um plano fora rapidamente elaborado para enviar as três divisões aerotransportadas na frente para invadir a Holanda ocupada, a fim de impedir que os alemães explodissem as diversas pontes do país, inclusive as longas pontes sobre o rio Waal e o baixo Reno, que na Holanda era chamado de Nederijn. A destruição total dessas pontes atrasaria o avanço dos Aliados para o centro industrial alemão. Quase 35 mil paraquedistas seriam enviados – a maioria saltaria de paraquedas, mas alguns desceriam de planadores – ao longo de um corredor de 75 km de largura para capturar a única rodovia que atravessava a Holanda de norte a sul. As ordens eram para que as divisões aerotransportadas dos Estados Unidos, equipadas com as únicas armas de artilharia leve que podiam ser entregues de paraquedas, "dominassem e defendessem" seus objetivos bem atrás das linhas inimigas até que a infantaria, os tanques e a artilharia pesada do Exército britânico pudessem alcançá-las. Em seguida, as forças terrestres seguiriam rapidamente para o norte pela Holanda para chegar a Arnhem em quatro dias.

Pelo menos esse era o plano, chamado de operação Market Garden. Werner soube dos detalhes na reunião de inteligência do regimento, no dia 16 de setembro. Ao sul, a 101ª saltaria sobre Eindhoven, perto da fronteira belga, para capturar as cabeças de ponte necessárias à travessia das forças terrestres. Bem no centro geográfico da ambiciosa operação, a 82ª recebeu uma tarefa crucial: saltar sobre Nijmegen, tomar as pontes do rio Waal e uma ponte treliçada sobre o rio Maas e capturar o terreno mais elevado do território holandês, localizado entre Nijmegen e Groesbeek. Nove mil paraquedistas britânicos saltariam no extremo norte, em Arnhem, para tomar a faixa ao longo do Nederijn, parte holandesa do Reno, que, depois de dominada, permitiria às forças terrestres avançar para a Alemanha. As defesas ao redor de Arnhem eram consideradas leves, compostas por poucos milhares de alemães. Se a luta em Arnhem fosse intensa e as unidades aerotransportadas americanas não conseguissem liberar o caminho para o norte, no entanto, a divisão aerotransportada britânica ficaria isolada, sem via aberta para reabastecer ou receber reforços.

Werner conhecia bem a Holanda. Nijmegen ficava perto da fronteira leste do país com a Alemanha, a apenas 105 km de Amsterdã, onde havia deixado sua família cinco anos antes. Ele não recebera notícia de seus parentes desde a última carta da mãe – pouco antes de Alemanha e Estados Unidos entrarem em guerra –, na qual ela contava que o pai havia sido preso em Berlim por levar o dinheiro deles para fora do país. Werner saiu da reunião de regimento entusiasmado com os planos. *Holanda! Meu Deus! Talvez eu consiga encontrar minha família!* Também esperava receber notícias melhores sobre o pai. Talvez agora já tivesse cumprido sua sentença e sido libertado, quem sabe até já estivesse com a família em Amsterdã.

Comparado ao fiasco dos paraquedistas espalhados por toda a Normandia na noite do Dia D, o salto diurno sobre Nijmegen no dia 17 de setembro foi o sonho de todo paraquedista. Apenas dois dos 482 aviões, com 7.300 paraquedistas da 82ª Divisão, não chegaram ao destino. Um dos poucos incidentes ocorreu com Gavin, que, como sempre, foi o primeiro a saltar do avião na vanguarda. O general fraturou duas vértebras em uma aterrissagem difícil, mas quase não demonstrou dor ao soltar o paraquedas e pegar seu fuzil M1; logo estava dando ordens no tom calmo e tranquilo de sempre. Mesmo com a coluna fraturada, participou regularmente da operação, de fuzil na mão, onde a luta estava sendo travada.*

O regimento de Werner aterrissou, como planejado, 1,5 km a leste de Nijmegen, para ocupar uma cadeia de montanhas no flanco da divisão mais próximo da fronteira alemã. Werner ainda não tinha passado por nenhum treinamento com paraquedas, mas executou o segundo salto de combate como um verdadeiro veterano, fazendo uma aterrissagem suave numa plantação de batatas, rodeado por rostos conhecidos. Enquanto descia, avistou uma arma antiaérea alemã na redondeza, com os longos canhões apontando para o céu. A equipe de cinco pessoas que a manejava, ao ver o céu coberto por centenas de aviões e milhares de velames verdes, laranja, azuis e vermelhos dos paraquedistas americanos, organizou-se em fila ao lado do canhão sem efetuar um único disparo contra os aviões.

"*Hände hoch!*", gritou Werner, assim que pisou o chão.

Os artilheiros alemães obedeceram, ergueram as mãos, felizes por se render a uma força tão superior em vez de morrer lutando.

Nos primeiros dias, a equipe de IPG de Werner ficou em um mosteiro holandês a pouco mais de 1 km de onde tinham pousado. Ao entrarem pela primeira vez na construção, que servira de quartel-general para os alemães, eles encontraram um refeitório vazio com mesas ainda com pratos de comida quente e canecas de cerveja. Era óbvio que o lugar acabara de ser abandonado.

---

* O chefe de gabinete de Gavin, coronel Robert Wienecke, disse à jornalista visitante Martha Gellhorn em tom de queixa: "Nós desenvolvemos um sistema maravilhoso. Eu fico em casa com os telefones, e meu general sai para lutar junto com os soldados".

Naquela primeira noite, Werner subiu em um jardim no terraço do monastério com vários outros garotos Ritchie. Olharam para Nijmegen, uma das cidades mais antigas da Holanda, que agora estava sem energia e totalmente no escuro. Um batalhão do 508º Regimento lutava contra os alemães pelas ruas sinuosas, tentando desesperadamente alcançar a ponte do rio Waal. Os disparos e o brilho intenso dos incêndios devastando a cidade estavam próximos, mas ao mesmo tempo estranhamente distantes. Werner ficou pensativo. Um poema sobre a Primeira Guerra Mundial lhe veio à mente, e ele recitou os únicos versos de que se lembrava:

"Eu tenho um encontro com a morte,
*À meia-noite, em alguma cidade flamejante."**

Os homens que o acompanhavam ficaram surpresos com aquela declamação espontânea, mas logo mudaram para um assunto menos mórbido. Werner não se incomodou nem um pouco. Disse aquilo em parte para impressioná-los com sua memória literária, mas percebeu que um poema sobre a morte no meio de uma guerra não era o melhor assunto para jovens soldados.

Na manhã seguinte, quando as tropas alemãs capturadas foram levadas ao mosteiro para ser interrogadas, a equipe de IPG tomou conhecimento de algo surpreendente. Os comandantes inimigos estavam tão confiantes de que conseguiriam defender a imensa ponte rodoviária com vigas de aço de 600 m de comprimento que atravessava o Waal em Nijmegen que não havia ordens para detoná-la, algo que os alemães costumavam fazer antes de recuar. No entanto, a ponte, construída em 1936 com uma superestrutura de aço quase tão alta quanto um prédio de vinte andares, tinha sido minada com cargas explosivas. Até então, os alemães, reforçados pela artilharia pesada, estavam conseguindo defender os acessos ao norte e ao sul da ponte, numa extensão de quase 1,5 km de comprimento.

---

* Do poema "Tenho um encontro com a morte", de Alan Seeger, americano morto em combate no dia 4 de julho de 1916 na Batalha do Somme, servindo na Legião Estrangeira Francesa antes de os Estados Unidos entrarem na guerra.

A tomada da ponte de Waal era tão importante que a operação Market Garden exigia que fosse capturada intacta no primeiro dia – meta que foi postergada para o terceiro dia, quando a 82ª Divisão teve de repelir seis grandes investidas de contra-ataque. A 82ª estava operando sob controle do comandante das Forças Armadas britânicas, o general Brian Horrocks, que se encontrou pessoalmente com Gavin para dizer que a ponte devia ser tomada; caso contrário, toda a operação Market Garden podia fracassar. Gavin sabia que a vida dos soldados da 1ª Aerotransportada Britânica em Arnhem dependia de quão rápido as forças terrestres inglesas os alcançassem, o que significava que aquele território precisava ser dominado por seus homens imediatamente.

Horrocks e Gavin decidiram que a única maneira de terminar o impasse era flanqueando os defensores, enviando um regimento por um rio com correnteza forte em barcos de assalto. Ao meio-dia de 20 de setembro, Gavin ordenou que o 504º Regimento fizesse exatamente isso, sob fogo esparso dos canhões de 88 mm e de 20 mm, de morteiros e metralhadoras. Os barcos só tinham um par de remos, e os soldados precisaram usar a coronha dos fuzis para remar mais rápido e os capacetes para tirar a água que entrava nas frágeis embarcações pelos buracos de balas. Na primeira onda do ataque, apenas 13 dos 26 barcos chegaram ao outro lado.

A travessia do Waal custou mais de duzentas vidas americanas. Os paraquedistas que completaram a travessia investiram com granadas e baionetas contra um aterro alto onde os alemães estavam entrincheirados. Foi um ataque feroz, mas eles conseguiram abrir caminho até o acesso norte da ponte. Em seguida, lutaram sobre as vigas de aço da própria ponte, com dinamite e detonadores distribuídos pelas passarelas, matando os alemães antes que estes pudessem detonar as cargas explosivas.

Após a ponte ser dominada, o regimento de Werner atravessou o Waal e ocupou Bemmel, vilarejo logo ao norte de Nijmegen. Os paraquedistas cavaram valas e trincheiras, preparando-se para defender a posição de um contra-ataque previsto. O ataque alemão, porém, não aconteceu, e as coisas permaneceram calmas por alguns dias, durante os quais os americanos fizeram um número grande de prisioneiros, incluindo desertores de um regimento de Volksgrenadier localizado bem em frente à posição em que se encontravam. Com os interrogatórios, Werner descobriu que esse regimento era composto por soldados da reserva – alguns transferidos da Marinha e da Luftwaffe – com pouco treinamento em infantaria. Eles haviam sido enviados como força de ocupação quando a Holanda ainda não tinha muita prioridade estratégica. Uma vez que a luta estava ficando séria, explicaram os prisioneiros, muitos outros soldados estavam prontos para desertar.

Foi organizada uma patrulha com 25 paraquedistas para ir até a posição do regimento de Volksgrenadier e pegar tantos alemães desencantados quanto fosse possível. Naturalmente, eles precisavam de alguém que falasse alemão; então, o oficial encarregado mandou chamar Werner.

Partindo pouco depois do pôr do sol, em dez minutos o grupo percebeu que algo estava errado. Havia muita atividade no lado alemão. Enquanto atravessavam um prado, os alemães dispararam um sinalizador que banhou a área com luz branca. Iluminados numa região aberta, sabiam que a melhor maneira de não serem vistos era permanecendo imóveis. Isso ia contra todos os instintos humanos de se jogar no chão em busca de proteção, mas nas sombras um homem imóvel podia se passar por uma árvore ou outro objeto inanimado. Werner e os outros ficaram inertes como estátuas, até o sinalizador se apagar.

Depois disso, avançaram devagar até chegar a uma vala larga, com as duas extremidades cobertas por arbustos. Verificando com cuidado, o oficial disse que a área tinha sido minada. Naquele instante, outro sinalizador foi disparado. Eles estavam próximos o suficiente para que os alemães os avistassem e abrissem fogo com as metralhadoras. Dessa vez, todos se jogaram no chão em busca da proteção que pudessem encontrar. Quando o fogo inimigo diminuiu, o oficial encarregado da patrulha ordenou que dessem meia-volta e recuassem para as próprias linhas. Era perigoso demais seguir adiante.

Todos conseguiram voltar, fazendo com que a única conquista da patrulha fosse não ter baixas. Os homens consideraram a missão um fracasso até dois dias depois, quando Werner descobriu por alguns prisioneiros novos que o regimento de Volksgrenadier fora dispensado uma semana antes.

Os alemães da linha de frente tinham sido substituídos por uma divisão de elite da SS.

Pouco depois de Manny Steinfeld concluir o treinamento como paraquedista, a 82ª Divisão Aerotransportada retornou da Normandia para a Inglaterra. Ele foi designado para a única equipe de Ordem de Batalha da divisão. Seus companheiros eram o primeiro-tenente Leonard Abel, um intérprete fotográfico treinado em Camp Ritchie, e o primeiro-sargento Edward Wynne, colega de turma de IPG de Manny e também de sua turma de pós-graduação em Ordem de Batalha. Vinculados ao quartel-general de Gavin sob comando do oficial de inteligência (G-2) da divisão, o tenente-coronel Walter Winston, eles formavam a única equipe de Ordem de Batalha da 82ª, de forma que serviam como especialistas da divisão no que dizia respeito à composição e à capacidade de combate de centenas de unidades do Exército alemão.

Depois do que tinha enfrentado para se qualificar como paraquedista, Manny viu a ironia de ser mandado para a Holanda – sua primeira operação aerotransportada – a bordo de um planador silencioso e sem motor, e não de paraquedas. Apelidados de Caixões Voadores, esses planadores eram construídos para apenas um voo e um fim violento, após liberados do avião que os rebocava a pouco mais de 1 km da zona de salto. O planador mais usado – o Waco CG-$_4$A – tinha 14 m de comprimento e 24 m de envergadura, feito de lona e tubulações de aço. Conduzido por dois pilotos treinados, o Waco tinha capacidade de transportar treze soldados equipados para combate, um jipe ou uma arma pequena de artilharia de campo, além de uma pequena equipe para operá-la. Os planadores podiam lançar tropas e equipamentos com mais precisão que um paraquedas e eram ainda mais perigosos. Houve mais baixas em planadores que entre paraquedistas na Normandia, onde os alemães tinham disposto mastros intercalados a cada 3 m – alguns armados com explosivos – nos campos abertos em que as aeronaves costumavam pousar. Muitos planadores foram transpassados ou tiveram as asas rasgadas ou detonadas durante a descida. Mesmo sem esses obstáculos criados pelo homem, esses veículos de 2 toneladas caíam como um caminhão de lixo desgovernado, batendo em árvores ou pedras com tanta força que eram despedaçados, espalhando soldados e equipamentos.

Mesmo assim, Manny ficou aliviado por não ter de saltar de um avião na operação Market Garden. Ficou responsável pelo jipe da equipe de OB, que conduziu cuidadosamente de ré pela rampa de um dos planadores que levariam a 82ª Divisão Aerotransportada para a Holanda. Firmou as rodas com um apoio e ajudou a amarrar o jipe para não deslizar durante o voo.

Os aviões que rebocavam os planadores começaram a decolar depois da partida dos transportes levando os paraquedistas. Em uma operação aerotransportada, os planadores eram sempre os últimos, pois era perigoso demais descer com os aviões que os rebocavam num céu cheio de paraquedistas em pleno salto. Como não havia mais o elemento surpresa quando chegavam, muitas vezes eles tinham de voar sob fogo pesado. Vários planadores transportando tropas da 82ª Divisão foram separados dos aviões de reboque ao sobrevoar o canal e caíram na água gélida, fazendo com que os pilotos e os sobrecarregados paraquedistas acabassem no fundo do mar. Outros foram perdidos ao ser detonados pelo fogo inimigo ou quando os aviões que os rebocavam caíam depois de atingidos.

A bordo de um planador sendo rebocado a 100 m de um C-47, Manny ocupava o assento do motorista do jipe. No banco de passageiro estava o capitão George Wood, um capelão de 33 anos do regimento conhecido como Chappie. Ministro episcopal que conduzia cerimônias abertas e atendia às necessidades espirituais dos soldados, independentemente de afiliação religiosa, Chappie era veterano de três saltos de combate com a 82ª Divisão Aerotransportada: na Sicília, na Itália e na Normandia. Ele era adorado por homens de todas as religiões. Além de se expor a grandes riscos – desarmado e usando uma braçadeira da Cruz Vermelha – para cuidar e rezar por feridos e moribundos, transmitia sermões inspiradores e palavras de incentivo. Chappie ficou famoso nas divisões aerotransportadas por ter escrito "A oração do paraquedista" na véspera do Dia D.

Manny Steinfeld, 82ª Aerotransportada. *(foto da família)*

> Deus Todo-Poderoso, Pai Nosso que estais no céu [...], elimine da mente de nossos paraquedistas qualquer medo do espaço em que Vós estais sempre presente. Dai a eles confiança na força de Vossos Eternos braços que os protegem. Dotai-os com mente clara e coração puro para que possam participar dignamente da vitória que essa nação deve conquistar em Vosso nome, por meio de Vossa vontade. Tornai-os soldados destemidos de nosso país...

Manny estava sentado ao lado de Chappie no planador e tomou aquilo como sinal de que chegaria à Holanda sem incidentes.

No começo daquela tarde de domingo, no quinto ano de ocupação alemã na Holanda, as ruas das cidades e dos vilarejos holandeses estavam repletas de jovens de bicicleta e famílias passeando perto de diversos riachos e canais. De repente, fez-se ouvir o rugido de centenas de aviões bombardeiros dos Aliados. Em vez de seguir em frente, como sempre faziam, para bombardear cidades e fábricas na Alemanha, eles descarregaram a carga altamente explosiva sobre posições alemãs e baterias antiaéreas em toda a Holanda. Os aviões mal haviam partido quando, vindas pelo oeste, surgiram ondas de aviões de transporte com paraquedistas americanos e britânicos, que saltaram de baixas altitudes para chegar logo ao chão e reduzir as chances de ser alvejados ainda em voo. Quando os velames enfunados dos paraquedas desocuparam o céu, os aviões de reboque soltaram os planadores a cerca de 600 m de altura; eles desceram em silêncio como aves de rapina.

Por ser sua primeira viagem em um planador, Manny não sabia o que aconteceria quando o avião de reboque os soltasse. Ao se aproximar do chão, porém, sentiu que estavam descendo muito rápido. Ao olhar para o lado e ver Chappie rezando fervorosamente, Manny soube que havia algo errado. Antes de ter tempo de começar sua própria oração, o planador bateu de barriga no chão a mais de 160 km/h e deslizou ruidosamente antes de capotar. A aeronave foi completamente destruída, as laterais se abriram, e Manny foi arremessado, caindo inconsciente a certa distância. Acordou, ainda zonzo, numa estação de primeiros socorros com ataduras nos braços e nas costas. Perguntou por Chappie, que tinha se ferido um pouco, mas já estava pregando para os homens. Um dos jipes da equipe de OB, contudo, estava perdido.

Manny passou o resto do dia numa cama de lona do Exército. O intervalo propiciou bastante tempo para reflexão, e naquela noite ele teve um sono inquieto. Quando se reuniu com a equipe pela manhã, decidiu que saltar de paraquedas não era tão ruim assim.

Manny foi direto ao trabalho com a equipe de OB. Sua função era traduzir a informação obtida nos interrogatórios, com rapidez e precisão. Recebia os relatórios preenchidos pelas quatro equipes de IPG da divisão e os usava para determinar a identificação, a força e a capacidade de combate das unidades que enfrentavam, divulgando os resultados em um mapa mantido no quartel-general de Gavin. As informações vitais eram incluídas nas reuniões diárias que a equipe preparava para o G-2, o tenente-coronel Winston e o chefe de gabinete de Gavin, coronel Robert Wienecke.

Por um período de dez dias, Manny e o sargento Wynne foram designados a um posto de observação em uma floresta densa, na fronteira entre a Holanda e a Alemanha. Patrulhas de reconhecimento faziam expedições noturnas pelas linhas alemãs com o fim específico de capturar prisioneiros para interrogatórios; estes eram conduzidos por Manny e Wynne na mesma hora. Em seguida, eles transmitiam rapidamente por mensageiros qualquer coisa que soubessem sobre a composição das unidades alemãs à frente. Os dois garotos Ritchie trocavam tiros diariamente com as posições avançadas alemãs, sempre com armas de pequeno porte. Manny se qualificou como perito no estande de tiro de Camp Ritchie, algo que o surpreendeu, pois nunca tinha atirado antes de entrar no Exército. Naquela floresta densa, porém, ele descobriu que atirar contra um inimigo oculto que revidava era bem diferente de acertar um alvo num estande; depois de dez dias e dezenas de balas, Manny não fazia ideia se tinha atingido alguém ou não.

Quando voltaram para o quartel-general da divisão, os dois garotos Ritchie descobriram que sua localização mudara para um bosque na ponta sul de Nijmegen, na St. Anne Street. Apesar de haver estruturas disponíveis na cidade para abrigar a equipe, Gavin achava que as acomodações para o pessoal do quartel-general não deveriam ser mais confortáveis que as disponíveis para os homens na linha de frente. Dava o exemplo dormindo numa barraca, o que significava que todo mundo tinha de fazer o mesmo. Manny e Wynne cavaram uma trincheira de 2 m por 2 m, montaram uma barraca para se proteger da chuva, colocaram sacos de areia ao longo do perímetro e chamaram aquilo de "casa" durante o resto do tempo que passaram na Holanda.

A ameaça de franco-atiradores e bombardeios de artilharia era constante. No dia 30 de setembro, o técnico de quinto grau Eric Nathan, judeu alemão de 29 anos que imigrara na década de 1930 para Pittsburgh, na Pensilvânia, designado para a equipe do quartel-general da 82ª Divisão Aerotransportada, estava andando pela rua em Nijmegen quando um projétil alemão caiu a seu lado. Nathan foi atingido pelos estilhaços e morreu.

Na semana seguinte, os alemães levaram uma nova arma para a luta. Por coincidência, Manny estava esperando numa longa fila para comer quando isso aconteceu. Ao escutar um estranho som de serrote, todos olharam para cima. Dois aviões bombardeiros de aparência estranha da Luftwaffe, sem hélice, passaram voando e crivando o solo com tiros de metralhadora. Antes que qualquer um pudesse reagir, a veloz aeronave já estava longe, desaparecendo tão rapidamente quanto havia surgido.

Manny Steinfeld não sabia na época, mas tinha acabado de ver aviões a jato pela primeira vez.

Em pouco tempo, Werner Angress percebeu como a Holanda seria diferente da Normandia, onde os Aliados se mantiveram ativos no papel de agressores. A operação Market Garden logo se tornou defensiva, com breves ataques e contra-ataques, mas sem grandes alterações nas linhas de combate.

Enquanto isso, a artilharia alemã, localizada de 8 km a 16 km de distância, fazia estragos. Werner quase foi morto pelo bombardeio da artilharia inimiga em três dias consecutivos, durante o mês de outubro de 1944. Começou na sexta-feira 13, com um projétil próximo de artilharia explodindo na frente do jipe em que estava com outro soldado. Os dois foram engolfados por uma névoa de terra e pedregulhos, e o jipe caiu com força na cratera da explosão. Werner nunca entendeu como eles saíram incólumes do outro lado, sem quebrar um eixo nem mesmo amassar o para-choque do veículo.

Na noite seguinte, Werner e outro interrogador cavaram uma trincheira bem mais funda que o habitual para dormir, em frente à tenda do quartel-general do regimento. Em algum momento no meio da noite, no entanto, a artilharia alemã abriu fogo – os dois ouviram as explosões se aproximando cada vez mais. Alarmado, Werner percebeu que os observadores inimigos deviam ter identificado a tenda. *Como fomos estúpidos de cavar uma trincheira aqui perto*, pensou. Agora não podiam fazer nada além de se deitar no fundo da trincheira e torcer para não tomarem nenhum impacto direto enquanto o chão tremia e as explosões dos projéteis de artilharia ameaçavam romper seus tímpanos. Finalmente, depois de dez minutos que pareceram dez horas, o bombardeio cessou. Werner e o outro soldado passaram o resto da noite no fundo da trincheira, contando piadas sem graça e se solidarizando com a infeliz situação em que estavam. Quando o sol nasceu, Werner saiu da trincheira para esticar as pernas. A alguns metros de distância, viu um projétil de 105 mm da artilharia alemã de 13 kg enterrado até a metade no chão. Devido a algum problema, a bomba não explodira, poupando a vida dos dois.

Werner passou o dia seguinte no posto de comando de um dos três batalhões do regimento, os quais ele visitava em sistema de revezamento. Os batalhões – cada um com cerca de 500 homens – ficavam mais perto da luta que o quartel-general do regimento, e por isso sempre havia prisioneiros recém-capturados a ser interrogados. Werner conversou com um sargento que ainda não conhecia. Quando anoiteceu, o sargento o convidou para ficar com ele numa vala espaçosa e conversar um pouco mais, tomar uns goles de uísque de uma garrafa que conseguira numa adega. Era uma oferta tentadora, mas Werner estava cansado. Declinou o convite e foi passar o resto da noite em sua trincheira. As trincheiras eram menos confortáveis que as valas alongadas, pois era necessário dormir meio agachado, mas eram consideradas mais seguras, uma vez que a abertura mais estreita era um alvo mais difícil para um projétil de artilharia ou um morteiro – e as trincheiras também costumavam ser mais profundas. Durante a noite, a artilharia inimiga retomou o bombardeio, ainda que com menos intensidade que na noite anterior, e Werner dormiu pesado, agachado em sua trincheira. Pela manhã, seu novo amigo estava morto, vítima de um projétil que caíra diretamente na vala.

A essa altura, Werner já tinha visto o suficiente da guerra para se dar conta de que só havia uma explicação possível para sua maré de sorte: ainda não chegara sua vez de morrer.

Até aquele momento, a operação Market Garden não estava correndo conforme o plano. Em Arnhem, os paraquedistas britânicos enfrentavam muito mais resistência do que haviam previsto. Seis mil soldados veteranos das 9ª e 10ª divisões Panzer da SS estavam acantonados na região em que os paraquedistas saltaram, o que surpreendeu os estrategistas aliados. O que se supunha ser um alvo com defesas leves, que possibilitaria a captura rápida da ponte mais importante de toda a operação – a travessia do Nederijn que abriria caminho para o norte da Alemanha –, tinha se tornado um combate que avançava de rua em rua.

As forças terrestres britânicas ao sul, que serviriam para reforçar os paraquedistas em Arnhem, ainda estavam longe. Na verdade, mal se moviam. O terreno era cheio de pontes, diques e valas de drenagem muitas vezes difíceis de atravessar, e o terreno nos dois lados da via estreita em geral era fofo demais para os veículos. Assim, os caminhões de transporte de tropas e peças de artilharia pesada eram obrigados a seguir lentamente para o norte, em fila única. E sofriam ataques frequentes, sendo obrigados a parar o avanço e travar uma série de batalhas ao longo da única rota direta que levava da Bélgica a Nijmegen. As unidades mais avançadas levaram três dias para percorrer metade de Arnhem, até a combinação do terreno com os alemães obrigá-las a parar totalmente. Milhares de soldados e inúmeros tanques e veículos estacionaram, uns colados nos outros, num congestionamento que se estendia por quilômetros. Só duas semanas depois de a 82ª Divisão ter saltado sobre a cidade, as forças terrestres britânicas alcançaram Nijmegen, ainda a 30 km de Arnhem – aonde, no entanto, nunca chegariam.

Após sete dias por conta própria, a 1ª Divisão Aerotransportada Britânica em Arnhem estava isolada e enfrentando uma força inimiga maior, o que forçou o comandante a ordenar uma retirada para evitar a perda da divisão inteira. As estatísticas eram horríveis: dos 9 mil paraquedistas britânicos que saltaram em Arnhem, quase 6 mil foram capturados ou estavam desaparecidos, mais de mil tinham sido mortos, e pouco menos de 200 conseguiram se retirar em segurança. Depois de perder quase três quartos da força, a 1ª Divisão Aerotransportada Britânica não voltaria a entrar em combate. Com Arnhem e as pontes sobre o Nederijn ainda sob controle dos alemães, os Aliados não conseguiriam avançar.

As duas divisões aerotransportadas americanas, porém, foram em grande parte bem-sucedidas, e agora sua nova missão era continuar na Holanda para defender as pontes e o território conquistado. Para a 82ª, que já tinha sofrido quase 800 mortes, aquilo significava ficar perto de Nijmegen, que continuava bombardeada a distância pelos alemães de maneira intermitente, dia e noite, até a destruição de todos os quarteirões. Os hospitais civis se encheram de cadáveres de todas as idades.

Em outubro, Werner se acomodou numa estufa deserta cheia de videiras para escrever uma carta a Curt Bondy, que tentava manter contato com os rapazes que orientara e que agora serviam no Exército dos Estados Unidos.

Lá fora, a chuva era intensa, como nos últimos dias, e a água entrava pelas janelas quebradas da estufa. Cacos de vidro e uvas cobriam o chão. As poucas casas que Werner avistava tinham sido destruídas, reduzidas a destroços.

Projéteis da artilharia americana eram lançados contra as linhas alemãs a alguns quilômetros de distância, e as explosões abafadas que Werner ouvia via eram gratificantes. Ele sentia muito pela guerra chegar à Holanda pela segunda vez: primeiro, a invasão alemã, em 1940; agora, quatro anos depois, a invasão aliada para expulsar os alemães. A Holanda foi o primeiro porto seguro que ele e sua família tiveram ao fugir da Alemanha. Werner gostava da simplicidade e da beleza do lugar, além da hospitalidade do povo. Era um bom país, que já tinha sido lindo, mas que agora estava devastado.

"Quanto mais tempo essa guerra durar, mais coisas terríveis vou ver", escreveu. "E quanto mais eu aprendo sobre a morte, maior é a minha convicção de que nosso primeiro dever após esta guerra será evitar outra. Ainda não sei se será possível, mas pelo menos deveríamos tentar o máximo que pudermos."

Disse a Bondy que ainda não sabia se sua família estava em Amsterdã, que esperava que a situação militar logo tornasse esse descobrimento possível. Werner também confidenciou a Bondy uma espécie de dilema moral que vinha enfrentando nos últimos dias.

"O que fazer com a futura geração de alemães? Essa é a primeira parte de sua educação. Bombardeios, balas, retiradas, o fato de o Führer estar errado e de não existir raça superior. Isso vai mostrar o que significam a morte e o desespero. Vai mostrar que começar guerras não compensa. Mais para a frente, serão necessários anos e anos de ensino metódico por professores alemães e americanos selecionados com cuidado para reeducar a juventude alemã."

Na época em que escreveu essa carta para Bondy, Werner acreditava que sua mãe e seus irmãos ainda estavam em Amsterdã; tinha esperanças de que o pai também houvesse ido para lá. A cidade ficava a menos de 160 km de distância, mas era como se fossem 1.000 km. A missão da 82ª Divisão, a operação Market Garden, não incluía campanha para libertar a Holanda ocidental.

Werner falava um holandês razoável e, sempre que encontrava civis holandeses, perguntava o que eles sabiam sobre a situação em Amsterdã. A maioria, porém, não estivera na cidade desde a ocupação, então ele não descobriu muita coisa.

No dia 11 de novembro, a 82ª foi substituída por tropas canadenses. Sua campanha na Holanda chegara ao fim. Subiram nos caminhões e seguiram rumo ao sul até um acampamento militar na França, para descanso e recuperação.

Enquanto a Holanda ficava para trás, Werner Angress teve a terrível sensação de perder a grande chance de descobrir o que acontecera com sua família.

9

AS FLORESTAS

Depois da excursão não autorizada pela Paris libertada, Victor Brombert e o garoto Ritchie que o acompanhava alcançaram a 2ª Divisão Blindada, a Inferno sobre Rodas, 90 km adiante na estrada. Por sorte, o líder da equipe de IPG ajudou para que a ausência deles não fosse notada, então o passeio proibido pela Cidade Luz não teve nenhuma consequência.

A divisão blindada avançou rapidamente pelas planícies ao norte da França, sem que nada a detivesse por muito tempo. As cidades caíam uma após a outra. Com os alemães batendo em retirada de maneira desorganizada, a vitória parecia cada vez mais próxima. Um otimismo vertiginoso se disseminou pelas fileiras e pela cadeia de comando dos Aliados, levando a declarações ousadas sobre a guerra terminar antes do Natal e todos voltarem logo para casa.

Victor foi um dos primeiros soldados americanos a entrar em Bapaume, cidade com poucos milhares de habitantes localizada perto da fronteira belga. Quase devastados durante a Primeira Guerra Mundial e sob o impacto de outra ocupação militar alemã, os moradores foram dar boas-vindas aos libertadores americanos. Na praça pública, um funcionário da prefeitura correu até o jipe de Victor e entregou-lhe uma proclamação oficial, declarando-o cidadão honorário. Em seguida, com um floreio, espetou uma Cruz de Lorena na jaqueta militar de Victor. Consistindo de uma barra vertical e duas horizontais, a cruz datava do Império Bizantino e fora adotada como emblema das Forças Francesas Livres lideradas por De Gaulle. Apesar de Victor confundir algumas pessoas em relação ao Exército para o qual lutava, especialmente por causa do sotaque francês, ele manteve a cruz francesa por meses, até um coronel americano ordenar que fosse retirada.

Liderando o caminho, o batalhão de reconhecimento da divisão – unidade a que Victor havia se juntado por pouco tempo durante a ofensiva de Saint-Lô – entrou na Bélgica no começo de setembro, com tanques e jipes da equipe de Victor seguindo logo atrás. Uma semana depois, após atravessar quase 160 km de território belga praticamente sem oposição, a 2ª Divisão Blindada se aproximou dos arredores de Hasselt, cidade dedicada à mineração no canto nordeste do país. Lá, foram atrasados por uma série de armadilhas, como troncos de árvores caídos armados com explosivos potentes – cortesia dos alemães em retirada.

Os habitantes de Hasselt receberam os americanos de braços abertos e com canecas de cerveja em pubs esfumaçados repletos de clientes extasiados que cantavam músicas belgas. Em um dos bares, Victor, que a vida inteira tinha sonhado em ser cantor de ópera, entoou "A Marselhesa", hino nacional francês, com afinação perfeita. O bar ficou em silêncio desde o primeiro verso, "*Aux armes, citoyens!*", ou "Às armas, cidadãos!", e ele foi ovacionado quando terminou.

Infelizmente, nem todas as cenas da libertação se mostraram comemorativas. Na manhã seguinte, uma multidão agitada arrastou pelas ruas várias jovens acusadas de dormir com soldados alemães. Elas foram chutadas e estapeadas, tiveram os cabelos cortados e suásticas pintadas na cabeça.

Em meados de setembro, a 2ª Divisão Blindada chegou ao sul da Holanda. Uma vez em Maastricht, contudo, a poucos quilômetros da fronteira alemã, a equipe francesa de Victor foi subitamente convocada para retornar a Paris. Como a divisão já estava bem além do território em que se falava francês, eles foram informados de que sua habilidade no idioma não seria mais necessária. Extasiado, Victor concluiu que a guerra terminara para ele e se imaginou passando o resto do conflito em Paris. Vislumbrou um futuro com muito vinho, mulheres e música na cidade que adorava.

De início, pareceu que teria seu desejo realizado. Quando se apresentou à Inteligência do Exército – situada na avenida Marceau, num escritório composto apenas por mesas, luminárias e cadeiras de metal utilitárias –, a equipe francesa foi oficialmente dispensada. Sem novas atribuições, eles receberam ordens para se instalar em alojamentos próximos ao quartel-general e se apresentar diariamente.

O bairro em que se instalaram, no centro de Paris, era perto de onde Victor tinha ficado com os pais, em um pequeno hotel, antes de a família encontrar um apartamento. Para Victor, era como voltar para casa. Passeou pelos parques frondosos e pelas ruas sinuosas que conhecia tão bem. Ansioso para se acomodar em um lugar próprio, dois dias depois, saiu do quarto a que tinha sido designado e alugou um estúdio mobiliado na rua des Vignes, a algumas quadras de onde ele e outros garotos costumavam observar as garotas saindo da escola no Lycée Molière. Depois de se mudar para o estúdio com a mala e o fuzil M1, foi ao bar da esquina tomar um drinque. Lá, uma mulher franzina de cabelos escuros tomava um espresso e conversava com o *barman*. Sorriu ao ver o uniforme de Victor e, supondo que fosse americano, perguntou em inglês se ele tinha participado da invasão na Normandia. A mulher ficou surpresa quando ele respondeu em um francês impecável.

O nome dela era Yvette. Tinha olhos tristes encimados por pálpebras pesadas, e suas sobrancelhas delineadas o fizeram pensar em Edith Piaf. Mais tarde, os dois saíram juntos e sentaram-se no banco de um parque, de mãos dadas. Pelos comentários, Victor entendeu que havia alguém na vida dela – um marido ou um amante –, mas que aquilo já tinha terminado. Decidiu não fazer perguntas. Apesar de não se beijarem antes da despedida, combinaram outro encontro para o dia seguinte. Yvette foi a primeira convidada ao pequeno apartamento de Victor, com paredes vermelhas e luz suave. Ela gostava de cobrir os dois com os lençóis para afastá-los do resto do mundo, o que ajudou Victor a manter distantes quaisquer pensamentos sobre a guerra.

Ele, porém, tinha de se apresentar diariamente ao quartel-general e, numa dessas ocasiões, foi remetido a um coronel britânico que precisava de alguém capaz de falar vários idiomas. O coronel queria alguém para viajar semanalmente entre Paris e Londres levando para o quartel-general da Inteligência Aliada em Hyde Park relatórios ultrassecretos que identificavam alvos industriais alemães. A informação seria usada para planejar missões para bombardeiros britânicos e americanos de longo alcance. Praticamente qualquer um no Exército cobiçaria uma função tão cômoda, distante dos riscos do combate, mas Victor só conseguia pensar nas noites que passaria longe de Yvette. Por isso, fez o que pôde para sabotar a entrevista. Disse ao coronel que detestava "trabalho monótono de escritório" e não mencionou que falava russo, o que teria dado ainda mais peso à sua impressionante lista de idiomas. O coronel, que de início se interessara por Victor, acabou desistindo.

Victor estava certo de que, ao arruinar a entrevista, tinha garantido sua estadia em Paris até o fim da guerra e correu para contar as boas-novas a Yvette. No entanto, poucos dias depois, seu treinamento em Camp Ritchie o denunciou quando alguém no quartel-general viu em seu arquivo que Victor falava alemão além de francês e que havia sido treinado para interrogar prisioneiros de guerra alemães. Victor foi destacado para uma equipe de IPG de língua alemã, que recebeu ordens para se apresentar imediatamente à 28ª Divisão de Infantaria, naquele momento engajada em uma grande ofensiva perto da fronteira alemã.

Victor ficou furioso consigo mesmo por desperdiçar a oportunidade de ter um bom posto em Paris. Apesar das viagens semanais à Inglaterra, ele poderia passar várias noites por semana com a adorável Yvette. Também já podia imaginar a desaprovação severa dos pais, que temiam que ele fosse morto ou capturado pelos nazistas por não ter optado pela segurança longe do *front*. Ainda assim, a parte mais difícil foi dizer adeus a Yvette. Sua equipe partiu com tanta pressa que Victor teve de avisá-la por telefone, deixando-a com o coração partido. Os dois acharam que nunca mais se veriam.

A nova equipe formava um grupo impressionante de garotos Ritchie. Entre os cinco, dois eram alemães, sendo que um era filho de um rabino que cantava velhas canções judaicas; um era austríaco; outro era húngaro; e havia Victor, que logo voltou a ser chamado de "francês". Ao todo, eles falavam quinze idiomas, incluindo ídiche. O alemão de Victor era impecável, embora ele pouco tivesse praticado. Como havia saído da Alemanha com 9 anos, seu vocabulário era um tanto restrito. Não seria capaz de dissertar sobre filósofos alemães do século XVIII, mas isso não era necessário para interrogar prisioneiros de guerra.

Quando alcançou a 28ª Divisão de Infantaria, a 450 km de Paris, a equipe de Victor encontrou as tropas perto de Roetgen, a primeira cidade alemã capturada pelo Exército americano. Cidade tranquila de casas geminadas, Roetgen não mostrava indício da terrível luta em andamento a alguns quilômetros, na floresta de Hürtgen.

O plano de avançar pelo território de vegetação densa a leste da fronteira entre a Bélgica e a Alemanha partiu de uma diretiva de Eisenhower em setembro para que as suas forças atravessassem a fronteira alemã e levassem a luta para a Alemanha. A meta inicial era imobilizar uma força alemã significativa na floresta de Hürtgen, uma das mais extensas do país, para impedi-la de percorrer 30 km para o norte e reforçar Aachen, que seria a primeira grande cidade alemã a ser tomada pelos Aliados. A segunda fase da operação seria atravessar a floresta e atingir o coração da região industrial do Ruhr.

Na floresta densa, alguns abetos se erguiam altos como postes, e o terreno era traiçoeiro: colinas íngremes e vales profundos, tudo envolvido por uma umidade congelante. Era um dos territórios mais acidentados da Europa ocidental.

Retrato de Victor Brombert na Paris libertada, feito para Yvette pouco antes de ele ser transferido para a 28ª Divisão de Infantaria, em combate na floresta de Hürtgen. *(foto da família)*

Para combater as invasões do oeste, os alemães transformaram o centro da floresta em um labirinto de defesas bem camufladas, compondo parte do Muro ocidental, com 600 km de comprimento e mais conhecido pelos Aliados como Linha Siegfried – com casamatas de concreto, cercas de arame farpado, campos minados, metralhadoras e posições de artilharia protegidas por paredes de aço. Além disso, havia a questão do terreno em si. O solo pantanoso da floresta, raramente exposto à luz do sol por causa da vegetação cerrada, não era ideal para tanques e outros veículos, e o tempo frio e nebuloso impedia a maior parte da frota aérea aliada de decolar, limitando o suporte aéreo disponível para as tropas terrestres.

A 28ª Divisão era uma unidade da Guarda Nacional da Pensilvânia que tinha lutado na guerra civil americana, quando foi denominada por Abraham Lincoln como "primeiros defensores", por ter defendido a capital ameaçada em resposta a um apelo urgente do Congresso. O ataque foi desfechado com três regimentos de infantaria na manhã fria e nebulosa de 2 de novembro de 1944. Às 8 horas, milhares de soldados saíram das trincheiras e entraram na floresta sombria. Executando um plano de ataque que contava com extenso apoio de tanques, aeronaves e artilharia – que na maior parte não se materializou –, cada um dos regimentos da divisão foi enviado para uma direção diferente. Tal ação violava um princípio básico da guerra, de concentrar o poder de combate em uma localização decisiva.

De início, os piores inimigos foram a floresta e o clima. Sem roupas adequadas para o inverno, os soldados ficaram expostos à chuva, ao granizo e a temperaturas congelantes. Em seguida, porém, eles encontraram os alemães, veteranos em combates no inverno com roupas quentes e brancas como a neve, aguardando atrás de árvores e no interior de casamatas para disparar à queima-roupa contra os soldados americanos que se aproximavam. Mesmo quando os americanos os avistavam antes, em alguns lugares a vegetação era tão densa que nem sempre havia linha de tiro. Por isso tinham de usar granadas, o que implicava se aproximar dos alvos para lançá-las com precisão.

Nenhum dos regimentos da 28ª conquistou os objetivos do primeiro dia. Algumas unidades perderam metade dos homens nas horas iniciais. Um regimento foi pressionado pela artilharia alemã até voltar à sua posição de origem; outros, apanhados entre campos minados e fogos de barragem, ficaram imobilizados. Inexplicavelmente, nem o comandante da divisão, o major-general Norman Cota, nem sua equipe tinham organizado patrulhas de reconhecimento antes de entrar na floresta. Uma sondagem desse tipo poderia não só ter determinado a localização das defesas que enfrentavam, dos campos minados, das casamatas e de outros obstáculos, mas também – claro – poderia revelar a verdadeira força dos alemães na floresta. Além das duas divisões alemãs que esperavam combater, a 28ª enfrentava uma terceira divisão, que havia entrado inesperadamente em seu setor. Outro erro tático foi designar uma trilha estreita e lamacenta pelo vale do Kall para servir como principal rota de suprimentos da divisão. Desde o momento em que a batalha começou, foi um desafio manter aberta essa passagem vital para os homens na floresta.

Nos dias que se seguiram, a equipe de IPG de Victor ficou perto da ação, interrogando prisioneiros alemães recém-capturados, centenas dos quais na primeira semana. Os alemães estavam determinados a defender sua pátria da invasão, e Victor logo concluiu que o moral e a determinação do Exército alemão haviam sido seriamente subestimados.

Ele ficou chocado com o que viu nas linhas de frente: soldados da infantaria americana atacando posições elevadas e casamatas bem defendidas, resultando em perdas atrozes. Rádios eram pouco confiáveis naquela vegetação densa, e mesmo de longe Victor percebeu que o quartel-general da 28ª Divisão tinha pouca noção do desastre que se desenrolava. Victor e seus homens assumiram a responsabilidade de questionar os soldados americanos sobre as condições de batalha e repassar a informação pessoalmente ao posto de comando da divisão, na esperança de que o alto escalão recobrasse os sentidos. Era necessária uma nova estratégia ou outro plano para interromper o massacre.

Victor nunca se esqueceria da mortandade que vira na floresta: o horror das barragens de morteiro e artilharia; incontáveis projéteis explodindo na copa das árvores, contra os quais se jogar no chão não oferecia nenhuma proteção; roupas rasgadas e partes de corpos ensanguentadas arremessadas por explosões nos galhos das árvores, onde ficavam penduradas como se aquele fosse o varal de Satã; tanques presos pela lama espessa, incapazes de se movimentar; soldados cansados ou amedrontados demais para sair das trincheiras até mesmo para urinar. "Os homens estavam cedendo à pressão", disse a Victor um dos paramédicos do combate. Alguns soldados desesperados se feriam de propósito, atirando no pé, nos dedos dos pés ou das mãos para serem afastados pela equipe médica.

Victor vivenciou o terror da Normandia e de Saint-Lô, mas nada daquilo se comparava ao banho de sangue que se desenrolava na mata ao sudeste de Aachen. A floresta de Hürtgen acabou se tornando a batalha mais longa travada pelo Exército dos Estados Unidos – quase cinco meses de duração. Por fim, os soldados americanos conseguiram atravessar a floresta e entrar na região alemã do Ruhr, mas somente depois de meses de derrotas custosas e da redução de inúmeras divisões, algumas das quais chegando a 5 mil baixas em questão de dias. O total das baixas americanas na floresta de Hürtgen passou de 30 mil. Soldados recém-chegados eram levados às pressas dos postos de reposição para o combate, com tal frequência que os postos logo ficavam desfalcados. As tropas desmoralizadas e seus comandantes, bem como os generais responsáveis, chegaram à mesma conclusão de Victor: a determinação e a capacidade dos alemães para defender sua pátria tinham sido muito mal avaliadas. Não houve mais conversas sobre a guerra na Europa acabar antes das festas de fim de ano.

No fim de novembro, após ter fracassado em muitos de seus objetivos na floresta de Hürtgen, perdido quase 40% do efetivo e boa parte do equipamento, a 28ª Divisão foi afastada da linha de frente e enviada para uma região tranquila em Luxemburgo, às margens do rio Our, que atravessava a floresta das Ardenas.* Com colinas arborizadas, vales tranquilos e vilarejos graciosos, a região parecia ideal como área de repouso. A divisão recebeu novos veículos e equipamentos, roupas para o inverno e reposições para suas fileiras desfalcadas. Porém, durante esse processo, a 28ª foi encarregada de manter um *front* de 38 km, distância grande demais para ser coberta por uma só divisão, mesmo uma que estivesse inteira, bem equipada e em ótima forma. Aquela extensão prejudicaria a capacidade de defesa, mas ninguém pensou muito nisso. Depois da floresta de Hürtgen, aquilo parecia um passeio de férias no inverno. O quartel-general da divisão foi estabelecido em Wiltz, cidade de Luxemburgo que fabricava cerveja e contava com um castelo de 200 anos localizado 30 km ao sul de Bastogne, na Bélgica.

Os homens estavam exaustos, e um programa abrangente de repouso e reabilitação foi posto em ação, incluindo passes de dois dias em Paris e longas estadias no centro de repouso de Luxemburgo. Com um passe de três dias, Victor aproveitou a oportunidade para fazer uma surpresa a Yvette, e nem mesmo a viagem de um dia pelos 375 km de vias esburacadas até Paris reduziu a ansiedade daquele reencontro. Quando os dois se encontraram, Yvette não fez nenhuma pergunta, e Victor não falou sobre a guerra; então, havia pouco a discutir. Ela parecia saber melhor que Victor que a história dos dois não tinha futuro, que mesmo o presente era fugaz. Yvette tinha razão. Aquela noite de paixão seria a última de que os dois desfrutariam.

* A 28ª Divisão de Infantaria entrou na floresta de Hürtgen com 13.932 homens. Segundo o relatório de unidade do quartel-general n. 6 (12/44), durante dezenove dias de combate – de 1º de novembro até ser realocada para a floresta das Ardenas, em 19 de novembro –, a 28ª sofreu mais de 6 mil baixas, incluindo todas as mortes em combate, feridos, desaparecidos e capturados.

Victor Brombert em Roetgen, na fronteira da Alemanha próxima a Aachen: a primeira cidade alemã a ser tomada pelas forças aliadas, em outubro de 1944. *(foto da família)*

Victor voltou para Wiltz, onde sua equipe de IPG tinha se alojado em uma casa desocupada. Logo estavam conduzindo interrogatórios de soldados de patrulhas alemãs enviados para a margem oeste do rio Our a fim de sondar as posições americanas. Esses interrogatórios confirmaram a presença da 26ª e da 352ª divisões Volksgrenadier à frente. A 352ª tinha lutado na Normandia, com um de seus regimentos defendendo Omaha Beach no Dia D. Também havia participado de batalhas pesadas perto de Saint-Lô, e estimava-se que contasse com pelo menos 15 mil homens. Pouco se sabia a respeito da 26ª, formada cerca de dois meses antes e sem experiência de combate.

Do dia 12 de dezembro em diante, postos avançados da divisão relataram sons de motores e grande movimentação de veículos atrás das linhas inimigas, principalmente durante a noite. Esses relatos eram condizentes com as afirmações dos habitantes locais, segundo os quais os alemães localizados a leste estavam fortalecendo seus números. Para verificar essas preocupantes informações, a equipe de Victor se dividiu em duas, cada uma com seu próprio jipe, para cobrir distâncias maiores e falar com mais pessoas.

Victor e dois outros interrogadores passaram por uma pousada ao longo do rio Our e tentaram descobrir se alguém tivera contato direto com as forças alemãs do outro lado do rio. Uma camponesa alemã que cruzara a fronteira havia pouco tempo afirmou ter visto grandes concentrações de tropas alemãs em Sinspelt, a 45 km da fronteira com a Bélgica. Disse também ter visto muitos homens e equipamentos, incluindo tanques, caminhões carregados de barris de combustível, material para construção de pontes e barcos para atravessar o rio.

Victor e sua equipe conversaram com outros moradores do local, obtendo depoimentos semelhantes de mais testemunhas. Os relatos eram tão detalhados e alarmantes que os interrogadores seguiram naquela mesma noite para o quartel-general do VIII Corpo do Exército em Bastogne, onde relataram que um grande número de soldados alemães, tanques e equipamentos estavam concentrados bem ao lado da fronteira, com capacidade de atacar as linhas americanas nas Ardenas.

O VIII Corpo do Exército, sob comando do major-general Troy Middleton, era composto por duas divisões de infantaria já bastante desgastadas por diversas batalhas, a 28ª e a 4ª, que receberam novos soldados após as perdas sofridas na floresta de Hürtgen, e pela recém-chegada 106ª Divisão de Infantaria, ainda sem experiência de combate. Essas três divisões, repletas de soldados já exaustos ou novatos, foram estendidas ao longo de um *front* que corria em paralelo à fronteira alemã na Bélgica e em Luxemburgo. A única coisa que as separava dos alemães era o sinuoso rio Our, que em muitos pontos não tinha mais que 12 m de largura e era fácil de atravessar.

Victor e sua equipe de IPG chegaram a Bastogne na noite de sexta-feira, 15 de dezembro, e ficaram surpresos com a reação desinteressada do coronel no quartel-general às notícias. O oficial disse que tinha recebido alertas semelhantes sobre alemães reunindo tropas e equipamentos, mas de qualquer forma não havia muito a fazer a respeito.

"Nossas linhas estão finas", admitiu o coronel. "Muito finas. Vamos ter de esperar. De todo modo, provavelmente é uma tática para nos distrair. Esqueçam isso."

Dispensados, Victor e os colegas voltaram para a pousada, onde cada um tinha o próprio quarto. Apesar da noite estranhamente silenciosa, Victor teve um sono inquieto. Não parava de repassar os eventos do dia na cabeça. A inteligência tática obtida nos interrogatórios de prisioneiros costumava ser usada imediatamente para salvar vidas americanas, e ele tinha fornecido informações estratégicas valiosas, indicando a possibilidade de um grande ataque surpresa. Para ouvir que deveria *esquecer* aquilo? As horas se passaram devagar, com Victor despertando várias vezes. Então, aproximadamente às 5h30 da manhã, acordou assustado com um barulho que pensou ser um trovão acompanhado de muitos raios. Quando o prédio começou a tremer, Victor percebeu que não era uma tempestade, e sim uma barragem de artilharia.

Victor nunca se vestiu tão rápido na vida. Recolhendo seus poucos pertences, correu para fora e encontrou os outros, nervosos e parcialmente vestidos, esperando por ele no pátio ao lado do jipe. Além do bombardeio de artilharia, já havia projéteis de morteiro caindo por perto. Victor sabia que a artilharia alemã de 88 mm tinha um alcance de 16 km, mas o alcance máximo dos morteiros era de menos de 3,5 km. Aquilo significava que os alemães já tinham atravessado o rio e avançado bastante sobre as linhas americanas.

Todos subiram no jipe, e Victor dirigiu tão rápido quanto pôde pela densa neblina, percorrendo os 16 km até o quartel-general em

Wiltz, onde souberam que a artilharia pesada e as barragens de morteiros, que duraram 45 minutos, tinham sido seguidas imediatamente por ataques de tanque e de infantaria ao longo de todo o *front* da divisão. Ordens e contraordens eram despachadas freneticamente para regimentos e batalhões que enfrentavam aquele súbito ataque. O mesmo ataque, Victor sabia, sobre o qual eles haviam coletado informações por dias e tentaram avisar o coronel em Bastogne. *Será que eles tinham insistido o suficiente? Havia mais alguma coisa que poderiam ter feito com a informação? Será que deveriam ter agido mais cedo?*

Os homens da 28ª resistiram heroicamente contra duas divisões alemãs de tanques Panzer, três divisões de infantaria e uma divisão de paraquedistas. Depois de repor as perdas sofridas, a divisão tinha retornado ao combate com uma força de 14.254 homens (embora muitos dos novos soldados ainda estivessem em treinamento), mas sofreria quase tantas baixas nas Ardenas quanto na floresta de Hürtgen: um total de 4.930, ou 35% de baixas. Um dos regimentos, o 110º, foi praticamente destruído, com a maioria dos oficiais e dos soldados mortos, feridos ou capturados na tentativa corajosa de atrasar o avanço alemão até Bastogne.

No quartel-general da divisão, o paradeiro de muitas unidades era desconhecido, assim como suas condições. Algumas tinham se dispersado ou simplesmente desaparecido frente à pressão inimiga. O major-general Cota berrava comandos urgentes pelo rádio para as unidades no campo: "Defendam a qualquer custo", "não haverá retirada", "ninguém deve recuar". Quando o contato por rádio e telefone se perdeu, foram enviados mensageiros para chegar às unidades isoladas, mas o acúmulo de neve e as estradas cobertas de gelo provocaram colisões e causaram congestionamento. A baixa visibilidade impossibilitava a decolagem de voos para reconhecimento e apoio aéreo.

No segundo dia, Wiltz continuava sob ataque e correndo o risco de cair, obrigando Cota a retirar seu posto de comando de Luxemburgo e atravessar a fronteira belga, vários quilômetros a sudeste de

Bastogne. Quando a equipe de IPG soube da ordem para recuar, a confusão era imensa em Wiltz e nos arredores.

Recuar para onde? Esse foi o primeiro pensamento de Victor ao ouvir a ordem. Havia relatos de que muitas estradas e pontes já se encontravam nas mãos do inimigo, e por isso ele não fazia ideia da direção em que deveria seguir, tampouco sabia se a direção escolhida os levaria ou não a posições inimigas.

Os últimos defensores de Wiltz foram um grupo improvisado de engenheiros do Exército, funcionários de uma serraria e equipe administrativa, que travaram uma batalha na retaguarda até a cidade ser invadida por tropas alemãs de elite da 5ª Divisão de Paraquedistas, armadas de submetralhadoras e com apoio de tanques.

Àquela altura, Victor e a equipe de IPG estavam alguns quilômetros a oeste de Wiltz. Dirigindo o jipe da frente, ele foi parado por um bloqueio na estrada com PEs armados exigindo a senha do dia. Esses PEs não eram da 28ª Divisão e não conheciam a equipe de IPG. Nos últimos dois dias, tinham circulado rumores sobre soldados alemães que falavam inglês com uniformes americanos provocando um caos atrás das linhas aliadas, capturando soldados em emboscadas e tomando pontes e encruzilhadas. Alguns já haviam sido capturados em jipes americanos ou em tanques alemães disfarçados para se parecerem com os Sherman americanos. Todos estavam em alerta, e a ordem era de que alemães capturados com uniformes americanos fossem executados como espiões. Alguns já tinham sido fuzilados no ato.

Na correria frenética para sair de Wiltz, Victor e sua equipe não se informaram sobre a senha do dia. Um dos membros da IPG explicou, com seu sotaque alemão. Uma dúzia de armas foi apontada para eles. Outro interrogador se manifestou, mas também era alemão. Victor, que pelo menos contava com a vantagem de ter sotaque francês, perguntou aos PEs se havia outra maneira de provarem que eram soldados americanos.

"Qual é a Cidade dos Ventos?", perguntou um dos PEs, cauteloso.

Nem Victor nem o resto da equipe faziam ideia.

"Veja, todos nós fomos naturalizados cidadãos americanos recentemente", disse Victor, explicando a situação. "Nos dê outra chance."

"Quem venceu o mundial de beisebol neste ano?"

Nenhum dos soldados nascidos no exterior acompanhava jogos de beisebol.

Victor teve a sensação de que seus interlocutores estavam ansiosos para abrir fogo. Afirmando inocência, ele exigiu que os PEs os levassem para o superior. Com os braços erguidos e as mãos atrás da cabeça, todos foram escoltados como prisioneiros de guerra para um posto de comando, onde Victor se explicou com bastante urgência, dizendo que eles participavam de uma equipe especial da inteligência militar composta por interrogadores de prisioneiros que falavam alemão. Os membros da equipe mostraram plaquetas de identificação. Finalmente acreditaram na história, e eles foram liberados com a senha do dia e um aviso para "não falar alemão". Victor sabia que tinham escapado por pouco. Chegar a esse ponto da guerra e ser fuzilado pelos próprios aliados não era uma realidade que Victor nem qualquer outro membro da IPG gostariam de contemplar.

Pouco depois de cruzar a fronteira da Bélgica, eles passaram por um vilarejo no momento em que este começou a sofrer um intenso ataque de morteiros. Estacionando ao lado de uma casa, todos saíram do jipe e entraram correndo em um celeiro. Lá os soldados encontraram um grupo de moradores aterrorizados esperando o fim do ataque. Os gritos das crianças e as orações em voz alta dos adultos mal podiam ser ouvidos com os morteiros que caíam, estremecendo a terra e a construção em que se encontravam. Victor cortou o joelho ao descer a escada do celeiro com um salto, e sua perna sangrava. Quando o ataque parou, rajadas de metralhadoras e disparos de baixo calibre começaram a ser ouvidos lá fora, junto com gritos de comando em alemão. O vilarejo estava sendo invadido, as casas, revistadas – e os jipes do Exército americano estavam na frente do celeiro!

Os garotos Ritchie tiveram de tomar uma decisão rápida. Ficar onde estavam e correr o risco de serem capturados pelos alemães ou se arriscar e seguir até os jipes? Para Victor, ser capturado era pior que se arriscar. Os outros concordaram, então eles subiram a escada e correram até os jipes, que milagrosamente ainda estavam intocados e estacionados no mesmo lugar. Saíram da cidade sem que nenhum tiro fosse disparado.

Victor não se esqueceu dos gritos nem das orações dos moradores assustados e muitas vezes se perguntou o que teria acontecido com eles. Uma granada jogada escada abaixo naquele celeiro teria sido suficiente para matar todos. O que era certo, desde a Normandia, era que Victor não tinha mais ilusões heroicas a respeito da guerra, como quando era mais novo. Já tinha visto muitas mortes violentas e sem sentido.

Logo cedo na manhã seguinte, Victor e sua equipe estavam chegando a uma floresta coberta de névoa e de neve, a sudeste de Bastogne, quando uma onda de tanques alemães se aproximou. Abandonando os jipes, eles correram para a floresta, onde encontraram cerca de duzentos retardatários da 28ª Divisão, na maioria cozinheiros, datilógrafos e assistentes administrativos. De repente, o major-general Cota apareceu e começou a falar com eles. Cota estava nervoso e determinado, com uma pistola numa das mãos e um plano maluco na outra. Era o corajoso "Dutch" Cota, conhecido por ajudar a tirar tropas das areias de Omaha Beach nas primeiras horas da invasão, evitando que uma ensanguentada força de ataque fosse forçada de volta para o mar. Cota viu as listras e as divisas no uniforme de Victor e concluiu que, como sargento-instrutor, ele devia ser veterano de guerra.

"Sargento, pegue os seus homens e cave", ordenou. "Deixe os tanques passarem e cuide da infantaria que vai segui-los."

Meus homens? Cavar nesse chão congelado? Cuidar da infantaria? Os pensamentos de Victor se aceleraram. Agora todos podiam ouvir o som dos tanques inimigos se aproximando. Era o último dia de sua vida, ele tinha certeza. Pensou nos pais recebendo a notícia no apartamento na rua 72 West e em quanto fora estúpido por não aceitar o emprego confortável daquele coronel em Paris. Viagens regulares para Londres? *Maravilhoso. Pode contar comigo.*

"Eu vou atirar no primeiro canalha que tentar fugir", resmungou o general.

Cota olhou direto para Victor, como se lesse seus pensamentos.

No momento em que correram para assumir posições no solo coberto de gelo, um tanque apareceu atrás de algumas árvores, a uns 30 m de distância. Victor viu que era um tanque pesado alemão, muito temido, conhecido como Tiger. Reconheceu o longo canhão da arma principal de 88 mm, mesmo disfarçado com cores de camuflagem. Ainda não tinha visto um tanque alemão de verdade – só as maquetes de madeira usadas para os cursos de identificação em Camp Ritchie.

O tanque virou o canhão obscenamente comprido bem na direção deles e fez um único disparo. O caminhão carregado de munição estacionado na rua atrás deles explodiu numa imensa bola de fogo, lançando fragmentos para todos os lados.

Victor continuou deitado no chão, desorientado. Quando ergueu os olhos, viu que estava sozinho. Até o general maluco tinha sumido. De início, não conseguiu encontrar seu jipe, achando que alguém teria fugido nele. Cambaleou um pouco até encontrar a equipe esperando por ele, com o motor ligado. Partiram depressa pela estrada de terra, levando outros soldados agarrados na traseira.

Quando se recuperou um pouco, Victor consultou o mapa. Os colegas o chamavam de "mago", por sua capacidade de ler mapas e por seu confiável senso de direção; ele sempre encontrava a melhor rota de fuga quando enfrentavam situações perigosas, assim como o pai fizera anos antes para salvar a família. Victor decidiu evitar o destino original, Bastogne, e seguir para o norte por vias rurais até Aywaille, que imaginou estar segura por abrigar o quartel-general da XVIII Força Aerotransportada. Mais uma vez, seus instintos salvaram o dia, pois uma coluna de tanques da 2ª Divisão Panzer, que tinha atravessado o rio Our por uma ponte retrátil 22 km a leste de Wiltz, encontrava-se naquele momento a caminho de Bastogne, que estava prestes a ser cercada.

Honrando seu sobrenome, Victor continuava bem-sucedido em suas fugas.

A região coberta de neve das Ardenas era considerada não somente uma posição ideal para descanso e reorganização de unidades veteranas de combate, como a 28ª Divisão após a derrota na floresta de Hürtgen, mas também como local de treinamento para unidades novas e inexperientes de infantaria, como a 106ª Divisão, que acabara de chegar dos Estados Unidos no *Queen Mary*.

O alto-comando militar dos Estados Unidos considerava Ardenas uma região relativamente segura do *front* europeu. Apesar de uma das batalhas iniciais da Primeira Guerra Mundial ter se dado naquele local, a região ainda não tinha passado por combates na Segunda Guerra Mundial, pois suas montanhas acidentadas e as poucas estradas que seguiam do leste para o oeste tornavam o lugar inadequado para movimentações de tanques e tropas em grande escala. Além disso, a Inteligência Aliada acreditava que as unidades inimigas no lado oposto da fronteira, entre a Bélgica e a Alemanha, consistiam de apenas duas divisões Volksgrenadier com tropas ociosas transferidas das reduzidas forças Naval e Aérea, a *Kriegsmarine* e a *Luftwaffe*, além de soldados feridos saídos dos hospitais e homens considerados jovens demais, velhos demais ou incapazes de servir na linha de frente. Os soldados se referiam a esse setor afastado como *front* do Jardim de Infância ou *front* dos Velhos. A inteligência estimava que as divisões Volksgrenadier tivessem dois terços do tamanho de uma divisão comum de infantaria Wehrmacht e que contavam com um treinamento mínimo. Não eram consideradas uma séria ameaça ofensiva. Os planejadores aliados não acreditavam que o Exército alemão, após sofrer perdas por toda a França e na floresta de Hürtgen, seria capaz de montar uma ofensiva mais séria nas Ardenas nem em qualquer outro lugar.

Eles estavam errados. Mais de 25 divisões de infantaria e veículos blindados – quase 500 mil homens e 600 tanques – concentravam-se na região ocidental da Alemanha para a última grande ofensiva de

Hitler. Em uma reunião no dia 11 de dezembro em seu novo quartel-general em Adlerhorst, a 160 km de distância, Hitler determinou que o ataque fosse realizado no dia 16 de dezembro, ordenando que seus comandantes rompessem as defesas das Ardenas e capturassem Antuérpia em uma semana. Desde agosto, Hitler planejava uma ofensiva surpresa para isolar e destruir um grande número de forças americanas e britânicas e enfraquecer a determinação dos Aliados. Se a aposta nas Ardenas funcionasse, Hitler acreditava que os Aliados não se recuperariam do ataque massivo e buscariam uma paz negociada para terminar a guerra na Europa.

"Esta batalha é para decidir se vamos viver ou morrer", declarou o Führer. "Quero que todos os meus soldados lutem com força e sem piedade. A batalha deve ser travada com brutalidade, e toda resistência deve ser esmagada numa onda de terror."

No começo de dezembro, a 106ª Divisão de Infantaria chegou às Ardenas, com os soldados encharcados e abatidos depois da jornada fria e chuvosa pela França e pela Bélgica em caminhões abertos. A 106ª era a mais nova divisão aliada de todos os *fronts* da guerra. Apesar de ser a mais inexperiente nas Ardenas, foi a primeira a entrar em combate, com um grande número de recrutas de 18 anos de idade, tornando-a a divisão mais jovem em toda a Europa. Chegou para substituir a 2ª Divisão de Infantaria, que tinha lutado em Omaha Beach e na tomada de Saint-Lô antes de seguir às pressas para capturar a fortaleza defendida de Brest. Após um período de descanso e preparação nas Ardenas, os veteranos da 2ª Divisão partiam para uma nova missão: liderar um ataque para tomar as represas do rio Roer, ao norte da Alemanha.

"Homem por homem e arma por arma", como diziam as ordens.

A 106ª tomou as posições que a 2ª vinha defendendo havia dois meses no flanco sul do VIII Corpo do Exército. Designados para uma área três vezes maior que uma divisão de infantaria cobriria normalmente, os jovens soldados da 106ª foram distribuídos ao longo de um *front* de 43 km. Em geral, a 106ª manteria um de seus três regimentos de infantaria na reserva vários quilômetros atrás, posicionado para contra-atacar qualquer avanço inimigo ao longo do *front*. Foi, contudo, obrigada a posicionar os três regimentos – com cerca de 6 mil homens no total – numa linha tênue ao longo do *front*.

Os homens do 423º Regimento, comandados pelo coronel Charles Cavender, assumiram suas posições no meio da linha formada pela 106ª no dia 11 de dezembro, com regimentos ao norte (422º) e ao sul (424º). O regimento de Cavender ficou responsável por um setor com 12 km de comprimento na Alemanha. Segundo o costume, um regimento de infantaria seria encarregado de defender um *front* de apenas 3 km em um território tão desafiador.

Poucos dias antes do Natal, os soldados nos bloqueios de estradas, postos de sentinela e trincheiras cavadas no terreno coberto de neve ainda tinham esperanças de que a correspondência e os pacotes enviados de casa chegassem a eles. "Aqui anda tudo muito tranquilo, seus homens vão aprender do jeito mais fácil", foi a promessa que Cavender, um texano de 47 anos, ouviu de seu equivalente da 2ª Divisão prestes a partir.

Na manhã seguinte, Cavender inspecionou as posições do regimento ao longo do *front*. Seu flanco sul começava em Bleialf, cidade de mineração de carvão situada num ponto-chave de acesso entre o leste e o oeste, e estendia-se para o norte, contornando uma cadeia de montanhas de 600 m em meio aos picos arborizados conhecidos como Schnee Eifel, ou Montanhas Nevadas. Logo ao norte de Schnee Eifel, um vale comprido e estreito servia de corredor natural entre a Alemanha e a Bélgica. Chamado de bolsão de Losheim, foi o caminho usado pelos invasores alemães em 1870 na Guerra Franco-Prussiana e, depois em 1914 e 1940, quando invadiram a Bélgica e a França.

Cavender, que começara sua carreira no Exército como recruta em 1917 antes de se formar em West Point, em 1923, sabia como era precária a situação de seu regimento. No dia seguinte, 13 de dezembro, o major-general Alan Jones, comandante de divisão da 106ª, encontrou-se com Cavender em seu posto de comando em Buchet, aldeia agrícola no meio do *front* do regimento. Cavender falou sobre o corredor em seu flanco norte e perguntou:

"De onde virá a ajuda se formos atacados aqui? Onde estão os tanques? Onde está o apoio?"

Jones disse a Cavender que fizera a mesma pergunta ao comandante do VIII Corpo do Exército e que fora informado de que não havia apoio.

"Não há tanques para o caso de um ataque mais forte pelas Schnee Eifel. Você tem que ficar e aguentar."

Gostasse ou não, disse Jones a Cavender, aquela era a situação.

Depois dessa conversa, Jones atravessou mais uma vez a fronteira da Bélgica e voltou ao posto de comando da divisão em Saint Vith, a 22 km de distância.

O 423º era um dos dois regimentos da 106ª – além do 422º – posicionados frente à fronteira alemã e voltado para o inimigo, de costas para o rio Our. Estavam tão na vanguarda que eram a força mais avançada para uma penetração dos exércitos aliados pelo leste da Alemanha. Era como se os dois inexperientes regimentos estivessem balançando tentadoramente na frente do inimigo. Os sossegados vilarejos e as cidades espalhadas pelos vales cercados de colinas nevadas e arborizadas, contudo, estavam muito tranquilos. Para as tropas, o único sinal de perigo até então tinha sido uma placa pela qual os caminhões passaram ao entrar na Alemanha.

VOCÊ ESTÁ ENTRANDO
NA ALEMANHA,
UM PAÍS INIMIGO.
MANTENHA-SE ATENTO.

A 106ª Divisão tinha os próprios garotos Ritchie. Uma equipe de IPG composta por seis graduados em Camp Ritchie foi designada para a divisão no início de dezembro, com duas equipes de três homens enviadas para o 422º e o 423º regimentos.

Os interrogadores que chegaram ao posto de comando do 423º em Buchet foram o segundo-tenente John Seale, de 28 anos, americano com um alemão razoável aprendido na escola; o sargento Kurt Jacobs, de 34 anos, corpulento e considerado o mais velho da equipe; e o membro mais jovem, o técnico de quinto grau Murray Zappler, de 20 anos, cujo cabelo escuro e a pele morena o faziam parecer espanhol. Jacobs e Zappler eram judeus alemães naturalizados cidadãos americanos antes de ir para o exterior.

Jacobs tinha se formado em direito em Berlim, em 1932, tendo fugido da Alemanha quando Hitler assumiu o poder – primeiro para Paris, depois para Buffalo, Nova York. Falava inglês com forte sotaque alemão. Zappler, cuja família saíra da Alemanha quando ele tinha 6 anos de idade, estudara em uma escola de gramática alemã na Bélgica antes de emigrar para os Estados Unidos; lá, formou-se no ensino médio em Nova York. Zappler falava alemão com fluência – também graças a ter estudado o idioma por um ano na Universidade da Pensilvânia pelo programa PTEE –, e seu inglês não dava nenhuma pista de sua origem alemã, pois era marcado pelo sotaque de seu lar adotivo: o Bronx. Zappler e Seale se formaram na 18ª turma de Camp Ritchie em julho de 1944, e Jacobs se formou na seguinte, um mês depois. Todos se saíram bem no curso, mas Jacobs, o advogado de Berlim, teve as notas mais altas. No entanto, quando os três garotos Ritchie chegaram a Buchet, nenhum deles tinha ainda interrogado um prisioneiro alemão de verdade.

Quando o ataque surpresa alemão começou, às 5h30 da manhã de 16 de dezembro, com artilharia e disparos de morteiros ao longo de todo o *front* nas Ardenas, Cavender ordenou que suas unidades se preparassem para um ataque terrestre massivo do inimigo. A artilharia alemã se concentrou no pátio de suprimentos do regimento, destruindo vários veículos e boa parte da munição extra do 423º.

Quando a barragem inimiga começou a amenizar, pouco depois das 6 horas, soldados da infantaria alemã atacaram Bleialf a partir de três direções. Situado no vale do rio Alf, Bleialf era um vilarejo com cerca de cem casas construídas ao redor de uma igreja do século XI. A essa altura da guerra, a maioria dos residentes já havia sido evacuada. Na extremidade sul da cidade havia uma estação de trem e um túnel em que os alemães tinham instalado uma fábrica subterrânea. A cerca de 1,5 km, no topo de uma colina a sudeste, ficava a cidade de Brandscheid, de onde os alemães observavam as posições americanas.

Os atacantes pareciam surgir do nada, envoltos em camuflagem branca, fantasmagóricos ao brilho reflexivo dos holofotes apontados para as nuvens. Os alemães avançaram antes de o 423º saber o que estava acontecendo, disparando à queima-roupa e detonando granadas em pátios e becos. Soldados de ambos os lados morreram nas ruas e nas casas, alguns alvejados, alguns despedaçados e outros perfurados por baionetas ou golpeados até a morte por coronhadas de fuzis. Os americanos lutaram arduamente, mas os números favoreciam os alemães, e às 8 horas da manhã o inimigo já controlava a maior parte da cidade, com os americanos resistindo em grupos isolados.

Cavender enviou reforços para Bleialf a partir de seu posto de comando, a 3 km de distância. Mandou uma companhia de engenheiros de combate e outra de pessoal da área de serviços, como assistentes e cozinheiros, somando um total de mais ou menos 170 homens. Poucos tinham manuseado fuzis desde o treinamento básico, mas essa força improvisada contra-atacou com o apoio de uma eficiente barragem da unidade de artilharia do regimento, disparada da parte mais elevada a nordeste da cidade. Em sanguinárias lutas corpo a corpo e de casa em casa, os americanos se recuperaram e expulsaram o inimigo antes das 15 horas. Os alemães mantiveram apenas algumas casas mais distantes, próximas da estação ferroviária.

Durante a luta, trinta alemães foram feitos prisioneiros. Jacobs e Zappler partiram imediatamente a Bleialf para os interrogatórios, passando o resto daquele dia e da noite questionando os prisioneiros em uma casa requisitada. Descobriram que as unidades que tinham atacado Bleialf e o flanco sul do regimento eram da 18ª Divisão Volksgrenadier, formada na Dinamarca três meses depois da reestruturação de uma unidade Volksgrenadier mais antiga acrescida de alguns elementos de uma divisão de campo da Luftwaffe. Eles tinham chegado alguns dias antes para participar do que os alemães chamaram de ofensiva Rundstedt, em homenagem ao comandante em chefe da frente ocidental, marechal de campo Gerd von Rundstedt.

Um dos prisioneiros revelou uma informação vital em seu interrogatório: outro ataque contra Bleialf estava planejado para a manhã seguinte, pelo 293º Regimento da 18ª Volksgrenadier. Explicou que seria precedido por uma barragem de artilharia e foguetes disparados das colinas ao redor. Cavender considerou a informação tão importante que instruiu os interrogadores a enviar o relatório diretamente para o quartel-general da divisão, enquanto ele requisitava reforços com urgência.

Patrulhas avistaram tanques alemães, seguidos por infantaria, assumindo posições perto de Bleialf de madrugada, às 3 horas da manhã. Ao mesmo tempo, o inimigo começou a atacar com artilharia e foguetes lançados das colinas próximas, que atingiram a cidade e seus arredores. Esse prelúdio ao ataque maior confirmou a informação recém-obtida. Como se aproveitando uma deixa, a segunda leva de atacantes surgiu às 6 horas do dia 17 de dezembro. Ondas de tropas inimigas e tanques avançaram sobre as ruas desertas, tomando bolsões de resistência das tropas americanas e forçando-as a recuar. Com os principais entroncamentos novamente sob controle, o inimigo posicionou tanques e colunas de infantaria pelas ruas de Bleialf, seguindo a estrada de Schönberg na direção de Saint Vith, impossibilitando qualquer tentativa de fuga para o oeste. Enquanto isso, tropas alemãs atravessaram o bolsão de Losheim e avançaram das Schnee Eifel direto para o flanco norte do 423º.

Com os dois flancos destruídos e tendo perdido contato com o batalhão de artilharia, Cavender passou a ver suas posições centrais sendo atacadas. Seu pelotão regimental de trinta homens, acompanhado por assistentes administrativos e outros funcionários, defendia desesperadamente o posto de comando em Buchet. Às 10h51 da manhã, Cavender entrou em contato com a divisão pelo rádio.

"Vou defender nosso perímetro. Enviem, de avião, munição, alimentos e suprimentos médicos até a rota ser aberta. Estamos sem artilharia."

Cavender não teve escolha a não ser aguardar suprimentos via aérea e pela coluna blindada que a divisão afirmava estar a caminho para reforçar o regimento; no entanto, nada disso aconteceu. O tempo ruim impediu que os aviões decolassem, e a coluna de reforço se envolveu em outra batalha no caminho. Enquanto isso, a situação dos homens de Cavender ficava cada vez mais terrível. Bloqueados por todos os lados, sem dormir nem comer, com pouca munição e quase sem suprimentos médicos para os feridos, os soldados lutaram até os alemães reduzirem a fúria do ataque, satisfeitos por terem fechado o cerco.

Na terceira noite, Cavender e o comandante do 422º Regimento, coronel George Descheneaux, receberam ordens para atacar ao longo da estrada de Schönberg e avançar na direção do quartel-general em Saint Vith. Para cumprir a ordem, o 423º teria de escapar do cerco inimigo. Quando leu suas ordens, Descheneaux baixou a cabeça e murmurou:

"Coitados dos meus homens. Vão ser feitos em pedaços."

Ao anoitecer, Cavender conduziu seu regimento sitiado para o noroeste, atravessando o vale do Alf na direção da estrada de Schönberg e do rio Our. A mata era densa, e o caminho, muito escuro e enlameado. Os caminhões de transporte de armas e os jipes do comando atolaram, e os três batalhões de Cavender tiveram dificuldade de manter contato entre si. Patrulhas alemãs rondavam a região, impedindo o contato entre o 423º e o 422º, que deveriam avançar juntos, mas Cavender não sabia qual era a distância entre os dois. Devido à interferência alemã e ao clima, a comunicação por rádio era irregular; com isso, o coronel perdeu contato com a divisão depois da última mensagem.

Quando saíram do vale e chegaram a uma ravina, as unidades avançadas de Cavender foram atingidas por uma barragem de artilharia e fogo de morteiros. Uma patrulha relatou trinta tanques alemães e canhões autopropulsados reunidos no flanco direito, além de outra coluna de tanques à frente do regimento, entre a posição em que se encontravam e o rio Our. Eles não podiam ir para frente nem para trás.

Cavender estabeleceu um posto de comando numa das colinas arborizadas e convocou os comandantes das unidades para fornecer uma avaliação da situação. Nos quatro dias de combate desde o início da ofensiva alemã, o 1º Batalhão sofreu tantas baixas que deixou de existir como unidade de combate; o 2º Batalhão, aparentemente perdido na escuridão, desapareceu durante a noite; e o 3º Batalhão estava reduzido à metade do efetivo. A infantaria sob comando de Cavender não tinha mais munição além das poucas balas que cada homem carregava consigo. Não tinham apoio de artilharia nem cobertura aérea. A comida e os suprimentos médicos já tinham acabado, e alguns dos feridos estavam prestes a morrer se não recebessem logo atenção médica adequada.

Intuindo a decisão que o coronel estava considerando, um dos oficiais disse:

"Eu sei que não adianta lutar, mas não quero me render."

"Eu fui soldado na Primeira Guerra Mundial e prefiro ver as coisas do ponto de vista dos soldados", disse Cavender. O coronel já havia visto massacres demais nas trincheiras para sacrificar seus homens por uma causa perdida naquele momento.

Cavender ficou em silêncio por um instante, depois olhou para o relógio.

"Senhores, nós vamos nos render às 16 horas."

Naquele mesmo instante, a um 1,5 km, Descheneaux, do 422º Regimento, também cercado por uma força maior e armada com tanques, tomava a mesma decisão.

Cavender deu trinta minutos para seus homens quebrarem as armas e se livrarem de qualquer suvenir alemão. Logo depois, um dos oficiais subiu num veículo agitando uma bandeira branca e gritando:

"Nós nos rendemos! Nós nos rendemos!"

Antes do pôr do sol, aproximadamente 3 mil soldados americanos dos dois regimentos posicionados em uma área "muito tranquila" das Ardenas, pouco além da fronteira alemã, tornaram-se prisioneiros de guerra.* No dia seguinte, eles foram conduzidos em filas para regiões mais centrais do país, a caminho dos campos de prisioneiros. Caminhavam na direção oposta a inúmeros tanques

---

* Contando homens do 422º e do 423º regimentos de Infantaria que se renderam, a 106ª Divisão de Infantaria e suas unidades vinculadas tiveram 6.879 homens capturados em poucos dias, uma das maiores rendições em massa na história militar dos Estados Unidos.

Panzer, baterias de artilharia puxadas por veículos e cavalos e intermináveis colunas de reforços da Wehrmacht recém-chegados.

Naquela manhã, um grupo de trezentos soldados do 423º Regimento, prisioneiros do 2º Batalhão, 293º Regimento, 18ª unidade Volksgrenadier, marcharam sob guarda armada pela estrada de Schönberg em direção a Bleialf. Os garotos Ritchie Jacobs e Zappler estavam no grupo, junto com os trinta alemães, também do 2º Batalhão, que tinham interrogado em Bleialf no dia 16 de dezembro. Agora libertados, os ex-prisioneiros de guerra caminhavam na frente do grupo de americanos, retornando a suas unidades.

Não muito longe da fronteira e ainda mais de 1,5 km ao norte de Bleialf, o grupo passou por um posto alfandegário que havia muitos anos fazia inspeções de rotina dos itens que entravam e saíam da Alemanha. O *Hauptmann*, ou capitão, Curt Bruns da Wehrmacht, comandante do 2º Batalhão, tinha montado seu posto de comando ali. Sujeito ruivo e encorpado de 29 anos, Bruns nascera em Juist, ilha na região sul do mar do Norte perto da costa norte da Alemanha. Comandava o batalhão havia quase um ano.

Ao ver o comandante de seu batalhão, dois dos prisioneiros alemães libertados que haviam sido interrogados por Jacobs e Zappler correram até Bruns para falar sobre os dois "judeus de Berlim" que os interrogaram. Bruns mandou que eles levassem os judeus até ele.

Jacobs e Zappler foram separados dos outros americanos, que continuaram seguindo pela estrada na direção de Bleialf com as mãos sobre a cabeça. Quando os interrogadores chegaram, Bruns os colocou contra a parede do posto alfandegário para questioná-los. Eles tinham interrogado seus homens em alemão? Os soldados confirmaram. Como era possível que falassem alemão tão bem?

Jacobs explicou que estudara direito em Berlim.

Bruns fez mais algumas perguntas. Em seguida, na frente de seus homens, vários dos quais haviam sido mantidos em cativeiro pelos americanos, falou:

"*Juden haben kein Recht, in Deutschland zu leben.*" "Judeus não têm direito de viver na Alemanha."

Bruns se aproximou de um de seus sargentos, Werner Hoffman, que comandava um pelotão no 2º Batalhão e era conhecido por seus homens como nazista fervoroso. Hoffman foi buscar outros quatro cabos e sargentos e os levou para onde estavam os interrogadores, ainda com as costas contra a parede.

Jacobs agora defendia o caso deles como o advogado que já tivera esperanças de ser, suplicando para que ele e Zappler fossem tratados como prisioneiros de guerra sob os termos da Convenção de Genebra, da mesma forma que os soldados alemães capturados foram tratados em Bleialf. Os dois garotos Ritchie foram conduzidos pela estrada que levava a Bleialf, mas qualquer esperança de se juntarem aos outros prisioneiros americanos, que já não estavam mais à vista, foi eliminada. Após 200 m, mandaram os dois saírem da estrada para um campo aberto. Deram mais trinta passos e receberam ordem de parar.

Kurt Jacobs e Murray Zappler foram orientados a ficar de costas para os alemães, já alinhados em fila. Os dois ficaram parados, voltados para um córrego sinuoso alguns metros à frente, atrás do qual uma floresta de sempre-vivas se alastrava pelas colinas cobertas pela neve recente que caíra durante a noite.

Os dois foram abatidos por uma trovejante rajada de tiros de fuzil.

Depois da campanha na Holanda, Werner Angress e os outros paraquedistas da 82ª Divisão Aerotransportada tiveram um tempo para descansar e foram reequipados em Camp Sissonne, ao norte da França, que já tinha sido usado como base de artilharia. Todos aguardavam esperançosos pela prometida licença de Natal, com a maioria torcendo para ir a Paris. Alguns mais sortudos receberam a licença no fim de novembro; Werner, no entanto, não estava entre eles.

Na noite de 17 de dezembro, Werner estava tomando uma cerveja na cantina da base, conversando com alguns amigos sobre o que planejavam fazer em Paris, quando um oficial de plantão entrou correndo e disse que a divisão tinha sido posta em alerta.

"Todos devem se apresentar imediatamente nos alojamentos!"

De volta aos alojamentos, todos receberam ordens para preparar os equipamentos para entrar em combate.

"Aerotransportada?", alguém perguntou.

"Não. Operação de infantaria."

Qualquer coisa que não fosse necessária em combate, como uniformes e sapatos formais, foi guardada em mochilas que ficariam armazenadas na base. Foram fornecidas rações e munição, junto com outros suprimentos.

Ao nascer do sol, sem terem dormido, os homens da 82ª Divisão estavam prontos, ainda que sem vontade de retornar à ação tão depressa. Grandes caminhões articulados haviam chegado à base durante a noite, e os homens subiram nas carretas abertas com armas e equipamentos para um percurso de treze horas até as Ardenas.

No dia 18 de dezembro, o terceiro dia da ofensiva inimiga que se tornaria conhecida como Batalha das Ardenas, o centro do VIII Corpo do Exército já tinha entrado em colapso. Os alemães aproveitaram a brecha resultante para enviar centenas de milhares de soldados e várias centenas de tanques Panzer numa penetração em arco nas linhas inimigas de 90 km de profundidade e 67 km de frente, dividindo o Exército aliado.

Os soldados da 82ª fizeram uma viagem congelante. Sem espaço para sentar-se, tiveram de ficar em pé nos caminhões, revezando o peso entre as pernas, como gado a caminho de um leilão. Sem saber exatamente aonde iam, foram informados apenas de que os alemães tinham conseguido entrar na Bélgica. Também só mais tarde souberam que os últimos veículos de seu comboio haviam passado por uma encruzilhada em território belga minutos antes de uma divisão blindada de tanques Panzer que se movia rapidamente. De repente, houve um estrondo, e quando os soldados a bordo dos jipes no fim da fila olharam para trás, eles viram tanques Tiger e Panther passando pela intersecção em direção a Bastogne, que seria o destino do comboio. A destinação foi alterada durante o trajeto para Werbomont, 45 km mais ao norte. Amontoados como estavam nos caminhões, os paraquedistas não teriam tido condições de lutar contra tanques inimigos.

Os soldados ainda não sabiam naquele momento, mas a infantaria e as divisões blindadas americanas estavam avançando rapidamente para o leste da Bélgica a fim de deter o avanço alemão antes que chegasse a Antuérpia. O fracasso dessa missão atrasaria a invasão da Alemanha e prolongaria a duração da guerra. Quanto às divisões aerotransportadas, a 101ª tinha sido enviada a Bastogne para defender as posições mais ao sul contra a penetração inimiga, e a ideia era que a 82ª avançasse pelo norte.

Ao chegar a Werbomont, cidade localizada em uma junção vital ao longo da linha Bastogne-Liège, a 82ª Divisão se espalhou na escuridão para assumir posições no terreno elevado. O estrondo abafado da artilharia ao leste era a única indicação de quão perto o inimigo estava.

Werner correu para o quartel-general da 106ª Infantaria, que a 82ª Divisão reforçava. O QG havia acabado de ser transferido de Wiltz quando a divisão foi forçada a sair de Luxemburgo pelo ataque surpresa alemão. Werner tinha esperança de que lá seria informado a respeito da situação das forças inimigas e marcaria suas posições em um mapa para o general Gavin e sua equipe. No caminho, passou por posições defensivas ocupadas por assistentes administrativos, cozinheiros, padeiros e outros homens que claramente não tinham treinamento de combate, operando equipamentos antitanque, morteiros e outras armas que não sabiam usar. Werner viu que alguns estavam debruçados, tentando ler manuais de instrução.

Encontrou o quartel-general, que era uma casa de fazenda, e entrou numa sala com pouca iluminação. Depois de quase quatro anos no Exército, Werner nunca tinha visto cenário tão desorganizado. Oficiais que deveriam manter a calma e o controle mostravam-se confusos e em pânico. Havia relatos fragmentados sobre dois regimentos aliados desaparecidos do outro lado da fronteira alemã, em meio a incontáveis avistamentos de infantaria e de tanques alemães invadindo Luxemburgo e avançando sobre território belga. A força aérea insistia que o tempo ainda estava abaixo das condições mínimas, impossibilitando o uso de aviões e deixando os alemães imunes a ataques aéreos.

Werner se aproximou de um coronel que parecia ter o controle da situação e explicou que estava com a equipe de inteligência da 82ª Divisão Aerotransportada e fora enviado para reunir informações sobre as forças inimigas. Obviamente chocado com seu sotaque, o coronel encarou Werner de olhos arregalados e bradou:

"Um maldito alemão! Prendam esse sujeito!"

Werner apontou a bandeira americana costurada no ombro do uniforme, esquecendo que a imagem já tinha desbotado depois de muitas lavagens, restando somente uma mancha branca.

"Nós estamos encontrando alemães com uniformes americanos", disse o coronel, convencido de que tinha apanhado um espião.

Werner sabia que estava numa situação complicada: a 82ª ainda não entrara na rede de comunicação local e, por isso, ele não poderia fazer o coronel ligar para seus superiores. Durante meia hora, tempo em que ambos deveriam se ocupar de questões mais urgentes, Werner tentou se entender com o oficial, relatando seu histórico e suas atribuições como membro do Exército dos Estados Unidos nascido na Alemanha e responsável pelo interrogatório de prisioneiros de guerra alemães.

"Coronel, se eu fosse o inimigo, faria muito pouco sentido entrar aqui pedindo informações *sobre* o inimigo. E entrar descaradamente num quartel-general da divisão? Sozinho?"

Muitos oficiais menos graduados pareciam apreciar o confronto. Sorriam e piscavam para Werner, dando a entender que o coronel era maluco e não deveria ser levado tão a sério. Mesmo assim, a situação só foi resolvida quando Werner convenceu o coronel a mandar alguém até a 82ª Divisão Aerotransportada. Pouco tempo depois, um oficial chegou para atestar que Werner dizia a verdade.

No início da manhã seguinte, o inimigo atacou os paraquedistas recém-chegados avançando com algo entre trinta e quarenta tanques apoiados pela infantaria. No decorrer dos dias seguintes, a 82ª conseguiu deter os alemães e começou a avançar para o leste, contra as linhas de frente inimigas. Os soldados avançaram a pé, como infantaria, puxando trenós para neve carregados de munição e suprimentos extras.

Quando se depararam com um paraquedista gravemente ferido deitado na neve ao lado da estrada, Werner viu um paramédico prestando primeiros socorros. No mesmo instante, um projétil de artilharia sobrevoou zunindo a posição em que estavam. Como todos ao redor, Werner se jogou no chão. Quando se levantou depois da detonação que espalhou neve e lama em todas as direções, Werner viu que o paramédico e o paciente estavam mortos.

Tais eram os perigos ao redor; os soldados passavam a maior parte do tempo em terreno aberto, sujeitos a fogo quase constante da artilharia inimiga. À noite, cavavam trincheiras na terra congelada, a não ser que tivessem a sorte de encontrar algumas já abertas pelos alemães em retirada. Nesse caso, usavam as trincheiras alemãs, gratos pela hospitalidade involuntária. Galhos de abetos eram usados como colchões.

As equipes de IPG tinham liberdade para operar de maneira independente, e uma noite Werner decidiu ir até um dos batalhões do regimento na esperança de que novos prisioneiros tivessem sido capturados para ele interrogar. A 82ª estava combatendo unidades da 6ª Divisão Panzer, e o general Gavin e seus oficiais precisavam de informações válidas e oportunas sobre a força do inimigo, seus armamentos e sua capacidade.

Como não encontrou novos prisioneiros no posto de comando do batalhão, Werner se aproximou ainda mais da linha de frente, onde sabia ser mais fácil obter informações de prisioneiros recém-capturados, enquanto ainda estavam em choque. Também gostava da camaradagem existente nas unidades menores e mais próximas do *front*, pois não havia necessidade de bater continência nem cumprir as formalidades dos quartéis-generais. Muitos oficiais que atuavam perto da ação preferiam que ninguém batesse continência por medo de serem selecionados pelos franco-atiradores inimigos. Werner encontrou a unidade do batalhão que operava uma metralhadora posicionada no topo de uma colina e procurou por uma trincheira vazia para se abrigar durante a noite. Pouco depois da meia-noite, ele viu pela primeira vez um ataque noturno da infantaria alemã, sob a luz dos sinalizadores. Gritando e incentivando uns aos outros, soldados da SS avançaram colina acima como fanáticos, num ataque frontal à metralhadora dos paraquedistas. Mesmo quando os corpos dos alemães começaram a se empilhar, a SS continuou avançando, tentando freneticamente subir a colina e desalojar os soldados americanos.

De repente, dois americanos passaram correndo por Werner, seguindo na direção contrária à linha de frente. Ele reconheceu o capitão, comandante da companhia, e seu sargento mais graduado. Eles estavam fugindo! Isso significava que a unidade que operava a metralhadora tinha ficado sem líderes. Disparando sua arma contra as silhuetas subindo a colina, Werner sabia que não lhe cabia assumir o comando da companhia. Mas quem mais o faria? Naquele instante, Werner escutou a voz de um jovem tenente judeu que conhecia, um líder de pelotão da companhia, gritar na trincheira ao lado, com autoridade:

"Estou no comando!"

Frente à investida fanática do inimigo, o tenente deu todas as ordens corretas. Sob sua firme liderança, nenhum dos americanos abandonou a posição, e o ataque foi rechaçado. Ao amanhecer, Werner saiu da trincheira e passou pelos cadáveres dos alemães, vasculhando os bolsos em busca de documentos que pudessem conter informações importantes. Embora fossem menos valiosos que vivos, soldados mortos também serviam a um propósito.

Werner nunca mais viu o comandante da companhia nem o sargento que tinham abandonado seus homens. Mais tarde, soube que ambos foram julgados por uma corte marcial e condenados por covardia sob fogo inimigo.

O novo ano encontrou Werner e sua equipe de IPG numa casa de fazenda abandonada em Haute Bordeaux, um vilarejo 45 km ao sul de Liège. Eles passaram vários dias nessa casa junto com a seção de inteligência do regimento, desfrutando do calor de um fogão a lenha.

Certo dia, um sargento alemão de aparência enérgica foi levado para interrogatório. Não parecia muito jovem, e as inúmeras condecorações em seu uniforme mostravam que já tinha atuado em muitas batalhas. O homem cumprimentou Werner com um aceno breve, antes de informar o jovem interrogador que conhecia seus direitos segundo a Convenção de Genebra e que forneceria apenas seu nome, posto e número de série. Quando Werner começou a questioná-lo, o prisioneiro cumpriu a promessa.

Werner percebeu que poucos prisioneiros invocavam os tratados internacionais ao serem interrogados. Na maioria dos casos, falavam livremente, por puro medo ou na esperança de algum tipo de recompensa se cooperassem. Aquele soldado veterano, por sua vez, não se importava com nada disso.

O interrogador deu de ombros e se recostou na cadeira. Dirigindo-se ao prisioneiro como *Spiess*, primeiro-sargento, perguntou em alemão como um macaco velho tinha sido feito prisioneiro por um bando de jovens americanos. Ofendido, o homem começou a gaguejar na resposta; em seguida, explodiu de indignação. Enquanto o sargento proferia uma torrente de palavras raivosas, Werner o interrompia com breves perguntas táticas, e todas foram respondidas prontamente antes de o sargento concluir seu discurso inflamado. Dessa forma, Werner logo descobriu a identidade e a força da unidade do sargento, o nome de seus comandantes e outras informações.

Durante todo o interrogatório, Werner aparentou estar tremendamente entediado, às vezes até abrindo um bocejo. Sempre tentava induzir o prisioneiro a pensar que a informação fornecida era rotineira e irrelevante, nada que os americanos já não soubessem. Pela mesma razão, ele nunca tomava notas durante um interrogatório. Percebeu que essa técnica deixava os prisioneiros mais à vontade e os mantinha falando.

Por fim, Werner teve outro momento intuitivo e desafiou o sargento mais uma vez, dizendo que ele não conseguiria ler um mapa militar americano.

"*Natürlich kann ich das!*", gritou o prisioneiro. "É claro que consigo!"

Werner abriu um mapa e logo descobriu onde se localizava o quartel-general regimental do sargento, onde as metralhadoras estavam posicionadas e até mesmo onde os soldados alemães se reuniam para comer.

Depois de perguntar tudo o que desejava saber, Werner se levantou, desejou felicidades ao sargento, deu-lhe alguns cigarros e apertou sua mão. Assim que o prisioneiro foi levado por um PE, Werner pegou um caderno de notas e registrou tudo o que o sargento havia revelado. Em seguida, preencheu um relatório com informações valiosas sobre as posições inimigas para as baterias de artilharia do regimento e o encaminhou diretamente ao quartel-general.

Em Camp Ritchie, Werner tinha tirado notas mais baixas em interrogatórios por se recusar a gritar e agir de maneira abusiva, o que o teimoso examinador considerava serem as únicas formas de tratar prisioneiros de guerra. Sem se vangloriar, Werner considerou que seu método de abordagem fora validado e que havia se tornado um bom profissional. Seus esforços em campo já tinham gerado duas promoções em três meses, a última durante aquele inverno nas Ardenas, quando ele acrescentou a listra de sargento--instrutor. Houve, contudo, um interrogatório durante a Batalha das Ardenas do qual ele não se orgulhava.

No início de janeiro, Werner estava com o 1º Batalhão do 508º durante o lento avanço para o leste pelo gelo e pela neve, enfrentando intensa resistência alemã. Depois de um longo dia, eles pararam tarde da noite, e Werner tentava encontrar um lugar seco para dormir quando foi chamado pelo posto de comando, numa casa de fazenda. O oficial da inteligência disse que eles estavam cercados por alemães e que tinham perdido contato com o resto do regimento. Estar cercado não era novidade para uma unidade aerotransportada acostumada a saltar atrás das linhas inimigas, mas o oficial disse que era vital descobrir quais unidades inimigas participavam do cerco. O oficial explicou que alguns prisioneiros recém-capturados estavam sendo levados para lá e que era necessário extrair rapidamente qualquer informação importante sobre o tamanho e a capacidade das forças alemãs ao redor.

Pouco tempo depois, Werner estava diante de três soldados do Exército alemão. A partir dos *Soldbücher* encontrados – documentos portados pelos soldados alemães –, Werner viu que os homens já tinham servido na *Luftwaffe* como tropas no solo. Os registros, no entanto, não indicavam para qual unidade de infantaria os homens haviam sido transferidos. Werner começou por aí. Para apressar as coisas, decidiu interrogar os três ao mesmo tempo, o que não era comum para ele ou outros interrogadores. Esse método podia proporcionar aos prisioneiros uma sensação de solidariedade e segurança, fazendo com que apoiassem uns aos outros ao se recusarem a falar.

Werner começou a fazer perguntas, mas nenhum deles disse nada. Tentou de tudo que já havia funcionado no passado, mas os homens continuaram em silêncio. Alguns dos soldados que tinham levado os prisioneiros estavam na cozinha, onde Werner conduzia o interrogatório. Percebendo sua dificuldade, eles se ofereceram para bater nos prisioneiros. Werner recusou. Porém, em um repentino momento de imprudência, virou-se para os prisioneiros e disse que os soldados os fuzilariam caso não falassem. Nada. Quando Werner disse aos soldados o que tinha ameaçado fazer, eles sorriram. Um deles disse que seria um prazer cuidar daquilo.

A essa altura, Werner já começava a se sentir desconfortável em relação à maneira como as coisas se desenrolavam. O batalhão estava em movimento constante, lutando a maior parte do tempo; a maioria dos homens não comia nem dormia direito havia dias. Todos estavam com os nervos em frangalhos, inclusive Werner. Agora o batalhão encontrava-se cercado por alemães em número e força desconhecidos, e o interrogador precisava de informações importantes logo.

Werner exigiu de novo que os prisioneiros respondessem, mas ninguém falou nada. Finalmente, disse que ia contar até dez. Se continuassem se recusando quando chegasse a dez, todos seriam fuzilados.

Começou a contar em voz alta.

"*Eins. Zwei. Drei. Vier...*"

Quando chegou a nove, o soldado mais graduado falou, fornecendo o número da unidade para a qual eles tinham acabado de ser transferidos.

Werner soube que os homens haviam se perdido à procura da nova unidade, por isso não sabiam nada sobre sua força nem sobre sua capacidade de luta. Em outras palavras, as informações obtidas eram inúteis. Werner percebeu que aquela situação tinha se transformado numa farsa terrível. Sentiu-se exausto, frustrado e muito pressionado para conseguir resultados que pudessem salvar vidas americanas. Percebeu também que chegara bem perto de deixar um dos prisioneiros ser fuzilado para obrigar os outros dois a revelar algo irrelevante.

Ambos os lados sofriam muitas perdas, e Werner já tivera sua dose de mortes e sofrimentos. Será que havia diferença entre atirar em soldados inimigos subindo uma colina, jogar uma granada nas metralhadoras inimigas e matar prisioneiros de guerra para ganhar informações que pudessem salvar vidas americanas? Werner acreditava que sim. Uma coisa é matar alguém que está tentando matá-lo ou matar seus amigos, outra é matar alguém desarmado e à sua mercê, como um prisioneiro de guerra. Por mais exausto que se sentisse naquela noite, física e mentalmente, e por mais pressão que sofresse naquela casa de fazenda, Werner se recusou a ponderar sobre aquilo mais tarde. Nunca se perdoou nem esqueceu o que poderia ter causado naquela gelada noite da guerra.

Werner não odiava os prisioneiros inimigos que interrogava, ainda que alguns – em especial, os arrogantes soldados e oficiais da SS – fossem difíceis de tolerar quando exibiam seu orgulho pela "raça superior". A maioria dos prisioneiros que interrogou, porém, era de homens alistados, sendo que alguns haviam sido forçados a servir no Exército alemão em territórios conquistados. Agora, como prisioneiros de guerra, sentiam-se indefesos e assustados, como Werner se sentiu quando foi pego na Normandia. Ele conhecia aquela sensação.

Werner nunca disse a nenhum dos milhares de alemães que interrogou que era um judeu alemão, embora achasse que alguns tivessem adivinhado. Sempre que alguém perguntava como ele falava alemão tão bem, sua resposta padrão – "sou americano de descendência alemã" – era tão precisa quanto incompleta.

Muitos prisioneiros perguntavam – em geral, falando baixinho – se seriam torturados ou mortos. Com certeza já tinham presenciado ou até mesmo participado de atos semelhantes por parte das forças alemãs. Werner sempre respondia da mesma forma:

"Não", dizia. "Afinal, não somos nazistas."

10

RETORNO À ALEMANHA

Quando as forças aliadas invadiram a Normandia, em julho de 1944, a equipe de Guy Stern se juntou a três outras equipes de IPG designadas para a gaiola do 1º Exército. Para esses 24 interrogadores que falavam alemão, ser designado para o quartel-general de um grande exército, com mais de doze divisões e cerca de 300 mil soldados, significava que seu trabalho seria menos concentrado na obtenção de inteligência tática – localização das defesas locais e força das tropas inimigas – e mais na obtenção de informações estratégicas abrangentes, que os generais usariam ao planejar a próxima grande batalha ou campanha da guerra.

A gaiola nunca permanecia muito tempo no mesmo lugar, sendo movida sempre que o quartel-general mudava de posição. Por razões de segurança, jamais ficava a menos de 1,5 km de onde o general comandante do 1º Exército, Courtney Hodges, se reunia com sua equipe, mas estava sempre perto o suficiente para ser acessível aos interrogadores dia e noite. Tanto durante a Batalha das Ardenas, em dezembro de 1944, como no início de 1945, prisioneiros de guerra alemães foram trancafiados, aos milhares, na gaiola do 1º Exército.

A estrutura não mudou desde que fora erguida em Foucarville, perto das praias invadidas, uma semana depois do Dia D. Era feita de cercas altas de arame farpado e áreas comuns seccionadas, algumas do tamanho de um quarteirão urbano e outras que pareciam pequenas celas. Nas localizações escolhidas pelo oficial encarregado, os engenheiros eram experientes em desmontar e erguer as peças de encaixe da gaiola, da mesma forma que os artistas de circo estendem rapidamente a lona alta sobre um terreno baldio. Os prisioneiros eram vigiados por uma companhia da polícia do Exército, responsável por impedir sua fuga e levá-los para os interrogatórios, além de acompanhar uma eventual transferência para campos de prisioneiros mais permanentes.

Depois de sua promoção na Normandia, que o tornou chefe da seção de pesquisas, a função de Guy passou a ser coletar e avaliar inteligência conforme pedidos específicos feitos por oficiais mais graduados. Guy adorou a visão abrangente propiciada por essa nova função. Da mesma forma que fizera no colégio quando era repórter do jornal da escola, entrevistando Thomas Mann ou Benny Goodman, Guy conduzia as investigações de maneira meticulosa e só depois escrevia sobre elas com mais detalhes; agora, porém, seu trabalho não era feito para o corpo estudantil de leitores, e sim para os comandantes aliados e estrategistas da guerra. Os "relatórios especiais" de Guy eram distribuídos para mais de quarenta altos-comandos, inclusive o Quartel-General Supremo das Forças Expedicionárias Aliadas (QGSFEA), que na época tinha sede em Versalhes. Um dos projetos de Guy, requisitado com urgência pelo QGSFEA, consistiu em preparar um relatório sobre o sistema ferroviário alemão. Depois de receber uma lista de perguntas, ele e outros interrogadores trabalharam com mais de 150 prisioneiros que já haviam atuado em ferrovias alemãs. Foram selecionados somente prisioneiros que tivessem trabalhado em ferrovias a partir de setembro de 1944 para garantir que a informação fosse recente. O relatório de Guy – datado de 9 de janeiro de 1945 – informava que, devido aos ataques aéreos aliados e à retirada dos alemães, havia uma escassez cada vez maior de trens e locomotivas. Guy conseguiu ainda pintar uma imagem vívida dos trabalhadores alemães, que descreveu como "homens e mulheres eficientes, mas cansados, 95% deles membros do Partido [Nazista]", uma das exigências para conseguir o emprego. No entanto, acreditava que "sua dedicação ao dever pode ser atribuída mais ao medo das consequências que a um 'esforço patriótico'". Os avaliadores de danos aliados estavam perplexos com a capacidade dos alemães de fazer os trens voltarem a correr tão pouco tempo depois de os trilhos serem destruídos por bombas. Guy descobriu que os alemães tinham aperfeiçoado seções de ferrovia pré-fabricadas: quando uma era destruída, eles simplesmente a substituíam por uma nova seção durante a noite; assim, pela manhã os trens já estavam rodando de novo. Guy escreveu: "Hoje, o sistema rodoviário alemão está numa condição inesperadamente saudável. No entanto, parece que a mão de obra, os materiais e os lubrificantes vêm piorando. Isso, junto com os ataques aéreos aliados, pode gerar no futuro próximo uma grave perturbação no sistema ferroviário alemão, desequilibrando um sistema de transporte instável". Como resultado das descobertas de Guy sobre os trilhos de substituição pré-fabricados, os estrategistas aliados ajustaram o horário das missões de bombardeio: em vez de atingir uma linha rodoviária ou um pátio de manobras uma vez e supor que o dano levaria muito tempo a ser reparado, os pilotos foram instruídos a retornar depois de um ou dois dias para outro ataque e a continuar voltando.

Na semana seguinte, Guy produziu outro relatório, "Preparativos da Alemanha para a guerra química", a pedido do XXI Corpo do Exército. A Alemanha introduziu o uso de gás venenoso na Primeira Guerra Mundial, em 1915, o que resultou no emprego de 100 mil toneladas de armas químicas por ambos os lados, que mataram 30 mil soldados, incluindo 2 mil americanos. Os termos da Convenção de Genebra proibiam o uso do gás venenoso, mas os alemães já tinham violado outros termos do tratado; por isso, havia uma preocupação crescente de que eles o usassem assim mesmo, ainda mais com a guerra se voltando contra eles. A fim de realizar a pesquisa para esse importante relatório, Guy elaborou perguntas sobre a possibilidade de ataques com gás. Alguns prisioneiros relataram ter recebido treinamento com máscaras de gás, passando por uma câmara de gás e praticando disparar com fuzil e metralhadora enquanto usavam o equipamento. Guy descobriu que os soldados alemães foram avisados de que provavelmente o gás seria distribuído por aviões, granadas de mão, minas, artilharia e recipientes de metal com o produto. Citou o comandante de uma companhia alemã, que mandou seus homens prestarem muita atenção aos treinamentos de guerra química, pois "tudo indica o uso futuro de gás". Os soldados foram informados de que, se alguém fosse usar gás, provavelmente seriam os russos. Várias divisões insistiram para que as tropas usassem máscaras de gás a caminho do *front*, mas Guy estimou que pelo menos 25% dos oficiais e soldados alemães não acreditavam na probabilidade de uma guerra química e demonstravam isso jogando fora as volumosas máscaras assim que chegavam ao *front*.

Para Guy, a revelação mais importante desse estudo foi que a Alemanha preparava os soldados para *se defenderem* de ataques com gás, mas não os tinha treinado para usar armas químicas. Em sua opinião, os alemães não se preparavam para iniciar uma guerra química contra as tropas aliadas.

Como conclusão, Guy escreveu: "O alto-comando alemão mantém seus soldados, assim como os civis alemães, muito cientes da possibilidade de ataques com gás. A reação de ambos, dos civis e dos soldados, é de grande ansiedade e expectativa. Eles acreditam que a Alemanha perderia em todos os aspectos se esse tipo de ataque fosse iniciado".

Quando o 1º Exército recebeu ordens de recuar para o oeste nos primeiros dias da ofensiva alemã nas Ardenas, em meados de dezembro, o quartel-general e a gaiola de prisioneiros foram transferidos de Herbesthal, ao norte da Bélgica, para a cidade de Huy, a 45 km de distância. Os prisioneiros que aguardavam para ser interrogados foram colocados nas celas de uma antiga prisão da Gestapo em Huy, em uma colina alta que se erguia sobre a cidade com vista para o rio Meuse. As grandes cercas de arame farpado se estendiam até perto da cidadela. Quando os soldados estavam chegando, uma onda de foguetes V-1 alemães caiu sobre Huy, provavelmente destinados à principal ponte da cidade, que atravessava o Meuse. As bombas, porém, atingiram tudo menos a ponte, incendiando algumas casas e detonando janelas de outras. Um V-1 aterrissou bem perto da cidadela, afundando a ponta na lama sem explodir.

A cidadela fortificada já tinha resistido a séculos de guerras e ocupações, e Guy estava protegido em seu interior durante o ataque, ocupado com a preparação de um novo relatório sobre as trajetórias precisas de suprimentos alemães como combustível, munição e alimento, desde a Alemanha até as linhas de frente. Quando ergueu os olhos do trabalho, viu entrar um sargento substituto alto, de ombros quadrados – era Fred Howard, que promoveria algumas ideias entusiasmantes, embora muitas vezes radicais, que ajudariam as equipes de interrogatório do 1º Exército a se difundir em novas direções.

Nascido Manfred Ehrlich em Berlim, Fred e os pais judeus – o pai era dono de uma loja de calçados – fugiram em 1939 devido à perseguição nazista. Com a ajuda de parentes que assinaram declarações juramentadas, a família se estabeleceu em Nova York. Quando entrou para o Exército dos Estados Unidos, no início de 1943, e se tornou cidadão americano três meses depois, Manfred trocou seu nome alemão pelo americaníssimo "Fred Howard". O sobrenome se devia à fascinação pelo filme *O pimpinela escarlate*, estrelado por Leslie Howard. Quando concluiu o treinamento básico, Fred foi selecionado para o programa PTEE e estudou no City College de Nova York e na Universidade de Georgetown antes de chegar a Camp Ritchie, em fevereiro de 1944. Formou-se três meses depois e foi enviado para o exterior no outono de 1944. Sua primeira ação foi examinar um conjunto de documentos alemães no antigo quartel-general da Gestapo em Paris, antes de ser transferido para o quartel-general do 1º Exército.

Quando o novo sargento chegou à cidadela, Guy já tinha um serviço para ele. "Você sabe desenhar alguma coisa?", perguntou. A informação coletada para seu relatório mais recente era sólida, mas ele sabia que alguns gráficos ajudariam a tornar mais compreensíveis a rede de rotas de suprimentos e locais de transferência. Contudo, seu talento artístico era limitado e rudimentar.

Guy teve sorte, pois Fred tinha trabalhado como designer em Nova York. Seus desenhos em escala ilustraram perfeitamente o relatório de Guy – e assim se formava uma nova parceria. Com o tempo, ambos perceberam como se complementavam bem não só em habilidades, mas também em temperamento: Fred tinha uma criatividade atrevida e ousadia em abundância; Guy, mais disciplinado e intelectual, servia como âncora e contraponto ao fluxo livre e, às vezes, pouco realista das ideias de Fred.

Quando o capitão Rust, que encarregou Guy da seção de pesquisa na Normandia, decidiu iniciar outra seção especial chamada Alvos, ele escolheu Fred para liderá-la. A missão era fornecer às equipes dos bombardeiros a localização de alvos industriais inimigos. As solicitações eram simples, como "fornecer mapa com coordenadas da nova fábrica de rolamentos perto de Schweinfurt". Para isso, porém, Fred precisava obter informações precisas sobre a localização de soldados alemães criados em Schweinfurt e que provavelmente tinham amigos e parentes trabalhando na fábrica. Fred aprendeu todos os métodos de interrogatório ensinados em Camp Ritchie, mas não havia nada de rotineiro nesse tipo de interrogatório. Até mesmo o alemão mais obtuso saberia que a informação seria usada para bombardear sua cidade, e muitos dos que tinham se mostrado falantes e cooperativos se calavam quando surgia esse assunto.

"Como posso obrigar esses sujeitos a me dizer a localização dos alvos?", perguntou Fred a Guy, depois de mais um interrogatório sem resultados.

Guy começou por listar as quatro técnicas básicas de interrogatório ensinadas em Camp Ritchie. Fred disse que já tinha tentado usar as três primeiras – impressionar os prisioneiros com o que já sabia para levá-los a falar ("conhecimento superior"), oferecer um cigarro ou chocolate como recompensa ("suborno"), falar sobre um assunto neutro que os interessasse, como futebol ("encontrar interesses em comum") –, e nenhuma tinha funcionado para obter a localização dos alvos. Guy mencionou a quarta técnica: "Usar o medo".

"Medo", repetiu Fred. "Tudo bem, Guy, você está aqui fazendo isso há mais tempo que eu. O que mais assusta esses putos?"

"Isso é fácil", respondeu Guy. "*Sieg oder Sibirien.*"

"Vitória ou Sibéria?"

"Ser feito prisioneiro pelos soviéticos é um destino pior que a morte."

Fred se levantou num salto, entusiasmado. "Vamos trazer um russo!"

Guy achou a ideia pouco prática. O QGSFEA tinha oficiais de ligação soviéticos no quartel-general, mas não havia nenhum designado para o 1º Exército.

Segundos depois, Fred teve outra ideia.

"E se um de nós se fizer de russo?", perguntou.

Os dois levaram a ideia ao capitão Edgar Kann, antes segundo oficial do comando, que acabara de assumir a liderança quando o capitão Rust fora designado para outra função. Kann também era imigrante judeu alemão – e mais jovem e mais aventureiro que seu antecessor.

"Diabos, por que não?", disse Kann, sorrindo.

E foi assim que eles criaram o comissário Krukov.

Fred e Guy trabalharam nos detalhes. Guy interpretaria o russo irascível, apesar de não saber uma palavra de russo e ter de praticar o sotaque. Seu modelo foi o Russo Maluco, personagem do programa de rádio de Eddie Cantor que costumava ouvir nas tardes de domingo na casa dos tios em St. Louis. Em poucos dias, todos os que frequentavam o quartel-general concordaram que Guy fazia uma interpretação aceitável de um russo demente. Depois disso, Guy e Fred providenciaram um figurino adequado.

Os PEs foram instruídos a confiscar quaisquer medalhas russas e outros suvenires soviéticos encontrados durante a revista dos prisioneiros de guerra alemães. Quando um punhado de soldados russos foi libertado da Wehrmacht, eles trocaram blusas e jaquetas do uniforme americano por seus equivalentes russos. Logo Guy conseguiu um uniforme russo completo, embora um pouco irregular, cheio de medalhas e faixas coloridas. Mobiliaram uma barraca para simular um gabinete de ligação, com uma placa que dizia COMISSÁRIO KRUKOV, OFICIAL DE LIGAÇÃO. O toque final: atrás de onde Guy estaria sentado, um retrato de Stálin assinado para seu "bom amigo, camarada Krukov".

Não levou muito tempo para receberem o primeiro interrogado. Quando o questionário sobre alvos chegou ao quartel-general do 1º Exército, um dos primeiros prisioneiros de Fred se recusou a responder sobre as fábricas militares de sua cidade natal. Depois de fracassar em fazer com que o alemão falasse, Fred assumiu sua expressão mais pesarosa.

O garoto Ritchie Fred Howard, nascido na Alemanha, serviu com Guy Stern no quartel-general do 1º Exército. *(foto da família)*

"Eu compreendo sua posição, mas você precisa entender a minha. No mês passado nós recebemos ordens para entregar os prisioneiros que não cooperam para os nossos aliados russos. Eu não gosto disso, mas devo pedir que você venha comigo."

Fred levou o prisioneiro sob escolta até a barraca onde o comissário Krukov, todo uniformizado, esperava para desempenhar seu papel. Fred anunciou que tinha um prisioneiro a entregar, e no mesmo instante o Russo Maluco teve um ataque apoplético. O diálogo, bem ensaiado, foi conduzido em alemão.

"Seu imbecil, que espécime lamentável você me trouxe? Esse nazista nem vai sobreviver ao transporte para nossas minas de sal na Sibéria!", disse Guy.

"Comissário, eu gostaria que o senhor se acalmasse. Respeite meu uniforme e não grite comigo, senão eu levo esse prisioneiro de volta ao gabinete", respondeu Fred.

"Você não pode fazer isso! Esta sala é território russo!"

Fred acompanhou o chocado prisioneiro de volta à gaiola, dizendo ao alemão que detestava a ideia de deixá-lo à mercê do comissário Krukov.

Mesmo depois do susto, o prisioneiro continuou relutante em abrir o jogo sobre as fábricas de sua cidade, sabendo muito bem que as informações fornecidas resultariam no bombardeio das instalações.

"Eu me sinto mal por você", disse Fred. "Ainda é tão jovem e provavelmente está jogando sua vida fora. Mesmo assim, vamos ter que voltar lá, pois recebo ordens."

Bastou uma segunda visita ao russo louco para convencer o prisioneiro a contar a Fred tudo o que sabia sobre as fábricas em sua cidade.

Guy e Fred ficaram impressionados consigo mesmos e começaram a acrescentar detalhes à encenação de policial bonzinho e policial malvado. Por exemplo, Fred sugeria que prisioneiros resistentes escrevessem uma "última carta" à família antes de serem entregues aos russos, que "não reconhecem tais gestos humanitários". Essa interpretação de papéis amoleceu a maioria dos prisioneiros mais difíceis, fornecendo a Fred o tipo de informação de que precisava.

No entanto, nem todos os alemães se deixaram convencer pela pantomima. Alguns soldados mais espertos e experientes deduziram o quanto seria difícil transportar prisioneiros até o outro lado de um continente em guerra para chegar aos soviéticos no *front* oriental. Em contrapartida, muitos alemães se sentiram amedrontados demais para pensar nisso; então, com estes, a ameaça de ser entregue a um russo maluco e mandado para a Sibéria funcionou tão bem que a Força Aérea recomendou uma condecoração à unidade dos garotos Ritchie do 1º Exército pela obtenção de informações confiáveis sobre a localização dos alvos.

A nova parceria de Guy com Fred o ensinou que a imaginação podia ser o bem mais valioso de um interrogador. Embora o treinamento em Camp Ritchie tivesse proporcionado uma base sólida, no trabalho de campo havia ocasiões em que era melhor jogar fora o manual de regras, e isso foi além da criação do comissário Krukov. Por exemplo, quando tinham dificuldades com oficiais alemães que se mostravam resistentes ao serem questionados por qualquer soldado que não fosse oficial, Guy, Fred e os outros interrogadores – na maioria sargentos ou com postos mais baixos – recorriam à coleção de insígnias militares doadas e prendiam a mais apropriada na gola, de forma a se apresentar com um posto que fosse no mínimo igual ao do *Offizier* que estavam prestes a encontrar. Em qualquer outro segmento do Exército, um soldado que se passasse por oficial seria sujeito à corte marcial, mas para os interrogadores esse artifício era considerado aceitável.

Alguns interrogadores eram responsáveis por uma triagem para determinar rapidamente quais prisioneiros teriam informações relevantes. Certa manhã, um deles encaminhou a Guy um prisioneiro franzino de 24 anos chamado Karl Laun, um austríaco que havia servido em uma unidade de artilharia antiaérea da Wehrmacht antes de desertar para o lado americano, perto do rio Reno. Laun tinha um diário de seus últimos meses nas linhas de frente, com cem páginas taquigrafadas. Laun e seu diário foram levados a Guy, pois ele era o único interrogador nas imediações capaz de ler taquigrafia em alemão. Embora Laun tivesse se disposto a ler o material em voz alta, ninguém no quartel-general se sentiu confortável com a ideia de usar aquelas informações sem que alguém verificasse os registros. Assim que abriu o diário e começou a ler, Guy percebeu que eles tinham encontrado um tesouro de informações confidenciais, incluindo avaliações do moral, de equipamentos, de pessoal e armamentos alemães. O diário continha detalhes sobre movimentação de tropas, tanques e artilharia e outras revelações táticas. Laun também reclamava no diário da ideologia nazista, que ele afirmou ter rejeitado muito tempo antes por motivos religiosos. Também escreveu bastante sobre evidências de ter testemunhado uma atrocidade cometida pelos alemães durante a Batalha das Ardenas.

> *20 de dezembro de 1944*
> *Ao alvorecer, volto para nossa posição. O solo do acampamento está perfurado por crateras da artilharia. Sem aviso, uma imagem monstruosa e repugnante se apresenta para mim. O horror me esbofeteia no rosto. Cadáveres de soldados assassinados. Soldados que se renderam para nossos paraquedistas depois de uma luta honesta. Em seguida, foram entregues à SS, que os organizou com o propósito de chaciná-los. Quem entre aqueles bastardos da SS tinha sequer uma noção de lei internacional ou mesmo de humanidade? Nada, absolutamente nada, é sagrado para eles. Lá estão eles, aqueles soldados americanos, sem armas nem capacetes, claramente alvejados pelas costas, testemunhas mudas de um assassinato sistemático. Eles são as testemunhas, mas onde estão o promotor e o juiz? Sei que lá em cima existe um tribunal superior e estou certo de que, se nós aqui embaixo não os punirmos, um Deus justo o fará.*

Guy e Laun trabalharam juntos na tradução do diário para o inglês, com Laun explicando abreviações e outras referências cruciais. Organizaram o material em uma série de 24 partes, *Das Ardenas ao Reno: diário de um austríaco antinazista*. Cada parte foi anexada ao relatório diário de inteligência feito por Guy e enviada a vários comandos, onde a série conquistou leitores fiéis. Na verdade, após a distribuição do último segmento, um oficial sênior pediu mais. "Não tem nada de sexo?" Guy mencionou o pedido para Laun, que tinha mulher e um filho em Viena, onde era estudante universitário antes da guerra. Laun confirmou que não havia muito erotismo para relatar, mas se dispôs a inventar partes excitantes para o alto escalão. Ele e Guy lançaram uma continuação erótica que se tornou leitura obrigatória no quartel-general e em outros comandos.

Karl Laun logo começou a fazer um trabalho valioso na gaiola, escutando o que os novos prisioneiros conversavam entre si. Ele e vários outros detentos se tornaram "confidentes" dos interrogadores. Todos eram antifascistas. Ficavam lá e indicavam aos interrogadores quais presos mereciam mais questionamentos. Um prisioneiro que voltasse da triagem inicial se vangloriando de ter enganado os americanos, por exemplo, seria selecionado para interrogatórios mais intensos. Os confidentes se arriscaram muito ao realizar essa função, pois alguns detentos apanhavam de outros prisioneiros – geralmente de nazistas devotos – por muito menos, como falar mal de Hitler. Por fim, quando se tornou arriscado demais mandar Laun de volta para a gaiola, ele foi designado como estenógrafo de Guy. Laun participava dos interrogatórios e tomava notas taquigráficas, utilizadas por Guy para escrever os relatórios. Os dois se tornaram próximos, e Guy passou a apreciar Laun por seu entusiasmo e seu senso de humor. Certo dia, Guy se dirigiu a um grupo de prisioneiros recém-chegados para dizer que a guerra deles tinha terminado e mandar que formassem uma fila para serem questionados. Um sargento alemão durão se recusou. Virou-se e vociferou para os outros que a guerra não tinha terminado, que todos deviam ficar calados e lembrar que ainda eram orgulhosos combatentes alemães. Laun, que estava ao lado de Guy, andou até o sargento, que era uns 30 cm mais alto, ergueu o braço e puxou a aba do quepe do sargento para baixo, cobrindo parte de seu rosto.

"Olhem para o grande palhaço que acha que ainda está lutando a guerra!", disse em alemão.

Todos os prisioneiros deram risada. Com sua resistência destruída pelo ato público de desrespeito, o sargento ficou manso, e todos os alemães formaram fila.

Guy passou a compreender que, embora houvesse muitos nazistas fanáticos lutando por Hitler – ele estimava que metade dos homens que interrogava era formada por nazistas fervorosos e 20% eram seguidores que tinham aderido à ideologia nazista até eles começarem a perder –, também havia homens decentes como Karl Laun na Wehrmacht.

Em fevereiro de 1945, uma mensagem chegou do quartel-general pela manhã. Fred a viu primeiro e correu até Guy com a notícia: Marlene Dietrich apresentaria seu show pela USO* no dia seguinte, a 30 km de Huy. Fred já tinha um plano.

"Vamos lá, Guy!"

Marlene Dietrich saiu da Alemanha no começo dos anos 1930 e foi para Hollywood, onde fez seis filmes nos cinco anos seguintes e foi apresentada pela Paramount Pictures como a resposta alemã para a sensação sueca da MGM, Greta Garbo. Em 1937, quando estava se apresentando em Londres, vários oficiais do Partido Nazista abordaram Dietrich oferecendo contratos lucrativos como principal estrela de cinema do Terceiro Reich se ela voltasse para a Alemanha. Apesar de sua mãe e sua irmã ainda morarem em Berlim, Marlene, que se opunha vigorosamente a Hitler e ao nazismo, recusou a oferta; no mesmo ano, solicitou a cidadania americana, obtida em 1939. A atriz deu início a um fundo com vários outros alemães que trabalhavam em Hollywood para ajudar judeus e dissidentes a fugirem da Alemanha nazista. Quando os Estados Unidos entraram na guerra, em dezembro de 1941, Marlene se tornou uma das primeiras celebridades a participar de uma turnê que promovia a compra de bônus de guerra – e foi a estrela de Hollywood que mais gerou vendas. Desde então, participou de várias turnês da USO, apresentando-se para tropas aliadas na Argélia, na Itália, na Inglaterra, na França e na Bélgica.

---

* United Service Organizations, organização não governamental dos Estados Unidos destinada a dar suporte moral às tropas do país no exterior. (N. T.)

Partindo de jipe na manhã seguinte, Fred e Guy dirigiram até uma pousada rural onde a atriz se apresentaria. O amplo salão de refeições da pousada já estava cheio de soldados quando eles chegaram. Não havia cadeiras, apenas centenas de soldados sentados no chão sobre os capacetes de aço. Guy e Fred se espremeram no meio e ficaram empoleirados em seus capacetes. O palco, poucos metros acima do nível do chão, estava vazio, a não ser por uma cadeira de madeira no meio e um piano de armário com banquinho no canto. Todos aguardavam ansiosamente. Após cerca de quinze minutos, um homem apareceu e sentou-se ao piano. Logo depois, quando a loura nascida em Berlim surgiu no palco, sorrindo e acenando para os soldados, a pousada ficou em silêncio total. Suas pernas, consideradas as "mais adoráveis de Hollywood", estavam cobertas por uma calça de farda igual à usada pelos soldados. Ela fez algumas piadas, criticando a comida e as acomodações, e provocou gargalhadas. Depois disse que já tinha sonhado em se dedicar à música clássica, mas a carreira cinematográfica e em cabarés a deixou com pouco tempo para praticar, obrigando-a a optar por um tipo diferente de instrumento.

Estrela de cinema Marlene Dietrich comendo com soldados durante uma turnê da USO. *(corpo de sinaleiros do Exército dos Estados Unidos)*

"Vocês querem me ouvir tocar meu serrote musical, rapazes?"

O instrumento de Marlene era famoso, e os homens concordaram com aplausos. Marlene se acomodou na cadeira com um serrote e um arco de violino. Prendendo o serrote entre os joelhos, dobrou a lâmina com uma das mãos e começou a passar o arco sobre os dentes da ferramenta, criando uma melodia em tom agudo que todos conheciam: "Lili Marleen".

Depois, cantou uma música que foi muito bem recebida, pois todos os homens presentes adorariam pedir uma rodada de drinques: "Go See What the Boys in the Back Room Will Have" [Veja o que os rapazes da sala dos fundos vão querer], de seu papel como garota de *saloon* no faroeste cômico de 1939 em que contracenou com James Stewart, *Atire a primeira pedra*.

Quando Marlene terminou, os assobios e os aplausos foram ensurdecedores. Ela voltou três vezes para o bis, antes de se despedir com beijos e um aceno.

"Vamos até os bastidores falar com ela", gritou Fred. Levantou-se em um salto e abriu caminho em meio à multidão. Guy o seguiu, hesitante, tentando imaginar o que poderiam dizer de interessante para aquela estrela do cinema.

Encontraram Marlene nos bastidores rodeada por soldados de todos os níveis. Fred conseguiu se sobrepor aos admiradores dirigindo-se a ela em alemão, como Frau Dietrich. Disse que a mãe dele, Frau Ehrlich, fora massagista de Marlene em várias ocasiões quando ela ia a Nova York. A estrela de cinema se lembrou de Paula Ehrlich, parecendo visivelmente surpresa com o alemão impecável do soldado. Com isso, Fred conseguiu abertura. Apresentou a si mesmo e a Guy como interrogadores de prisioneiros de guerra do 1º Exército e perguntou se ela já tinha visto uma gaiola de prisioneiros. Marlene nunca tinha visto e ficou muito curiosa. Então, Fred convidou-a para ir com eles a Huy, a 30 km. Depois de uma conversa breve com o pianista e os acompanhantes – "volto em duas horas" –, ela saiu da pousada com Fred e Guy e entrou no jipe com eles, deixando para trás dezenas de soldados desapontados e invejosos.

Quando chegaram à cidadela, subiram a rampa diretamente para a gaiola. Os oficiais alemães ficavam confinados num dos lados de uma passarela estreita, enquanto os outros ficavam do lado oposto. Quando o grupo atravessou o corredor central, qualquer curiosidade que Marlene tivesse de ver os detentos alemães foi ofuscada pelo entusiasmo dos prisioneiros ao vê-la. A notícia logo se espalhou: "*Marlene Dietrich ist hier!*". E ela estava lá mesmo. Centenas de prisioneiros se juntaram ao lado das grades de ambos os lados, tentando vê-la, tocá-la e conversar com ela. De início, ela acenou para os homens, mas foi ficando visivelmente surpresa com o número de pessoas. Apesar de ser uma multidão amistosa, ainda assim era uma multidão de soldados alemães empurrando a extensão inteira da cerca, passando os braços e as mãos pelo arame.

"Que diabo está acontecendo?", perguntou um PE, o capitão da unidade encarregada da guarda dos prisioneiros. Antes que Fred ou Guy pudessem explicar, o capitão reconheceu Marlene e falou: "Tirem essa mulher daqui! Já! Senão eu vou ter que lidar com uma rebelião!".

Marlene pareceu aliviada ao se afastar da massa de prisioneiros, muitos dos quais continuavam gritando e assobiando. De volta ao jipe, ela disse a Fred e Guy que não estava surpresa com o interesse dos prisioneiros, pois algo semelhante havia acontecido quando ela visitara a cidade fronteiriça de Stolberg, a primeira cidade alemã tomada pelos americanos. Explicou que tinha ido até lá com uma escolta do Exército americano para avaliar a reação de seus ex-compatriotas a seu exílio voluntário.

"Afinal, saí da Alemanha e vim para o lado americano", explicou a Guy e Fred. "Achei que podia haver bastante ressentimento."

Marlene Dietrich fora declarada pela propaganda nazista como uma traidora, mas a recepção em Stolberg foi calorosa. Não restava praticamente nenhum homem na cidade, que tivera algumas partes destruídas pelos bombardeios e pela artilharia aliada. Ao atravessar uma rua com seu uniforme da USO e uma escolta militar, logo foi reconhecida por uma dona de casa local e cercada por uma multidão de mulheres e crianças admiradas. Algumas mulheres foram de casa em casa reunindo ingredientes que estavam em falta e prepararam um bolo simples para a atriz.

Marlene se emocionou ao contar a história para Fred e Guy. Disse que o bolo simples de Stolberg fora mais memorável que as iguarias servidas nos salões de Paris. A visita a Stolberg convenceu Marlene de que muitos alemães aceitavam e até mesmo apoiavam o que ela fizera ao trocar a tirania nazista pela liberdade nos Estados Unidos.

Quando eles se separaram na entrada do salão, os acompanhantes da atriz, responsáveis por sua segurança, ficaram aliviados ao vê-la de volta. Marlene agradeceu a Fred e Guy pela aventura. Disse que considerava as turnês da USO muito importantes, pois davam a ela a sensação de que fazia sua parte no esforço de guerra. Em seguida, acrescentou, com um sorriso largo:

"Eu nunca senti tanta sintonia com uma plateia como a que sinto com vocês, rapazes do Exército americano."

O alívio que todos sentiram após a derrota da última grande ofensiva alemã na Batalha das Ardenas levou a mais uma travessura por parte de Guy e Fred, sugerida pelo capitão Kann. O capitão mostrou uma história em quadrinhos divulgada pelo quartel-general de um comando canadense e sugeriu:

"Arrumem algo engraçado assim para enviarmos anexado ao nosso relatório diário de inteligência."

Tratava-se de humor no comando, refletiu Guy, o que não era nada fácil. Eles saíram da barraca do capitão sem ideia de como diverti-lo – e muito menos de como divertir os quarenta e tantos quartéis-generais que recebiam relatórios diários de inteligência.

Aproximando-se da barraca de interrogatórios, Guy viu um cabo da Wehrmacht saltando de um pé para o outro enquanto esperava para ser interrogado. Parecia um "Sad Sack"* magricela, que poderia mesmo se passar pelo popular personagem de quadrinhos criado por

* Personagem de quadrinhos criado durante a Segunda Guerra Mundial. (N. T.)

George Baker. Acontece que o *Obergefreiter*, ou cabo, Joachimstaler tinha servido numa função administrativa e, depois de algumas perguntas, ficou claro que se tratava de um burocrata que não sabia nada de importante. Quando ele pediu licença para "responder ao chamado da natureza" – expressão amena, considerando como os soldados costumavam se referir às funções corporais –, Guy teve uma ideia brilhante.

Correndo até a barraca de Fred, ele disse:

"Tive uma ideia! Vamos inventar que esse tal Joachimstaler era o ordenança de latrina de Hitler."

Guy e Fred começaram a pensar numa série de perguntas. Onde ele tinha servido a Hitler nessa função? Como teria ido parar na linha de frente, sujeito à captura, apesar da posição tão exaltada? As respostas, baseadas no que sabiam sobre o Exército alemão ou inventadas para causar efeito, fluíram naturalmente para os experientes interrogadores. Mas sobrou uma questão a ser determinada: que segredos ele conseguira extrair da privada de Hitler?

Guy pensou na resposta:

"O cabo Joachimstaler observou várias vezes que o Führer tem um escroto atrofiado."

O falso relatório, logo aperfeiçoado por detalhes fornecidos por outros membros das equipes de IPG, foi prazerosamente aprovado por Kann e anexado ao relatório principal de inteligência que seria distribuído no mesmo dia, com um aviso sutil no fim: "O conteúdo já pode estar comprometido".

O relatório produziu reações entusiasmadas. Em poucas horas, receberam ligações de diversos quartéis-generais, junto com muitas gargalhadas e elogios. Pouco depois da meia-noite, no entanto, o telefone de campo tocou na barraca de comando. Por um golpe de sorte, Guy estava no plantão noturno e atendeu ao telefone.

"Sargento Stern."

"Guy, aqui é o Billy", disse Bill Galanis, assistente de comunicação do quartel-general do Exército que Guy conhecia da Universidade de Saint Louis. "Escuta, sabe aquele seu relatório engraçado? Estamos com um problema. Um oficial de ligação da OSS em Paris leu e ligou para Washington. Ele mandou chamar um especialista em Hitler para questionar seu ordenança de latrina."

Certo de que uma inútil travessia do Atlântico empreendida por um oficial de alto escalão por causa de uma pegadinha resultaria em corte marcial para todos os envolvidos, Guy correu até o alojamento do capitão e o acordou com a notícia. Kann ficou igualmente preocupado. Pegou o telefone e acordou seu superior imediato, um coronel do quartel-general do Exército, para explicar o que estava acontecendo. Por sorte, o coronel tinha gostado do relatório do ordenança de latrina e disse que lidaria com a situação. Poucas horas depois, o oficial de ligação da OSS cancelou o pedido de um especialista em Hitler.

O franzino burocrata de bons modos, *Obergefreiter* Joachimstaler, foi mandado para um campo de prisioneiros de guerra sem saber que tinha se tornado celebridade simplesmente por ter precisado usar a latrina com urgência.

Na noite de 18 de janeiro de 1945, levaram um soldado alemão recém-capturado até Guy, com a informação de que o prisioneiro queria denunciar um crime de guerra. O cabo Heinrich Kauter era um ex-comunista que fora enviado ao campo de concentração de Landsberg como "indigno para portar armas" antes de ser recrutado em 1942, quando a Alemanha já estava desesperada para arregimentar mais soldados. Guy conhecia a prisão, 75 km a oeste de Munique, como o lugar onde Hitler fora encarcerado após uma tentativa fracassada de golpe em 1924, onde ele escreveu seu manifesto autobiográfico, *Mein Kampf* [Minha luta].

Kauter disse a Guy que tinha sido membro do 293º Regimento da 18ª Divisão Volksgrenadier e que fizera parte do ataque a Bleialf no dia 16 de dezembro de 1944. Kauter foi um dos trinta alemães capturados pelos americanos naquele dia. Ele se lembrava de ter sido interrogado naquela noite por dois soldados que falavam alemão e que afirmaram ser "judeus de Berlim". Kauter observou que, com Bleialf cercada, os americanos não conseguiram evacuar os prisioneiros de guerra para a retaguarda e, por isso, os mantiveram sob vigilância numa casa de fazenda a oeste da cidade.

Quando os americanos se renderam, alguns dias depois, os prisioneiros foram libertados, e os alemães capturaram cerca de trezentos soldados americanos.

Segundo Kauter, quando eles chegaram à alfândega, perto da fronteira entre a Bélgica e a Alemanha, alguns prisioneiros alemães repatriados apontaram os dois judeus de Berlim para um oficial, que os separou dos outros americanos sendo evacuados para campos de prisioneiros na Alemanha. Em seguida, ordenou que alguns de seus homens os afastassem do grupo e os fuzilassem.

Guy ficou chocado com o relato e pediu mais detalhes.

"Quem foi o oficial que ordenou a execução?"

"*Hauptmann* Bruns. Não sei o primeiro nome."

"Qual é a patente dele?"

"Oficial comandante do 2º Batalhão, 293º Regimento."

"Quem executou as ordens?"

"*Feldwebel* Hoffman", disse Kauter. "Um sargento de pelotão de minha companhia, a 6ª. E outros cabos e sargentos da 5ª e da 6ª."

Guy preparou um relatório declarando o "Capt. Bruns (2 Bt 293 Regt)" como suspeito da execução de dois soldados do Exército dos Estados Unidos. Era uma garantia de que, se e quando caísse nas mãos dos Aliados, Bruns seria detido para interrogatório. Guy citou Kauter como testemunha "altamente confiável". Providenciou que Kauter fosse mantido em isolamento na gaiola, onde poderia ser entrevistado por um investigador do gabinete da inspetoria geral do Exército, que começava a documentar crimes de guerra como base para processos legais.

No dia seguinte, sob juramento, Kauter foi questionado pelo tenente-coronel Hermann Meyer, assistente do inspetor-geral. Kauter repetiu o que havia contado a Guy e acrescentou mais detalhes sobre a execução. Disse que *Hauptmann* Bruns falou brevemente com os dois americanos antes de declarar:

"Judeus não têm direito de viver na Alemanha."

Antes de serem fuzilados, continuou Kauter, os dois americanos protestaram e pediram para ser tratados como prisioneiros de guerra.

"Em que posição eles estavam? Com as mãos para cima?"

"Não, em posição de sentido, de costas para o pelotão de fuzilamento."

"Onde eles foram atingidos?"

"Nas costas."

Os investigadores tinham limitações para desenvolver a investigação. As forças do Exército dos Estados Unidos ainda não tinham controle sobre a região de Bleialf, onde intensas batalhas continuavam em andamento. Isso significava que uma busca pelos corpos e por qualquer evidência adicional precisaria esperar.

Guy sabia que a 106ª Divisão tinha perdido dois regimentos inteiros naquela região durante os dias iniciais da Batalha das Ardenas. Tinha certeza de que os dois interrogadores americanos mortos seriam membros de uma equipe regimental de IPG designada para a 106ª. Era uma ilustração trágica da razão pela qual tantos garotos Ritchie tinham mudado seus nomes alemães ou judeus antes de ir para o exterior. A mesma razão que os levara a destruir pistas do passado, como endereços, fotografias e cartas, com os quais não podiam ser encontrados se fossem feitos prisioneiros. Eles nem mesmo conversavam entre si na língua nativa. Apesar de terem sido treinados para não revelar nada sobre si mesmos – todos tinham histórias inventadas para explicar aos prisioneiros o domínio do idioma –, alguns interrogadores desobedeciam a essa regra por um orgulho perverso de dizer a nazistas arrogantes ou impertinentes que eram judeus. No entanto, mesmo os soldados que faziam essa revelação evitavam falar com os prisioneiros sobre suas origens na Alemanha ou em qualquer lugar da Europa.

Para Guy, a execução dos dois interrogadores americanos reafirmava seus piores temores. Por isso ele sentia menos medo de uma morte rápida no campo de batalha que de ser capturado por nazistas que descobrissem sua identidade de judeu alemão. Era o pesadelo de todos em sua equipe, de todos os garotos Ritchie que conhecia.

Menos de três semanas depois, no dia 7 de fevereiro, o "Capt. Bruns" do 2º Batalhão, 293º Regimento, 18ª Volksgrenadier, foi capturado por unidades do 3º Exército americano em uma casamata em Schwarzer Mann, 16 km a nordeste de Bleialf. Interrogadores do quartel-general do 3º Exército já tinham lido o relatório de Guy sobre o suposto papel de Bruns nas execuções de dois soldados americanos, e o prisioneiro foi imediatamente mandado, sob escolta armada, para o quartel-general do 1º Exército. Devido à gravidade dos crimes investigados, Bruns foi colocado em uma cela individual.

Curt Bruns tinha 29 anos, olhos azuis e cabelos ruivos já meio rarefeitos. Trabalhava como caixa em uma mercearia em Stuttgart antes de entrar para o Exército, no outono de 1936, quando os preparativos militares de Hitler já estavam bem encaminhados. Bruns escalou rapidamente os postos do Exército alemão, tornando-se um oficial da Wehrmacht em 1º de setembro de 1939 – dia em que a Alemanha invadiu a Polônia – e comandante de batalhão em janeiro de 1944. Tinha mulher e um filho pequeno morando em Bad Kissingen, estação de águas na Bavária.

Durante o interrogatório inicial, Bruns se lembrou dos dois prisioneiros americanos que falavam alemão e admitiu ter dado ordens para que fossem separados dos outros prisioneiros de guerra; alegou, no entanto, não saber que eram judeus. Confirmou ter falado com os dois em alemão e que um deles disse que tinha estudado direito em Berlim. Quanto ao que aconteceu com eles depois de separados do grupo, Bruns disse que só mais tarde foi informado de que haviam sido fuzilados, sob ordens do comandante do regimento, o tenente-coronel Witte. Bruns admitiu que Witte não estava na alfândega, que chegou algumas horas depois. Também disse que ele e Witte não discutiram sobre os dois prisioneiros porque tinham questões mais urgentes a resolver. Segundo Bruns, Witte foi chamado pouco tempo depois a Berlim e condenado por uma corte marcial por insubordinação na batalha de Saint Vith. Os interrogadores suspeitaram que Bruns estava incriminando seu superior pelo fuzilamento dos dois americanos por ter razões para acreditar que Witte estava morto.

Um prisioneiro alemão chamado Anton Korn foi colocado numa cela ao lado de Bruns e instruído a fazer com que falasse sobre o caso de Jacobs e Zappler. Korn tinha sido prisioneiro político na

Alemanha devido à filiação ao Partido Comunista, mas fora convocado para servir no Exército e capturado na Normandia. Nos meses que se passaram desde então, ele ganhou a confiança do pessoal no quartel-general do 1º Exército, onde foi usado por Guy, Fred Howard e outros interrogadores para ajudá-los a obter informação a respeito dos outros prisioneiros. Com 1,78 m de altura e corpo musculoso, Korn poderia se passar por um pugilista peso-médio e sabia se cuidar bem na gaiola. A filiação comunista de Korn tranquilizava os americanos, pois todos sofreriam um grande constrangimento se ele acabasse se revelando um nazista disfarçado fornecendo informações falsas. No entanto, todos os interrogadores que trabalharam com Korn concordavam em que ele era consistente, preciso e confiável.

Korn passou dois dias na cela ao lado de Bruns, fingindo ser um sargento paraquedista alemão calejado que tinha matado alguns civis belgas e passara a ser investigado pelas autoridades americanas por crimes de guerra. Bruns acreditou na história, e isso o levou a se abrir sobre a própria situação. Disse a Korn que seu batalhão fizera centenas de prisioneiros americanos no dia 20 de dezembro de 1944, inclusive dois judeus alemães que dias antes haviam interrogado alguns de seus homens. Bruns contou que ordenou que os dois judeus fossem "abatidos", afinal, tinha jurado solenemente: "a Alemanha vencendo ou não a guerra, vou dedicar minha vida à destruição dos judeus". Afirmou que não tinha medo de testemunhas que pudessem incriminá-lo, pois era "mentalmente superior a esses homens". Vangloriou-se de ter sido mais esperto que os interrogadores ao dar o nome do comandante de regimento, pois sabia que eles nunca o encontrariam. Bruns confessou ainda outros feitos hediondos, inclusive ter matado alguns de seus próprios homens com uma pistola automática quando eles disseram que preferiam se render em vez de lutar, muitos dias antes de ser capturado.

Menos de uma semana depois, os corpos dos dois americanos mortos foram encontrados perto da sede da alfândega, pouco depois da fronteira alemã ao norte de Bleialf. Poucos dias antes, a 4ª Divisão de Infantaria tinha derrotado toda a oposição inimiga na área. As forças americanas levaram todo aquele tempo – quase dois meses –

para retornar às posições do outro lado do rio Our, ocupadas pela 106ª Divisão de Infantaria quando os alemães atacaram de surpresa nas Ardenas.

Naquela mesma tarde, o técnico de quarto grau John Swanson e outro membro da seção de registro de túmulos foram levados para a cena do crime por membros do pelotão da PE da divisão. A área estava coberta de neve, que começava a derreter. Encontraram os soldados mortos deitados de costas, cerca de 20 cm de distância um do outro, numa trincheira de apenas 75 cm de profundidade. Os braços de um dos homens estavam esticados ao lado do corpo; os do outro estavam congelados em uma posição defensiva, como se ele tivesse tentado se proteger de uma queda. Os corpos e os rostos estavam intactos, não mutilados como em casos de morte por artilharia e estilhaços. Na parte da frente não havia ferida grande visível, somente pequenas manchas de líquido vermelho acumuladas ao redor dos olhos, dos ouvidos, da boca e do nariz. Parecia sangue, mas o mais provável era que fossem fluidos purgados durante a decomposição, resultantes do vazamento de tecidos apodrecidos nos pulmões e no cérebro. Nenhum dos cadáveres estava de bota nem de capacete. Um deles usava uma japona militar, o outro vestia um sobretudo de lã. Ambos tinham cabelo escuro. O mais novo tinha uma estrutura física mediana, e o mais velho era corpulento. Não havia armas, munição, cantis nem quaisquer outros equipamentos militares junto aos corpos ou perto deles.

Um dos corpos foi identificado pelas plaquetas, o outro, por uma carteira de motorista e um cartão da Seguridade Social. Antes de serem acondicionados nos sacos para cadáveres, foram etiquetados: KURT JACOBS e MURRAY ZAPPLER.

No dia seguinte, *Hauptmann* Curt Bruns foi interrogado pelo tenente-coronel Meyer, assistente do inspetor que tinha ouvido a declaração da testemunha, o cabo Kauter. Bruns negou ter dado ordens para fuzilar Jacobs e Zappler, alegando nem ter ouvido falar sobre as mortes até ser informado por um de seus soldados. Admitiu ter dado ordens para os dois interrogadores que falavam alemão serem separados dos outros prisioneiros americanos e levados por seus homens, mas voltou a dizer que seu comandante de regimento devia ter decretado as mortes.

"Quem atirou nesses homens?", perguntou Meyer.

Bruns respondeu:

"Foram os homens de meu batalhão que os escoltaram."

Quando Meyer perguntou por que ele não admitia ter dado ordens para que seus homens fuzilassem os prisioneiros, Bruns replicou que estava dizendo a verdade.

Dez dias depois, Bruns foi interrogado pelo tenente-coronel Jesse E. Bishop, o oficial encarregado da investigação. Bruns negou novamente que os dois americanos tivessem sido mortos por ordens suas, repetindo que não soube das mortes diretamente. Quando foi questionado sobre onde os homens haviam sido executados, ele deixou escapar:

"A cerca de 500 m da alfândega, uns cinco minutos de marcha."

Os investigadores americanos decidiram levar Bruns ao local onde os corpos foram encontrados. Os advogados do Exército acharam que o testemunho de Korn seria convincente em um julgamento, mas tinham esperanças de que levar Bruns até a cena do crime pudesse deixá-lo abalado e fazer com que falasse e de que, caso se sentisse culpado, talvez até mesmo confessasse.

Karl Frucht, um dos interrogadores nascidos na Alemanha que tinha trabalhado no quartel-general do 1º Exército com Guy, acompanhou o suspeito junto com dois PEs armados. Passaram pela alfândega, estacionaram e andaram na direção do local onde os corpos haviam sido descobertos. Frucht relatou que o *Hauptmann* Curt Bruns, além de não dizer nada, "nem piscou" quando foi levado até a cova rasa dos dois garotos Ritchie.

Depois da queda de Saint-Lô, a equipe de Martin Selling passou a noite seguindo para o sul em um comboio com a 35ª Divisão de Infantaria do 3º Exército de Patton. Ao se aproximar de Falaise, depararam com a divisão Das Reich da Waffen-SS, unidade de elite que se identificava com um *Wolfsangel*, antigo símbolo nazista inspirado por uma armadilha para lobos. A divisão já tinha cometido crimes de guerra e foi rapidamente levada do sul da França para impedir que os americanos entrassem em Saint-Lô. Como não conseguiram, receberam ordens de proteger a retaguarda de outras unidades alemãs que fugiam do cerco pelo bolsão de Falaise, se reorganizar e continuar na luta.

Martin via esses soldados da SS como covardes brutais com ego inflado. Estavam tão acostumados a enfrentar aldeões franceses e combatentes da Resistência mal armados que se enfureciam ao ser atacados por soldados do Exército dos Estados Unidos. Eles já tinham executado prisioneiros de guerra americanos, incluindo um capitão do regimento de Martin e seu motorista, quando os dois foram capturados ao seguir por um caminho errado.

Convocado pelo posto de comando de seu regimento, Martin encontrou um coronel americano enfurecido diante de um *Scharführer* da SS com uma bandeira branca e a edição mais recente da publicação *Stars and Stripes*, com um soldado americano desarmado entre eles. Os dois oficiais gritavam e gesticulavam sem se entender. Quando Martin apareceu, o coronel e o alemão se voltaram para ele em busca de solução. Depois de falar um pouco em ambas as línguas, Martin esclareceu a situação. O soldado era um prisioneiro das tropas da SS. Antes de ser capturado, conseguira um exemplar ainda não distribuído da *Stars and Stripes* com uma foto de três louras e a legenda "Três enfermeiras alemãs capturadas". O soldado mostrou a foto aos alemães que o capturaram, convencendo-os de que fora lá negociar a libertação das enfermeiras. O tenente da SS o acompanhou até as linhas americanas com uma bandeira branca para facilitar a troca de prisioneiros: um soldado por três enfermeiras. O problema era que ninguém tinha ouvido falar daquelas enfermeiras alemãs; pelo visto, a foto e a legenda eram uma piada. Só que, naquele momento, ninguém achou graça.

O posto de comando do regimento ficava no cume oeste da encosta de um vale profundo, e as forças da Waffen-SS estavam entrincheiradas no lado leste da encosta. Uma rodovia aberta ligava os dois pontos pelo vale de vinhedos. O tenente alemão tinha caminhado com seu prisioneiro americano pelo meio das linhas americanas sem ser vendado, de forma que sabia o tamanho das forças americanas, a distribuição de suas defesas e a localização do posto de comando. O oficial alemão continuava perguntando sobre enfermeiras, irritado, e o coronel americano estava pálido, pois, de acordo com as regras da guerra, o uso da bandeira branca significava que teria de deixar o oficial da SS voltar para o lado alemão.

Martin foi incumbido da desagradável tarefa de explicar ao alemão que não havia enfermeiras a serem libertadas e que ele precisaria ser vendado no caminho de volta. O coronel ordenou que Martin levasse o alemão de volta para o seu lado.

Durante a longa caminhada pelo vale, com o judeu alemão conduzindo o oficial vendado da SS pelo cotovelo e o avisando quando deveria pisar com cuidado, os dois começaram a conversar. O oficial percebeu que Martin era alemão e perguntou por que ele tinha emigrado. Em vez de responder, Martin o questionou sobre relatos de que Das Reich tinha dizimado toda a população do vilarejo francês de Oradour-sur-Glane, cerca de quinhentos homens, mulheres e crianças. O oficial alemão confirmou os relatos que Martin ouvira, mas tentou justificar os assassinatos alegando que foram uma resposta a disparos contra eles vindos do vilarejo. Enojado por aquela desculpa para o extermínio em massa, Martin não perguntou mais nada.

Assim que viu as tropas alemãs, Martin parou e tirou a venda do tenente. Sem dizer palavra, deu meia-volta e começou a caminhada de volta. Enquanto voltava sozinho por vinhedos e estradas expostas, percebeu como fora estúpido de não levar uma bandeira branca. Viu os soldados de ambos os lados o observando, agachados em posições semiocultas atrás de videiras e arbustos e, de repente, se sentiu nu e exposto. A cada passo, achava que tomaria um tiro nas costas, talvez do próprio *Scharführer*, que tinha demonstrado aquela atitude *blasé* em relação aos assassinatos. No entanto, o tiro letal não aconteceu, e Martin terminou a caminhada mais longa de sua vida com as pernas trêmulas e encharcado de suor.

Ao chegar ao outro lado, descobriu que o coronel tinha dado ordens para mudar o posto de comando, que já estava sendo transferido às pressas.

As tropas continuaram envolvidas no combate contra a divisão da SS por vários dias, até que a SS recuou pelo mesmo bolsão utilizado pelos outros alemães em retirada. Martin constatou que aqueles disciplinados militares não eram mais os convencidos super-homens nazistas de antes, embora ainda passassem essa impressão de maneira convincente para civis assustados ou para as próprias tropas de retaguarda. Ao contrário das unidades típicas de infantaria da Wehrmacht, eles sempre tinham acesso a veículos motorizados e exigiam o direito de passagem mesmo quando batiam em retirada. Pelo visto, os homens de Das Reich morriam de medo de ser capturados.

Uma semana depois, Martin estava ocupado interrogando novos prisioneiros quando foi interrompido e instruído a se apresentar ao gabinete da Inteligência. Ao entrar no quartel-general do regimento, viu vários oficiais com expressão consternada lendo uma mensagem do quartel-general do 3º Exército. A mensagem pedia explicações sobre a razão de o regimento não ter repassado informações sobre um prisioneiro interrogado que era membro de uma unidade alemã de tanques operando nas proximidades. O quartel-general considerou vital a informação sobre tanques blindados operando na região, tendo em mente os planos do regimento para um ataque próximo. Martin pensou nos interrogatórios mais recentes que conduzira, mas não conseguiu se lembrar de ninguém que pertencesse a uma unidade de tanques alemã ou que mencionara qualquer coisa sobre tanques Panzer na região. Foi enviada uma mensagem ao 3º Exército afirmando não haver relatos de tanques inimigos no setor.

Uma hora depois, surgiu um carro da equipe de comando com um major e dois investigadores do Corpo de Contra-Inteligência (CCI) querendo questionar Martin. Eles o acusaram de não ter incluído tanques alemães nos relatórios de IPG, deixando claro que não só a competência de Martin estava sendo questionada, mas também sua lealdade. Os investigadores não entendiam por que ele estava tão determinado a negar a presença de forças blindadas na frente do regimento. Queriam forçá-lo a admitir alguma coisa: como mero sargento, e por conta do "forte sotaque", será que ele não tinha se confundido? Ou omitido algo?

Ao ouvir aquele questionamento, o oficial-assistente de operações do regimento, capitão Orval Faubus, acabou perguntando aos investigadores *onde* eles haviam obtido a informação de que um prisioneiro relatara a existência de tanques.* O silêncio inicial foi quase tão ruim quanto a explicação fornecida. Um PE tinha escoltado alguns prisioneiros de guerra na volta do interrogatório e – usando o alemão que aprendera no ensino médio – perguntou por que eles usavam uniforme cinza-azulado e não o tom cinza tradicional do Exército alemão. Eles responderam "*Panzergrenadiere*". Ao ouvir o termo *Panzer*, o soldado, entusiasmado, relatou ao comandante de batalhão da PE que havia veículos blindados alemães na região, e o comandante repassou a informação aos superiores.

Infelizmente, a informação era falsa. Martin tinha interrogado alguns homens com uniforme cinza-azulado. *Panzergrenadiere* era o nome de uma unidade de infantaria motorizada formada no começo da guerra e vinculada às divisões blindadas. Essas unidades operavam principalmente no *front* russo e tinham sofrido muitas perdas, sendo restauradas às pressas, destacadas dos veículos motorizados e enviadas ao *front* ocidental para lutar como infantaria comum, mas mantendo as designações da unidade e o uniforme diferente. Martin já havia informado a presença dessas unidades no setor do regimento muitos dias antes e fornecido uma avaliação precisa de sua força e sua composição como unidade exclusiva de infantaria.

Por alguma razão, essa explicação não bastou para o major e os investigadores do quartel-general. Martin teve a sensação preocupante de que eles tinham vindo com o objetivo de desmascarar um espião alemão em meio às tropas. Os investigadores queriam que o

---

* Orval Faubus foi o 36º governador do Arkansas, de 1955 a 1967. Costuma ser lembrado por sua manifestação contra o fim da segregação nas escolas de Little Rock, em 1957, quando desafiou uma decisão da Suprema Corte dos Estados Unidos. Faubus teve menos confrontos com o governo federal durante os mandatos dos presidentes John F. Kennedy e Lyndon B. Johnson, com os quais se manteve cordial. Ambos ganharam os votos do Arkansas.

ataque planejado para o dia seguinte fosse adiado devido a "relatos inconsistentes" quanto às unidades blindadas. Faubus olhou para Martin, que reafirmou não ter ouvido absolutamente nada sobre tanques inimigos na área. Faubus e o resto da equipe do regimento endossaram a posição de Martin, dispensaram os investigadores e realizaram o ataque no dia seguinte conforme planejado, sem avistar um único tanque alemão.

Apesar de ter controlado as próprias emoções diante das ameaças e da pressão dos investigadores do quartel-general, aquele encontro deixou Martin furioso por muito tempo. Será que ele e os outros interrogadores que falavam alemão já não tinham demonstrado seu valor e sua lealdade? O que mais seria necessário? Percebeu como teria sido fácil cancelar o ataque sem nenhuma razão e sabia que isso teria resultado apenas na perda do ímpeto de seu regimento adquirido com os avanços recentes. Um atraso teria dado ao inimigo tempo suficiente para se reorganizar e fortalecer as próprias defesas, o que teria resultado em mais baixas americanas.

Em meados de dezembro, a 35ª Infantaria foi posicionada perto de Haguenau, na região da Alsácia-Lorena, nordeste da França, a 22 km da fronteira alemã. Foi distribuída uma série de mapas com os próximos objetivos, que incluíam a cidade alemã de Karlsruhe. Os mapas, porém, foram recolhidos duas horas depois, e os homens foram informados de que seriam reposicionados devido a uma ofensiva surpresa do inimigo. Eles recuaram 135 km até a cidade de Metz, onde reabasteceram, seguindo depois para o norte a fim de ajudar a deter a ofensiva alemã que avançava pelas Ardenas.

Nevava sem parar, e durante os três dias de viagem por estradas montanhosas cobertas de gelo o único ponto de referência de Martin foi o caminhão de alimentos que seguia à frente do jipe. Chegando ao destino no Ano-Novo, o regimento recebeu a missão de expulsar as tropas inimigas do setor, com pouca noção do número de soldados que enfrentariam ou de onde estes estariam posicionados. Um pelotão de reconhecimento foi enviado para sondar a área.

O quartel-general do regimento foi estabelecido em uma fazenda, e a equipe de IPG se abrigou num galinheiro vazio. Mais tarde naquele mesmo dia, o pelotão de reconhecimento voltou com um presente: dez prisioneiros de guerra alemães, entre eles um oficial. Martin decidiu começar pelo oficial. O jovem e bem-vestido capitão entrou na sala empertigado, exigindo apresentar sua rendição a um oficial de posto igual ou superior.

Martin explicou que eles não tinham tempo nem disposição para convocar uma banda regimental a fim de recepcionar o capitão, que, como prisioneiro de guerra, teria de considerar *qualquer* soldado americano como superior. Ao ouvir o alemão impecável do homem que o interrogava, o capitão percebeu, horrorizado, que Martin não era apenas um americano que falava alemão, mas um alemão nativo que havia emigrado para os Estados Unidos. Ele repreendeu Martin por ser um traidor.

Martin replicou ao nazista: a *Kristallnacht* tinha deixado muito claro que, como judeu, ele não era alemão. Endurecendo o tom, acrescentou de maneira ameaçadora que aquela mesma mensagem fora impingida durante sua estadia em Dachau.

"Você consegue imaginar", perguntou Martin ao capitão, "o que teria acontecido comigo em Dachau se eu me dirigisse a um guarda do campo de concentração do jeito que você está falando comigo?".

O capitão ficou lívido de raiva. Disse que era uma pena terem deixado Martin sair de Dachau.

A partir dos documentos encontrados, ficou claro que o capitão havia passado a maior parte de sua breve carreira militar em funções administrativas. Tinha sido enviado às linhas de frente havia pouco tempo, quando se comprometeu a ajudar na vitória ou morrer no campo de batalha. Como sua captura eliminava essas opções gloriosas, ele tentava compensar seu constrangimento insultando o interrogador judeu. Martin quase perdeu a calma mais de uma vez, tentado a estapear o alemão por sua insolência. Ainda assim, conseguiu se conter. Ficar nervoso não ajudaria em nada, e Martin manteve a frieza.

Quando percebeu que não tinha escolha a não ser lidar com Martin, o capitão forneceu seu nome e seu posto. Por questão de orgulho, deixou registrado que tinha se separado do resto da unidade havia três dias e, desde então, tentara, sem sucesso, restabelecer contato com sua unidade ou com outras tropas alemãs. Ele e seus homens só haviam sido capturados por terem ficado sem comida e sem munição.

Martin sabia que muitos soldados alemães, ao se separarem de suas unidades, procuravam algum esconderijo ou até mesmo se escondiam das próprias tropas até terem oportunidade de serem capturados pelos americanos. Depois, para evitar o constrangimento, costumavam inventar histórias sobre o grande esforço empenhado para encontrar os companheiros. Martin, contudo, achou que aquele nazista fanático provavelmente tinha vasculhado a região em busca de tropas alemãs, como afirmou. Isso significava que, se não havia encontrado nenhuma, elas provavelmente já haviam partido. O capitão revelou exatamente a informação que Martin buscava. Imaginou que em algum momento o capitão perceberia o erro cometido em decorrência da própria raiva, mas aí seria tarde demais.

Para confirmar o que já havia inferido a partir do testemunho do capitão, Martin conversou com os homens sob seu comando, que não eram fãs do jovem líder arrogante. De fato, eles falaram abertamente sobre os dias que passaram marchando sem rumo pela região deserta em busca das próprias tropas, sem encontrar nada. Com isso, Martin teve a confirmação necessária.

A partir do relatório de Martin, o pessoal do regimento ficou aliviado ao saber que a área imediata estava livre de forças alemãs. Mandaram as unidades estenderem suas linhas, com maior velocidade e confiança. Em pouco tempo, o regimento de Martin voltou a avançar em direção à fronteira para a última investida contra a Alemanha, adiada pela ofensiva das Ardenas. Sentiu-se entusiasmado por participar daquele momento.

Martin Selling mal podia esperar o dia em que pisaria em solo alemão como soldado do Exército dos Estados Unidos.

Depois de avançar rapidamente pela península da Bretanha, a 6ª Divisão Blindada virou para o leste e entrou na França. Para Stephan Lewy e sua equipe de OB, a guerra ganhava um ritmo cada vez mais acelerado. Eles estavam encarregados de manter um mapa de operações atualizado, mostrando a localização e a força de todas as unidades inimigas na área imediata. Mas a divisão – parte do 3º Exército de Patton – se deslocava com tanta velocidade que os mapas militares mais recentes cobriam áreas que já haviam ficado para trás. Por questão de necessidade, eles começaram a usar guias turísticos da Michelin obtidos nas cidades por onde passavam.

Além disso, Stephan montou um mapa grande na parede usando painéis de papelão cobertos por folhas de acetato. Escutava pelo rádio as notícias da noite sobre a guerra, recebidas da Inglaterra, da França e da Alemanha, nos três idiomas, e só então traçava as posições relatadas das forças aliadas e inimigas para que a equipe de comando tivesse uma imagem completa das frentes de batalha na Europa. O general Grow costumava começar o dia com o nariz enfiado no grande mapa. Sempre que aparecia, Patton também parava para examinar o mapa, interessado no que acontecia centenas de quilômetros à frente.

A longa extensão das linhas de suprimento causou escassez de combustível para os tanques e outros veículos americanos, de forma que o avanço era interrompido por vários dias seguidos a fim de aguardar pelos caminhões carregados que seguiam na retaguarda. Apesar dos trancos e barrancos, a 6ª Divisão chegou à fronteira belga em meados de dezembro, posicionando-se ao sul das Ardenas para avançar sobre a região do Sarre, no sudoeste da Alemanha. Depois do ataque surpresa alemão nas Ardenas, a divisão foi instruída a seguir para o norte e ajudar na defesa da cidade de Bastogne, onde a 101ª Divisão Aerotransportada encontrava-se cercada. No dia 22 de dezembro, o general-brigadeiro Anthony McAuliffe, comandante interino da 101ª, respondeu a um pedido alemão de rendição com uma mensagem concisa: "Loucos!".

Quatro dias depois, após uma guinada de noventa graus para o norte, a 6ª Divisão entrou na Batalha das Ardenas. Avançou rapidamente para a região a sudeste de Bastogne, então sob constante fogo da artilharia inimiga. Os alemães reuniam uma força estimada de seis divisões a leste de Bastogne, mas a súbita chegada da 6ª em seu flanco obrigou-os a reposicionar homens, tanques e artilharia. No Ano-Novo, a 6ª Divisão, à qual Patton se referia como uma de suas melhores divisões blindadas – junto com a 4ª Divisão, o outro "motor" do 3º Exército –, lançou um ataque ao longo de todo o *front*. Seguindo a doutrina de Patton de sempre atacar primeiro, foi a única divisão do Exército dos Estados Unidos a atacar o inimigo em vez de apenas se defender.

Bastogne foi tomada, e na segunda semana de janeiro de 1945 já estava claro que a jogada dos alemães nas Ardenas fracassara. Com sua retaguarda subitamente envolvida em combate, eles tentaram desesperadamente retornar pelo rio Our com o maior número possível de tanques, equipamento e tropas para chegar à Linha Siegfried, a fim de amortecer o impacto da aguardada invasão da Alemanha pelos Aliados.

Hordas de prisioneiros inimigos foram capturadas nas Ardenas. Stephan foi designado para acompanhar um dos alemães, general de uma estrela, até a retaguarda das linhas aliadas. O general foi levado em um tanque para impedir sua identificação durante o percurso e evitar uma tentativa de resgate. Depois de deixá-lo na gaiola de cada vez mais prisioneiros de guerra do 3º Exército, Stephan passou por detentos que comiam ovos, carne e pão recém--assado. Os homens da 6ª tinham passado quase duzentos dias consecutivos nas linhas de frente alimentando-se basicamente de rações frias. Stephan ficou revoltado ao constatar que prisioneiros inimigos comiam melhor que os soldados em combate. Por um instante, sentiu-se tentado a sentar--se e desfrutar de uma refeição quente. Levando em consideração a companhia que teria, porém, decidiu que não valia a pena.

De volta à divisão e conduzindo interrogatórios dia e noite, que muitas vezes o mantinham trabalhando por 48 horas seguidas, Stephan se viu diante de um major alemão da SS que se recusava a dizer qualquer coisa além de seu nome e seu posto.

Em interrogatórios recentes, Stephan já tinha observado que alguns soldados do Terceiro Reich, longe de se considerarem derrotados, preparavam-se para se engajar numa luta desesperada a fim de defender a pátria. "Nós vamos empurrar todos de volta ao oceano, esses macacos arrogantes e falastrões do Novo Mundo", prometia uma carta inconclusa encontrada com um prisioneiro. "Eles não vão entrar na Alemanha. Nós vamos proteger nossas mulheres e nossas crianças de qualquer dominação do inimigo."

Stephan, porém, estava exausto. Sem perder tempo com pretensões ou amenidades, exigiu saber o tamanho e a localização das forças confrontadas. De cabeça erguida, o oficial permaneceu calado.

Por fim, Stephan se levantou, pegou a pá usada para cavar trincheiras e pediu para o prisioneiro sair da barraca com ele. Depois de uma breve caminhada, ele apontou sua pistola 45 para o detento e jogou a pá no chão.

"*Ein Loch graben*", falou.

O nazista pegou a pá e começou a cavar, obedecendo à ordem.

Depois de um tempo, Stephan disse para ele abrir um buraco mais fundo e mais comprido.

O prisioneiro obedeceu, sem dizer nada.

Em seguida, Stephan mandou-o se deitar para verificar se o buraco estava grande o suficiente. O oficial se deitou e levantou-se pouco depois, limpando o uniforme.

Stephan deu duas ripas de madeira para o alemão e ordenou que escrevesse seu nome e seu posto em uma delas, para a cruz que marcaria seu túmulo.

Nesse momento, o alemão chegou ao limite e começou a falar.

Mais tarde, Stephan pensou sobre o que fizera. Sim, ele tinha obtido informações táticas acerca das unidades inimigas na luta. Teria, contudo, o fim justificado os meios? *Provavelmente não*, decidiu. Stephan sabia que maus-tratos psicológicos contra um prisioneiro caracterizavam uma transgressão que poderia levá-lo à corte marcial. Aquela foi a única vez em que fez algo assim; depois, nunca mais. Sabia que fora vencido pela própria raiva e não sentia orgulho disso.

Assim como outros garotos Ritchie, Stephan foi treinado para se isentar de qualquer aspecto pessoal ou emocional durante os interrogatórios. Ao confrontar o major da SS naquele dia, no entanto, não conseguiu se livrar da assustadora sensação de perigo iminente que homens assim tinham instilado nele quase toda a sua vida. Stephan percebeu que, quanto mais perto chegava da Alemanha nazista, mais ressentimento e raiva ele sentia.

Stephan Lewy ao volante no nordeste da França, a caminho de Bastogne, na Bélgica, em outubro de 1944. *(foto da família)*

PARTE III

Tínhamos ouvido rumores sobre a existência dos campos, e eu não sabia o que esperar. Sentia medo de encontrar minha mãe ou irmã entre os mortos.

Manfred “Manny” Steinfeld

11

OS CAMPOS

Mesmo no início de abril de 1945, poucos civis americanos – e até poucos soldados em luta na Europa – conheciam Buchenwald. Ficava em uma floresta de faias que dera origem ao nome – *Konzentrationslager Buchenwald*, ou campo de concentração da floresta de faias – na face norte do monte Ettersberg, a 7 km da cidade alemã de Weimar, reconhecida por sua herança cultural. Weimar foi o centro do Iluminismo Alemão (1650-1800), além de local de nascimento doescritor mais admirado do país, Johann Wolfgang von Goethe, do compositor Franz Liszt e do pintor Paul Klee.

Desde a construção de Buchenwald, um dos maiores campos de concentração nazistas, em 1937, a área servia a um propósito muito mais sombrio. O campo tinha uma cerca elétrica de arame farpado, torres de guarda ocupadas por soldados da SS e áreas de metralhadoras. Buchenwald também contava com um crematório próprio. Em sete anos, 250 mil pessoas de toda a Europa foram enviadas ao campo, onde realizaram trabalhos forçados para as indústrias de armamentos e em pedreiras de calcário, até morrerem de tanto trabalhar sob a política nazista de *Vernichtung durch Arbeit* (extermínio pelo trabalho) ou até serem consideradas inaptas para a labuta e executadas. Mortes por enforcamento, fuzilamento e injeções letais – além de inanição, doenças e experimentos médicos – foram estimadas em mais de 55 mil, sem contar milhares de pessoas que morreram ao serem transferidas de Buchenwald para outros campos de concentração.

Em abril de 1945, com o 3º Exército de Patton se aproximando rapidamente pelo oeste, os nazistas começaram a evacuar Buchenwald, pressentindo sua libertação. O pequeno contingente de mulheres prisioneiras, cerca de quinhentas delas, foi transportado a pé e de trem para o campo de concentração de Theresienstadt, na Tchecoslováquia ocupada pelos alemães. No primeiro dia das evacuações, 5 mil prisioneiros homens foram levados em marcha forçada para Weimar, e centenas dos que estavam mais doentes morreram no caminho ou foram assassinados por guardas. Na estação ferroviária, foram espremidos em sessenta vagões com pouca comida e água, tendo como destino o campo de concentração de Dachau, 380 km ao norte.*

Na tarde de 11 de abril, um destacamento avançado da 6ª Divisão Blindada aproximava-se do vilarejo de Hottelstedt, a cerca de 3 km de Buchenwald, quando se deparou com alguns retardatários da SS e se envolveu num breve tiroteio antes de os alemães se renderem. Enquanto os soldados alinhavam quinze prisioneiros para ser levados para a retaguarda, dezenas de homens desarmados, usando uniforme de prisão listrado de cinza e azul, saíram correndo da floresta e começaram a atacar os alemães com os punhos. Surpresos e confusos, os americanos afastaram os agressores dos prisioneiros. Os detentos disseram aos americanos que tinham sido mantidos em um campo de concentração

* Desvios ao longo do caminho atrasariam o que se tornaria conhecido como o "trem da morte" de Dachau. Ao chegar ao destino, dezenove dias depois, somente 1.300 prisioneiros foram capazes de percorrer a curta distância entre os trilhos e o campo de concentração. Passados três dias, unidades da 42ª e da 45ª Divisões de Infantaria do 7º Exército, após uma breve batalha com os guardas do campo, libertaram mais de 30 mil sobreviventes. Na estação ferroviária, tropas americanas encontraram trinta vagões cheios de corpos em decomposição. Ao todo, entre os dias 6 e 10 de abril, aproximadamente 25.400 prisioneiros foram evacuados de Buchenwald; muitos morreram antes ou depois de chegar ao destino final.

próximo, onde aqueles homens da SS trabalhavam como guardas. Eles apontaram freneticamente para uma estrada que seguia na direção do campo.

Ninguém da 6ª Divisão Blindada sabia da existência de um campo de concentração na região. Os detentos apontaram para o sul, mas o destacamento avançado e as colunas de tanques da 6ª Divisão, alguns quilômetros atrás, seguiam para leste. Ignorando as ordens recebidas para não parar nem reduzir a velocidade, o comandante interrompeu o avanço de sua unidade e despachou uma equipe de reconhecimento com quatro soldados, liderada pelo capitão Frederic Keffer, oficial de inteligência do batalhão, em um veículo blindado de seis rodas. Dois detentos do campo subiram a bordo para indicar o caminho e logo chegaram a uma cerca de arame farpado com 3,5 m de altura. Os soldados puderam ver hordas de homens emaciados com os mesmos uniformes listrados do outro lado da cerca.

Deixando dois homens com o veículo, o capitão Keffer e o sargento Herbert Gottschalk, garoto Ritchie nascido em Berlim, passaram por um buraco feito pelos detentos na cerca quando o campo foi abandonado, algumas horas antes, pelo comandante da SS e seus homens. Os soldados foram rodeados por detentos imundos e alegres. Eles levantaram o capitão americano e o jogaram para cima, apanhando-o e jogando-o para cima de novo, como se fosse um atacante vitorioso numa partida de futebol americano.

Pouco tempo depois, quando Keffer voltou e contou o que havia encontrado, o comandante da unidade enviou uma mensagem urgente pelo rádio para o quartel-general da 6ª Divisão pedindo alimento, água e auxílio médico para milhares de sobreviventes de um campo de concentração nazista chamado Buchenwald.

No dia seguinte, Stephan Lewy, designado para a 6ª Divisão Blindada com outros garotos Ritchie para servir como tradutor, chegou a Buchenwald. Stephan, havia bastante tempo, já sabia que existiam campos de concentração na Alemanha, mas esse foi o primeiro que viu. Ficou chocado com o tamanho do campo, com os milhares de prisioneiros mantidos ali e as condições deploráveis em que viviam os emaciados detentos. Seu pai tinha sido capturado em uma das primeiras batidas nazistas, em 1933, e mandado para o campo de concentração de Oranienburg, aberto fazia pouco tempo perto de Berlim. Foi libertado dois anos depois, após sofrer um ataque cardíaco. Stephan ainda se lembrava de como o pai estava esquelético quando voltou do campo, desdentado.

Mesmo assim, quando chegou ao campo de Buchenwald, Stephan não estava preparado para os esqueletos ambulantes que encontrou lá dentro. Na frente dos primeiros alojamentos, viu um grupo de homens que eram só pele e osso, deitados e sentados como se estivessem em transe, ao lado de uma pilha de corpos em decomposição. Sentiu-se horrorizado ao ver um braço se estender subitamente do meio dos corpos. Os vivos, os mortos e os moribundos estavam todos misturados.

Um dos primeiros sobreviventes com quem Stephan conversou era um judeu alemão. Ele explicou que os prisioneiros eram segregados por nacionalidade e pela cor de um remendo triangular – chamado de *Winkel* – costurado nos casacos listrados. Amarelo era para judeus; vermelho, para comunistas; preto, para ciganos; rosa, para homossexuais. Os detentos disseram que as diversas nacionalidades tinham alojamentos próprios e áreas determinadas dentro do campo.*

Os alojamentos, sem janelas nem aquecimento, foram projetados para abrigar quatrocentos prisioneiros cada, mas muitos contavam com mais de 2 mil detentos. Os prisioneiros dormiam sobre tábuas de madeira empilhadas em cinco níveis, normalmente com quatro ou cinco pessoas por cama dividindo um único cobertor para se aquecer no inverno. Colchões de palha ásperos e infestados de piolhos eram tudo o que havia nas camas. Toda manhã eles constatavam que mais alguns companheiros tinham morrido durante a noite. Os mortos eram despidos de quaisquer peças de

---

* Um relatório do Exército americano de 16 de abril de 1945 calculou que havia aproximadamente 20 mil prisioneiros sobreviventes em Buchenwald no dia da libertação. Esse número incluía 4.380 russos, 3.800 poloneses, 2.900 franceses, 2.100 tchecos, 1.800 alemães e 1.200 húngaros; cerca de 4 mil eram judeus.

roupa, arrastados para fora e depositados sobre montes de cadáveres cada vez maiores.

Os prisioneiros libertados que conseguiam ficar em pé fizeram força para se levantar e abraçar os soldados que passavam. "Nós estamos livres!", gritavam, em vários idiomas. Apesar da condição fragilizada e dos horrores por que todos haviam passado, o campo se encheu de alegria durante aqueles primeiros dias de liberdade. Mesmo em meio àquele horror, Stephan viveu seu momento mais gratificante da guerra nas interações com os sobreviventes, vendo o alívio e a gratidão que sentiam por saber que o sofrimento acabara e que teriam uma chance de voltar a viver normalmente.

Enquanto os soldados distribuíam alimentos, a equipe médica do Exército fazia rondas alertando os prisioneiros a começar com pequenas porções de alimento, pois comer demais poderia prejudicar o sistema digestivo, o pâncreas e o fígado depois de uma dieta de quase inanição. Infelizmente nem todos demonstraram esse comedimento, e alguns sobreviventes morreram por comer demais durante os primeiros dias.

Stephan registrou os sintomas das diversas doenças que os prisioneiros descreveram – a febre tifoide, contraída a partir de uma bactéria dos piolhos, foi uma das maiores assassinas – e informou aos médicos para que soubessem quais tratamentos e medicamentos seriam necessários.

No dia seguinte, Stephan e um grupo de soldados levaram vários caminhões militares vazios de duas toneladas e meia até a cidade mais próxima, Weimar, a 10 km de distância. Ao localizar o prefeito, Stephan disse que eles precisavam de cem homens para acompanhá-los imediatamente a fim de começar a limpar o campo e enterrar os mortos. Stephan disse que mais de cem civis seriam necessários a cada dia, até todo o trabalho ser concluído. Quando o prefeito começou a protestar, Stephan o interrompeu.

"*Hundert jeden Tag*", repetiu. "Cem a cada dia."

Os cem primeiros civis subiram nos caminhões e foram levados ao campo. Quando chegaram, ficaram olhando os arredores e os detentos emaciados com expressões neutras. Em seguida, como um coro exigindo absolvição, começaram a negar sua responsabilidade.

"*Wir wussten nicht.*" "Nós não sabíamos."

"*Niemand sagte uns.*" "Ninguém nos contou."

Stephan não teve paciência para tais negações. Como era possível que aquelas pessoas não soubessem de algo tão desumano acontecendo no próprio quintal? Como não notaram o cheiro dos mortos e dos moribundos no ar, a fumaça escura que saía em espirais da imensa chaminé do crematório? Como podiam viver tão perto e ter se mantido na ignorância por tanto tempo?

Os cem habitantes locais continuaram comparecendo todos os dias, recebendo ordens de Stephan e dos outros garotos Ritchie. Na maior parte do tempo, Stephan continha as emoções. Mas não sempre.

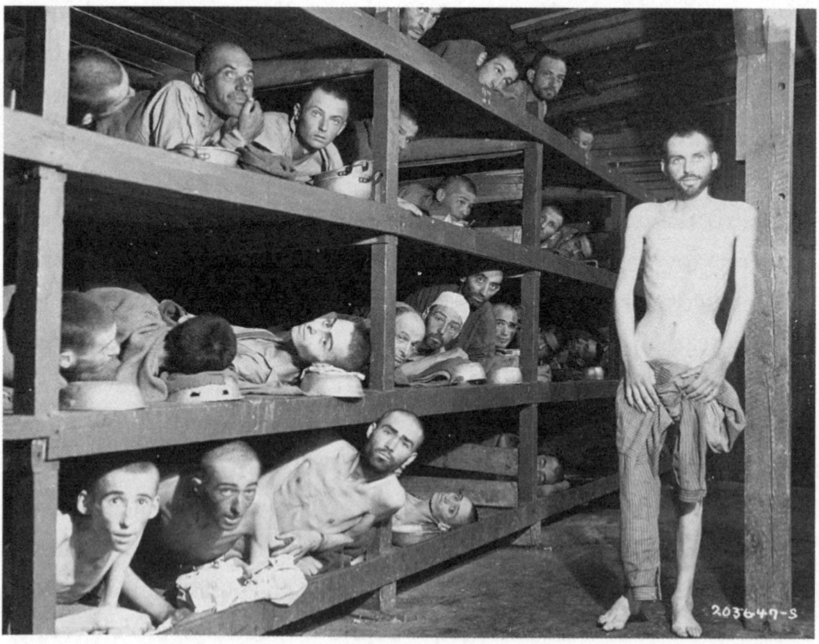

Detentos libertados em Buchenwald em seus beliches de madeira. O futuro vencedor do Prêmio Nobel da Paz Elie Wiesel está na segunda fileira de beliches; é o sétimo a partir da esquerda, ao lado da viga vertical. *(Museu Memorial do Holocausto dos Estados Unidos)*

"*Der Geruch ist schrecklich*", disse um homem, reclamando que o cheiro era horrível enquanto ajudava a arrastar cadáveres para uma vala comum.

Respire fundo, seu canalha!, era o que Stephan queria gritar. *Foi você quem causou isso, com sua obediência cega à autoridade.*

Alguns dos habitantes locais pareciam genuinamente comovidos pelas cenas lamentáveis. Um homem mais velho, enxugando as lágrimas enquanto falava, disse a Stephan que sabia sobre os prisioneiros detidos em Buchenwald, mas não sabia de mais nada e nunca tinha imaginado aquilo. Stephan foi treinado para identificar sinais óbvios de mentira, e o velho não mostrava os olhos fugidios nem a expressão inquieta que indicavam isso. Acreditou no que ele dizia, apesar de saber que o homem *deveria* ter tomado conhecimento do que acontecia tão perto de sua casa.

No dia 12 de abril, um destacamento da 80ª Divisão de Infantaria chegou para assumir o controle do campo e evacuar os prisioneiros libertados. Vários jornalistas chegaram com eles, inclusive Edward R. Murrow. A transmissão radiofônica da CBS feita ao vivo por Murrow em Buchenwald tornou-se uma de suas mais famosas: "Pedi para ver um dos alojamentos. Por acaso estava ocupado por tchecoslovacos. Quando entrei, os homens se reuniram ao meu redor e tentaram me erguer sobre os ombros. Estavam fracos demais. Muitos não conseguiam sair da cama. Fui informado de que essa construção costumava abrigar oitenta cavalos. Havia 1.200 homens lá, cinco por cama. O fedor era impossível de descrever."

A 6ª Divisão logo voltou a seguir rumo ao leste para capturar mais cidades e pontes nas últimas batalhas na invasão da Alemanha. Ao deixar Buchenwald para trás, Stephan se sentia atormentado pela realidade de que o fim do Terceiro Reich não chegaria a tempo para muitas pessoas. Também percebeu que fora um milagre seu pai sobreviver e ir para os Estados Unidos em vez de morrer em um campo como aquele.

Stephan Lewy suspeitava de que a decisão tomada pelo pai de tirar o filho da Alemanha no verão de 1939, entregando-o aos cuidados daquela organização de resgate de judeus na França, provavelmente o salvara de destino semelhante.

Guy Stern chegou a Buchenwald três dias depois da libertação do campo. O quartel-general do 1º Exército foi estabelecido em Bad Hersfeld, 135 km a oeste, e não havia nenhuma razão militar para fazer aquela viagem. Guy, no entanto, foi até lá com vários membros da equipe de IPG, inclusive o capitão Kann. Sentiu que tinha de fazer isso.

Durante o avanço pelo território alemão, eles interrogaram outros prisioneiros que serviram como guardas em diferentes campos de concentração. Durante essas sessões, Guy percebeu que, individualmente, os soldados do Terceiro Reich não queriam ou eram incapazes de ver a enormidade do que tinham feito ou assumir qualquer responsabilidade. Todos alegavam serem funcionários de baixo escalão que apenas seguiam ordens. De maneira geral, não tinham peso na consciência por nada do que haviam feito. Agora Guy veria o barbarismo germânico com os próprios olhos.

Estacionaram o jipe na frente do portão principal de Buchenwald e entraram no campo. Guy ficou chocado ao ver o rosto dos detentos: a pele solta e as mandíbulas frouxas, uma expressão não muito diferente da observada em soldados mortos. Guy imaginava que veria algo assim, mas nada o havia preparado para aquela realidade. Muitos prisioneiros libertos pareciam mais mortos que vivos; ainda assim, foram acolhedores e demonstraram gratidão, felizes em abraçar qualquer pessoa vestida com um uniforme do Exército americano.

Contêineres grandes com água potável foram distribuídos pelo campo. Desacostumados com água em abundância ao redor, os detentos bebiam de canecas de lata que foram distribuídas. Um homem nas proximidades mostrou que velhos hábitos são difíceis de mudar ao se abaixar para beber de uma pequena poça de lama, como certamente fizera muitas vezes. Um dos soldados o pegou pelo braço e o ajudou a se levantar, indicando o contêiner com água fresca. O detento foi, mancando, tomar água.

Guy reparou que muitos dos homens recém-libertos continuavam meio encolhidos, olhando furtivamente ao redor, como se esperassem ver guardas da SS prontos para saltar sobre eles. Quando parou para conversar com um grupo de sobreviventes, um detento que estava por perto começou a repreender os outros internos por não ficarem em posição de sentido enquanto falavam com um soldado americano, da mesma forma que os alemães exigiam que fizessem se não quisessem ser brutalmente espancados. A libertação não livrou os prisioneiros automaticamente dos hábitos e dos traumas produzidos pelos escravizadores recentes. Guy percebeu que alguns daqueles hábitos e traumas demorariam a desaparecer, se é que desapareceriam.

Guy viu um médico do Exército que conhecera enquanto interrogava soldados alemães feridos em um hospital de campanha na França. Ficou impressionado ao constatar que o uniforme dele estava limpo e bem passado, mesmo em Buchenwald. O médico falava um pouco de alemão e estava aconselhando um dos sobreviventes do campo de concentração que não conseguia parar de comer muito nem rápido demais. Dizia ao homem que era perigoso comer em excesso naquele momento.

"Porções pequenas", recomendava. "Você pode voltar depois para pegar mais."

O médico colocou um braço ao redor do homem, que ainda usava o imundo uniforme de prisioneiro e, com gentileza, o afastou da comida. Quando viu o médico pouco depois, Guy perguntou sobre algo em que estava pensando desde que chegara: quais eram as chances de aqueles homens recuperarem a saúde?

"Bem, sargento, não posso dar estatísticas", respondeu o médico, "mas muitos não vão sobreviver. Mesmo com a comida, a água e os remédios que trouxemos, para alguns já é tarde demais. Receio que vão se juntar aos mortos, e não há nada que possamos fazer".

Guy viu grupos de civis alemães carregando restos mortais até as pilhas de corpos nus, tão decompostos que já se desfaziam. Esgotado, não conteve as lágrimas.

Ao seu lado, o sargento-instrutor da companhia da PE do 1º Exército observava a mesma cena macabra. Eles estavam juntos desde Omaha Beach. O sargento-instrutor Hadley era um protestante corpulento e bem nutrido de Steubenville, Ohio. Era rígido com a disciplina de seus homens, não dava folga para eles nem para os prisioneiros nas gaiolas.

Guy começou a dar alguns passos para trás, de modo a evitar que Hadley o visse chorar. Foi aí que viu que o sargento durão da PE tinha virado de costas e erguido o braço para cobrir os olhos. O sargento Hadley estava chorando como um bebê.

O campo estava cheio de pessoal do Exército dos Estados Unidos, e remédios, alimentos, roupas e outros suprimentos chegavam a cada hora. Mais tarde, Guy e os outros interrogadores retomaram suas funções no quartel-general. Ficaram em silêncio por boa parte da viagem de volta, todos envoltos nos próprios pensamentos e sentimentos.

Para Guy, ver Buchenwald, o primeiro e último campo de concentração que conheceria pessoalmente, foi traumatizante. Quando seus pais o mandaram para os Estados Unidos pelo SS *Hamburg*, em 1937, no fundo ele acreditava que os encontraria outra vez, com o irmão e a irmã. O plano era que se estabelecesse em St. Louis e encontrasse alguém para assinar as declarações juramentadas que permitiriam aos pais se juntarem a ele nos Estados Unidos. Para Guy, aquela expectativa amenizou a tristeza da despedida. É claro que nada tinha corrido de acordo com os planos, mas nos anos passados desde a última carta da mãe enviada do gueto de Varsóvia, em 1942, Guy manteve viva a esperança de que sua família encontraria maneira de sobreviver, que todos poderiam se reunir quando a guerra acabasse.

O que ele viu em Buchenwald, contudo, destroçou seu coração, eliminando qualquer esperança que ainda tivesse.

***

Em 28 de abril de 1945, na noite anterior a seu aniversário de 21 anos, Manny Steinfeld deixou o quartel-general da 82ª Divisão Aerotransportada para se juntar a uma patrulha noturna do outro lado do rio Elba, no norte da Alemanha. A missão era capturar alguns inimigos a fim de interrogá-los antes de a divisão atravessar o rio. No caminho, um pneu do jipe de Manny furou, e isso resultou num atraso de uma hora. O pneu furado se revelou um presente de aniversário adiantado.

Quando Manny chegou, a patrulha, formada por oito soldados e um tenente, já tinha partido às 22 horas, como planejado, remando seus barcos de assalto por mais de 400 m de águas desprotegidas. O caminho foi tranquilo até chegarem a 15 m da outra margem, quando foram atingidos por fogo pesado de metralhadoras inimigas. Os barcos de lona foram destroçados, e somente dois sobreviventes conseguiram voltar nadando.

Em um momento como aquele, essas perdas eram as piores que podiam acontecer com uma unidade de veteranos como a 82ª, pois todos sabiam que a guerra estava no fim e ninguém queria estar entre os últimos a morrer. Os homens há mais tempo na divisão tinham feito quatro saltos de combate e lutado em cinco campanhas. Até aquele momento, tinham vencido a lei das probabilidades; no entanto, sabiam que quanto mais tempo passassem expostos ao combate, maiores as chances de a sorte acabar. Depois de tudo pelo que haviam passado, não parecia justo serem mortos ou aleijados agora.

No dia 30 de abril, a mesma data em que Hitler se suicidou em sua casamata subterrânea enquanto as forças soviéticas se aproximavam de Berlim, a 82ª Divisão Aerotransportada atravessou o Elba em quatro pontos perto de Bleckede, estabelecendo uma cabeça de ponte sob uma resistência moderada. Seguindo ordens do general Eisenhower para um avanço rápido e furioso na direção dos soviéticos – impedindo que eles avançassem demais para o oeste e acumulassem muito território ao fim da guerra –, os paraquedistas percorreram 54 km no primeiro dia. Ao longo do caminho, fizeram seiscentos prisioneiros alemães, muitos dos quais já não tinham mais interesse em lutar nem morrer por Hitler ou pela pátria.

Na tarde do dia 2 de maio, o quartel-general da divisão foi transferido para a charmosa cidade de Ludwigslust, 75 km a leste do Elba. Em frente ao Palácio de Ludwigslust, construído no século XVIII, que serviria como seu último e mais opulento posto de comando na guerra, o general Gavin continuava com seu traje de paraquedista desbotado após três anos de guerra e carregando seu onipresente fuzil M1 no ombro. Não fossem duas estrelas na gola, pareceria um soldado como qualquer outro.

Naquela tarde, um soldado informou Gavin sobre um oficial alemão com uma bandeira branca à procura do general encarregado. Escoltado até a presença de Gavin, o oficial da Wehrmacht disse que representava o general Kurt von Tippelskirch, comandante do 21º Grupo do Exército Alemão, que estava pronto para se render. Foi agendada uma reunião naquela noite no palácio, situado no meio de um vasto jardim e parque em estilo inglês, com canais, fontes e cachoeiras artificiais.

Durante o resto do dia, um grande número de soldados alemães saiu da mata para vagar pelas estradas. Conforme as horas passavam, os números aumentavam. Os americanos deram ordens para que largassem as armas e começassem a marchar em direção à retaguarda, formando uma longa procissão de alemães derrotados seguindo para o oeste, de volta ao Elba.

Manny foi convocado para a cerimônia de rendição.

Quando chegou a hora combinada, a cena não poderia contrastar mais com a devastação da guerra por toda a Europa. A rendição formal foi realizada em uma sala com pé-direito alto e paredes acolchoadas de seda, lustres reluzentes e pinturas a óleo dos antigos residentes em tamanho real. O general Von Tippelskirch parecia resplandecente em seu sobretudo de couro preso à cintura. Comportando-se de maneira tranquila e apropriada, ele condicionou sua rendição à manutenção de suas tropas nas posições atuais e Gavin a instruir os soviéticos a cessar ataques do leste. Gavin respondeu que não tinha controle sobre o que os russos fariam. Von Tippelskirch deveria se render incondicionalmente, fazendo seus homens passarem pelas forças americanas a oeste e voltarem em segurança para a retaguarda. Caso contrário, a 82ª Divisão Aerotransportada continuaria a lutar contra seus homens, empurrando-os para o leste e encurralando as forças restantes de Von Tippelskirch, que ao menos em parte cairia sob domínio dos soviéticos. Determinado a se render aos americanos, não aos soviéticos, o general alemão aceitou os termos. Gavin ditou um documento de rendição, que foi digitado enquanto todos aguardavam. Em uma sala adjacente, Manny trabalhava na tradução para o alemão, que acrescentou ao documento em inglês:

> *LUDWIGSLUST, ALEMANHA*
> *2 de maio de 1945*
>
> *Eu, tenente-general Von Tippelskirch, comandante geral do 21º Exército alemão, por meio deste apresento a rendição incondicional do 21º e de todas as forças vinculadas, assim como equipamentos e privilégios, para o general no comando da 82ª Divisão Aerotransportada do Exército dos Estados Unidos.*

Naquele dia – "sem precedentes na história militar americana", como Gavin observou mais tarde –, um grupo do Exército composto por 150 mil soldados com todos os tanques, os veículos, a artilharia, os equipamentos relacionados e as armas de fogo, rendeu-se a uma única divisão com menos de um décimo de sua força.

Como Manny sabia um pouco de russo – por ter estudado quando o Exército o mandou para a faculdade em 1943 –, Gavin fez com que ele se juntasse ao pelotão de reconhecimento da divisão na manhã seguinte, que seguiria para o leste com o objetivo de fazer contato com o Exército soviético. Foi uma viagem tensa, em que passaram por alguns veículos com soldados alemães, torcendo para que tivessem sido avisados da rendição. Se ainda não soubessem, os veículos americanos seriam alvos fáceis. Quando entraram em uma área abandonada que parecia ser terra de ninguém, entre os alemães em retirada e o avanço russo, a única evidência da guerra consistia em pilhas de armas alemãs descartadas, deixadas no acostamento ao lado da estrada.

Às 10h25 da manhã no dia 3 de maio, as unidades avançadas dos dois grandes exércitos aliados, que tinham derrotado o Exército alemão nos *fronts* oriental e ocidental, encontraram-se na cidade de Grabow. Foi a incursão mais profunda no território norte e central da Alemanha de qualquer divisão do Exército dos Estados Unidos durante a guerra. Havia no mínimo trinta tanques soviéticos da 8ª Brigada do 8º Corpo Mecanizado do Exército russo estacionados nas ruas. Soldados dos dois lados se reuniram, rindo e se abraçando, pois sabiam que a guerra acabara. Manny subiu num tanque soviético e apoiou-se no canhão principal, juntando-se a outros soldados americanos e russos sorridentes ao serem fotografados. Foram algumas horas memoráveis, durante as quais soldados dos dois exércitos aliados relaxaram, cumprimentaram-se, fotografaram uns aos outros e se desfizeram de parte do peso da longa guerra.

Quando os americanos voltaram para Ludwigslust, por volta das 15 horas, porém, o humor de Manny despencou ao saber que estava sendo despachado para um campo de concentração perto da cidade. Durante a guerra, Manny tinha ouvido muitos rumores sobre a existência dos campos de extermínio nazistas e havia pouco lera um artigo na *Stars and Stripes* sobre a libertação de Buchenwald. Enquanto dirigia para o campo perto de Ludwigslust, sabia que estava prestes a ver aquilo pessoalmente.

O portão principal do campo de concentração de Wöbbelin estava aberto quando ele chegou, e as torres de guarda estavam desertas. Manny sentiu o fedor de morte antes mesmo de avistar o campo. Médicos militares com braçadeiras da Cruz Vermelha cuidavam de esqueletos vivos com uniformes listrados imundos. Em um caminhão estacionado logo na entrada da área cercada por arame farpado, havia pilhas de cadáveres em decomposição avançada. Manny desceu do jipe e parou. Não conseguiu seguir.

Manny Steinfeld *(direita)* cumprimentando soldados russos em Grabow, na Alemanha, em 3 de maio de 1945. *(foto da família)*

A última vez que ouvira notícias da mãe fora na carta de 1941. Ela disse que circulavam boatos em Josbach, sua cidade natal, de que as seis famílias judias estavam sujeitas à deportação para a Polônia. Manny não sabia se ela e sua irmã, Irma, já tinham sido levadas para o oeste ou se ainda se encontravam na Alemanha. De repente ocorreu a Manny que a Polônia era duas vezes mais longe de Josbach que Ludwigslust – na verdade, cerca de 380 km mais longe. Seria possível que elas tivessem sido mandadas para lá?

Por um bom tempo, Manny Steinfeld não teve forças para entrar em Wöbbelin. Por medo de encontrar a mãe e a irmã em meio aos mortos.

Para Werner Angress, ver o Exército alemão entrar em colapso em abril de 1945 foi quase surreal. Nascido e criado em Berlim, testemunhou a tomada do poder pelos nazistas em 1933. Passou anos sentindo-se humilhado, ameaçado e com medo, até emigrar para os

Estados Unidos. Agora, o fim da guerra contra Hitler e os nazistas era quase uma questão pessoal.

No dia 30 de abril, Werner estava numa estrada rural cheia de alemães – soldados e civis – fugindo dos russos e seguindo rumo ao oeste, na direção do rio Elba, quando um soldado passando de jipe deu a notícia: Hitler havia se suicidado.

Atrás de Werner havia um caminhão cheio de engradados com comida alemã, salames húngaros, caixas de charutos e bebidas, confiscados naquela manhã de soldados alemães. Werner pegou uma garrafa de aquavita, bebida norueguesa aromatizada, tirou a rolha e fez um brinde ao Führer morto:

"Que apodreça por muito tempo!"

Enquanto passavam a garrafa, ele e outros paraquedistas da 82ª acendiam charutos.

Só mais tarde, no mesmo dia, Werner soube da descoberta do campo de concentração Wöbbelin comunicada pela divisão. Quando a notícia de que as forças americanas tinham atravessado o Elba se espalhou, os guardas da SS fugiram do campo para não serem capturados, deixando para trás prisioneiros famintos, quase todos fracos e doentes demais para sair de lá. No dia seguinte, três detentos conseguiram percorrer os poucos quilômetros até Ludwigslust, onde quebraram a vidraça de uma loja fechada para pegar roupas civis. Vários paraquedistas da 82ª viram os homens com uniformes listrados invadindo a loja e os abordaram para fazer perguntas, antes de comunicarem aos superiores os relatos sobre o campo de concentração.

No mesmo dia, Werner dirigiu até o campo, levando dois oficiais da inteligência como passageiros. Na época, ele ainda não tinha ouvido falar da solução final de Hitler nem de Auschwitz ou dos outros campos de extermínio nazistas na Polônia, construídos para servir a apenas um propósito: matar com rapidez e eficiência milhares de seres humanos todos os dias. Embora soubesse desde os anos 1930 que existiam na Alemanha campos de concentração como Dachau e Buchenwald, Werner nunca tinha visto um antes de entrar em Wöbbelin. Atrás do portão principal, seres humanos quase mortos por inanição jaziam no chão coberto de excrementos e restos de comida podre. Era tão chocante, e o cheiro era tão terrível, que os oficiais que acompanhavam Werner correram até a cerca para vomitar.

Wöbbelin fora aberto três meses antes para servir como campo de transição para os detentos evacuados de outros campos de concentração no caminho dos soviéticos, com os nazistas tentando ocultar as evidências do extermínio em massa. Obrigados a fazer longas marchas para o oeste, a maioria dos prisioneiros que chegaram a Wöbbelin era de homens, mas havia um campo adjacente menor com mulheres. Todos foram deixados para trás, presos pelas cercas de arame farpado, sem comida nem cuidados médicos adequados e em condições sanitárias catastróficas.

Campo de concentração de Wöbbelin.
(Museu Memorial do Holocausto dos Estados Unidos)

Werner encontrou pilhas de cadáveres em um lavatório. Alguns já em estado de putrefação, com membros finos como gravetos se soltando do corpo. Do lado de fora havia um poço cheio de água com um pó químico que parecia cal.

Dentro de uma das cabanas de lona que serviam de alojamento, um sobrevivente sentava-se à luz do sol, catando piolhos. Suas pernas estavam cobertas por feridas abertas, infestadas de moscas e vermes. Virou-se para mostrar a Werner suas costas, laceradas por cicatrizes e equimoses novas e antigas, lembretes dos espancamentos dos guardas.

Quando voltou ao pátio ao ar livre, em qualquer canto para onde olhasse Werner via cadáveres e prisioneiros raquíticos que quase nem pareciam vivos. As expressões eram de velhos, independentemente da idade. Sabia que para alguns as chances de sobrevivência eram pequenas, apesar de todos os esforços do pessoal da unidade médica da divisão, que Gavin tinha levado às pressas para lá. Caminhões chegavam para transportar os mais doentes e malnutridos a um hospital de campanha montado em Ludwigslust, onde receberiam tratamento médico e alimentação adequada. Seguindo mais uma das primeiras ordens de Gavin, soldados alemães capturados na área estavam sendo levados para o campo a fim de retirar corpos ainda em processo de decomposição da ebuliente fossa química.

Werner passou algum tempo conversando com os detentos, muitos dos quais mostraram números tatuados em seus braços. A maioria vinha de países europeus conquistados pelos exércitos do Terceiro Reich que foram usados – por alguns anos – como fonte de trabalhos forçados. Cerca de um quarto dos quase 4 mil detentos libertados eram judeus sobreviventes de outros campos antes de chegarem a Wöbbelin, onde não havia extermínios sistemáticos. Em compensação, houve um número estimado de mil mortes em três meses, decorrentes de inanição, doenças e maus-tratos.

Werner levou os dois oficiais que tinham passado mal para Ludwigslust, depois foi até algumas casas mais próximas do campo verificar o que os moradores sabiam a respeito. Um homem disse que preferia pegar um desvio em vez de passar na frente do campo.

Outro disse que não se preocupava com o que havia lá, pois já tinha problemas suficientes. Werner insistiu em entrar na casa dos dois para ver a cozinha, onde encontrou as despensas quase cheias. Talvez aqueles homens tivessem sofrido algum racionamento, mas não no momento, e moravam em casas bonitas onde até mesmo cães e gatos eram bem alimentados. Ainda assim, os residentes pareciam indiferentes às pobres almas famintas a alguns quilômetros de distância. O que tinha acontecido com a Alemanha que Werner conhecia e amava? Era um país que teria de passar anos pagando por seus crimes.

Em observância a um decreto de Eisenhower segundo o qual "todas as vítimas de atrocidades devem ser enterradas em um lugar público", com um monumento de pedra para honrar os mortos, Gavin emitiu algumas ordens.

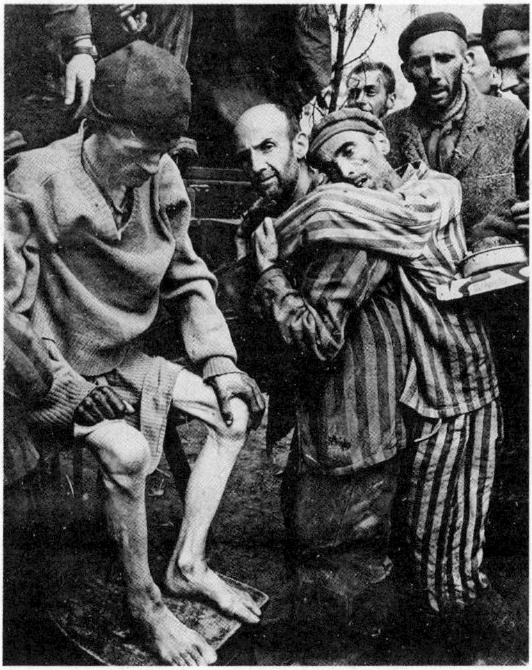

Evacuação dos sobreviventes libertados de Wöbbelin para um hospital de campanha americano. *(Museu Memorial do Holocausto dos Estados Unidos)*

Os moradores de Ludwigslust, especialmente aqueles que nos últimos doze anos de governo nazista tinham ocupado alguma posição oficial ou sido membros do Partido Nazista, foram obrigados a cavar duzentos túmulos nos bem cuidados jardins do opulento Palácio de Ludwigslust. Gavin ainda mandou que toda a população adulta da cidade comparecesse ao funeral em massa e depois percorresse as fileiras de túmulos em homenagem às vítimas. Os falecidos jaziam ao lado dos túmulos, com o corpo envolvido em lençóis brancos que os moradores tiveram de fornecer e o rosto descoberto. Dezenas de oficiais alemães capturados, incluindo cinco generais, foram obrigados a comparecer.

Werner e os outros garotos Ritchie da 82ª ficaram encarregados de vigiar os oficiais alemães, que permaneceram com eles, atrás de uma fileira de túmulos. Quando o novo prefeito de Ludwigslust – o anterior, sem dúvida um nazista leal, suicidou-se depois de matar a esposa e a filha quando soube que os americanos estavam se aproximando – começou a falar em um microfone, vários oficiais alemães atrás de Werner se viraram de costas e acenderam cigarros.

Werner virou-se para trás e exigiu que eles largassem os cigarros. Um capitão alemão alto olhou para ele com ódio. Disse que Werner não tinha direito de dar ordens a um oficial, pois era apenas sargento. Werner repetiu sua ordem, mas os alemães continuaram fumando.

Werner sacou sua pistola 45 e a apontou para a cabeça do capitão.

"Você tem uma escolha", disse, em alemão. "Apaga seu cigarro e olha para o funeral ou eu atiro por desobediência à minha ordem."

O capitão pareceu furioso, mas jogou o cigarro no chão. Os outros alemães fizeram o mesmo e se voltaram para a cerimônia.

Levou algum tempo para Werner Angress se dar conta de que estava com o dedo no gatilho e que a ameaça de atirar fora real.

Manny Steinfeld também estava lá naquele dia. Ajudou com os preparativos para o funeral das duzentas vítimas de Wöbbelin e ficou chocado com o comportamento dos moradores durante a cerimônia.

Eles obviamente não queriam estar lá e pareciam se sentir injustiçados por serem obrigados a comparecer, observando a cerimônia sem demonstrar empatia nem remorso. Manny nunca tinha visto um funeral com tão poucas lágrimas. Embora recebessem um enterro adequado, os mortos iriam para seu descanso final como vítimas não identificadas dos nazistas, sem entes queridos para lamentar suas mortes. Além disso, muitos de seus familiares também tinham sido vítimas. Cerca de um quarto dos sobreviventes era judeu, por isso foi decidido que uma porcentagem equivalente dos túmulos teria estampada uma estrela de davi, enquanto os outros receberiam cruzes de madeira.

À esquerda, civis alemães obrigados a prestar homenagem a duzentas vítimas do campo de concentração de Wöbbelin, durante cerimônias fúnebres realizadas em Ludwigslust no dia 7 de maio de 1945. *(corpo de sinaleiros do Exército dos Estados Unidos)*

Nenhum dos residentes com quem Manny conversou reconheceu a culpa nem admitiu ter conhecimento do horror que se desenrolava a 4 km de distância. Na Alemanha ocupada, o refrão "nós não sabíamos" se tornava tão comum quanto "*Ich bin kein Nazi*". "Eu não sou nazista." A Alemanha que Manny deixou para trás aos 14 anos de idade, quando sua mãe o colocou em um trem para se juntar a outras crianças judias refugiadas num navio que seguiria para os Estados Unidos, tinha *muitos* nazistas fervorosos. Agora que o Reich de Mil Anos havia fracassado, para onde teriam ido todos eles?

O funeral foi conduzido pelo capelão da 82ª Divisão Aerotransportada, com a qual Manny fizera uma aterrissagem forçada na Holanda a bordo de um planador durante a operação Market Garden. O major George "Chappie" Wood, agora veterano de quatro saltos de paraquedas sobre zonas de combate, não poupou nenhum dos alemães presentes.

"O mundo ficou horrorizado com os crimes da nação alemã; esses crimes só foram completamente esclarecidos quando os exércitos das nações unidas tomaram a Alemanha. Isso não é uma guerra conduzida de acordo com regras internacionais de combate. É um assassinato pior que qualquer coisa já vista, mesmo entre povos selvagens. Embora aleguem não ter conhecimento desses atos, vocês ainda são individual e coletivamente responsáveis por essas atrocidades, pois elas foram cometidas por um governo eleito por vocês em 1933, que continuou no poder por sua indiferença à brutalidade organizada. O povo alemão deveria assumir o firme compromisso de nunca mais permitir que qualquer líder ou partido produza tanta degradação moral quanto a que vimos aqui."

Quando conseguiu por fim entrar no campo de concentração de Wöbbelin naquele primeiro dia, Manny passou por montes com restos de esqueletos. Em um dos alojamentos havia pilhas de cadáveres na entrada com mais de 1 m de altura. Ao entrar em outro alojamento, viu homens magérrimos deitados na palha sobre os próprios excrementos, como animais de fazenda.

Manny não voltou ao campo de concentração. Não conseguia se livrar do temor de que sua mãe e irmã tivessem acabado em um lugar daqueles. Ele rezava para que o fim da guerra tivesse chegado a tempo para elas.

12

DESNAZIFICAÇÃO

No dia 7 de abril de 1945, o *Hauptmann* Curt Bruns foi julgado por uma comissão militar no quartel-general do 1º Exército em Duren, na Alemanha. A acusação contra ele, de "ordenar, direcionar ou causar" as mortes dos garotos Ritchie Kurt Jacobs e Murray Zappler quando eram prisioneiros de guerra foi lida em voz alta. Bruns se declarou inocente ao advogado do Exército americano designado para defendê-lo.

O caso foi um entre muitos julgados por uma comissão selecionada pelo general Courtney Hodges, comandante do 1º Exército, antes do fim da guerra. A comissão tinha uma autorização específica do Quartel-General Supremo das Forças Expedicionárias Aliadas, que permitia julgar sob lei marcial "os criminosos de guerra que ameaçam a segurança ou interferem na eficiência de nossas forças". A comissão que decidiria o destino de Bruns consistia em cinco coronéis do Exército, um major e um tenente. Uma condenação exigia votos de pelo menos cinco dos sete membros.

Chamado como testemunha de acusação, o primeiro-tenente Fred P. Drexel, da 106ª Divisão de Infantaria, para a qual a equipe de IPG de Jacobs e Zappler fora designada um mês antes da morte deles, testemunhou que ambos eram judeus nascidos na Alemanha e naturalizados cidadãos americanos.

Em memorando preparado antes do julgamento, um investigador da inspetoria-geral ressaltou que, se Jacobs e Zappler fossem considerados cidadãos alemães quando capturados e mortos, talvez a defesa alegasse que sua execução como espiões se justificasse segundo os "privilégios de beligerantes legítimos", mesmo que, de acordo com as leis da guerra, eles tivessem de ser condenados por um tribunal militar. Quando o julgamento começou, o advogado de defesa seguiu exatamente essa estratégia, perguntando se Drexel tinha "qualquer conhecimento pessoal direto" sobre o fato de eles serem "mesmo cidadãos dos Estados Unidos".

"Não, senhor, não tenho."

Ao perguntar, o promotor fez com que Drexel explicasse que ele, Jacobs e Zappler haviam passado pelo centro de treinamento da inteligência militar de Camp Ritchie e, em seguida, indagou:

"Na escola que o senhor frequentou, era obrigatório que cidadãos de outros países que não os Estados Unidos fossem naturalizados antes de ser designados para as equipes de IPG?"

"Até onde sei, sim, senhor."

Quem depôs a seguir foi o cabo alemão do batalhão de Bruns que tinha falado com Guy Stern sobre as execuções. Heinrich Kauter afirmou ter sido capturado com outros alemães no dia 16 de dezembro e interrogado por Jacobs e Zappler. Explicou que fora libertado, junto com outros alemães, por suas próprias forças no dia 20 de dezembro e que, quando passaram pela alfândega, alguns informaram *Hauptmann* Bruns sobre terem sido interrogados por dois judeus alemães.

"O que o capitão Bruns disse sobre os dois soldados judeus americanos?", perguntou o promotor.

"Ele disse que 'judeus não podem viver na Alemanha'."

Kauter continuou, explicando que os dois interrogadores foram separados do grupo, postos com as costas contra a parede da sede da alfândega e questionados por Bruns, que a seguir chamou o sargento Hoffman.

"Que ordens o capitão Bruns deu a Hoffman?"

"Eu não ouvi", respondeu Kauter.

Kauter, porém, tinha ouvido um dos americanos dizer a Bruns e Hoffman, em alemão, que ambos queriam ser tratados como prisioneiros de guerra americanos de acordo com a Convenção de Genebra.

"Qual foi a resposta do capitão Bruns?"

"Ele não disse nada."

"O que aconteceu em seguida?"

"Os dois foram levados pelo sargento Hoffman e mais quatro homens."

"Os homens estavam armados?"

"Sim."

"O que aconteceu depois que os dois foram levados?"

"Os soldados os afastaram da alfândega, entraram um pouco na floresta e fuzilaram os dois."

"O senhor viu esses dois americanos serem fuzilados?"

"Sim."

"O senhor ouviu os disparos desses soldados alemães que atingiram os dois soldados americanos?"

"Sim, dois disparos."

"O senhor disse que ouviu dois disparos. Foram disparos únicos ou foi uma sequência de tiros?"

"Uma sequência."

"O senhor viu os soldados americanos caírem?"

"Sim, eles caíram."

"Onde estava o capitão Bruns no momento desses disparos, quando os americanos caíram?"

"Na rua."

A testemunha seguinte foi o prisioneiro de confiança do 1º Exército, Anton Korn, que contou sobre os dois dias passados numa cela adjacente à de Curt Bruns; no período, Bruns revelou seu ódio por judeus e admitiu ter ordenado que os dois interrogadores americanos fossem separados dos outros prisioneiros e mortos.

Depois de fazer algumas poucas perguntas a Korn, a defesa chamou sua única testemunha, Curt Bruns. Após algumas perguntas da defesa, Bruns admitiu pela primeira vez saber que "talvez um" dos americanos que falavam alemão fosse judeu. Disse que os separou dos outros prisioneiros de guerra para interrogá-los, mas alegou, também pela primeira vez, que os colocara no "fim da coluna" de centenas de prisioneiros de guerra americanos que se afastavam marchando.

"O senhor sabe o que aconteceu depois, se é que aconteceu algo, com os dois soldados que falavam alemão?", perguntou seu advogado.

"Sim. Às 10 horas o grupo de prisioneiros partiu, incluindo os dois soldados que falavam alemão. Às 14 horas eu soube o que acontecera. Meu comandante [...] deve ter dado a ordem para o fuzilamento [deles]."

Durante seu testemunho, Bruns manteve a versão de que só ficara sabendo das execuções após o fato. Identificou Korn como o homem que passara dois dias na cela vizinha, admitindo ter conversado com ele "sobre um caso", mas negou ter dito a Korn que era culpado da acusação.

Em seguida o promotor perguntou se Bruns tinha dito que judeus não poderiam viver na Alemanha.

"Não", respondeu Bruns.

O testemunho de Margarethe Meiters, uma alemã de 19 anos que morava na sede da alfândega, foi posto em evidência. Ela disse aos investigadores do Exército que sabia quem era o *Hauptmann* Bruns, mas que nunca conversara com ele, pois o achava "arrogante demais". Margarethe o viu na manhã de 20 de dezembro gritando com os homens que escoltavam o grupo de prisioneiros de guerra americanos:

"Se eles não mantiverem as mãos ao alto, eu vou fuzilar todos!"

Pouco depois, ela entrou na alfândega para desempenhar suas funções e não viu os dois americanos serem separados do grupo. Mais tarde, Margarethe contou que o tenente Oppermann, que ela sabia ser adjunto de Bruns, entrou na alfândega e disse:

"Na Alemanha não há espaço para negros ou judeus capturados. Hoje nós fuzilamos dois judeus. Você não viu nem escutou nada?"

Ela disse que não. Em seguida, o tenente descreveu os detalhes medonhos das execuções: os dois foram fuzilados em um pasto próximo e "ainda estão lá [...], nós não os enterramos", caso ela quisesse sair para vê-los. Margarethe não quis.

Depois disso, os dois advogados apresentaram os argumentos finais.

Por meio de uma votação secreta, os membros da comissão concluíram que o réu era culpado, e em outra votação Curt Bruns foi condenado a enfrentar um pelotão de fuzilamento.

Às 9h30 da manhã do dia 14 de junho de 1945 – cinco semanas depois do fim da guerra na Europa com a rendição incondicional da Alemanha –, os policiais do Exército americano foram buscar o *Hauptmann* Curt Bruns na prisão de Braunschweig, a leste de Berlim. Eles o conduziram a uma pedreira localizada fora da cidade, usada pelo Exército para execuções. Ao posicioná-lo diante de uma estaca alta de madeira, um coronel perguntou se Bruns tinha alguma declaração final. Bruns disse apenas que morreria como inocente.

Hauptmann Curt Bruns, condenado por um tribunal militar por ter ordenado as execuções dos garotos Ritchie Kurt Jacobs e Murray Zappler, ao chegar à pedreira onde foi executado por um pelotão de fuzilamento em 14 de junho de 1945. *(corpo de sinaleiros do Exército dos Estados Unidos)*

Seus pés foram amarrados e suas mãos foram atadas atrás da estaca. Uma venda foi oferecida, e Bruns aceitou. O pelotão de fuzilamento do Exército americano entrou em posição, com um sargento liderando oito soldados armados com fuzis carregados, prontos para atirar. Um dos fuzis estava carregado com balas de festim, de forma que ninguém saberia se tinha ou não feito o disparo fatal.

Foi formada uma linha voltada para o prisioneiro.

"Esquadrão, preparar!", comandou o coronel.

"Apontar!"

Os oito fuzis foram erguidos.

"Fogo!"

O *Hauptmann* Curt Bruns foi atingido pelos tiros.

Desabou preso à estaca, morto, com o mesmo uniforme de oficial nazista que usava naquele dia em frente à alfândega.

No fim de abril de 1945, Stephan Lewy e a 6ª Divisão Blindada esperavam pelos russos perto de Chemnitz, a cerca de 80 km da fronteira entre a Alemanha e a Tchecoslováquia. Ninguém na divisão ficou feliz quando tiveram de recuar para oeste do rio Mulde a fim de evitar confrontos com os russos. Depois de passar a guerra avançando, o comandante da 6ª Divisão, o major-general Grow, detestou a ideia de recuar e ceder "qualquer parte de nosso território".

O contato foi feito em 6 de maio, quando duas divisões de infantaria soviéticas entraram em Chemnitz. Claro que todos os homens da 6ª Divisão estavam ansiosos para ver as infames hordas da frente oriental; então, não ficaram decepcionados. O Exército Vermelho utilizava todos os tipos possíveis de veículos, inclusive carroças puxadas a cavalo, para transportar tropas e equipamento. A parada incluía civis e militares com diferentes uniformes, todos marchando em filas que pareciam não ter ordem nenhuma. Jovens e velhos, homens e mulheres, mongóis e caucasianos, todos marchando juntos, totalmente fora de sincronia, parecendo mais um bando de desajustados que um exército. As armas e os equipamentos pareciam tão antiquados e decepcionantes que alguns soldados americanos se perguntaram como uma força tão mal preparada submetera os alemães a uma derrota tão impressionante na frente oriental.

Duas noites depois, os generais de ambos os exércitos, junto com seu pessoal, deram início a uma celebração que começou um pouco formal demais, mas logo foi descontraída por muitas doses de vodca russa. Um paraquedista condecorado, que serviu como coronel e comandante de regimento e conseguiu atravessar a guerra inteira sem qualquer ferimento, saltou de uma janela do segundo andar para mostrar aos russos como os paraquedistas americanos saltavam de aviões. Fraturou uma perna na aterrissagem.

Também houve festas comemorando a reunião do Ocidente com o Oriente para os postos mais baixos. Em uma dessas, na mesma noite, Stephan e outro garoto Ritchie conversaram em ídiche com um soldado russo judeu, tentando convencê-lo a passar para o lado americano, onde poderia ter uma vida melhor. O soldado ouviu os argumentos com evidente interesse, mas recusou o convite.

"Eu não posso", disse. "Minha família não pode sair da Rússia. Se eu fizer algo assim, eles vão sofrer."

No dia seguinte, 9 de maio, todas as operações ativas foram encerradas, de acordo com os termos da rendição incondicional da Alemanha. Depois de um breve período de reabilitação e manutenção, a 6ª Divisão Blindada foi enviada a Aschaffenburg para realizar funções de ocupação que incluíam manter a segurança pública e estabelecer um governo militar.

O general Eisenhower determinou a prisão de todos os líderes de organizações nazistas. Como a estrutura do Partido Nacional Socialista abrangia até mesmo organizações de bairro, em uma cidade como Aschaffenburg, com 30 mil habitantes, a medida implicou a detenção de um número significativo de nazistas. Stephan logo se voluntariou para esse trabalho.

A primeira coisa que fez foi ir à delegacia local.

"Eu quero o nome de todos os líderes nazistas de bairros da cidade", disse ao funcionário que o recebeu, que provavelmente também era nazista.

Stephan sabia que os alemães mantinham bons registros, e por sorte a delegacia não tinha sido destruída durante a semana de batalha encerrada no início de abril, quando os alemães defenderam a cidade com notável determinação, resultando em confrontos de casa em casa e destruição urbana disseminada.

Solícito, o funcionário pegou livros encadernados de uma prateleira. Eles continham nomes, endereços e afiliações a grupos. Stephan recrutou dois PEs, e o trabalho começou. Duas vezes por semana – às terças e às quintas –, eles partiam às 4 horas da manhã num caminhão de 2.500 toneladas e passavam de quarteirão em quarteirão batendo nas portas, da mesma forma que os nazistas de Berlim faziam, por exemplo, ao procurar o pai de Stephan e outros homens judeus. Quando encontravam alguém que constava da lista, essa pessoa era colocada na traseira do caminhão. Quando não havia mais espaço, Stephan levava os nazistas recém-capturados para um quartel-general da polícia do Exército, onde ficavam detidos em celas para depois serem questionados. Conforme a notícia se espalhou, muitas vezes Stephan só precisava bater na porta uma vez para o homem da casa, já vestido e com uma pequena mala de viagem, abrir, se despedir da mulher e entrar no caminhão.

Stephan queria que o pai pudesse ver aqueles nazistas sendo detidos.

A maioria dos homens que prendia – uns 75 por dia – era entrevistada e liberada. A política oficial de "desnazificação" dos Aliados tinha como objetivo expor oficiais nazistas e despojá-los de quaisquer cargos que ainda tivessem, mas a impraticabilidade da medida logo ficou demonstrada (o programa foi oficialmente encerrado em 1948). Havia anos, os nazistas administravam usinas elétricas, departamentos de saneamento, ferrovias e diversas outras operações necessárias, e todo esse conhecimento técnico seria fundamental para a nova Alemanha se recuperar da devastação gerada pela guerra. Incomodava Stephan que tantos seguidores do Partido Nazista fossem devolvidos às ruas e retomassem seus antigos empregos, mas não havia nada que ele pudesse fazer a respeito. Além do mais, sabia que seria impossível manter todos os líderes de bairro nazistas na prisão, pois não haveria celas suficientes no país. A missão de Stephan era encontrá-los e reuni-los atrás das grades. Independentemente do tempo que passariam presos, Stephan sentia uma satisfação imensa ao realizar essa função. Sabia que deixava os nazistas com medo quando eram detidos e afastados da família, por mais breve que fosse o processo, da mesma forma que os nazistas amedrontaram seu pai e sua mãe ao desfazer sua família. No fim das contas, foi um dos trabalhos mais gratificantes que Stephan cumpriu no Exército.

Um dia, ele estava andando pela rua com outro soldado quando uma mulher surgiu correndo, pedindo em alemão para prenderem um homem:

"*Verhaftet ihn! Verhaftet diesen Mann!*"

Apontou um homem bem-vestido na calçada e afastou-se às pressas. Com um inglês perfeito, o homem disse por cima do ombro que a mulher era demente. Stephan mandou-o parar e pediu mais informações. O homem protestou, mas cumpriu a ordem.

A mulher disse que o reconheceu como médico nazista que fizera experimentos com prisioneiros de campos de concentração.

"*Wie kannst du das wissen?*", perguntou Stephan. "Como ela sabia?"

A mulher levantou a saia e mostrou cicatrizes horríveis nas pernas.

"*Ich war eines seiner Opfer*", respondeu. "Eu fui uma de suas vítimas."

Stephan virou-se para o homem e disse que o levaria para responder a algumas perguntas.

Em uma sala de interrogação no quartel-general da PE, o homem admitiu ser médico, mas negou ter trabalhado em campos de concentração. Seu suor e seu nervosismo sugeriam outra coisa.

A identidade do homem revelou seu endereço. Enquanto outros soldados continuaram com o interrogatório, Stephan foi até a casa dele com os dois PEs que o ajudavam nas detenções. Uma mulher abriu a porta. Stephan disse que precisava conversar com ela sobre o marido.

A mulher deixou os soldados entrarem, recebendo-os na cozinha. Ficou parada na frente da pia retorcendo as mãos, parecendo tão nervosa quanto o médico. Ao servir um copo d'água, suas mãos tremiam. Stephan sentou-se à mesa da cozinha com o PE às costas.

"*Ja*", disse ela, receosa.

Stephan perguntou se o marido dela tinha trabalhado como médico em algum campo de concentração.

"Ah, não."

Realizou experimentos em prisioneiros?

"Ele não fez isso."

Stephan queria a verdade – e sabia que o médico e a mulher estavam mentindo. Com um gesto casual, apoiou sua pistola 45 na mesa, como se fosse uma encenação. Teve bastante efeito.

Sem mudar o tom, Stephan disse que, se não obtivesse a informação necessária, esperaria o marido dela voltar para casa. Com os olhos fixos na arma, a mulher começou a voltar atrás.

"Eu acho que ele trabalhou em um campo. *Ja*."

A afirmação do médico de nunca ter trabalhado em um campo de concentração logo foi desmentida pela mulher, que entregou documentos revelando o nome dos campos e as datas em que ele os havia visitado.

De volta ao quartel-general, Stephan providenciou que o médico nazista fosse transferido a outra prisão militar e que outras agências assumissem a investigação e reunissem evidências suficientes para um julgamento por crimes de guerra.

Para Stephan Lewy, seu retorno à Alemanha passara a ser questão de honra.

Quando a equipe de Ordem de Batalha da 82ª Divisão Aerotransportada se dissolveu, Manny Steinfeld foi designado para a sede do governo militar na cidade de Boizenburg, cerca de 50 km a oeste de Ludwigslust.

Até o dia 30 de abril, ainda havia campo de concentração em Boizenburg, um dos oitenta subcampos do sistema Neuengamme e que foi responsável por pelo menos 50 mil mortes por trabalhos forçados, falta de comida, saneamento inadequado, doenças e brutalidade nazista. Wöbbelin, campo que Manny nunca esqueceria depois de ver seus prisioneiros e auxiliar na cerimônia do funeral em Ludwigslust, também era um subcampo de Neuengamme.

Houve mais desses encontros casuais nas ruas da Alemanha, entre sobreviventes recém-liberados e seus opressores nazistas tentando se esconder na multidão ou fugir. Num deles, em maio de 1945, uma sobrevivente que esteve cinco anos presa no campo de concentração feminino de Ravensbrück usava um cupom para comprar pão numa padaria de Boizenburg quando viu um homem com botas de cano alto. Apesar de só o ver de perfil, ela sentiu o coração disparar. *Será mesmo ele?* A mulher achou que não tinha escolha a não ser verificar.

Era Margarete Buber-Neumann, viúva de 45 anos de Heinz Neumann, outrora proeminente comunista na Alemanha. Os dois foram para Moscou em 1937. Quando o marido foi preso e fuzilado em um expurgo de Stálin, ela passou dois anos num *gulag* antes de ser entregue aos nazistas com outros comunistas alemães como parte do pacto de não agressão de 1939 entre a Alemanha e a União Soviética. Os nazistas a mandaram para Ravensbrück com outras pessoas consideradas indesejáveis. Ao ser libertada em abril, Margarete embarcou numa tortuosa jornada até a Bavária, a pé e de bicicleta. Malnutrida, doente e ainda na metade do caminho, ela parou por alguns dias em Boizenburg para descansar.

Enquanto Margarete seguia o homem, a distância entre eles diminuiu. Queria chamar algum soldado americano, mas não viu nenhum. Se fosse ele, será que deveria agarrá-lo pelo braço a fim de detê-lo? Não, ele a derrubaria a socos, como já fizera com tantas mulheres indefesas. Em determinado momento, o homem parou para ver uma vitrine, e Margarete teve de continuar andando. Quando parou em outra vitrine mais à frente na mesma calçada, o homem a ultrapassou e entrou em uma rua lateral. Margarete sabia que logo seria tarde demais. O homem conseguiria escapar e talvez nunca mais fosse visto por ninguém que o reconhecesse. Ela tinha certeza de que o homem de botas de cano alto era Ludwig Ramdohr.

Durante os últimos três anos, Ramdohr servira como chefe da Gestapo em Ravensbrück, o único campo de concentração nazista construído só para mulheres. Entre 1939 e 1945, 130 mil mulheres de toda a Europa foram aprisionadas naquele local. Elas eram espancadas, passavam fome, eram torturadas, exploradas para trabalhos forçados e executadas aleatoriamente por pelotões de fuzilamento, em enforcamentos públicos ou câmaras de gás. No começo de 1945, quando a SS instalou uma câmara de gás, Ravensbrück tornou-se um campo de extermínio, onde entre 5 mil e 6 mil mulheres foram mortas em poucos meses.* Mesmo em um ambiente tão desumano, Ramdohr era conhecido por sua crueldade bestial. Fora ele quem projetara a sala de interrogatórios para lidar com prisioneiras. Seus métodos eram básicos e brutais. Começava fazendo com que elas ficassem em pé com uma correia presa nos grilhões no tornozelo e ao redor do pescoço, o que as obrigava a se inclinar num ângulo doloroso. Açoitava-as com seu chicote de couro ou aplicava injeções de narcóticos.

Ramdohr raramente usava uniforme, preferindo um terno escuro de flanela. Não se importava com o que o comandante da SS pensava, pois respondia somente aos chefes da Gestapo em Berlim. Gerenciava uma elaborada rede de espionagem baseada em recompensas e punições, procurando evidências que incriminassem prisioneiras, guardas e administradores. Para extrair a informação desejada, Ramdohr obrigava a interrogada a deitar de barriga para baixo sobre a mesa, sem apoio para a cabeça. Depois a agarrava pelos cabelos e afundava o rosto dela num balde de água até quase afogá-la. Outra de suas técnicas de tortura consistia em fazer a mulher entrelaçar as mãos, inserir lápis entre seus dedos e apertar até os dedos quebrarem. Um dos instrumentos favoritos inventado por ele era um caixão com buracos para ventilação que podiam ser fechados e garras de metal que penetravam na carne. Também usava seu infame "método do chuveiro", em que uma mulher era levada para um chuveiro especial e obrigada a tirar a roupa. Em seguida, abriam-se torneiras de água fria por todos os lados, com jatos tão potentes quanto os de uma

* O número total de mortas em Ravensbrück é desconhecido, mas as estimativas indicam que tenha sido algo entre 30 mil e 50 mil mulheres.

mangueira de incêndio, que esguichavam do teto e do chão. Se a mulher tentasse se mexer ou se proteger com as mãos, era jogado um balde de água em seu rosto ou ela era atacada por um cão feroz.

Depois de uma sessão com Ramdohr, a maior parte das mulheres não conseguia andar, precisando ser arrastada inconsciente para a cela. Se Ramdohr se sentisse insatisfeito com os resultados do interrogatório, que muitas vezes resultava em falsas confissões e acusações infundadas para cessar a agonia, elas retornavam para mais do mesmo. Bastava ouvir o nome "Ramdohr" para as prisioneiras de Ravensbrück estremecerem, como aconteceu quando Margarete o viu nas ruas de Boizenburg.

Finalmente, ela avistou três soldados americanos andando pela rua e correu até eles, falando em alemão.

"*Bitte verhaften, dass der Mensch!*" "Por favor, prendam aquele homem!"

Manny Steinfeld foi o único que entendeu, e perguntou por que a mulher queria que o homem fosse preso. Ela contou quem era Ramdohr, gesticulando freneticamente para a esquina em que ele virara. Manny notou que a mulher ainda usava uma camiseta listrada do campo por baixo do casaco leve. Pediu a ela que ficasse onde estava e foi com os outros soldados em busca do homem com botas de cano alto, localizando-o a alguns quarteirões de distância.

"*Hände hoch!*", gritou Manny.

Ramdohr pôs as mãos para cima conforme instruído, passando por uma revista em busca de armas. Os soldados o levaram de volta e o puseram na frente de Margarete.

Ele parece tão diferente com o rosto contorcido de medo, pensou Margarete. Era uma expressão que ela nunca tinha visto naquele homem.

"Você é Ramdohr?", perguntou, incerta.

"Frau Buber, a senhora está me acusando injustamente. Eu também já fui contra os nazistas."

Manny levou os dois para a sede do governo militar. Ao chegar, Ramdohr confirmou ter estado em Ravensbrück, mas negou ser membro da Gestapo ou da SS. Disse ser apenas um detetive que investigava crimes financeiros no campo, que deveria ser solto imediatamente.

Manny foi para outra sala de interrogatório, onde pediu para Margarete começar dizendo tudo o que sabia sobre Ramdohr. Ela descreveu com detalhes explícitos as formas como Ramdohr torturava as mulheres no campo e abusava delas. Manny tentou se manter calmo enquanto fazia as anotações, mas suas mãos tremiam e ele sentia um gosto amargo na boca. Começou a imaginar a própria mãe ou a irmã sofrendo nas mãos daquele monstro. Margarete contou que depois de uma sessão brutal com ela, Ramdohr a manteve quinze semanas em confinamento solitário numa "cela escura", o que quase a enlouqueceu.

Manny sabia que o primeiro passo para manter Ramdohr sob custódia era obter alguma prova de que ele fosse da Gestapo ou da SS, pois todos os antigos membros dessas organizações nazistas estavam sujeitos à prisão como possíveis criminosos de guerra. Isso garantia que não conseguissem desaparecer na Alemanha ou em outro país enquanto investigadores do Exército encontravam vítimas e documentavam os supostos crimes para preparar as acusações.

"Ele afirma que era detetive da polícia, não da Gestapo", disse Manny. "Ele também diz que não era da SS. Você chegou a vê-lo de uniforme?"

Até onde Margarete lembrava, Ramdohr estava sempre de terno. Então, recordou-se de um dia quando ainda estava na solitária e um raio de luz entrou por uma abertura da porta. Ela correu até a abertura e ficou parada, piscando, e seu olhar encontrou o de Ramdohr; ele estava com um uniforme da SS. Aquilo desmentia a história de ser da polícia, e a declaração assinada de Margarete, junto com seu testemunho, era tudo de que Manny precisava para deter Ramdohr e encaminhar seu caso às autoridades legais aliadas para investigação.

Ludwig Ramdohr nunca mais andou livremente pela rua. Foi condenado vinte meses depois – após testemunhos de muitas de suas vítimas, incluindo Margarete Buber-Neumann – no primeiro de sete julgamentos de crimes de guerra cometidos por oficiais e pelo pessoal de Ravensbrück. Foi condenado à morte com mais nove réus e enforcado em 3 de maio de 1947.

Àquela altura Manny já não estava mais no Exército, mas leu sobre a execução no jornal. Sem alegria nem remorso, sentiu apenas gratidão pelo Exército americano e pelo acaso, que o fez estar em Boizenburg, na Alemanha, naquele dia em que uma corajosa sobrevivente de um campo de concentração confrontou seu torturador nazista.

13

VOLTANDO PARA CASA

Depois da rendição da Alemanha, Martin Selling foi mandado a um depósito central em Bad Schwalbach. A maioria das equipes de IPG na Alemanha foi mandada para esse depósito, onde receberam novas atribuições. O lugar estava cheio de oficiais do Exército que passaram a guerra em casa, tendo chegado nos últimos dias para ganhar "experiência de combate" e avançar na carreira.

Martin via com desdém aqueles guerreiros se agarrarem às atribuições mais vantajosas no novo governo militar sendo estabelecido na Alemanha do pós-guerra, falando abertamente sobre viagens de lazer a Paris e a outros lugares – e sempre se definindo como membros da "inteligência militar" para obter transporte aéreo prioritário e acomodação em hotéis. Como parecia que passaria algum tempo no depósito antes de receber novas instruções, Martin pediu alguns dias de folga para procurar parentes com quem havia perdido contato.

Um major recém-chegado negou seu pedido. Martin olhou para a camisa do major, sem medalha nenhuma, sem marcas de operações, condecorações em batalhas ou divisas conquistadas em combate; então perguntou-lhe, com sarcasmo, se sua experiência de combate pesava contra ele. Indignado, o major exigiu um pedido de desculpas. Já segundo-tenente por ter recebido uma promoção em batalha, Martin disse que preferia enfrentar uma corte marcial.

Em pouco tempo, Martin se tornou impopular entre os oficiais recém-chegados que tinham passado a guerra em trabalhos confortáveis nos Estados Unidos. Também se irritou com as novas regras estabelecidas pelos retardatários, muito focados na aparência impecável e em intermináveis inspeções. Seu desprezo ostensivo por todos deve ter ajudado, pois a nova equipe de Martin foi a primeira a ser mandada para outra base.

Com três homens e dois jipes, Martin chegou com sua equipe de inteligência ao quartel-general da 1ª Divisão Blindada em Gerabronn, pequena cidade na região centro-sul da Alemanha. O pessoal da divisão ficou surpreso, sem saber o que fazer com eles. O oficial de inteligência disse que não havia trabalho para a equipe naquele momento e avisaria caso algo aparecesse. Martin decidiu não mostrar a cara sem necessidade no quartel-general da divisão e liberou seus homens para fazer o que quisessem, desde que informassem onde estavam e não causassem problemas a si mesmos nem a ele.

Uma vez livre para empreender sua missão pessoal, Martin dirigiu 22 km rumo ao norte até Niederstetten, cidade de 5 mil habitantes para onde sua tia Gitta – a irmã viúva de seu falecido pai – se mudara com os três filhos em 1938, após serem detidos pelos nazistas na *Kristallnacht* na mesma noite que Martin, mas libertados no dia seguinte. Martin não fazia ideia do que havia acontecido com esses parentes depois que ele saíra da Alemanha, em 1939. Durante a infância ele fora muito próximo da tia e dos primos, que moravam numa fazenda vizinha, em Lehrberg.

Com o uniforme de oficial e ainda portando a pistola calibre 45 usada durante a guerra, Martin foi até a prefeitura em busca de informações. O prefeito foi amigável e exageradamente solícito, mas disse não saber nada sobre os judeus deportados, a não ser o que constava de uma lista oficial de "enviados ao leste". Quando conferiu a lista, Martin encontrou o nome de sua tia Gitta e dos três filhos dela, Kaethe, Bernhard e Ignatz. O prefeito disse que nenhum dos judeus da cidade tinha voltado do "leste".

Alguns dias depois, Martin fez outra viagem, dessa vez para Lehrberg, a 45 km de distância. Não voltava a sua cidade natal desde que fora preso na *Kristallnacht* e mandado para Dachau. Agora o fazia como um oficial do Exército, em um jipe militar dirigido por seu sargento. Pararam na casa de um dos antigos vizinhos de Martin, e logo a sala de estar se encheu de gente que soube de seu retorno. Martin percebeu que não havia judeus entre eles. Os vizinhos disseram que não sabiam o que tinha acontecido com a tia e os primos de Martin após terem partido, tampouco sabiam o paradeiro dos outros judeus levados em 1942.

Um dos amigos mais próximos do pai de Martin era um açougueiro que ele ajudara a se tornar comerciante de gado. Esse amigo teve muito sucesso e chamou os dois filhos para serem seus sócios. Quando o homem mais velho morreu, os filhos romperam contato com a família de Martin e se tornaram antissemitas influentes. Agora, na sala de estar do vizinho, um desses filhos se aproximou de Martin e estendeu a mão para o oficial americano. Martin se recusou a apertar a mão dele, e a recusa foi percebida por todos os presentes. Antes de sair da cidade, Martin disse a algumas pessoas onde estava servindo, caso algum de seus parentes aparecesse.

Três dias depois, os primos Kaethe e Ignatz saltaram de um trem de carga que passou devagar por Lehrberg. Ficaram entusiasmados ao saber que Martin acabara de passar por lá e que servia ali perto. Ignatz, já com 18 anos, pegou emprestada uma bicicleta e pedalou 45 km até a base de Martin. Estava exausto quando encontrou o primo; os dois trocaram um abraço caloroso. Antes mesmo de Martin perguntar sobre o resto da família, Ignatz começou a contar o que havia acontecido.

Explicou que toda a família fora mandada para o campo de concentração de Stutthof, na Polônia, no verão de 1942. Ao chegarem, todos com mais de 35 anos, inclusive a mãe deles, foram separados, levados a uma floresta próxima e fuzilados. Os mais jovens tiveram que tirar as roupas dos mortos e enterrar os cadáveres numa vala comum. Depois, passaram a fazer trabalhos forçados. A habilidade de Bernhard como mecânico fez com que fosse designado para cuidar do carro do comandante do campo, enquanto Ignatz foi inserido numa turma de trabalho. Alguns meses depois, faminto, foi apanhado roubando pão e condenado à morte. Bernhard conseguiu salvá-lo da câmara de gás dizendo ao comandante que, se eles matassem Ignatz, teriam de matá-lo também. O comandante devia valorizar muito os conhecimentos de Bernhard como mecânico, pois desde então Ignatz passou a trabalhar como assistente do irmão.

Ignatz contou tudo isso a Martin em tom casual, sem perceber a expressão horrorizada do primo. Ele fez uma pausa e respirou fundo antes de continuar. Bernhard tinha morrido. Sucumbiu à febre tifoide um dia antes de os guardas abandonarem o campo devido à aproximação dos russos.

"*Eines Tages*", disse, triste. "Um dia."

Ignatz saiu do campo e começou a voltar para a Alemanha, pulando de um trem de carga para outro. No pátio de manobras de Berlim, encontrou a irmã num vagão carregado de madeira em um trem partindo para Leipzig. Ignatz se juntou a ela, e estavam juntos desde então.

Martin sempre viu Ignatz como o jovem audacioso da família, mas o garoto desgrenhado e arteiro se tornara um jovem sério e responsável pela irmã, uma vez que a mãe e o irmão mais velho tinham morrido e não havia mais ninguém. Martin sabia que era um milagre Ignatz e Kaethe terem sobrevivido ao campo de concentração – e o reencontro era um segundo milagre, algo que muitas famílias no caos da Europa pós-guerra não conseguiram fazer.

Martin levou Ignatz de volta para Niederstetten e verificou se os primos tinham comida e roupas suficientes. Kaethe parecia pálida e não muito saudável, então Martin a levou para ser examinada por um médico local. Depois de alguns dias na região, Martin voltou a procurar o prefeito, exibindo seu uniforme pela cidade, na esperança de que isso fizesse com que os sobreviventes que voltavam dos campos fossem um pouco mais bem tratados, agora que todos sabiam do interesse do Exército americano por eles. Entrou com um processo que acabou levando os primos a recuperarem a casa da mãe, que fora vendida pelos nazistas. Martin também entrou em contato com a irmã mais velha dos dois, Martha, que migrara como empregada doméstica para os Estados Unidos nos anos 1930 e agora morava em Nova York. Ignatz e Kaethe foram morar com ela.

Pouco tempo depois, Martin embarcou em um dos navios vitoriosos rumo aos Estados Unidos.

Anos depois, quando escreveu e publicou suas memórias de antes e durante a guerra, a dedicatória do livro dizia: "Para Nêmesis, deusa do destino e da retribuição, e para o Exército dos Estados Unidos, que me possibilitou, pelo menos um pouco, fazer com que todos os canalhas e seus capangas pagassem pela brutalidade e pela maldade cometida".

Guy Stern não sentiu nada muito intenso ao pisar pela primeira vez na Alemanha durante a guerra; os sentimentos só surgiram quando a guerra acabou e ele voltou a Hildesheim, sua cidade natal, onde o despertar para uma nova realidade começou a lhe afligir.

Os garotos Ritchie Guy Stern, Walter Sears e Fred Howard *(da esquerda para a direita)* celebram o fim da guerra na Europa no dia da vitória (8 de maio de 1945), na cidade de Bad Hersfeld, coração da Alemanha. *(foto da família)*

Durante boa parte da guerra, Hildesheim, com 65 mil habitantes, foi ignorada pelos bombardeiros aliados porque o potencial militar de sua indústria foi subestimado. No entanto, uma indústria metalúrgica da cidade produzia componentes usados em aviões, como hélices de velocidade constante, motores e trens de pouso. Outras instalações vizinhas faziam peças para tanques, torpedos e produtos de borracha, como coletes salva-vidas e botes infláveis. Em uma região arborizada ao sudoeste da cidade, uma empresa de engenharia fabricava ignições, geradores e outros componentes para motores de tanques e caminhões.

A guerra chegou tarde em Hildesheim – seis semanas antes de o conflito terminar –, mas, ironicamente, não porque os Aliados descobriram ser um polo industrial, e sim devido a uma nova diretiva de bombardeiros visando à cidade ao norte da Alemanha como parte de uma iniciativa mais ampla para enfraquecer o moral do povo alemão. Às 2 horas da manhã de 22 de março de 1945, bombardeiros britânicos e canadenses iniciaram um ataque, lançando quase 500 toneladas de explosivos e seiscentas bombas incendiárias. Quase dois terços das construções da cidade foram destruídos ou danificados, e as bombas arrasaram a maior parte do centro histórico, que ainda preservava características medievais. A destruição também atingiu a catedral de Hildesheim, cuja abside contava com a roseira mais antiga do mundo – que, segundo lendas, era responsável pela duradoura prosperidade da cidade. Mil e quinhentos civis morreram.

Guy chegou a Hildesheim algumas semanas depois do fim da guerra. Era a primeira vez que voltava desde que tinha 15 anos, quase oito anos antes. Agora servindo em Koblenz, 375 km ao sul, conseguiu aprovação do comando britânico para a viagem, pois Hildesheim estava no setor britânico de uma Alemanha recém-dividida.

Ao entrar de jipe na cidade, Guy teve uma estranha sensação ao se ver num lugar conhecido, com tantas lembranças, e ao mesmo tempo quase irreconhecível. Algumas das construções que conhecia continuavam de pé, mas se erguiam sozinhas em meio a uma cidade arruinada. Lá estava o estádio de futebol, destruído. O prédio que abrigava o clube de ginástica infantil que frequentara, demolido. Guy precisava se apresentar ao comandante britânico da cidade e procurava o caminho com as mãos trêmulas no volante. Um major britânico examinou os papéis de Guy, anunciou que estava "tudo em ordem" e designou um policial local para acompanhá-lo enquanto estivesse na cidade. O policial era novato, pois muitos veteranos, membros leais do Partido Nazista, tinham fugido ou sido demitidos.

Localizaram a rua onde Guy morava com os pais, o irmão mais novo, Werner, e a irmã pequena, Eleonore. Quando chegaram ao prédio de pé-direito alto, ao terceiro andar, em cima da lojinha de têxteis do pai, descobriram que restavam apenas entulhos. Algumas vigas de aço se projetavam da pilha de escombros, mas todo o resto estava caído ou incinerado. O edifício tinha lojas no andar térreo, que foram soterradas pelos escombros. Os antigos moradores escreveram seus nomes e novos endereços com giz na frente das casas arruinadas. Em frente à óptica, uma mensagem escrita na viga avisava que o oculista Kleinschmidt estava atendendo em casa, perto da cidade, e fornecia o endereço. O policial disse a Guy que ele fora um dos que tiveram sorte, pois metade dos moradores da cidade estava desabrigada.

Prosseguiram pela rua Lappenberg, outrora a parte mais bonita da cidade, passando pelo terreno baldio onde ficava a sinagoga em estilo mourisco que Guy visitara pela primeira vez aos 6 anos de idade, num feriado judaico. O terreno estava deserto desde que os nazistas incendiaram a sinagoga, em 1938, durante a *Kristallnacht*, um ano depois de Guy partir de Hildesheim para os Estados Unidos.

Com ajuda do policial, Guy encontrou o alojamento temporário da família Ebeling. Gerhard Ebeling estava entre os poucos colegas gentios de Guy que continuaram amigáveis quando os nazistas assumiram o poder. O pai dele foi o funcionário da alfândega que fizera um favor aos Stern indo até a casa da família para carimbar o selo oficial no baú de Guy – sem nem olhar – para sua viagem.

Quando abriu a porta e viu Guy, a sra. Ebeling começou a chorar e lhe deu um abraço apertado.

Hildesheim em ruínas, 1945.
(corpo de sinaleiros do Exército dos Estados Unidos)

Guy tinha levado café, comida enlatada e chocolates, produtos difíceis de obter e que foram muito apreciados pela sra. Ebeling. Quando Herr Ebeling apareceu, cumprimentou Guy com satisfação. Era um sujeito de mais idade, tímido e retraído, que Guy não conhecia muito bem. O senhor sorriu, claramente feliz de reencontrar o amigo de infância do filho.

Guy perguntou por Gerhard, e os Ebeling disseram que tinha sido recrutado pela Wehrmacht e capturado pelos britânicos. Guy ficou aliviado ao saber que Gerhard tinha sobrevivido. Garantiu que o filho deles devia estar passando por uma triagem no caminho, com centenas de milhares de ex-soldados alemães, e que logo chegaria em casa.

Em seguida houve um silêncio desconfortável, pois Guy não conseguia fazer a pergunta que realmente o levara até lá. Herr Ebeling percebeu sua expressão e tentou ajudar, dizendo tudo o que sabia sobre a família de Guy. Como a maioria dos judeus na cidade, eles foram obrigados a abandonar a casa e passaram um tempo morando em uma residência coletiva superlotada, uma das oito na cidade. Esse esquema de alojamento foi implementado pela Gestapo local como forma de controlar a população judia e facilitar as deportações.

Logo depois, os judeus de Hildesheim começaram a ser levados em grupos, continuou Ebeling. Cada família tinha permissão para levar 45 kg de bagagem, e todos carregavam malas e mochilas. Disseram que poderiam portar dinheiro, títulos de propriedades, economias e joias, mas quando todos se despiram no estábulo e foram revistados, a SS e outros funcionários nazistas confiscaram os itens de valor. De lá, foram até a linha 11 do bonde para seguir para Hanôver.

Herr Ebeling soube que eles passaram alguns dias em um acampamento transitório antes de serem postos em um trem para Varsóvia, em uma jornada que, segundo documentos encontrados alguns anos depois da guerra, ocorreu em 31 de março de 1942.

Guy contou aos Ebeling sobre a carta que recebera da mãe no verão de 1942, enviada de Varsóvia, em que dizia que a família estava morando num único cômodo. Foi a última vez que Guy soube dela; ele disse aos Ebeling que tinha esperanças de encontrá-los quando entrou para o Exército americano e voltou para a Europa. Se não fosse durante a guerra, depois que os conflitos acabassem.

Enquanto Herr Ebeling contava o que sabia a Guy, a sra. Ebeling, que conhecia muito bem a mãe de Guy, não parava de chorar. Guy lembrou que sua mãe dissera havia muito tempo que os Ebeling estavam horrorizados com as brutalidades do Terceiro Reich, embora Herr Ebeling tomasse cuidado para não ofender os nazistas por medo de perder o emprego na alfândega.

Herr Ebeling meneou a cabeça, triste.

"Ninguém voltou de Varsóvia", disse, em voz baixa. E completou: "Günther, receio que sua família não vá retornar".

Guy não tinha muitas informações sobre os campos de extermínio nazistas na Polônia. Ainda não sabia que o gueto de Varsóvia tinha sido o maior de todos os guetos judeus na Europa ocupada pelos nazistas, com mais de 400 mil judeus da Polônia, da Alemanha e da

Tchecoslováquia obrigados a se amontoar numa área pouco maior que 2,5 km². Nem que os primeiros de 250 mil homens, mulheres e crianças do gueto foram levados em carroças para Treblinka no mesmo verão em que ele recebeu a última carta da mãe, na qual ela escreveu que torciam por dias melhores.

Não sabia que o primeiro trem com 5 mil judeus saído de Varsóvia chegou a Treblinka em 23 de julho de 1942 nem que, desde então, trens com o mesmo número de pessoas a bordo continuaram sendo mandados diariamente. Tampouco que, ao chegar ao campo de Treblinka, construído com o propósito de matar os seres humanos inocentes e indefesos enviados para lá pelo Terceiro Reich (mais judeus foram mortos em Treblinka que em qualquer outro campo de extermínio, a não ser em Auschwitz), todos eram reunidos em vestiários e instruídos a se despir, supostamente para tomar um banho. Os homens costumavam ser mortos primeiro, em três alojamentos fechados e interconectados entre si, cada um com 8 m por 4 m e paredes duplas, isoladas com terra compactada. As paredes internas eram revestidas por pequenos azulejos de terracota cor de laranja com chuveiros presos no teto, dando a impressão de um banheiro comum.

Diferentemente das vítimas em Auschwitz e Majdanek, que eram asfixiadas por cianeto de hidrogênio na forma de Zyklon B, os prisioneiros de Treblinka eram mortos sistematicamente pela fumaça do escapamento do motor de um tanque soviético desmontado, capturado durante a invasão da Rússia pela Alemanha em 1941. O motor do tanque ficava num barracão com o gerador que fornecia eletricidade ao campo. A fumaça de escapamento era bombeada por canos voltados para dentro das três câmaras de execução, cada uma com cerca de quatrocentas pessoas. Por vinte minutos, mulheres e crianças que esperavam do lado de fora ouviam o sofrimento dos homens. Quando os mortos por asfixia e envenenamento por monóxido de carbono eram colocados em carrinhos de mão e levados embora, as mulheres e as crianças eram conduzidas às câmaras, onde tinham o mesmo destino.

Em alguns meses, foi erguida uma construção com dez câmaras de gás, equipada com mais motores para produzir fumaça e capaz de realizar um processo muito mais eficiente de extermínio. Logo um trem carregado com 3 mil pessoas podia ter toda a sua carga eliminada em três horas; em um dia de trabalho de catorze horas, de 12 mil a 15 mil pessoas eram assassinadas.

Guy desconhecia a extensão desses horrores quando foi embora de Hildesheim no dia seguinte. Sua viagem para casa, porém, eliminou qualquer esperança de se reunir com sua família. A verdade era inevitável.

Ao deixar a cidade de sua juventude, Guy Stern não tinha nenhuma intenção de retornar.

Assim que a guerra acabou, Werner Angress solicitou ao general Gavin alguns dias de licença e um jipe para percorrer os 525 km até Amsterdã, onde esperava encontrar sua família. Fazia só um ano desde que pedira permissão pessoalmente ao general para saltar no Dia D, mesmo sem ter feito o treinamento como paraquedista. Gavin aceitou naquela ocasião e nesta também aprovou o pedido de Werner.

Segundo as instruções de Gavin, Werner recebeu um passe oficial declarando que viajava à Holanda para tratar de questões referentes à 82ª Divisão Aerotransportada. Não havia nenhuma data estabelecida para seu retorno nem qualquer limitação relacionada àquela viagem, sinal da generosidade e da confiança do general. Quando a missão pessoal de Werner fosse concluída, ele deveria voltar a Ludwigslust, onde sua divisão continuava acantonada.

Antes de partir, Werner pediu a última leva de cigarros que seus colegas recebiam semanalmente, além de quaisquer rações extras de que pudessem dispor. Todos sabiam que o inverno de 1944-1945 fora uma época de fome para os holandeses, e ainda havia escassez de alimentos. Os cigarros eram usados como moeda de troca tanto por fumantes como por não fumantes: com eles, os soldados podiam comprar qualquer coisa disponível.

Com o jipe cheio de comida, café e maços de cigarro, Werner deixou Ludwigslust na manhã de 12 de maio, seguindo para o oeste pelas estradas. Apesar de se atrasar em desvios ao redor de algumas pontes destruídas, ele fez a viagem em um único dia, chegando a Amsterdã à noite. Exausto, decidiu procurar um hotel e começar a busca na manhã seguinte. Conseguiu um quarto em troca de um maço de cigarros no elegante hotel Amstel, cheio de oficiais canadenses cujas unidades tinham libertado Amsterdã na semana anterior. Ainda não havia água quente nem eletricidade nos quartos, mas os lençóis limpos, as toalhas, o colchão e os travesseiros eram um luxo em comparação a alguns dos buracos em que Werner tinha pernoitado desde que saltara na Normandia no Dia D.

No início da manhã seguinte, dirigiu até o número 39 da rua Cliostraat, no sul de Amsterdã, onde os pais e os irmãos moravam quando ele partiu para os Estados Unidos, em 1939. Werner não tivera notícia deles desde as últimas cartas de dezembro de 1941, quando suas correspondências sempre ficaram sem resposta. Estacionou, encontrou o apartamento e apertou a campainha, sem saber o que aconteceria. Será que veria o rosto de sua querida mãe? De seu pai? De um dos irmãos? De um estranho?

Um homem sonolento, enrolado em roupão de banho, abriu a porta.

"Seu nome é Angress?", perguntou o homem.

Surpreso, Werner só conseguiu assentir.

O homem explicou que uma mulher chamada Henny Angress tinha batido à porta na véspera.

"Ela disse que, se o filho dela dos Estados Unidos aparecesse, eu deveria informar o novo endereço dela."

Werner encontrou o endereço a alguns quarteirões de distância. A mãe dele abriu a porta, olhou para ele e quase teve um colapso, em prantos. Werner abraçou a mãe e a reconfortou, apesar de ter ficado assustado com sua aparência. Nos seis anos desde que a vira pela última vez, ela tinha perdido uns 20 kg e estava tão fraca que mal podia andar. A mãe o apresentou às pessoas com quem se hospedava, explicando que o grupo se reunira depois de sair de esconderijos subterrâneos. Todos pareciam tão malnutridos quanto ela.

Werner correu até o jipe e pegou a ração, distribuindo com um alerta para que fosse ingerida lentamente e em pequenas porções. A família se ofereceu para dividir a salada que estavam comendo, mas Werner recusou. Parecia grama recolhida no quintal da frente.

Henny disse a Werner que seus irmãos estavam por perto e deveriam chegar a qualquer momento. Explicou que, depois de evitar as primeiras deportações, os três passaram à clandestinidade em setembro de 1943, quando os nazistas anunciaram que os judeus restantes em Amsterdã deveriam se apresentar ao pátio ferroviário no dia seguinte. Henny e os dois garotos sobreviveram com a ajuda de um movimento holandês de resistência bem organizado, cujos membros arriscavam ser presos ou até mesmo mortos por nazistas que descobrissem que eles abrigavam judeus.

Quando Werner perguntou sobre seu pai, Henny disse que ele não tinha voltado para a Holanda. Em sua última carta, ela escreveu que o marido havia sido preso por violar leis contra a movimentação de dinheiro e seguido para Berlim, onde fora julgado e condenado por contrabandear as poupanças da família para fora da Alemanha. Sua pena deveria ser cumprida na prisão de Brandemburgo. Contou que a irmã dela, Margot, tinha se casado com um ariano e ficado em Berlim durante a guerra, tendo escrito uma carta pouco antes de Henny e os garotos encontrarem um esconderijo. A carta dizia que o pai de Werner havia sido liberado da prisão no fim de 1942, mas logo mandado para o campo de concentração de Auschwitz. Henny disse que tinha esperanças de vê-lo em breve.

Werner sabia mais a respeito de Auschwitz e dos campos de extermínio nazistas que a mãe, mas decidiu não falar nada por ora. Ainda assim, sabia o que aquilo teria significado para o pai, tão íntegro e bondoso, e a sensação foi de ter tomado um soco no estômago. Henny pediu a ajuda da Cruz Vermelha para encontrar o marido desaparecido. Depois de uma longa espera, foi informada de que ele não estava mais vivo.

Henny Angress viveu até os 93 anos, mas não o suficiente para descobrir a verdade completa sobre o destino do marido. Werner assumiu essa tarefa, e nos anos 1990 um pesquisador localizou o arquivo de seu pai no Berlin Landesarchiv, os arquivos do Estado. Os documentos revelaram que, depois de libertado de Brandemburgo e levado para Auschwitz, Ernst Angress morreu em 19 de janeiro de 1943. Um anexo do Standesamt, cartório de registros, continha a seguinte observação: "O judeu Angress morreu de insuficiência cardíaca". Insuficiência cardíaca e doenças comuns costumavam ser listadas como as causas das mortes em Auschwitz, pois os administradores da SS nunca revelaram que alguém tivesse morrido asfixiado por gás.

Quando os irmãos de Werner apareceram, o reencontro dos rapazes foi tomado pela decepção devido à ausência do pai, mas houve também a alegria por terem se visto. Fritz e Hans ficaram surpresos ao encontrar Werner em Amsterdã tão pouco tempo depois do fim da guerra – e com uniforme de paraquedista do Exército dos Estados Unidos. Hans, então com 16 anos, levou um ramalhete de flores silvestres recém-colhidas que deu de presente à mãe por aquele dia.

Era domingo, 13 de maio. Dia das Mães.

Werner Angress com os irmãos, Hans e Fritz, e a mãe, em Amsterdã, no Dia das Mães de 1945. *(foto da família)*

PERSONAGENS

Werner Angress, 82ª Divisão Aerotransportada. Werner recusou uma patente no Exército americano para sair da Alemanha e esquecer a guerra o mais rápido possível. Voltou aos Estados Unidos e foi aceito pela Universidade Wesleyan, que ignorou o fato de o rapaz ter abandonado os estudos na oitava série na Alemanha. Formou-se em história com louvor e obteve um PhD pela Universidade da Califórnia em Berkeley. Lecionou história moderna da Europa na Wesleyan, em Berkeley e na Universidade Stony Brook. Autor de muitos artigos e quatro livros, inclusive uma autobiografia, *Witness to the Storm: a Jewish Journey from Nazi Berlin to the 82nd Airborne* [Testemunha da tempestade: uma jornada judaica desde a Berlim nazista até a 82ª Aerotransportada], Werner integrou a diretoria do Instituto Leo Baeck por três décadas, participando de estudos da história e cultura judaico-alemã.

Apesar de acreditar nos tempos em que era um jovem soldado, em 1945, que a Alemanha "tinha transgredido seu direito de existir como Estado", depois de aposentado, em 1988, Werner foi morar em Berlim, sua cidade natal. Um dos poucos garotos Ritchie a voltar a viver na Alemanha, passou o resto de seus dias no país que lhe proporcionara as melhores e as piores memórias. Angress visitava escolas alemãs e contava aos alunos como foi crescer na Alemanha como judeu no Terceiro Reich e as lições aprendidas durante a luta contra o fascismo.

Werner morreu em Berlim, em 2010, aos 90 anos.

Victor Brombert, 2ª Divisão Blindada e 28ª Divisão de Infantaria. Após a guerra, Victor soube que sua tia Anya, desaparecida depois de vários judeus serem presos em Nice, tinha morrido em Auschwitz; o mesmo aconteceu com seu amor de verão, Dany Wolf, e sua jovem filha.

Retornou aos Estados Unidos e estudou em Yale, onde obteve PhD em literatura e línguas românicas e foi indicado para o corpo docente. Mais tarde, Victor se tornaria diretor do departamento em que estudou. Em 1975, aceitou um cargo de professor de literatura comparada na Universidade Princeton. Autor de quinze obras de crítica literária e de um livro de memórias, *Trains of Thought: Memories of a Stateless Youth* [Correntes de pensamento: memórias de um jovem apátrida], Brombert foi presidente da Associação de Línguas Modernas da América. Em 2008, foi nomeado Cavaleiro da Legião de Honra, a mais alta condecoração francesa, pelo papel desempenhado na libertação da França na Segunda Guerra Mundial.

Victor mora em Princeton, nos Estados Unidos, com a esposa Beth, autora de diversas biografias históricas, além de ter uma pequena casa em sua amada Paris e uma residência de verão em Chianti, região da Toscana.

"Ser um garoto Ritchie foi importante para todos nós", lembra Victor. "Isso nos deu a sensação de fazer algo relevante numa guerra justa que, de uma forma ou de outra, se relacionava com nossa vida e nossas experiências pessoais. Os rapazes dos grupos eram alegres, prestativos e pouco experientes, mas tudo o que fazíamos era de coração."

Victor aposentou-se em 1999, depois de cinquenta anos como professor. Continua escrevendo e dando palestras nos Estados Unidos e na Europa.

Stephan Lewy, 6ª Divisão Blindada. Quando voltou da guerra, Stephan fez um curso supletivo noturno para obter o diploma do ensino médio. Formou-se em administração na Universidade Northeastern. Por fim, tornou-se contador público certificado, tendo trabalhado a maior parte da carreira com as finanças de duas grandes redes hoteleiras. Stephan e a esposa, Frances, tiveram dois filhos.

Décadas depois da guerra, Stephan soube que poucos meses após encontrar os pais nos Estados Unidos, em 1942, o lar das crianças da OSE em Chabannes, na França, foi atacado por gendarmes simpatizantes do nazismo, que chegaram com uma lista de nomes de jovens judeus com idade suficiente para serem presos e deportados. Lewy sabia que provavelmente estava incluído na relação. Entre os que foram presos estava Marjan Sztrum, o rapaz de 18 anos que tocava banjo na banda de Chabannes e artista talentoso que pintara um afresco na parede da sala de jantar, com um fazendeiro posando sobre um trator. Sztrum foi executado em Auschwitz.

Stephen só voltou à Alemanha nos anos 1990, e o fez com certa apreensão. Em Berlim, passou pelo antigo orfanato Auerbach, onde havia passado metade de seus primeiros catorze anos de vida. O abrigo fora interditado à força pelos nazistas em 1942. Na frente, uma placa homenageava as mais de cem crianças judias deportadas e assassinadas naquele ano, além de doze professores.

Stephan aposentou-se em 1991 em Manchester, New Hampshire, Estados Unidos; três anos depois, assistiu ao filme *A lista de Schindler*, que o inspirou a falar pela primeira vez a respeito de sua experiência com os nazistas. Incentivado por uma amiga professora a falar para sua turma, Stephan achou a atividade terapêutica, mesmo ao responder às primeiras perguntas de um jovem aluno: "O senhor é como um gato, que tem sete vidas?". Desde então, Lewy já conversou com mais de 28 mil crianças. "Quando olho para elas ao contar minha história, tenho esperança de fazer alguma diferença", diz. "Meu relato mostra o que pode acontecer se as pessoas não agirem. Se um número suficiente de pessoas ouvir o que tenho a dizer, talvez a história não se repita. Espero que o mundo tenha aprendido uma lição."

Viúvo desde a morte da esposa em 2010, Stephan mora em Williamsville, Nova York.

Martin Selling, 35ª Divisão de Infantaria. Depois da guerra, Martin estudou engenharia com apoio da GI Bill.* Formou-se em engenharia mecânica no Instituto de Tecnologia Stevens, em Nova Jersey, Estados Unidos, em 1949, e fez mestrado em gestão industrial três anos depois. Casou-se com Hilde (Kaufmann), que emigrara da Alemanha com os pais em 1938; com ela, teve dois filhos. Martin passou a maior parte da carreira nos Laboratórios AT&T Bell. Continuou ativo como reservista do Exército dos Estados Unidos, instituição da qual se aposentou em 1978 como tenente-coronel.

Em 1965, levou a família para a Alemanha a fim de visitar sua cidade natal, Lehrberg, onde descobriu que o nome de seu tio Ignatz, irmão mais velho de seu pai, morto em combate na Primeira Guerra Mundial, fora removido do memorial de guerra da cidade juntamente com o nome de outros judeus. Depois, foram ao Memorial do Campo de Concentração de Dachau. Martin pretendia mostrar aos filhos onde fora mantido preso e onde tantos judeus haviam sido mortos. O campo, porém, parecia estéril e abandonado – e, para Martin, repleto de fantasmas. Ele ficou tão emocionado que decidiu que seria melhor saírem dali. "Nós, judeus, fomos sem dúvida as principais vítimas do regime nazista", explicou à família, "mas houve muitas outras". Ainda se lembrava bem de todos aqueles que conhecera em Dachau, que tiveram pouca ou nenhuma chance de escapar.

A autobiografia de Martin, *With Rancor and Compassion: the Memoirs of a Jew Who Thought He Was a German* [Com rancor e compaixão: memórias de um judeu que achou que era alemão], foi publicada em 2003. Quanto aos tempos em que era um garoto Ritchie, ele comentou: "Nós, imigrantes recém-chegados, tínhamos orgulho de nossa contribuição ao esforço de guerra, embora desconhecida ou pouco apreciada pelos americanos. Ainda que fôssemos apenas peças pequenas de um grande quebra-cabeça a ser montado

* Lei de 1944 que proporcionava estudo e outros benefícios aos que serviram as Forças Armadas na Segunda Guerra Mundial. (N. T.)

para vencermos o conflito, nós, refugiados que falávamos alemão, éramos como 'recursos naturais' na luta dos Estados Unidos contra Hitler e os nazistas".

Martin morreu em 2004, aos 86 anos.

Manny Steinfeld, 82ª Divisão Aerotransportada. Em maio de 1945, Manny retornou a Josbach, sua cidade natal, para descobrir o que tinha acontecido com Irma, sua irmã, e Paula, sua mãe, já viúva, cuja última carta, no outono de 1941, falava de rumores sobre sua deportação iminente. Quando Manny chegou, não restava nenhuma das seis famílias judias de Josbach. Um vizinho contou que sua mãe e sua irmã haviam sido "realocadas" no início de 1941. Era tudo de que ele sabia.

Em dezembro de 1945, ao voltar aos Estados Unidos, Manny recebeu uma carta da Palestina informando que Herbert, seu irmão mais novo, junto com vários outros imigrantes judeus, fora atacado e morto por soltados britânicos notificados de que eles abrigavam combatentes contrários ao domínio inglês. Steinfeld ficou devastado. A mãe tinha mandado seu irmão à Palestina alguns meses depois de ter tirado Manny da Alemanha. *Será que não há nenhum lugar seguro para os judeus?*, perguntou a si mesmo.

Anos se passaram até Manny saber como a mãe e a irmã haviam perecido. Descobriu que, depois de deportadas para o gueto de Riga, na Letônia, as duas foram mandadas para o campo de concentração de Stutthof, na Polônia. Em 2001, visitou o museu-memorial local. Os nazistas mantiveram registros meticulosos de todos os prisioneiros, e Manny descobriu nos arquivos do campo que a mãe e a irmã chegaram de Riga no dia 1º de outubro de 1944; a mãe morreu no dia 30 de dezembro do mesmo ano, e a irmã, dez dias depois. A causa da morte de ambas constava como "insuficiência cardíaca", informação que se repetia em quase todos os obituários. Mesmo após o início da utilização de gás para extermínios em Stutthof, em junho de 1944, os registros nunca mencionaram esse fato como a verdadeira causa das mortes.

Nessa mesma viagem, Manny regressou a Ludwigslust, onde constatou que os marcadores de madeira das duzentas sepulturas das vítimas do campo de concentração de Wöbbelin haviam desaparecido. Foi informado de que tinham sido usados como lenha durante um rigoroso inverno. O prefeito disse que estava arrecadando fundos para substituí-los. Manny perguntou a quantia que faltava e assinou um cheque cobrindo o valor. Mais tarde, voltou para a cerimônia de reinauguração do cemitério de Ludwigslust.

Manny e a esposa, Fern (Goldman), constituíram família em Chicago, onde ele se tornou um bem-sucedido fabricante de móveis. Atualmente aposentado na Flórida, ele diz: "Às vezes me pergunto se não deveria ter sido um caçador de nazistas em vez de produzir móveis. Ainda é difícil pensar em quantas pessoas morreram. Os nazistas tentaram dizimar minha família; sou o único sobrevivente. Mas tenho treze descendentes, e isso não é nada mau".

Guy Stern, 1º quartel-general do Exército. Com o fim da guerra, Guy mudou-se para Nova York. Depois de se formar pela Universidade Hofstra e obter mestrado e doutorado pela Columbia, tornou-se professor de estudos alemães, determinado a separar o "ouro da cultura alemã de toda a imundície e a toxicidade dos anos nazistas". Guy virou um estudioso da literatura de exilados e de textos dos que pereceram nos campos de concentração. Durante os cinquenta anos seguintes, lecionou nas universidades Columbia, Denison, Cincinnati e Wayne State, onde ainda detém a distinção de professor emérito. Guy é o atual diretor do Instituto Internacional de Integridade Henry and Wanda Zekelman, no Museu do Holocausto de Farmington Hills, Michigan, Estados Unidos. Foi casado com Judith, professora, falecida em 2003. Hoje sua esposa é Susanna Piontek, contista e poeta alemã quarenta anos mais jovem que ele. O casal mora em West Bloomfield, Michigan.

Na década de 1960, Guy voltou a Hildesheim, sua cidade natal, para discursar na inauguração de uma sinagoga. Viu a Rosa de Mil Anos florescendo novamente nas paredes de uma nova catedral que substituiu a que fora arrasada pelas bombas em 1945. Partes da roseira mais antiga do mundo foram destruídas, mas as raízes resistiram sob as ruínas.

Em 2012, Guy recebeu o título de cidadão honorário de Hildesheim, em reconhecimento a seus "esforços conciliatórios e pelo diálogo entre as religiões e as culturas". Uma placa foi colocada em frente ao local onde sua família morava, com os dizeres: "A família judaica Stern morou aqui até sua deportação, em maio de 1942. O pai, Julius Stern, a mãe, Hedwig, e os filhos Werner e Eleonore foram assassinados".

Guy continuou amigo de Fred Howard, com quem trabalhou sob a alcunha de comissário Krukov para obter informações de prisioneiros alemães. Fonte constante de novas ideias, Fred foi pioneiro em *merchandising* no interior de lojas, tendo fundado a maior empresa de expositores de pontos de venda dos Estados Unidos; ficou multimilionário. Morreu em 2008.

Em 2017, Guy foi nomeado Cavaleiro da Legião de Honra por seu papel na libertação da França na Segunda Guerra Mundial. Em relação aos anos como garoto Ritchie, declarou: "Eisenhower disse que era uma cruzada na Europa. Realmente, era. Para nós, soldados refugiados judeus alemães, porém, era uma cruzada pessoal. Nós *precisávamos* derrotar os nazistas".

Túmulo do garoto Ritchie assassinado Kurt Jacobs. Cemitério americano de Henri-Chapelle, no alto de uma colina com vista para um bucólico vale belga. *(Carl Wouters)*

Túmulo do garoto Ritchie assassinado Murray Zappler. Cemitério americano de Henri-Chapelle. *(Carl Wouters)*

Murray Zappler e Kurt Jacobs
Os dois garotos Ritchie assassinados foram sepultados em um cemitério militar provisório dos Estados Unidos em Foy, na Bélgica, em 15 de fevereiro de 1945, dois dias depois de os corpos serem encontrados próximo à alfândega, pouco além da fronteira com a Alemanha.

No fim dos anos 1940, o Exército repatriou muitos americanos sepultados em Foy para os Estados Unidos, atendendo ao desejo das famílias. Quando o cemitério de Foy fechou, Jacobs e Zappler foram transferidos a um túmulo permanente, em 9 de janeiro de 1949, no cemitério americano de Henri-Chapelle, a leste de Liège, na Bélgica, onde repousam ao lado de quase 8 mil militares dos Estados Unidos mortos na Segunda Guerra Mundial.

AGRADECIMENTOS

Narrativas de não ficção começam e terminam com uma pesquisa rigorosa, o que permite ao autor ser meticulosamente seletivo usando apenas o material que contribui para o impacto da história. Meus dois principais pesquisadores, Steve Goodell e Dan Gross, ambos da região de Washington, prestaram uma ajuda extraordinária no decorrer deste projeto de dois anos. Steve é um excelente pesquisador on-line e de arquivos sobre todos os âmbitos da Segunda Guerra Mundial, e Dan acumulou um banco de dados dos garotos Ritchie com informações de cerca de 20 mil registros pessoais. Também fui ajudado por Nadine Kaufmann em Berlim; Jamie Woodring em Michigan; Lori Miller da Redbird Research em St. Louis; Ruth Quinn e Lori Tagg no Centro de Inteligência do Exército dos Estados Unidos, em Fort Huachuca; Carl Wouters na Bélgica; Karl Laun na Áustria; Lea Bauer e Christiane Oechsner-Bauer na Alemanha; e Sabine Anton em Nova York.

Agradeço à dedicada equipe e aos voluntários do Museu Memorial do Holocausto de Farmington Hills, Michigan, principalmente a Guy Stern, diretor do Instituto Internacional de Integridade HMC, que organizou em 2011 a exposição *Secret Heroes*

[Heróis secretos], a primeira investigação aprofundada sobre a vida e as conquistas dos garotos Ritchie, bem como à sua assistente, Shirlee Wyman Harris, e ao ex-diretor do HMC, Steve Goldman. Também sou grato ao falecido cineasta alemão Christian Bauer pelo documentário *The Ritchie Boys*, de 2004.

Mais perto de casa, agradeço a meu editor da William Morrow, Henry Ferris, e a seu assistente Nick Amphlett, pelo entusiasmo e apoio; a meu agente literário Dan Conaway, pelos sábios conselhos, e à sua colega da Writers House, Genevieve Gagne-Hawes, pelo olhar aguçado.

Este livro não teria sido possível sem a paciência ilimitada e as contribuições incansáveis de Victor Brombert, Stephan Lewy, Manny Steinfeld e Guy Stern, que passaram horas, dias, meses – tudo bem, anos – respondendo a minhas intermináveis perguntas pessoalmente, ao telefone e por e-mail. A essa lista acrescento Percy e Dan Angress, filhos do falecido Werner Angress, e Tom Selling, filho do falecido Martin Selling.

Entrevistei muitos garotos Ritchie nos Estados Unidos – entre eles, Henry Bretton, Al Eisenkraft, Eric Gattmann, Ed Holton, Gunter Kosse, Maximilian Lerner, Richard Schifter, Charles Stein e Rolf Valtin. Agradeço a todos pela disponibilidade e pelas lembranças.

FONTES

Os detalhes completos de publicação dos livros abaixo são apresentados na bibliografia. Registros do Exército dos Estados Unidos, como histórias de unidades, relatórios de ação, diários de guerra, interrogatórios de campo, arquivos históricos de Camp Ritchie e documentações e transcrições de julgamentos de crimes de guerra estão nos Arquivos Nacionais II, College Park, Maryland, Estados Unidos. Registros de pessoal militar estão nos Centros de Registros Nacionais de Pessoal, St. Louis, Missouri, Estados Unidos. Os depoimentos de sobreviventes são da Fundação Shoah da USC. Transcrições de entrevistas de Christian Bauer, do documentário alemão *The Ritchie Boys*, foram acessadas no Museu de Cinema Deutsche Kinemathek, em Berlim. Entrevistas do Projeto de História dos Veteranos encontram-se disponíveis na Biblioteca do Congresso dos Estados Unidos.

Prefácio: Alemanha, 1938

Martin Selling: depoimento de sobrevivente (Fundação Shoah, 1996); Martin I. Selling, *With Rancor and Compassion: the Memoirs of a Jew Who Thought He Was a German*; *Kristallnacht: a Nationwide Pogrom*; e *Dachau: Establishment of the Dachau Camp*, Museu

Memorial do Holocausto dos Estados Unidos; Nikolaus Wachsmann, *KL: a History of the Nazi Concentration Camps*; Paul Berben, *Dachau: the Official History 1933-1945*.

Parte I
Salvando as crianças

Günther "Guy" Stern: entrevistas do autor com Guy Stern (2014--2016); por Steven Remy, *German-Jewish Émigré Oral History Project* (14 maio 2005); Stern, "The Americanization of Günther", em Deborah Vietor-Englander (ed.), *The Legacy of Exile: Lives, Letters, Literature*; "Jews in Prewar Germany", Museu Memorial do Holocausto dos Estados Unidos; dr. Rudolf Zoder, *Die Hildesheimer Straßen*; Christiane Segers-Glocke, "Baudenkmale em Niedersachsen: Stadt Hildesheim"; William Grange, *Historical Dictionary of German Literature to 1945*; Arthur D. Morse, *While Six Million Died: a Chronicle of American Apathy;* Sommers Children's Bureau, carta de ajuda a crianças judaico-alemãs (11 fev. 1937).

Manfred "Manny" Steinfeld: entrevistas do autor com Manfred Steinfeld (2015-2016); Manfred Steinfeld, "Reflections of Josbach – Life in the 30s", em Philip K. Jason e Iris Posner, *Don't Wave Goodbye: the Children's Flight from Nazi Persecution to American Freedom*; Marcie Harrison, *A Life Complete: the Journey of Manfred Steinfeld*; *About Face*, cinedocumentário de Steve Karras; Manfred Steinfeld, "Josbach, Germany", em Steven Karras, *The Enemy I Knew: German Jews in the Allied Military in World War II*; Janice Petterchak, *A Legacy of Style: the Story of Shelby Williams Industries*; Richard Shifter, "Afterword", em *Don't Wave Goodbye*; Maurice R. Davie, *Refugees in America*.

Stephan Lewy: entrevistas do autor com Stephan Lewy (2015-2016); depoimento de Stephan Lewy como sobrevivente (Fundação Shoah, 1997); Lillian Belinfante Herzberg, *Stephan's Journey: a Sojourn into Freedom*; Stephan Lewy, "From Refugee to GI", em David Scrase e Wolfgang Mieder (eds.), *The Holocaust Personal Account*; Marion A.

Kaplan, *Between Dignity and Despair*; Jonathan Kirsch, *The Short, Strange Life of Herschel Grynszpan*; Martin Gilbert, *Kristallnacht: Prelude to Destruction.*

Fugindo dos nazistas

Martin Selling: Martin I. Selling, *With Rancor and Compassion: the Memoirs of a Jew Who Thought He Was a German*; Martin Selling, depoimento de sobrevivente (Fundação Shoah, 1996); "Dachau: Establishment of the Dachau Camp", Museu Memorial do Holocausto dos Estados Unidos; Paul Berben, *Dachau: the Official History 1933-1945.*

Werner Angress: Werner T. Angress, *Witness to the Storm*; entrevistas de Percy Angress com Werner Angress (1980-1986); Werner Angress, "Early Memoirs".

Stephan Lewy: entrevistas do autor com Lewy, depoimento de Lewy (Fundação Shoah); Herzberg, *Stephan's Journey: a Sojourn into Freedom*; Lewy, "From Refugee to GI", em *The Holocaust Personal Accounts*; Katy Hazan, *Rescuing Jewish Children During the Nazi Occupation: OSE Children's Homes, 1938-1945*; *The Children of Chabannes*, documentário de Lisa Gossel; Bernard Warschauer, "The Exodus"; discurso de Stephan Lewy na Universidade Daniel Webster, NH (2007); *Testimony of Stephan Lewy*, filmado em Keene State College (2009).

Um lugar para chamar de lar

Günther "Guy" Stern: entrevistas do autor com Guy Stern; Stern, "The Americanization of Günther", Stern entrevistado por Remy, German-Jewish Émigré Oral History Project; "*Scrippage* Reporter Interviews Thomas Mann", Soldan High School newspaper (24 mar. 1939); Guy Stern, "The Eminence and the Pupil: Meeting in St. Louis" (2003).

Manfred "Manny" Steinfeld: entrevistas do autor com Manfred Steinfeld; Harrison, *A Life Complete: the Journey of Manfred Steinfeld*; Petterchak, *A Legacy of Style: the Story of Shelby Williams Industries.*

Victor Brombert: entrevistas do autor com Victor Brombert (2015--2016); Victor Brombert, *Trains of Thought: Memories of a Stateless Youth*; Victor Brombert, *Musings on Mortality*; Victor Brombert, "Return to Omaha Beach", *Princeton Alumni Weekly* (26 jan. 2005); Victor Brombert entrevistado por Christian Bauer (2004); Herbert Agar, *The Saving Remnant: an Account of Jewish Survival.*

Parte II

Camp Ritchie

Martin Selling: Selling, *With Rancor and Compassion*; depoimento de Martin Selling (Fundação Shoah); entrevista com Martin Selling em "Veterans History Project" (2003); Thomas D. McDermott, "Aliens of Enemy Nationality", *INS Training Lecture* (maio 1943); George Bailey, *Germans: the Biography of an Obsession*; entrevistas do autor com Thomas Selling e Hilde Selling (2016).

Werner Angress: Angress, *Witness to the Storm*; entrevistas de Percy Angress com Werner Angress; Angress, "Early Memoirs"; Werner Angress entrevistado por Christian Bauer (*c.* 2004); Tom Angress, "Hyde Farmlands Diary"; Franklin D. Roosevelt, discurso "Arsenal of Democracy" (29 dez. 1940); McDermott, "Aliens of Enemy Nationality"; Joshua Franklin, "Victim Soldiers: German-Jewish Refugees in the American Armed Forces During World War II"; George J. Le Blanc, *History of Military Intelligence Training at Camp Ritchie, Maryland*; Becky Dietrich, *Stories of the Summit Plateau and Beyond in the Valley* (1970); Bailey, *Germans: the Biography of an Obsession*; "Secret Heroes: The Ritchie Boys", exposição no Museu Memorial do Holocausto em Farmington Hills; Divisão de Inteligência Militar, Departamento de Guerra, *Order of Battle of the German Army*, fev. 1944; Max Oppenheimer Jr., "Camp Ritchie and American Military Combat Intelligence".

O retorno

Victor Brombert: entrevistas do autor com Victor Brombert (2015-2016); Victor Brombert, *Trains of Thought*; Angress, *Witness to the Storm.*

Günther "Guy" Stern: entrevistas do autor com Stern; Guy Stern, memórias em andamento, cap. 3; entrevista com Guy Stern no Museu Memorial do Holocausto dos Estados Unidos (1990); Guy Stern, *Oh What a Funny (?) War*; Stern entrevistado por Remy, German-Jewish Émigré Oral History Project; por Christian Bauer (*c.* 2004).

Werner Angress: Angress, *Witness to the Storm*; entrevistas de Percy Angress com Werner Angress.

Normandia

Werner Angress: Angress, *Witness to the Storm*; entrevistas por Percy Angress; Ward Smith, "I Saw Them Jump to Destiny", BBC News of the World (jun. 1944); entrevistado por Bauer; Werner Angress, "In Normandy, the World Looks Upside Down"; Werner Angress, "Normandy Diary, 6-27 jun. 1944".

Victor Brombert: entrevistas do autor com Brombert; Brombert, *Trains of Thought*; Brombert, *Musings on Mortality*; Brombert, "Return to Omaha Beach"; entrevistado por Bauer; Donald E. Houston, *Hell on Wheels: the 2nd Armored Division.*

Günther "Guy" Stern: entrevistas do autor com Stern; entrevista com Guy Stern no Museu Memorial do Holocausto; Stern, *Oh What a Funny (?) War*; entrevistado por Christian Bauer; Stern, memórias em andamento, cap. 3; Virginia Irwin, "Only Prison Camps Are Lighted", *St. Louis Post-Dispatch* (24 jul. 1944).

A fuga

Martin Selling: Selling, *With Rancor and Compassion*; depoimento de Selling (Fundação Shoah, 1966); Richard Langworth, *Churchill by Himself.*

Stephan Lewy: entrevistas do autor com Lewy, depoimento de Lewy (Fundação Shoah); Herzberg, *Stephan's Journey: a Sojourn into Freedom*; George F. Hoffman, *The Super Sixth: History of the 6th Armored Division in World War II.*

Victor Brombert: entrevistas do autor com Brombert; Brombert, *Trains of Thought*; entrevistado por Bauer.

Holanda

Manfred "Manny" Steinfeld: Entrevistas do autor com Steinfeld; Harrison, *A Life Complete: the Journey of Manfred Steinfeld*; Clay Blair, *Ridgway's Paratroopers: the American Airborne in World War II.*

Werner Angress: Angress, *Witness to the Storm*; Entrevistas de Percy Angress com Werner Angress; Angress entrevistado por Bauer; Forrest Dawson, *Saga of the All American (82nd Airborne Division)*; <www.ww2-airborne.us/units/508>; Rick Atkinson, *The Guns at Last Light*; James A. Huston, *Out of the Blue*; David Bennett, *A Magnificent Disaster*; Martha Gellhorn, "Stand Up and Hook Up!", em Dawson, *Saga of the All American*; James Megellas, *All the Way to Berlin*; James Gavin, *On to Berlin*; cartas de Werner Angress a Curt Bondy (5 set., 5 e 10 out. 1944).

As florestas

Victor Brombert: entrevistas do autor com Brombert; Brombert, *Trains of Thought*; entrevistado por Bauer. Paul Boesch, *Road to Huertgen: Forest in Hell*; Max Oppenheimer Jr., *An Innocent Yank at Home Abroad*; Thomas G. Bradbeer, "Major General Cota and the Battle of the Huertgen Forest: a Failure of Battle Command", U.S. Army Combined Arms Center; Edward G. Miller, *A Dark and*

Bloody Ground; Atkinson, *The Guns at Last Light*; Hugh Cole, *The Ardennes: Battle of the Bulge*.

Kurt Jacobs e **Murray Zappler:** entrevistas do autor com Albert Eisenkraft (2015-2016); Cole, *The Ardennes: Battle of the Bulge*; Atkinson, *The Guns at Last Light*; Charles B. MacDonald, *A Time for Trumpets*; Andy Rooney, *My War*; Alan W. Jones, "Defense of St. Vith: A History of the 106th", *The CUB*, fev. 1948; Benjamin S. Persons, *Relieved of Command*; quartel-general do 12º Grupo do Exército, JAG, "Report of Investigation of Alleged War Crime"; Charles C. Cavender, "The 423 in the Bulge", *The CUB*, nov. 1946; R. Ernest Dupuy, *St. Vith: Lion in the Way*; Steven B. Wheeler, "Bleialf Is Overrun"; John Toland, *Battle: the Story of the Bulge*; Charles Cavender, *The Memoirs of an Old Soldier*; Alan W. Jones Jr., "The Operations of the 423rd Infantry", Curso de Infantaria Avançada para Oficiais (1949-1950); "Record of Trial by a Military Commission in the Case of United States v. Curt Bruns", Caso N. 6-56 (7 abr. 1945).

Werner Angress: Angress, *Witness to the Storm*; entrevistas por Percy Angress; por Bauer; Werner Angress, "Belgium: In the Field"; Atkinson, *The Guns at Last Light*; 82ª Divisão Aerotransportada: relatórios G-2, relatórios de ação em campo, relatórios de interrogatórios (dez. 1944).

Retorno à Alemanha

Günther "Guy" Stern: entrevistas do autor com Guy Stern; Karl Frucht, "From the American Scene: We Were a PWI Team", *Commentary* (1º jan. 1946); Stern, memórias em andamento, cap. 3; entrevista no Museu Memorial do Holocausto dos Estados Unidos; First Army G-2 Periodic Report, "From the Bulge to the Rhine", 12/13 (mar. 1945); Guy Stern, *Marlene Dietrich: My Chance Encounter with a Movie Star*; Stern, *Oh What a Funny (?) War*; entrevistado por Remy, German-Jewish Émigré Oral History Project; por Bauer. Guy Stern, "In the Service of American Intelligence: German-Jewish Exiles in the War Against Hitler"; "Record of Trial by a Military

Commission in the Case of United States v. Curt Bruns", Caso N. 6-56; "Report of Investigation of Alleged War Crime", quartel-general da 11ª Infantaria, JAG, (18 jun. 1945); Karl Frucht, *A Statement of Loss: a Survival Report.*

Martin Selling: Selling, *With Rancor and Compassion*; depoimento de Selling (Fundação Shoah).

Stephan Lewy: entrevistas do autor com Lewy, depoimento de Lewy (Fundação Shoah); Herzberg, *Stephan's Journey: a Sojourn into Freedom*; *Testimony of Stephan Lewy*, filmado na Keene State College; George F. Hoffman, *The Super Sixth: History of the 6th Armored Division in World War II.*

Parte III

Os campos

Stephan Lewy: entrevistas do autor com Lewy, depoimento (Fundação Shoah); Herzberg, *Stephan's Journey: a Sojourn into Freedom*; *Testimony of Stephan Lewy*, filmado na Keene State College; George F. Hoffman, *The Super Sixth: History of the 6th Armored Division in World War II.* "Buchenwald" e "The 6th Armored Division", site do Museu Memorial do Holocausto dos Estados Unidos; Mark Abramson, "Buchenwald: Concentration Camp Stands as a Memorial to Thousands Who Perished There", *Stars and Stripes* (25 mar. 2010); Wachsmann, *A história dos campos de concentração nazis*, editora Dom Quixote; Flint Whitlock, *The Beasts of Buchenwald*; Robert Clary, *From the Holocaust to Hogan's Heroes*; Joseph F. Moser e Gerald R. Baron, *A Fighter Pilot in Buchenwald: the Joe Moser Story.*

Günther "Guy" Stern: Entrevistas do autor com Guy Stern; Museu Memorial do Holocausto; entrevistado por Bauer; Stern entrevistado por Remy, German-Jewish Émigré Oral History Project.

Manfred "Manny" Steinfeld: entrevistas do autor com Steinfeld; Harrison, *A Life Complete: the Journey of Manfred Steinfeld*; Gavin,

On to Berlin; Steinfeld, "Josbach, Germany"; Manny Steinfeld, história oral, Fundação do Memorial do Holocausto de Illinois (*c.* 1989); Manfred Steinfeld, história oral, Universidade do Sul da Flórida (2008); David Lewis, *Manfred Steinfeld: Victim and Victor.*

Werner Angress: Angress, *Witness to the Storm*; entrevistas de Percy Angress com Werner Angress; carta de Werner Angress a Bondy (7 maio 1945), publicada em *Richmond Times-Dispatch* (4 jun. 1945).

Desnazificação

Kurt Jacobs e **Murray Zappler:** quartel-general do 12º Grupo do Exército, JAG; "Report of Investigation of Alleged War Crime"; registros do julgamento por Comissão Militar no caso "United States v. Curt Bruns".

Stephan Lewy: entrevistas do autor com Lewy, depoimento de Lewy (Fundação Shoah); Herzberg, *Stephan's Journey: a Sojourn into Freedom*; Hoffman, *The Super Sixth.*

Manfred "Manny" Steinfeld: entrevistas do autor com Steinfeld; Harrison, *A Life Complete: the Journey of Manfred Steinfeld*; Steinfeld, "Josbach, Germany"; Steinfeld, história oral, Fundação do Memorial do Holocausto de Illinois; Lewis, *Manfred Steinfeld: Victim and Victor*; Margarete Buber-Neuman, *Under Two Dictators: Prisoner of Stalin and Hitler*; Sarah Helm, *Ravensbrück – a história do campo de concentração nazista para mulheres*, editora Record; Judith Buber Agassi, "A True Story"; Judge Advocate General's Office: War Crimes Case Files, Ravensbrueck (Ludwig Ramdohr).

Voltando para casa

Martin Selling: Selling, *With Rancor and Compassion*; depoimento de Selling (Fundação Shoah); memórias não publicadas de Ignatz Selling.

Günther "Guy" Stern: entrevistas do autor com Guy Stern; "The Bomber's Baedeker – Target Book for Strategic Bombing in the Economic Warfare Against German Towns", *GeoJournal* (out. 1994); Stern entrevistado por Bauer; Stern entrevistado por Remy, German-Jewish Émigré Oral History Project; Chris Webb e Michal Chocholaty, *The Treblinka Death Camp*; *Memorial Book: Victims of the Persecution of Jews 1933-1945*, Arquivos Nacionais da Alemanha.

Werner Angress: Angress, *Witness to the Storm*; entrevistas de Percy Angress com Werner Angress.

APÊNDICE

Os garotos Ritchie

Em estudo realizado pelo Exército americano no pós-guerra, "O Serviço de Inteligência Militar no Teatro de Operações Europeu", o consenso em meio aos oficiais de inteligência da divisão era que 58% de todas as informações de combate obtidas pelo Exército americano no Teatro de Operações da Europa foram produto das equipes de Inteligência Militar. A maior parte desse material, 36%, foi obtida por interrogatórios em alemão conduzidos pelas equipes de IPG.

Registros históricos indicam que 1.985 garotos Ritchie serviram na Segunda Guerra Mundial. A seguir, a relação desses soldados.

Aach, Jack
Abraham, Artie
Abraham, Henry J.
Abraham, Herbert A. H.
Abraham, Kurt
Abraham, Leo
Abraham, Peter F.
Abt, Karl W.
Ackerman, Bruno J.
Adler, Arthur
Adler, Bert J.
Adler, Frank L.
Adler, Fred J.
Adler, Fritz Anton
Adler, Hans
Adler, John H.
Adler, Kurt S.
Adler, Martin
Adler, Solomon Otto
Aehlig, Walter M.
Albiez, Fritz
Albrecht, Eric M.
Albrecht, Erich A.
Aldrich, Edward
Alefsen, Erich
Alexander, Ernest M.
Alexander, Herman
Allen, Herbert W.
Altman, Werner F.

Altroggen, Rudolph O.
Amdur, Harry
Amson, Gaston
Andreas, Kurt R.
Anger, Bert Walther
Angress, Werner T.
Ansbacher, Edgar A.
Appel, Max
Araten, Sal
Armer, Rolf Chase
Arnhold, Henry H.
Aron, Ralph
Arons, Ernest L.
Aronson, Francis A.
Ashton, Harry N.
Atcon, Rudolph
Auerbach, Frederick F.
August, Otto
Babin, Gary
Bach, Alfred J.
Bachenheimer, Walter L.
Baer, Ernest
Baer, John Herman
Baer, Kurt Armin
Baer, Leo
Baer, Manfred
Baer, Martin A.
Baer, Max
Baer, Ralph H.
Baermann, Heinz
Baigelman, Maurice G.
Ballin, Henry
Ballin, Lucien A.
Baltuch, Joseph Samuel
Bamberger, Charles E.
Bamberger, Gerald F.
Bamberth, Peter H.
Bardach, Henry G.
Baron, Walter Martin
Bartels, August H.
Bartenstein, Eugene
Barth, Werner H.
Bartman, Robert
Bauer, Albert
Bauer, Arthur
Bauer, Hans
Bauer, Helmut F.
Bauer, Henry Helmut
Bauer, Ralph A.
Bauerle, Fred H.
Bauknecht, William P.
Baum, Eric B.
Baum, Frederick
Baum, Gerhard
Baum, Martin
Baum, Ralph M.
Baum, Rudolf
Baum, Walter
Beauvais, Peter
Becher, Herbert G.
Beck, Robert
Becker, Ernst D.
Becker, Walter
Beer, Walter
Beerman, Paul Herman
Behling, Otto E.
Behrend, Wilfred G.
Behrendt, Gary
Behrens, Kurt C.
Behrens, Walter
Behrens, Walter R.
Beier, Ernst G.
Beissinger, Ernest W.
Beissinger, Henry
Beller, Johann R.
Benario, Ernest H.
Bender, Fred
Bender, Herbert
Bender, Herbert F.
Bendix, Gerhart
Bendorf, Lothar L.
Benedik, Frank P.
Bennewitz, Eckhard
Bennigson, Rudolph
Benson, Curtis H.
Benson, Eric Frank
Benton, Kirk
Bergen, Curtis F.
Berger, David
Berger, Harry
Berger, Henry
Berger, Max
Berger, Rudolf
Bergman, Herman W.
Bergman, John
Bergman, Rolf
Bergmann, Gerhard
Bergmann, Paul
Berlin, Teddy
Berliner, Kurt
Berman, Frank W.
Berman, Fred
Bernhardt, August E.
Bernhardt, John P.
Bernheim, Jacob L.
Bernheimer, Herman
Bernkof, Bernard R.
Berthold, Herbert K.
Berton, Walter H.
Betz, Siegmund A. E.
Biberfield, Ernest S.
Biel, Heinz Hermann
Biel, Ulrich E.
Bielefield, Gunther A.
Bienstock, Josef H.
Bierer, Walter
Bierig, Julius
Biermann, Franz J.
Biever, Curtis Henry
Bindczyck, Peter A.
Blackett, Gustav
Blackwell, John H.
Blake, Peter J.
Blank, Rolf David
Blatner, Manfred
Blau, Ernst
Bloch, Ernest
Bloch, Ernest H.
Bloch, Gustave
Bloch, Hans W.
Bloch, Henry W.

Bloch, Lothar
Blum, Harry
Blum, Julius F.
Blum, Peter W.
Blum, Walter H.
Blumenstein, Josef L.
Blumenthal, Fred
Bock, Adolph Carl
Bock, Helmuth
Bodenheimer, Fred S.
Bodlander, Walter V.
Boehm, Donald G.
Boehme, Werner
Boekhaus, William F.
Boemanns, Herman J.
Boettcher, Bernard P.
Boettingheimer, Ludwig
Boguch, Harry
Boksen, Herbert
Boll, John J.
Bondy, Eric Heinz
Bonne, Walter
Bonnitt, Thomas L.
Bornstein, David
Bornstein, Siegfried
Bowman, Howard C.
Brabbee, Ralph Albert
Brady, Hans A.
Brand, Paul Joachim
Branden, Kurt
Brandes, Konrad G.
Brandon, Lawrence D.
Brandt, Gerard M.
Braunthal, Gerard
Breisacher, Hans J.
Breit, Werner L.
Breitenbach, Paul
Breitfeller, Joseph C.
Bremler, Heiman Herbert
Brenner, Walter J.
Brenner, Walter S.
Brenton, Eric B.
Bretton, Henry L.
Brewer, Paul Walter
Brewster, Lee P.
Briefs, Henry W.
Brill, Klaus
Brinitzer, Peter H.
Brock, Carl M.
Brodersen, Hardy G.
Brohan, William Karl
Bromberg, Gerhard R. H.
Bromberg, Oswald H.
Brombert, Victor H.
Brotman, Gerald
Brotzen, Franz Richard
Bruck, Ferdinand F. A.
Bruer, Karl H.
Brull, Hans Frank
Brumme, Gunther A.
Brunswick, John H.
Bubel, Hans C.
Buchdahl, Julius
Buchholz, Ernest M.
Budwig, Ernest G.
Buettner, Adolph G.
Buhl, Max H.
Bunzell, Paul A.
Burchard, Henry H.
Burchard, William H.
Burg, Siegfried
Burian, Kurt
Burkhardt, Eric W.
Burmeister, Henry J.
Burmeister, Walter F.
Busch, Carl H.
Busch, Hans Peter
Buschen, Bernard J.
Butler, Henry
Bywater, John A.
Cahn, Herbert
Cahn, Walter W.
Caminer, Jack A.
Cappel, Henry
Carbe, Andre H.
Carey, William
Carroll, Roland
Carsch, Harry
Carsten, Ernest S.
Cassel, Henry W.
Cerf, Walter Hyman
Chase, Carl L.
Chwat, Norbert
Coby, Fred E.
Coenen, Bernard T.
Cohn, Ernest M.
Cohn, Frederic G.
Cohn, Gerald L.
Cohn, Herbert H.
Colbert, Joseph B.
Colbert, Servy M.
Collier, Ralph
Colmer, Hans J.
Colton, Ernest J.
Conrad, Henry C.
Cook, Henry H.
Corduan, Richard W.
Cornelius, Hans
Craig, Frank B.
Cramer, Ernest J.
Crane, Ernest J.
Czerner, Alfred
Czerner, Gerhard
Czygan, Wolfgang C.
D'Etampes, Michel
Dabringhaus, Erhard
Danby, Warner
Daniel, Henry H.
Daniel, Werner
Danneman, Ernst
Dannhauser, Jacob
Danzig, Herbert
Darmstadter, Henry
David, Eric
David, Frank H.
David, Frederic Werner
David, Kurt Dietrich
David, Kurt S.
De Neufville, Robert

Deku, Henry
Delp, Horst G.
Denzer, Erich R.
Deppisch, Hans Curt
Dessauer, Henry T.
Dessauer, John S.
Deull, John B.
Dexter, Henry C.
Didriksen, Alex P.
Diebold, Peter B.
Diehl, Karl Hugo
Diekmann, Walter H.
Dierks, Adelbert Gregor
Dietz, Otto
Dinkela, John H.
Dorner, Henry H.
Dorpalen, Thomas L.
Dower, Louis L.
Drechsler, Gerhard J.
Dreifus, Armin
Dreifuss, Ralph A.
Dreifuss, Walter
Drewello, Edward
Dreyer, Kenneth
Dreyfuss, Erich
Droeske, Fritz
Drucker, Walter
Dude, Ludwig
Duellman, Joseph W.
During, Theobald
Eaton, Joseph W.
Eben, Kurt J.
Ebert, Arthur O.
Ebert, Harry W.
Edgarr, Bernhard G.
Eggers, Jules H.
Eggert, Joachim
Ehlers, Kurt H.
Ehrlich, Arthur
Ehrlich, Carl Simon
Ehrlich, Max
Ehrman, John J.
Ehrmann, Ernest W.
Eich, Edwin K.
Eichenwald, Hans
Eilts, Hermann F.
Eimer, Leo
Eisenhauer, Adam J.
Eldodt, Joseph
Elfers, Hans
Elkan, Jurgen
Elle, Kurt D.
Elsner, Curt M.
Emanuel, Nick C.
Engel, Klaus H. C.
Engelmann, Hans B.
Engels, Gerd E.
Englander, John Louis
Epstein, Hans J.
Erbst, Otto C.
Erlanger, Gus
Erlanger, Herbert J.
Ermann, Henry H.
Essig, Erwin
Essig, Walter E.
Ettinger, Robert V.
Eulau, Herman
Ewald, Lux Henry
Ewald, William
Fabian, Hans J.
Fairbrook, Paul
Falck, Hans S.
Falk, Fred
Falk, George
Farkas, Murray
Fass, Julius
Feibel, Edgar L.
Feibelman, Leonard
Fein, Rolf A.
Feininger, Theodore
Feist, Herbert B.
Feitler, Ernest
Fendler, Rudolph
Fenger, Fred E.
Ferrell, Robert
Feuerstein, Raymond E.
Fiedler, Otto E.
Field, Harry B.
Fields, Fred D.
Finder, John Horst
Fink, Max G. L.
Finold, Irving Erwin
Fipp, Klemens Herman
Fischer, Franz
Fischer, Fritz
Fischer, Hans
Fischer, Harry
Fischer, John Hans
Fischer, Kurt Heinz
Fischer, Paul
Fish, George Harvey
Fisher, Werner S.
Fitschen, Kurt
Flatow, Max F.
Flatow, Walter
Flautz, Ronald G.
Fleck, Herbert
Fleck, Stephen
Fleisch, Harry M.
Fleischmann, Harry
Flentz, Herman J.
Fliess, Peter J.
Floersheim, Paul E.
Florsheim, George D.
Foerster, Walter A.
Forchheimer, Peter M.
Forrest, Gerald
Foss, Oliver U.
Foth, Albert E.
Fox, John W.
Fraenkel, George K.
Fraenkel, Herbert A.
Frank, Arnold F. W.
Frank, Benno D.
Frank, Eric L.
Frank, Harry
Frank, Herbert
Frank, John
Frank, Martin Hans
Frank, Otto

Frank, Peter R.
Frank, Walter
Frank, Werner K.
Frankel, Curt (Kurt)
Frankenberg, Hellmut J.
Frankenthaler, Felix
Frankl, Gunther
Frankl, Wolfe J.
Franklin, Harry Hans
Franks, Harry O.
Franzen, Ulrich J.
Frauendorfer, Joseph
Frazier, Thomas Lamb
Frederix, Arthur C.
Freedlander, Frederick O.
Freedman, Paul W.
Freedman, Ralph W. B.
Freier, Rudolf C.
Frenkel, George L.
Freudenberg, Walter
Freudenberger, Herman
Freudenthal, Curt
Freund, Walter Lothar
Frey, Helmuth F. W.
Frey, Otto
Fridberg, Charles
Fried, Paul G.
Friede, Dittmar H.
Friedlaender, Hermann
Friedman, Leo
Friedman, Rudolph E.
Friedner, Martin
Froehlich, Max
Frohlich, Walter M.
Frohman, Warner B.
Frohmayer, Albert
Fromm, John
Fromme, Ludwig H.
Fronauer, Henry J.
Frowenfeld, Charles E.
Fruendt, Roderick H.
Fuld, Arthur Jacob
Fuld, Berthold
Fuld, Jacob
Fuld, Louis
Fuld, Siegmund
Furst, Erwin
Furst, Robert A.
Furst, Walter G.
Gaertner, Bernard
Galewski, Ernst Jacob
Gallee, Carl F.
Gann, Frederick H.
Gans, Werner J.
Ganz, Walter H.
Gartner, Frank
Gartner, Walter
Gary, Hugh S.
Gattel, Gerhard J.
Gattmann, Eric
Gatzert, Ernest H.
Gatzke, Hans W.
Gebel, Kurt M.
Gedden, Joseph J.
Gehrels, Franz
Gellermann, Henry E.
Gellermann, Josef E.
Gellrich, Carlos
Georgi, Nephi
Gerard, Egon
Gerard, Fred S.
Gerber, Helmut E.
Gercke, Fred
Gerdes, Carl F.
Gerhardz, Vincenz
Gerlt, Karl H.
Gerould, Albert C.
Gerresheim, Paul
Gersman, John
Gerson, Edgar A.
Gerson, Kurt J.
Gerson, Walter
Gerst, Eric F.
Gersten, Herbert H.
Gert, Gerard M.
Gevers, Max E.
Giebel, Harry F.
Gleser, George F.
Goehner, Karl
Goeltzer, Wolf D.
Goettlich, Paul
Goetz, Eric Martin
Goetz, Henry
Goetz, John H.
Gold, George Helmut
Goldberg, Henry E.
Goldenberg, Paul H.
Goldenhar, Arnold
Goldmann, Egon
Goldmeier, Martin
Goldschmidt, Arnold A.
Goldschmidt, Erich I.
Goldschmidt, Ernest
Goldschmidt, Henry
Goldschmidt, Leo
Goldschmiedt, Martin
Goldsmith, Albert
Goldsmith, Gilbert V.
Goldsmith, Harry J.
Goldsmith, Herman
Goldstein, Frank Karl
Goldstein, Henry
Gontard, Herbert
Goodman, Hellmut M.
Goodwin, Alfred
Gottlieb, Fred
Gottschalck, Herbert M.
Gottschalk, Herbert
Gould, Robert G.
Gourley, Raymond S.
Graf, Ernst
Gragert, Philipp G.
Gramckow, Hans
Grass, Gary G.
Greene, Harold H.
Greenwald, Ernest
Gregor, Charles
Greif, Lucien R.

Greimel, Otto
Gress, Ulrich R.
Grey, Leo
Grieb, Gerhard R.
Griesman, Henry K.
Grimsehl, Georg H. C.
Grohman, Heinz G.
Grohs, Lothar
Grombacher, Gerd S.
Gross, Walter
Grueder, James E.
Gruen, Herman
Gruenebaum, Erwin J.
Grueninger,
Gunther H.
Gruennel, Gottfried K.
Gruenthal, Peter
Grunbaum, Adolf
Guenther, Paul F.
Guerny, Eric H.
Guinsburg, Henry C.
Gumbel, Max
Gummers, Erwin
Gumpert, Milton
Gumpertz, Werner H.
Gunter, Herbert
Gunther, Eberhard
Gunther, Ernest J.
Gunther, Harry G.
Gunzburg, Ernest M.
Gutenberg, Arthur W.
Gutman, Fred J.
Gutman, Ralph J.
Gutmann, Hermann
Gutmann, Karl H.
Gutmann, Kurt E.
Gutmann, Theodore E.
Gutmann, Walter M.
Haac, Oscar A.
Haag, Helmut J.
Haarburger,
Joachim M.
Haas, Herbert H.
Haas, Leo Louis
Haas, Robert
Haas, Walter A.
Haase, Walter William
Haberman, Josef
Habermann, Fred
Hable, Alfred H.
Haefner, Paul F.
Haeussler, Helmut H.
Hafel, Karl E.
Hagen, Gerard J.
Hagen, Holger E.
Hahn, Gerard John
Hahn, Herman
Haimann, Gunter
Haimoff, Charles
Hainebach, Hans J.
Hall, Joseph H.
Haller, Werner R.
Hallex, Helmut A.
Hallgarten,
George W. F.
Halpern, Georges E.
Hamburger, Erwin
Hamersley, Walter
Hamilton, Fred Scott
Hamm, Eric
Hammel, Walter Max
Hammerschlag,
Dieter K.
Hammerschlag, Max
Hanauer, Hugo
Hanauer, Walter
Hanf, Arthur H.
Hannes, Max R.
Hans, Theodor
Hansen, Frederick F.
Happe, Kurt G.
Harburger, Ralph D.
Harf, Arthur
Harlow, Ronney L.
Harriman, Edward E.
Hart, Hugh P.
Hart, Otto
Hartel, Gunther Ernest
Harter, Albert O.
Hartlieb, Kurt F.
Hartmann, Charles A.
Hartmann, Walter A.
Hartwich, Henry W.
Hartwig, Henry A.
Hasenclever,
Walter Max
Hatry, Ralph S.
Haug, Fred
Haupt, Hans R.
Hauptman, Gerard G.
Hauschner, Ludwig
Hauser, Franz J.
Hauser, Jack H.
Hausman, Herbert
Haussmann, Richard E.
Hayes, Frank W.
Hayon, Norman
Nissim
Hechinger, Fred M.
Hecht, Arnold H.
Hecht, Gerhard
Hecht, Henry R.
Hecht, Rolf G.
Heckscher, Helmut
Hecksher, Henry D.
Heesch, Peter
Heichelheim, Sigmund
Heid, Justin A.
Heidemann, Karl E.
Heidemann, Karl G.
Heilbron, Eric
Heilbrunn, Martin
Heiman, Peter
Heimann, Fred E.
Heimann, Jack H.
Heimann, Peter K.
Heine, Marc K.
Heineman, Charles E.
Heinig, John
Heinrich, Werner R.
Heinsheimer, Gerhard
Heitmueller, Rudolf

Heitzer, Joseph
Heldt, Herbert
Hellendall, Walter
Heller, Peter N.
Heller, Peter Niels
Helling, Curt
Hemer, Thomas H.
Hendricks, Klaus J.
Henning, Theodore W.
Henschel, Frederick W.
Henschel, Walter L.
Hentschel, Carl J.
Heppen, Curtis E.
Herbst, Ernest A.
Herbst, Henry
Herbst, Mac
Herman, Louis R.
Herrman, Kurt
Herrmann, Kurt J.
Herrmann, Thomas K.
Herrnstadt, Gerald E.
Hertz, Eric
Hertz, Eugene
Hertz, Walter P.
Herz, Frank Lewis
Herz, Harry H.
Herz, Leo S.
Herz, Walter J.
Herzberg, Ernst
Herzberg, Hans R.
Herzfeld, Herbert A.
Herzog, Harry
Hesekiel, Kurt
Hess, Albert G.
Hess, Eric
Hess, Ludwig
Hess, William W.
Hesse, Gottfried
Hesslein, Paul S.
Heuman, John
Heuman, Stephen
Heyden, Karl W.
Heym, Stefan
Heyman, Milton
Heyman, Vernon O.
Heymann, Gary M.
Heymann, Harry
Hilb, Eugene J.
Hilborn, Harold J.
Hill, Gerhard W.
Hiller, Hans A.
Hillringhouse, Fred G.
Hilston, Gerard G.
Hingst, Gunther F.
Hinrichs, Fred C.
Hinrichsen, Walter
Hippen, John A.
Hirsch, Ernest R.
Hirsch, Heinz S.
Hirsch, Herbert S.
Hirsch, Leo
Hirsch, Paul E.
Hirsch, Paul T.
Hirsch, Walter
Hirsch, Warner M.
Hirschberg, Max
Hirschberg, Walter
Hirschel, Fritz B.
Hirschmann, Fritz
Hirts, Ralph A.
Hobbing, Enno R.
Hochstadter, Walter H.
Hockley, Ralph M.
Hoehne, Harry K.
Hoelzl, Joseph F.
Hoerner, Emil
Hoffer, Wolfgang E. F.
Hoffman, Hans E.
Hohl, Robert W.
Hohner, Otto A.
Hollasch, Edward E.
Holsten, Herbert N.
Holterhoff, Hans A.
Holton, Edgar H.
Holzer, Ernest Jacob
Holzer, Frederick
Hons, Henry A.
Hopf, Fritz J.
Horn, George
Horn, John H.
Horn, Walter W.
Hornung, Godfrey J.
Horstmann, Harry
Horwitz, Ralph
Horwitz, Ralph E.
Howard, Fred
Hunger, Rolf
Hunter, John F.
Hurst, John W.
Ickert, Heinz
Iglauer, Hanns S.
Illfelder, Bernhard
Immerwahr, Henry R.
Intemann, Alfred W.
Irwig, Harry
Isenberg, Ernest S.
Isler, Herbert A.
Isler, Werner
Isserman, Manfred A.
Jacob, Bruno F.
Jacob, Ernest L.
Jacob, Hermann
Jacob, Norbert
Jacobi, Heinrich P.
Jacobi, Kurt E.
Jacobs, Harry A.
Jacobs, Henry
Jacobs, Kurt R.
Jacobsen, Henry B.
Jacobsohn, George P.
Jacobson, Henry
Jacoby, Arthur
Jacoby, Henry R.
Jacoby, Rolf
Jaeger, Erhard C.
Jaffray, Ernst A.
Jahnigen, Fredrick W.
Jansen, Henry J.
Jasen, Kurt F. Y.
Jasiek, Paul Hugo
Jastrow, Paul W.
Jellin, Curt

Jessel, Walter
Jochum, Carl P.
Joelson, David
Johnson, Hans V.
Jonas, James
Joost, Horst K.
Joseph, Ernest A.
Joseph, Ralph H.
Juelich, Henry H.
Jung, Richard H.
Jungnitsch, Roland E.
Kahn, Erich
Kahn, Ernest A.
Kahn, Ernest Otto
Kahn, Frank J.
Kahn, George Jacob
Kahn, Harry
Kahn, Harry I.
Kahn, Heinz M.
Kahn, Herbert
Kahn, Stephen M.
Kaiser, Ernest L.
Kalm, Ernest
Kann, Edgar W.
Kann, Jules
Kann, Walter
Kant, Hans G.
Kaplan, Harold N.
Kappel, Albert D.
Karlsruher, Gerhard
Karr, Howard H.
Karter, Alex
Kaskell, Peter H.
Katz, Albert C.
Katz, Gerald S.
Katz, Jack
Katz, Leo
Katz, Walter J.
Katz, Warner W. K.
Katz, William R.
Katzenstein, Alfred
Katzenstein, William B.
Kauffmann, Harry
Kauffmann, Siegmund
Kaufman, Ernest
Kaufman, Harry S.
Kaufman, Kurt W.
Kaufman, Rudolph
Kaufman, Walter
Kaufmann, Fred
Kaufmann, Fred D.
Kaufmann, Herbert
Kaufmann, Herbert O.
Kaufmann, Kurt
Kaufmann, Walter A.
Kaufmann, Walter C. H.
Kaufmann, Walter H.
Kaunitz, Jurgen
Kay, George Y.
Kay, Jean
Kay, John Lewis
Kayser, Ernest W.
Kehl, Fred G.
Kehrer, Henry P.
Kellen, Konrad
Kellerman, Rudolph N.
Kerman, Otto P.
Kessler, Gunther K.
Kessler, Hans T.
Kienle, Hans A.
Kirchberger, Fred A.
Kirchheimer, Erich
Kirk, Ernest H.
Kirschbaum, Alfred F.
Kirschberger, Joe Henry
Kittstein, Karl, Jr.
Kittstein, Nicholas C.
Klatte, Karl F.
Klauber, Roger J.
Klee, Henry D.
Kleikamp, Herman G.
Klein, Arthur
Klein, Herbert D.
Klein, Herbert H.
Klein, Kurt
Klein, Max L.
Kleinberger, Kurt
Kleinert, Carl J.
Kleinfeld, Immanuel
Klestadt, Helmut
Klotz, Herbert W.
Kluge, John W.
Knauth, Otto W.
Knisbacher, Max
Knoblauch, Herbert J.
Knoechel, Erwin J.
Knohl, Herbert
Knuepfer, Dieter C.
Kober, Werner D.
Kobrak, Helmut P.
Koch, Albert C.
Koch, Ewald
Koch, Herbert H.
Koch, Walter H.
Koehler, Herman R.
Koehnke, Hans F. W.
Kohlhagen, Werner S.
Kohlman, Herman
Kohn, Solly
Kohner, Willy
Kolb, Eugene J.
Kolb, Guenther
Koller, Henry W.
Kolmar, Hanns H.
Koopman, Jack
Koppel, Joseph
Koppel, Richard U.
Korf, Kurt F.
Kornfeld, Alfred H.
Korngold, Henry
Kosse, Gunter
Kosterich, Siegbert
Kostrich, Max
Kraemer, Fritz G. A.
Kramarsky, Bernhard
Kramer, Erich W.
Kramer, Siegfried M.
Kramer, William C.
Kraus, Herbert
Kraus, Max W.

Krause, Robert L.
Krause, William B.
Kreischer, Edmund W.
Kremnitzer, Ernest G.
Krempel, Jans A.
Krepper, Joseph R.
Krieger, Henry N.
Kriwer, Robert E.
Kroh, Herman H.
Kron, Walter V.
Krug, Walter W.
Kruszewski, Charles H.
Kuehn, John W.
Kugelmann, Kurt
Kuhn, Helmut A.
Kuhn, Ralph Erich
Kuhnis, Lothar P.
Kuhns, John P.
Kulkens, William B., Jr.
Kunreuther, William M.
Kunzel, Siegfried G.
Kupferschmidt, Alfred
Kurnik, Horst
Kurschner, Hans G.
Kurth, Hanns G.
Kurzman, Pincus
Kutter, Rudolph L.
Laarkamp, Bernard C.
Lamm, George L.
Land, Hans Alan
Landauer, Henry
Landauer, Ulrich E.
Landauer, Walter A.
Landis, John M.
Landman, Otto E.
Lane, Kenneth J.
Lane, Walter Werner
Lang, Herman L.
Lange, Jurgen C.
Lange, Rudolph C.
Lansing, Eric E.
Lanson, Gunther
Laredo, Joseph Arnold
Lau, Alfred A.
Laub, Lothar N.
Laudien, Kurt A.
Lauer, Peter H.
Laury, George H.
Lawson, Eric
Lea, Henry A.
Lebrecht, Curt M.
Lee, Sidney
Lee, Walter
Leeds, Harold
Leeds, Robert S.
Lehmann, Charles H.
Lehmann, Hans
Lehmann, Ludwig
Lehmann, Walter J.
Lehmann, Wolfgang J.
Lehnberg, Werner
Leikin, Paul
Leipzig, Walter
Leissner, Erwin
Leiter, Steven Max
Lekisch, Karl P.
Lemel, Henry W.
Lenard, Claude P.
Lenk, Walter E.
Lenovits, Nicholas
Lensen, George A.
Leonard, Walter
Leonberger, Karl
Leppek, Harry A.
Lert, Peter J.
Leser, Paul W.
Lesser, Kurt
Leven, Hans
Levi, Berthold
Levi, Heinz
Levi, Irving
Levi, Jack
Levi, Kurt
Levi, Peter
Levi, William
Levor, Henry
Levy, Edward
Levy, Fred
Levy, Jack
Levy, Kurt H.
Levy, Leo
Lewald, Werner
Lewenz, George F.
Lewkowicz, Martin Max
Lewy, Stephan Heinz
Liebenstein, Erick
Lieberman, Gerald
Lieberwirth, Alfred M.
Liebhold, Martin O.
Liebig, Gustav A.
Liebmann, Felix
Liedholz, Gerhard A.
Liepold, Walter
Light, Oscar P.
Linden, Walter M.
Lindner, John H.
Linn, Rolf N.
Lion, Curtis
Lion, Stephen C.
Lipman, Eric Marcus
Lipps, Henry A.
Lipton, Walter K.
Littman, Edward Hans
Lob, Erich M. W.
Lob, Werner
Loeb, Frederick M.
Loeb, Kurt
Loeb, Max
Loeb, Walter
Loebl, Willie
Loeffler, Erwin P.
Loeser, Hans F.
Loeser, Paul, Jr.
Loew, Ernest M.
Loewenbaum, George W.
Loewensberg, Joseph
Loewenstein, Ernest L.
Loewenstein, John A.

Loewenstein, John Hans
Loewenstein, Karl J.
Loewenstein, Walter
Loewenthal, John
Loewenthal, Kurt Jakob
Lohnberg, Fred M.
Loose, Gerhard
Lorch, Siegbert
Lord, Harry S.
Loring, Karl H.
Low, Ernest
Lowe, Walter J.
Lowell, John Howard
Lowen, Henry
Lowenstein, Dyno
Lowenstein, Harry
Lowenstein, Max S.
Lowenstein, Paul
Lowenstern, Henry
Lownds, John G.
Lublin, Jack
Lubow, Ralph
Lubran, Walter H.
Luchs, Alfred
Lucke, Herbert H.
Ludwig, Robert
Lunser, Herbert S.
Lustig, Peter
Lutz, Fred C.
Lychenheim, Heinz
Maas, Henry J.
Maas, Julius J.
Madauss, Hans
Madison, Gerald C.
Maebert, E. Walter
Magnus, Kurt
Mahler, Herbert
Mahler, Ludwig
Mahlgut, Erich P.
Maier, Manfred
Maier, Martin
Mainczyk, Steven
Malsh, Henry E.
Malsh, William R.
Malter, Henry
Malzer, Arnold
Mamsbach, Alfred H.
Mandel, Harold G.
Mandel, Siegfried
Mankiewicz, Don M.
Mankin, Paul A.
Mann, Frank F.
Mann, Harold O.
Mann, Klaus
Manne, Charles
Mannheimer, Ernst
Marck, Louis
Marcus, Fred W.
Marcus, Kurt Erwin
Marcus, Rudolf
Marcuse, Henry E.
Marechal, Hans H.
Mark, Henry
Mark, Joseph P.
Markheim, Jack J.
Markus, Heinz
Marshall, Fred
Martensen, John F.
Martin, Arthur
Martin, Charles A.
Martin, Richard
Marx, Ernest L.
Marx, Harry Guenter
Marx, Immanuel
Marx, Walter David
Marx, Walter Mathias
Mason, Henry L.
Masson, Harry J.
Mathews, Frank
Matlaw, Myron
Matrian, Herman L.
Maul, Alfred
May, Robert L.
Mayer, Bernhard A.
Mayer, Charles F.
Mayer, Claus
Mayer, Ernest D.
Mayer, Erwin S.
Mayer, Hans (32519748)
Mayer, Hans (32869111)
Mayer, Klaus
Mayer, Leon
Mayer, Louis
Mayer, Michael G.
Mayer, Paul A.
Mayer, Rolf J. F.
Mayer, William F.
Mayerhauser, Carl E.
Meier, Edgar
Meier, Hans J.
Meier, Leopold J.
Meier, Werner J.
Meinstein, Siegfried
Meissner, Hans
Melford, Walter R.
Melinger, Paul
Mendels, Herman
Mendelsohn, Paul
Mendheim, John M.
Menke, Walter E.
Menken, John J.
Mensching, Rolf
Menz, Frederick
Merel, Alfred
Merkin, Gerson I. H.
Merrill, John C.
Merritt, Wade H.
Mertens, Theodore
Merton, Richard G.
Merz, Robert H.
Messinger, Fred
Metzger, Eric J.
Meyer, Alfred G.
Meyer, Christian W.
Meyer, Fred A.
Meyer, Frederic G.
Meyer, Gerald
Meyer, Helmut W. J.
Meyer, Herbert

Meyer, Herbert H.
Meyer, Herbert R.
Meyer, Kurt
Meyer, Max
Meyer, Theodore O.
Meyerhoff, Erich
Meyerhoff, Hans
Meyersberg, Charles H.
Meyrose, William C.
Michael, Walter O.
Michaelis, Edgar
Michaels, Rudolf H.
Michau, Werner T.
Michel, Ernest J.
Michel, Frederick J.
Michel, Peter R.
Michel, Werner E.
Midener, Walter
Miller, Albert W.
Miller, Carl O.
Miller, Gerd
Miller, Lothar H.
Miller, Max
Mittelberger, Ernest G.
Moch, Franz
Moellerich, Harry
Mohr, Eric A.
Mohr, Henry A.
Monasch, Walter J.
Mond, Henry I.
Monroe, Earl K.
Moore, Ernest J.
Moos, Richard
Moosmann, Charles A.
Morgenstern,
Werner H.
Moritz, Werner
Mosbacher, Stephen S.
Mosback, Frank T.
Mosblech, Arnold W.
Mosenthal, John W.
Moser, Herbert
Moser, Kurt
Moses, Hans
Moses, Jack
Mosler, Claude L.
Mosler, Rudolph L.
Moss, Warren P.
Motell, Curt
Motulsky, Claus
Mueller, Alfons
Mueller, Carl
Mueller, Frank H.
Mueller, John B.
Mueller, Robert H., Jr.
Muller, Henry
Munch, Helmuth G.
Mysior, Arnold L.
Nachman, Lothar E.
Nacke, Claus K.
Nagel, Walter
Nagel, Walter J.
Nahm, Albert
Nahrendorf,
Richard O.
Namuth, Hans H.
Nash, Peter H.
Nash, Warner S.
Nathan, Eric
Nathan, Henry C.
Naumann, Manfred
Nellhaus, Richard E.
Nelson, Hans G. E.
Netter, K. Fred
Neu, Werner F.
Neuberger, Leo
Neuburger, Kurt
Neuhaus, Kurt
Neuman, Ernst
Neumann, Fred S.
Neumann, Joseph
Neumann, Kurt
Neuss, Henry
Neuwirth, David O.
New, Alfred
Newman, Ralph G.
Newton, Charles M.
Newton, Harvey P.
Niebergall, Fred
Nightingale, Alfred
Nilson, Nils C.
Nitka, Rolf Udo
Noether, Gottfried E.
Noller, Walter A.
Nordlinger, Walter
Norman, Henry J.
Norman, Werner H.
Norring, Fred S.
Norton, Henry
Nossbaum, John J.
Nothmann, Rudolf S.
Nova, Fritz
Noymer, Ernest A. A.
Nussbaum, Eric
Nussbaum, Fritz S.
Nussbaum, Norman
Nussbaum, Ralph
Oberhauser, Anton
Oberlaender, Bernhard
Oberlander, Henry J.
Odendahl,
Ferdinand K.
Oechsle, Hans P.
Oelze, Carl W.
Ohlrogge, Frederick
Ohringer, Joachim
Olden, Edwin G.
Opel, Kaspar F. M.
Oppenheim, Felix
Oppenheim, Harold A.
Oppenheim, Larry L.
Oppenheim, Leopold
Oppenheim, Ludwig T.
Oppenheim, Rudolph
Oppenheimer, Alfred
Oppenheimer,
Arnold F.
Oppenheimer, Fred M.
Oppenheimer, Gerard
Oppenheimer,
Gideon H.
Oppenheimer, Jules O.

Oppenheimer, Max
Oppenheimer, Werner F.
Orbach, Henry
Ortmann, Erik J.
Oster, Harry
Oster, Joseph
Ostwald, Arnold
Ottenbacher, Rudolph
Otto, Frank P.
Otto, Herbert A.
Otto, Ingolf H. E.
Otto, John P.
Owen, William J.
Paepcke, Eric
Palm, Herbert L.
Papiermeister, Joseph
Pappenheimer, Claus
Parker, Victor
Patheiger, Frederick C.
Paul, Alfred
Pawlak, Hans A.
Pawlowski, Reinhold K.
Pecoroni, John M.
Peisak, Herbert A.
Peisker, Herbert E.
Penham, Daniel F.
Perls, Frank R.
Perratone, Pierre L.
Peters, Werner M.
Petsch, Rigoletto
Peuler, Heinz O.
Pfeifer, Robert D.
Picard, Claude M.
Pick, Gerard
Pilz, Walter P.
Pinner, Karl R.
Piper, Henry C. S.
Plaut, Albert S.
Plotke, Gunther Jerry
Podhorzer, Werner H.
Podolski, Gerald A.
Pokel, Ernest A.
Polia, John A.
Popper, Alfred
Portje, Paul R.
Pos, Edgar J.
Posen, Warner
Posner, Paul H.
Preminger, Alexander
Pressburger, Rudolf
Preuss, Peter P.
Pringsheim, Peter E.
Rabold, Karl H.
Racker, Wilfred H.
Rainier, Michael R.
Rall, Arthur
Randon, Claus P.
Ranis, Ludwig
Ranke, Hans O.
Rapp, Walter
Rapp, Walter H.
Rauner, Edgar L.
Rawson, Ralph
Rebhan, Salo
Reck, Max F.
Reed, Curt
Reed, Walter E.
Regensteiner, Max O.
Reher, Sven H.
Reiche, Ludwig P.
Reinach, Carl K.
Reinemund, Otto B.
Reinhardt, George
Reinhold, Herman
Reinsberg, Harry
Reitzes, Dietrich C.
Remak, John H.
Renberg, Guenther
Rentner, Gerhard A.
Reuther, John A.
Reynolds, Edgar M.
Rhee, Lawrence L.
Rheinstein, Ludwig
Rice, Hans Gustav
Rice, Harry H.
Richards, Robert W.
Richter, Ernest F.
Richter, Frank K.
Richter, Fred P.
Richter, Kurt M.
Riedel, Rudie
Riedle, Walter
Riemer, Hanns J.
Ries, Ernest M.
Ries, George
Riesenfeld, Ernest D.
Rieser, William H.
Ripp, Herbert
Rittmann, William
Robiczek, Henry A.
Robinow, Franz G. W.
Robinow, Wolfgang F.
Roche, Paul C.
Rockson, John George
Rodell, Fred
Rodell, Jerome W.
Roder, William E.
Rodes, John E.
Rodes, Toby E.
Roetter, Dietrich O. K.
Rogers, Theodore
Rogge, Herman
Rohlffs, Bruno O.
Rohrmann, Charles F.
Romeiss, Erwin J.
Ronald, William P.
Roos, Eric
Ropshaw, Fernando E.
Rose, Werner
Rosenberg, Albert G.
Rosenberg, Howard
Rosenberger, William R.
Rosenfeld, Herbert
Rosengart, Erwin
Rosenhaupt, Hans W.
Rosenow, Kurt
Rosenstern, Franz J.
Rosenstern, Klaus
Rosenthal, Ernest

Rosenthal, Felix R.
Rosenthal, Fred J.
Rosenthal, Rudy E.
Rosenwald, Eric
Rosenwald, Fred
Rosenwald, Henry M.
Rosenwald, Henry S.
Ross, Alfred
Ross, Eric F.
Ross, Gus M.
Ross, Harry A.
Rostock, Gunther H.
Roth, Herman
Roth, Joseph
Rothman, John
Rothschild, Adolf
Rothschild, Ernst L.
Rothschild, Fred
Rothschild, Richard
Rothschild, Robert G.
Rothschild, Walter (31052413)
Rothschild, Walter (33719491)
Rothschild, Walter H.
Rotszyld, Stephan S.
Rowe, Fred M.
Rowen, Fritz
Ruben, Ernest
Rudas, Hans J.
Rueggeberg, Werner
Ruelf, Fred
Ruhrold, Carl H.
Rundt, Stefan J.
Rusch, Peter J.
Sailer, William J.
Sakheim, George A.
Salm, Peter
Salman, Aron
Salomon, Ernest
Salomon, Martin
Salzmann, Raphael H.
Sampson, Alfred H.
Samuel, Henry A.
Sander, Kurt
Sander, Nicholas H.
Sanderman, Fred A.
Sanders, Eric A.
Sanders, Ernest H.
Sands, Edgar W.
Sarstedt, Frederick W.
Saunder, Jacques J.
Saur, Francis A.
Sawady, Herman
Schaal, Henry D.
Schacht, Joachim
Schaefer, Gerard
Schaefer, Howard
Schaefer, Jack H.
Schaefer, Robert G.
Schaeffer, Theodore W.
Schafer, Karl H.
Schafer, Mark S.
Schaper, Ernest
Schardt, Henry P.
Scharmer, Walter J.
Scheeper, Helmuth H.
Scheerschmidt, Gunter
Schefler, Theodore
Scheper, Walther
Scheuer, Paul J.
Scheuer, William S.
Scheuffle, Hans F.
Schick, Leonhard
Schieren, Kurt
Schiff, Thomas
Schild, Martin
Schildmann, Henry
Schilling, Falko M.
Schindler, Frederick N.
Schindler, Herbert
Schlanger, Alfred H.
Schlauersbach, Adam
Schleich, Henry G.
Schlesinger, Bernd G.
Schlesinger, Eric M.
Schlesinger, Gerald
Schlesinger, Herbert
Schlesinger, Manfred
Schlesinger, Thomas O.
Schlieper, Gerrit
Schloemp, Bruno G. W.
Schloss, Bert P.
Schluesselberg, Henry
Schmahl, Horace W.
Schmid, Hans W.
Schmidt, Bruno W.
Schmidt, George C.
Schmidt, Gerhardt R.
Schmidt, Gerlot W.
Schmidt, Walter L.
Schmitt, Hans A.
Schnaittacher, Fritz
Schneider, John F.
Schocken, Theodore
Schoeman, Walter G.
Schoeppler, Otto, Jr.
Schollmeyer, Kurt
Schonbach, Leonard
Schott, Werner S.
Schottenhamel, Max P.
Schrader, Guenther A.
Schrager, Howard
Schreier, William
Schrenzel, Eugene P.
Schroeder, Dietrich
Schuerlein, Karl B.
Schuessler, Fred
Schultze, Friedrich W.
Schulz, Thomas F.
Schulze, Henry
Schumann, Reinhold S.
Schurich, Felix C.
Schuster, Henry
Schutzman, Julius
Schwab, Alfred
Schwab, Helmut F.
Schwab, Henry
Schwabe, Erwin
Schwalbe, John
Schwalm, Horst R.

Schwartz, Frank
Schwartz, John
Schwarz, Albert B.
Schwarzer, William W.
Schwarzkopf, Bernhard
Schwarzkopf, Erich
Schwarzwaelder, Dietrich
Schwenk, Walter
Schwilling, Leo F.
Schwisow, George
Scolney, Walter J.
Seaback, Horace R.
Sears, Henry
Seckel, Paul B.
Seemann, Henry W.
Seewald, Walter J.
Seidel, Manfred F.
Seidlin, Oskar
Seidlitz, Walter K.
Seligmann, Hermann
Seligson, Walter R.
Sell, Carl M.
Selling, Martin I.
Selton, Walter J.
Semon, Gerard A.
Seymour, Earl F.
Sharon, Gerhard S.
Shaw, Gerald
Shearer, Paul S.
Sheeman, Herbert F.
Sheldon, Henry J.
Shellenberg, Robert N.
Sheridan, Fred
Sherman, Charles L. S.
Sherman, Howard
Shickman, Herman D.
Shotland, Alex E.
Shyburgh, John A.
Sichel, Kurt
Sichel, Rudolf D.
Siegel, Carl A.
Siegert, Henry G.
Siegmann, Heinz O.
Siegmann, Henry V.
Siemer, Heinrich B.
Sieradzki, Max
Siesel, Max
Siesel, Theodor
Sietas, Erich J.
Sievers, Henry
Silberberg, David D.
Sill, Waldemar R. H.
Silten, Max H.
Silton, Gerald G.
Simon, Ernest
Simon, Ernst
Simon, George A.
Simon, Helmut A.
Simon, Hermann E.
Simon, Martin S.
Simon, Walter M.
Simon, Werner T.
Simon, William
Sinauer, Ernst M.
Singer, Sidney
Sinzheimer, Hans S.
Sippel, Gerhardt J.
Skolnik, Harold T.
Skolnik, James I.
Skovron, Alfred
Slade, John H.
Smietana, Joel
Smith, Karl G.
Smith, William
Soberheim, Rudolf B.
Soldinger, Herman
Solmssen, Harold K.
Somers, Gerald
Somers, Hans P.
Somers, John R.
Sommer, Richard
Sondheim, Werner
Sorgatz, Gustav A.
Sowa, Otto
Spear, Hans N.
Speer, Klaus
Speiser, Theodore
Speyer, Gerard W.
Spiegel, Henry W.
Spiegel, Victor
Spiessmacher, Carl F.
Spindler, Fritz
Spiro, Herbert J.
Spitzer, Robert W.
Sponholz, Kuno A.
Spritzer, Hermann
Sproesser, Nils A.
Sprung, Albert
Stanton, Henry E.
Stark, Werner E.
Stave, Gunter R.
Stechert, Dietrich G.
Steen, Ernst
Steen, William J.
Stefen, William
Stein, Bert
Stein, Joseph
Stein, Kurt J.
Steinacher, Gerald F.
Steinberg, Bert Herbert
Steinberg, Gunther
Steiner, Adolf
Steiner, Carl T.
Steiner, Henry H.
Steinert, Carl E.
Steinfeld, Gerhard I.
Steinfeld, Manfred
Steinhardt, Walter
Steinhauer, Julius
Steinmann, Paul W.
Stern, Fred
Stern, Guy
Stern, Joe
Stern, Lothar
Stern, Otto
Stern, Richard Heinz
Stern, Siegfried
Stern, Walter
Stern, William R.
Sternberg, Frank
Sternberg, Frederick

Sternberg, Ralph
Sternberg, Robert H.
Sternweiler, Henry W.
Steude, Robert H.
Stevens (Stern), John M.
Stevens, Fred
Stevens, William Henry
Stiefel, Walter S.
Stiens, Carl H.
Stobe, Rudolph
Stoll, Charles
Stone, Frederick A.
Stone, Sidney
Stone, Walter
Storbeck, Herbert J.
Storbeck, Herman C.
Strange, Joseph L. Jr.
Strate, Paul H.
Straus, Irwin Y.
Straus, Wolf J.
Strauss, Alfred
Strauss, Artie
Strauss, Ernest N.
Strauss, Ernst S.
Strauss, Frederick L.
Strauss, Helmut
Strauss, Jack
Strauss, Jack L.
Strauss, Karl Henry
Strauss, Karl W.
Strauss, Max A.
Strauss, Walter
Strauss, Walter A.
Strauss, Walter Benno
Strauss, Walter L.
Strohmeier, Alfons J.
Strombach, Karl H.
Stromer, Adolf F.
Strutt, John
Sturm, Peter K.
Suda, Felix
Sudekum, Lothar
Suesser, Alfons
Suessmann, Emanuel
Sukey, Alfred G.
Sullivan, William M.
Sundheimer, Theodore
Swert, Alfred J.
Sylvester, Joseph E.
Taenzer, Erwin
Tannenberg, Richard J.
Tannhauser, John U.
Tarne, Eric P.
Tarsey (Tarschiisch), Alexandre R.
Taylor, Ransom T.
Tebrich, Harvey H.
Tebrich, John
Teichner, Hans H.
Teika, Ernest
Teitelbaum, Harry
Thalhammer, Joseph
Thees, Alfred N.
Theune, Herbert H.
Thiemecke, Gert
Thierfelder, Helmut E.
Thoma, August
Thomforde, Henry J.
Thompson, Sidney G.
Thormann, Gerard C.
Thormann, Wolfgang E.
Thron, Wolfgang J.
Tidemann, Karl W.
Tiemann, Arnold H.
Tislowitz, Ernst L. K.
Tobias, George
Toennies, Heinz A.
Traugott, Fritz J.
Trautmannsdorf, Francis
Trautwein, Willy C.
Trave, Horst B.
Travers, Frederick F.
Trefousse, Hans L.
Trepp, Samuel
Treumann, Walter
Trier, Edgar L.
Troendle, Ernest
Tross, Ralph G.
Trytell, Walter W.
Tuch, Hans N.
Tuteur, Fred Leon
Ubben, John Harms
Udelsman, Felix
Udhardt, Paul O.
Uhlig, Richard W.
Ulmer, Hans H.
Unger, Sam M.
Unterman, Israel
Urbach, Rudolf
Ury, Richard F.
Valic, Eugene V.
Valtin, Fred W.
Valtin, Ralph
Van Dyk, Fred
Van Eyck, Peter
Van Hollander, Adolph
Van Loon, Gerard Willem
Veitinger, Helmuth R.
Vendig, Alfred
Venohr, William A.
Vicas, George A.
Vodin, Ulrich G.
Voehl, Joseph
Vogel, Alfred J.
Vogel, Berthold
Vogel, Hans W.
Vogel, Harold H.
Vogel, Werner H.
Vogelstein, Wolfgang H.
Vogl, Adelbert
Vogt, William
Voigt, Erich G.
Vollert, Carl A. B.
Vollweiler, Henry V.
Von Bothmer, Bernhard
Von Eckardt, Wolfgang

Von Elbe, Joachim H. E.
Von Fritz, Peter K.
Von Klemperer, Franz
Von Klemperer, Klemens
Von Mach-Brandt, William
Von Schlieben, Hans G.
Voss, Ernest
Wachtel, Hans J.
Wagner, Edmund I.
Wagner, Erich R.
Wagner, John
Wagner, Walter W.
Wahl, John R.
Walber, John W.
Wald, Max
Wallace, Ingvar A.
Wallach, Ernest (35144719)
Wallach, Ernest (36850011)
Wallach, Frederick
Wallach, Kurt E.
Wallenberg, Hans
Wallenberg, Lesser H.
Waller, Herbert H.
Waller, Walter J.
Walter, Werner G.
Wanner, Maximilian
Ward, Curtis G.
Waring, Heaton M., Jr
Warner, Adolphe J.
Warner, Winston P.
Warnke, Uwe Jens C.
Wartenberg, George H.
Wartenberg, Rolf
Wassermann, Felix E.
Wassermann, Kurt
Watson, Conrad J.
Weber, Emil H.
Weber, George
Weber, John F.
Weber, Richard G. S.
Wege, Hans F.
Weidenreich, Peter H.
Weil, Eric L.
Weil, Ernest E.
Weil, Ernest L.
Weil, Joseph
Weil, Rolfe
Weiler, Albert G.
Weimersheimer, Samuel
Weinberg, Lothar L.
Weinberg, Mendel
Weinberger, Siegbert J.
Weingartner, Henry W.
Weinheimer, Herman
Weinschel, George
Weinstein, Charles G.
Weis, Anton
Weis, Arthur
Weiss, Arnold H.
Weiss, Edward A.
Weiss, Rudi
Weiss, William W.
Weissbart, Franz J.
Weitz, John H. W.
Weitzenkorn, Paul J.
Wells, Henry J.
Wenzel, George
Werder, Horst H.
Werner, Gunther A.
Werner, Hans
Werner, Victor E.
Wertheim, Alfred
Wertheim, Joseph H.
Wertheimer, Frederick
Wertheimer, Manfred
Werther, Erwin W.
Wesley, Fred
Wesley, Max G.
Wessely, Harold P.
Westermeier, Franz X.
Weston, Charles
Weyl, Peter K.
Wheeler, Frank M.
Wiederhold, Hermann
Wieners, Joseph F.
Wietepsky, Erwin
Wild, Ignatz
Wilkow, William
Willms, John H.
Willner, Philipp
Wilton, John H.
Winchester, Leonard J.
Windmoeller, Henry F.
Winkler, Richard E.
Winkler, Willi K.
Winn, Eric E.
Winter, Eric M.
Winter, Joseph A.
Winzen, John P.
Wirth, Otto
Wirth, Paul O.
Wirth, Werner K.
Witt, Fritz
Wittig, Werner R.
Wittkugel, Karl E.
Woerner, Eric A.
Wohl, Henry
Wohlfeiler, Max
Wolf, Frederick
Wolf, Gunther J. M.
Wolf, Harold H.
Wolf, Henry J.
Wolf, Ludwig
Wolf, Peter M.
Wolfe, Warner M.
Wolfes, Gerald H.
Wolff, Fred G.
Wolff, Hans M.
Wolff, Norbert
Wolff, Peter L.
Wolff, Walter C.
Wolff, Walter G.
Wolfson, Henry A.
Wormser, Stephen P.
Wortman, Lothar

Wunder, William O.
Wynder, Ernest L.
Yost, Henry John
Young, George
Young, Henry O.
Young, Martin
Zacharias, Heinz
Zahler, Max
Zander, Fred R.
Zanders, Herman
Zappler, Murray
Zatzkis, Joseph
Zeile, Robert C.
Zeyen, Otto G.
Ziegler, Gus
Ziegler, William
Ziegler, William F.
Zimmer, Bernard J.
Zimmer, William J.
Zimmerman, Kurt
Zinner, Philip
Zorek, John H.
Zucker, Adolph D.
Zumbroich, Herman, Jr.
Zuntz, Michael
Zweig, Gunter
Zweig, Michael H. W.

Cinquenta garotos Ritchie que morreram na Segunda Guerra Mundial

Andersen, Peter H.
Andrae, Robert W.
Arsenault, Raymond A.
Balaber, Sidney
Bartal, Leslie
Baum, Gerhard
Benoit, John B.
Bentley, Robert D.
Collette, Jack Travis
Corneliussen, Axel E.
Demetriou, Fotios D.
Des Marets, Herbert N.
Dussaq, Reginald
Emanuel, Nick C.
Ermolieff, Nicholas
Foth, Albert E.
Friede, Dittmar H.
Gaertner, Bernard
Goeltzer, Wolf D.
Gottlieb, Fred
Gould, Robert G.
Gunther, Walter, Jr.
Hasto, Victor J.
Held, Abraham
Herring, Albert C. Jr.
Jacobs, Kurt R.
Kalamaras, Vassilios J.
Kiever, Philip M.
Knock, Edward D.
Kupferschmidt, Alfred
Lacour, John M.
Lando, Lewis L., III
Larick, Walter H., Jr.
Leveille, Charles
Maas, Henry J.
Mandelbaum, Walter
Mills, Benjamin W., Jr.
Mosbacher, Stephen S.
Peters, Peters Assad
Popper, Kurt
Robinow, Franz G. W.
Rogge, Herman
Rosenfeld, Edward L.
Rosenwald, Henry S.
Schlasinger, Larry S.
Siebert, Herbert A.
Sorbet, Reggie A.
Stippich, Walter P.
Zappler, Murray
Zumbroich, Herman, Jr.

BIBLIOGRAFIA

ABT, Karl W. *A Few Who Made a Difference*. Nova York: Vantage, 2004.

AGAR, Herbert. *The Saving Remnants: An Account of Jewish Survival*. Nova York: Viking, 1960.

AGASSI, Judith Buber. *Jewish Women Prisoners of Ravensbrück: Who Were They?* Oxford, Reino Unido: One World, 2007.

ANGRESS, Werner T. "Belgium: In The Field". Ensaio não publicado, 1945.

____________. *Between Fear & Hope: Jewish Youth in the Third Reich*. Nova York: Columbia University Press, 1988.

____________. "Early Memories". Ensaio não publicado, 1946.

____________. *Witness to the Storm: A Jewish Journey from Nazi Berlin to the 82nd Airborne, 1920-1945*. Durnham, NC: CreateSpace, 2012.

ANZUONI, Robert P. *The All Americans: An Illustrated History of the 82nd Airborne Division*. Atglen, PA: Schiffer Military History, 2001.

ASTOR, Gerald. *A Blood-Dimmed Tide: The Battle of the Bulge by the Men Who Fought It*. Nova York: Donald I. Fine, 1992.

ATKINSON, Rick. *The Guns at Last Light: The War in Western Europe, 1944-1945*. Nova York: Henry Holt, 2013.

BAILEY, George. *Germans: The Biography of an Obsession*. Nova York: Free Press, 1991.

BARD, Mitchell G. *Forgotten Victims: The Abandonment of Americans in Hitler's Camps*. Boulder, CO: Westview, 1994.

BAUER, Christian. *The Ritchie Boys: A Film by Christian Bauer*. Tangram Productions, 2005.

BAUER, Christian; GOPFERT, Rebekka. *Die Ritchie Boys*. Hamburgo: Hoffmann und Campe, 2005.

BEEVOR, Antony. *A batalha das Ardenas: A cartada final de Hitler*. São Paulo: Crítica, 2018.

____________. *Dia D: A batalha pela Normandia*. Rio de Janeiro: Record, 2010.

BENNETT, David. *A Magnificent Disaster: The Failure of Market Garden, The Arnhem Operation September 1944*. Drexel Hill, PA: Casemate, 2008.

BERBEN, Paul. *Dachau: The Official History 1933-1945*. Londres: Norfolk, 1975.

BERENBAUM, Michael. *The World Must Know: The History of the Holocaust as Told in the United States Holocaust Memorial Museum*. Boston: Little, Brown & Co., 1993.

BLAIR, Clay. *Ridgway's Paratroopers: The American Airborne in World War II*. Nova York: Harper and Row, 1985.

BLUMENSON, Martin. *The Patton Papers, 1940-1945*. Nova York: Da Capo, 1996.

BOESCH, Paul. *Road to Huertgen Forest in Hell*. Houston, TX: Gulf, 1962.

BRADLEY, Omar. *A Soldier's Story*. Nova York: Henry Holt & Co., 1951.

BRADLEY, Omar; BLAIR, Clay. *A General's Life*. Nova York: Simon & Schuster, 1983.

BROMBERT, Victor. *Musings on Mortality*. Chicago: University of Chicago Press, 2013.

____________. "Return to Omaha Beach." *Princeton Alumni Weekly*, 26 jan. 2005.

___________. *Trains of Thought: Memories of a Stateless Youth*. Nova York: W. W. Norton, 2002.

BUBER-NEUMAN, Margarete. *Under Two Dictators: Prisoner of Stalin and Hitler*. Londres: Pimlico, 2008.

CADDICK-ADAMS, Peter. *Snow and Steel: The Battle of the Bulge, 1944-1945*. Nova York: Oxford University Press, 2015.

CAVENDER, Charles C. "The 423 in the Bulge". *The CUB*, nov. 1946.

___________. *The Memoirs of an Old Soldier*. Não publicado.

CHAMBERLIN, Brewster; FELDMAN, Marcia (eds.). *The Liberation of the Nazi Concentration Camps 1945*. Washington, D.C.: U.S. Holocaust Memorial Council, 1987.

CLARY, Robert. *From the Holocaust to Hogan's Heroes*. Lanham, MD: Taylor Trade, 2001.

COHEN, Roger. *Soldiers and Slaves: American POWs Trapped by the Nazis' Final Gamble*. Nova York: Alfred A. Knopf, 2005.

COHN, Frederick G. *Signals: A Young Refugee's Flight from Germany in the Thirties*. Cornwall, Reino Unido: United Writers, 1990.

COLE, Hugh M. *The Ardennes: Battle of the Bulge*. Atlanta, GA: Whiteman, 2012.

DABRINGHAUS, Erhard. *Klaus Barbie: O criminoso nazista a serviço dos órgãos de informação dos EUA*. São Paulo: Círculo do Livro, 1990.

DAVIE, Maurice R. *Refugees in America: Report of the Committee for the Study of Recent Immigration from Europe*. Nova York: Harper & Brothers, 1947.

DAWIDOWICZ, Lucy S. *The War Against the Jews 1933-1945*. Nova York: Holt, Rinehart and Winston, 1975.

DAWSON, Forrest W. *Saga of the All American (82nd Airborne Division)*. Atlanta, GA: Albert Love Enterprises, 1946.

DELAFORCE, Patrick. *The Battle of the Bulge: Hitler's Final Gamble*. Barnsley, Reino Unido: Pen & Sword Military, 2014.

DIAMANT, Ann Redman; DIAMANT, Alfred. *World's Apart, World's United: A European-American Story – The Memoirs of Ann and Alfred Diamant*. Bloomington, IN: AuthorHouse, 2010.

DIMONT, Max I. *Jews, God and History*. Nova York: Signet, 2004.

DULLES, Allen W. *The Craft of Intelligence: America's Legendary Spy Master on the Fundamentals of Intelligence Gathering for a Free World*. Guilford, CT: Lyons Press, 2006.

DWORK, Debórah; JAN VAN PELT, Robert. *Holocausto: Uma história*. Rio de Janeiro: Imago, 2004.

EDEL, Leon. *The Visitable Past: A Wartime Memoir*. Honolulu: University of Hawaii Press, 2001.

EDWARDS, Donald A. *A Private's Diary*. Big Rapids, MI: D. A. Edwards, 1994.

EIDELMAN, Robert M. (ed.) *Ours to Fight For: American Jewish Voices From the Second World War*. Nova York: Museum of Jewish Heritage, 2003.

ELLIS, John. *Brute Force: Allied Strategy and Tactics in the Second World War*. Nova York: Viking, 1990.

FARAGO, Ladislas. *Burn After Reading: The Espionage History of World War II*. Nova York: Walker and Co., 1961.

FAUBUS, Orval Eugene. *In This Faraway Land: A Personal Journal of Infantry Combat in World War II*. Conway, AR: River Road, 1971.

FELD, Nina Wolff. *Someday You Will Understand: My Father's Private World War II*. Nova York: Arcade, 2014.

FERGUSON, Niall. *Kissinger: 1923-1968: The Idealist*. Nova York: Penguin, 2015.

FINNEGAN, John Patrick. *Military Intelligence*. Washington, D.C.: Center of Military History, 1998.

FOWLE, Barry W. (ed.) *Builders and Fighters: U.S. Army Engineers in World War II*. Fort Belvoid, VA: U.S. Army Corps of Engineers, 1992.

FRANKLIN, Joshua. "Victim Soldiers: German-Jewish Refugees in the American Armed Forces During World War II". Clark University, 2006.

FRUCHT, Karl. *A Statement of Loss: A Survival Report*. Wien: Kremayr & Scheriau, 1992.

__________. "From the American Scene: We Were a PWI Team". *Commentary*, 1º jan. 1946.

FRY, Helen. *Churchill's German Army*. Stroud, Gloucestershire, Reino Unido: History, 2007.

FRY, Varian. *Surrender on Demand*. Nova York: Random House, 1945.

FUSSELL, Paul. *The Boy's Crusade: The American Infantry in Northwestern Europe, 1944-1945*. Nova York: Modern Library, 2003.

GANS, Manfred. *Life Gave Me a Chance*. Lulu.com, 2010.

GAVIN, James M. *Até Berlim: as batalhas de um comandante paraquedista 1943-1946*. v. 1. Rio de Janeiro: Bibliex, 1982.

GILBERT, James L; FINNEGAN, John P. *In the Shadow of the Sphinx: A History of Army Counterintelligence*. Washington, D.C.: Department of the Army, 2005.

GILBERT, Martin. *Auschwitz and the Allies: How the Allies Responded to the News of Hitler's Final Solution*. Londres: Michael Joseph, 1981.

__________. *Kristallnacht: Prelude to Destruction*. Nova York: HarperCollins, 2006.

GOODWIN, Doris Kearns. *No Ordinary Time: Franklin and Eleanor Roosevelt – The Home Front in World War II*. Nova York: Simon & Schuster, 1994.

GRANGE, William. *Historical Dictionary of German Literature to 1945*. Lanham, MD: Scarecrow, 2010.

GROSSMAN, Atina. *Jews, Germans, and Allies: Close Encounters in Occupied Germany*. Princeton: Princeton University Press, 2007.

HABE, Hans. *A Thousand Shall Fall*. Nova York: Harcourt, Brace, 1941.

__________. *All My Sins*. Sydney, Austrália: Australasian, 1957.

HARRAN, Marilyn J.; ROTH, John. *The Holocaust Chronicle*. Lincolnwood, IL: Legacy, 2007.

HARRISON, Marcie. *A Life Complete: The Journey of Manfred Steinfeld*. Publicação particular, 2013.

HART, S.; HART, R.; HUGHES, M. *The German Soldier in World War II*. Osceola, WI: MBI, 2000.

HAZAN, Katy. *Rescuing Jewish Children During the Nazi Occupation: OSE Children's Homes, 1938-1945*. Paris: Somogy Editions D'Art, 2008.

HELM, Sarah. *Ravensbrück: A história do campo de concentração nazista para mulheres*. Rio de Janeiro: Record, 2017.

HEYM, Stefan. *The Crusades*. Boston, MA: Little, Brown & Co., 1948.

HERZBERG, Lillian Belinfante. *Stephan's Journey: A Sojourn into Freedom*. Baltimore, MD: PublishAmerica, 2003.

HIRSH, Michael. *The Liberators: America's Witnesses to the Holocaust*. Nova York: Bantam, 2010.

HOCKLEY, Ralph M. *Freedom is Not Free*. Houston, TX: Brockton, 2000.

HODGE, Deborah. *Rescuing the Children: The Story of the Kindertransport*. Nova York: Tundra, 2012.

HOFMANN, George F. *The Super Sixth: History of the 6th Armored Division in World War II*. Nashville, TN: Battery, 2000.

HOUSTON, Donald E. *Hell on Wheels: The 2nd Armored Division*. Nova York: Ballantine, 1977.

HUSTON, James A. *Out of the Blue: U.S. Army Airborne Operations in World War II*. West Lafayette, IN: Purdue University Studies, 1972.

HUTT, David. *The Boy Who Wore White Stockings: From Hitler's Austria to Patton's Third Army*. Kibworth Beauchamp, Reino Unido: Matador, 2013.

JASON, Philip K.; POSNER, Iris. *Don't Wave Goodbye: The Children's Flight from Nazi Persecution to American Freedom*. Westport, CT: Praeger, 2004.

JONES, Alan W. "Defense of St. Vith: A History of the 106th". *The CUB*, fev. 1948.

JONES, Alan W., Jr. "The Operations of the 423rd Infantry". Advanced Infantry Officers Course, Fort Benning, GA, 1949-1950.

KAPLAN, Marion A. *Between Dignity and Despair: Jewish Life in Nazi Germany*. Nova York: Oxford University Press, 1998.

KARRAS, Steven. *The Enemy I Knew: German Jews in the Allied Military in World War II*. Minneapolis, MN: Zenith, 2009.

KAUFMAN, Isidor. *American Jews in World War II*, v. I-II. Nova York: Dial, 1947.

KIRSCH, Jonathan. *The Short, Strange Life of Herschel Grynszpa: A Boy Avenger, a Nazi Diplomat, and a Murder in Paris*. Nova York: Liveright, 2013.

KLEE, Ernst; DRESSEN, Willi; RIESS, Volker. *"The Good Old Days": The Holocaust as Seen by Its Perpetrators and Bystanders*. Nova York: Free Press, 1988.

KOCH, Oscar W.; HAYS, Robert G. *G-2 Intelligence for Patton*. Filadélfia: Whitmore, 1971.

KOESTLER, Arthur. *Scum of the Earth*. Londres: Eland, 1991.

KOLLANDER, Patricia; O'SULLIVAN, John. *"I Must Be Part of This War": A German American's Fight Against Hitler and Nazism*. Nova York: Fordham University Press, 2005.

KRAMMER, Arnold. *Nazi Prisoners of War in America*. Nova York: Stein and Day, 1979.

LAGANO, William J. *Ernst: Escaping the Horrors of the Nazi Occupation*. CreateSpace, 2010.

LANG-SLATTERY, Kathryn. *Immigrant Soldier: The Story of a Ritchie Boy*. Pacific Bookworks, 2014.

LANGWORTH, Richard (ed.). *Churchill by Himself: The Definitive Collection of Quotations*. Nova York: PublicAffairs, 2008.

LAQUEUR, Walter. *Generation Exodus: The Fate of Young Jewish Refugees from Nazi Germany*. Hanover, NY: Brandeis University Press, 2001.

LE BLANC, George J. *History of Military Intelligence Training at Camp Ritchie*. 4 v. War Department General Staff, 1945.

LERNER, Maximilian. *Flight and Return: A Memoir of World War II*. CreateSpace, 2013.

LEWIS, David (prod. e dir.). *Manfred Steinfeld: Victim and Victor*. Documentário, 2002.

LOESER, Hans F. *Hans's Story*. Lincoln, NE: iUniverse, 2007.

MACDONALD, Charles B. *A Time for Trumpets: The Untold Story of the Battle of the Bulge*. Nova York: William Morrow, 1985.

MANDLER, George. *Interesting Times: An Encounter with the 20th Century*. Mahwah, NJ: Lawrence Erlbaum Associates, 2002.

MCMANUS, John C. *The Americans at Normandy: The Summer of 1944 – The American War from the Normandy Beaches to Falaise*. Nova York: Forge, 2004.

__________. *The Dead and Those About to Die: The Big Red One at Omaha Beach*. Nova York: NAL Caliber, 2014.

MEGELLAS, James. *All the Way to Berlin: A Paratrooper at War in Europe*. Nova York: Ballantine, 2003.

MELCHIOR, Ib. *Case by Case: A US Army Counterintelligence Agent in World War II*. Novato, CA: Presidio, 1993.

Military Intelligence Division, War Department. *Order of Battle of the German Army, February 1944*. Uckfield, Reino Unido: Naval and Military Press, 2009.

MILLER, Edward G. *A Dark Bloody Ground: The Hürtgen Forest and the Roer River Dams, 1944-45*. College Station, TX: Texas A&M University Press, 1995.

MOORE, Deborah Dash. *GI Jews: How World War II Changed a Generation*. Cambridge, MA: Harvard University Press, 2004.

MORSE, Arthur D. *While Six Million Died: A Chronicle of American Apathy*. Nova York: Random House, 1968.

NAGORSKI, Andrew. *Hitlerland: American Eyewitnesses to the Nazi Rise to Power*. Nova York: Simon & Schuster, 2012.

NEITZEL, Sönke; WELZER, Harald. *Soldados: Sobre lutar, matar e morrer*. São Paulo: Companhia das Letras, 2014.

NEURATH, Paul Martin. *The Society of Terror: Inside the Dachau and Buchenwald Concentration Camps*. Boulder, CO: Paradigm, 2005.

NIBLEY, Hugh; NIBLEY, Alex. *Sergeant Nibley: Memories of an Unlikely Screaming Eagle*. Salt Lake City, UT: Shadow Mountain, 2006.

NORDYKE, Phil. *Put Us Down in Hell: The Combat History of the 508th Parachute Infantry Regiment in World War II*. Historical Ventures, 2012.

OPPENHEIMER, Max, Jr. *An Innocent Yank at Home Abroad: Footnotes to History 1922-1945*. Manhattan, KS: Sunflower University Press, 2000.

_________. "Camp Ritchie and American Military Combat Intelligence". U.S. Army Intelligence Center, Fort Huachuca, AZ, n.d.

PARKER, Danny S. *Battle of the Bulge: Hitler's Ardennes Offensive, 1944-1945*. Filadélfia: Combined, 1991.

PENSLAR, Derek J. *Jews and the Military*. Princeton, NJ: Princeton University Press, 2013.

PERL, William R. *Operation Action: Rescue from the Holocaust*. Nova York: Frederick Ungar, 1979.

PERSONS, Benjamin S. *Relieved of Command*. Manhattan, KS: Sunflower University Press, 1997.

PETTERCHAK, Janice. *A Legacy of Style: The Story of Shelby Williams Industries*. Rochester, IL: Legacy, 2000.

POGUE, Forrest C. *U.S. Army in World War II: European Theater of Operations*. Washington, D.C.: Department of the Army, 1954.

PRESSMAN, Steven. *50 Children: One Ordinary American Couple's Extraordinary Rescue Mission into the Heart of Nazi Germany*. Nova York: Harper, 2014.

RENDER, Chuck; BRANDSTETTER, Frank M. *Brandy: Portrait of an Intelligence Officer*. Oakland, OR: Red Anvil, 2007.

RIVA, Maria. *Marlene Dietrich*. Nova York: Alfred A. Knopf, 1992.

ROONEY, Andy. *My War*. Nova York: Random House, 1995.

ROSBOTTOM, Ronald C. *When Paris Went Dark: The City of Light Under German Occupation, 1940-1944*. Nova York: Little, Brown & Co., 2014.

RYAN, Cornelius. *O mais longo dos dias*. Porto Alegre: L&PM, 2004.

_________. *Uma ponte longe demais*. Rio de Janeiro: Bibliex, 1978.

SAYEN, John. *Battle Orders: U.S. Army Infantry Divisions 1944-45*. Nova York: Osprey, 2007.

SAYER, Ian; BOTTING, Douglas. *America's Secret Army: The Untold Story of the Counter Intelligence Corps*. Londres: Grafton, 1989.

SCHNEIDER, Gertrude. *Journey into Terror: The Story of the Riga Ghetto*. Nova York: Ark House, 1979.

SCHREIBER, Gerhard; STEGEMANN, Bernd; VOGEL, Detlef. *Germany and the Second World War*, v. III. Oxford, Reino Unido: Clarendon, 1995.

SCHWABE, Klaus. "American Occupation Experiences in Aachen Before Germany's Surrender". Sociedade Histórica de Aachen (Alemanha): Publicação especial de *Aachener Geschichtsvereins*, 2000.

SCRASE, David; MIEDER, Wolfgang (eds.). *The Holocaust Personal Accounts*. University of Vermont Center for Holocaust Studies, 2001.

SELLING, Martin I. *With Rancor and Compassion: The Memoirs of a Jew Who Thought He Was a German*. Nova York: Vantage, 2003.

SEVAREID, Eric. *Not So Wild a Dream*. Nova York: Knopf, 1946.

STEINFELD, Manfred. *Awards & Memories 1938-2013*. Publicação particular, 2013.

STERN, Fritz. *Five Germans I Have Known*. Nova York: Farrar, Straus and Giroux, 2006.

STERN, Guy. "Fifty Years Before the Class". Discurso proferido na Universidade Wayne State, 7 dez. 2002.

_________. "His Eminence and the Pupil". In: BRAUN, Michael; LERMEN, Birgit H. (eds.) *Man erzählt Geschichten, formt die Wahrheit:* Thomas Mann – Deutscher, Europäer, Weltbürge. Frankfurt am Main; Nova York: P. Lang, 2003.

_________. "In the Service of American Intelligence: German--Jewish Exiles in the War Against Hitler", *Leo Baeck Institute Year Book XXXVII*. Londres: Secker & Warburg, 1992.

_________. *Marlene Dietrich: My Chance Encounters with a Movie Star*. Cincinnati, OH: University of Cincinnati, 2002.

_________. Memórias em andamento, não publicado (2016).

_________. *Oh What a Funny (?) War*. Cincinnati, OH: University of Cincinnati, 2005.

_________. "The Americanisation of Günther". In: VIETOR--ENGLAENDER, Deborah (ed.). *The Legacy of Exile*. Oxford, Reino Unido: Blackwell, 1998.

STRONG, Kenneth. *Intelligence at the Top: The Recollections of an Intelligence Officer*. Nova York: Doubleday, 1969.

THOMAS, Shipley. *S-2 in Action*. Harrisburg, PA: Military Service Publishing, 1940.

TOLAND, John. *Battle: The Story of the Bulge*. Nova York: Random House, 1959.

VAN CLEVE, Thomas Curtis. *Observations and Experiences of a Military Intelligence Officer in Two World Wars*. Ed. John D. Davis. Potts Point Books, 2005.

VIETOR-ENGLAENDER, Deborah (ed.). *The Legacy of Exile: Lives, Letters, Literature*. Oxford, Reino Unido: Blackwell, 1999.

VON ELBE, Joachim. *Witness to History: A Refugee from the Third Reich Remembers*. Madison, WI: German-American Cultural Society, 1988.

VON KLEMPERER, Klemens. *German Resistance Against Hitler*. Oxford, Reino Unido: Oxford University Press, 1992.

WACHSMANN, Nikolaus. *KL: A história dos campos de concentração nazis*. Lisboa: Dom Quixote, 2015.

WALTERS, Vernon A. *Missões silenciosas* Rio de Janeiro: Bibliex, 1986.

WARSCHAUER, Bernard. "The Exodus". Ensaio não publicado, 1940.

WEBB, Chris; CHOCHOLATY, Michal. *The Treblinka Death Camp: History, Biographies, Remembrance*. Stuttgart: Ibidem, 2014.

WEINTRAUB, Stanley. *11 Days in December: Christmas at the Bulge, 1944*. Nova York: Free Press, 2006.

WHEELER, Steven B. "Bleialf Is Overrun". Disponível em <http://www.battleofthebulgememories.be/stories26/32-battle-of-the--bulge-us-army/727-bleialf-is-overrun.html>, 2 out. 2012.

WHITING, Charles. *The March on London: Covert Operations in the Battle of the Bulge, December 1944*. Londres: Leo Cooper, 1992.

WHITLOCK, Flint. *The Beasts of Buchenwald: Karl & Ilse Koch, Human-Skin Lamp-shades, and the War-Crimes Trial of the Century*. Brule, WI: Cable, 2011.

WIESEL, Elie. *A noite*. Rio de Janeiro: Ediouro, 2001.

WINIK, Jay. *1944: FDR and the Year That Changed History*. Nova York: Simon & Schuster, 2015.

WYMAN, David S. *Paper Walls: America and the Refugee Crisis, 1938-1941*. Boston: University of Massachusetts Press, 1985.

ÍNDICE REMISSIVO